本著作获西安财经大学学术著作出版资助

连续时间再保险和投资

杨鹏　陈志平　著

中国财经出版传媒集团
中国财政经济出版社

图书在版编目（CIP）数据

连续时间再保险和投资 / 杨鹏，陈志平著. --北京：中国财政经济出版社，2023.4

ISBN 978-7-5223-2023-6

Ⅰ.①连… Ⅱ.①杨… ②陈… Ⅲ.①再保险 Ⅳ.①F840.69

中国国家版本馆 CIP 数据核字（2023）第 034645 号

责任编辑：蔡　宾　　　　责任校对：张　凡

封面设计：陈宇琰

连续时间再保险和投资

LIANXU SHIJIAN ZAIBAOXIAN HE TOUZI

中国财政经济出版社 出版

URL：http：//www. cfeph. cn

E-mail：cfeph@ cfeph. cn

社址：北京市海淀区阜成路甲 28 号　邮政编码：100142

营销中心电话：010-88191522　编辑部门电话：010-88190640

天猫网店：中国财政经济出版社旗舰店

网址：https：//zgczjjcbs. tmall. com

北京财经印刷厂印刷　各地新华书店经销

成品尺寸：170mm×240mm　16 开　19.5 印张　300 000 字

2023 年 7 月第 1 版　2023 年 7 月北京第 1 次印刷

定价：65.00 元

ISBN 978-7-5223-2023-6

（图书出现印装问题，本社负责调换，电话：010-88190548）

本社质量投诉电话：010-88190744

打击盗版举报热线：010-88191661　QQ：2242791300

内容简介

本书从一个保险人、一个保险人与一个再保险人、多个保险人三个视角，对连续时间再保险和投资问题进行系统的探讨。针对一个保险人的再保险和投资问题，我们提出未来索赔与历史索赔相依、包含多类相依保险业务、索赔事件和赔付事件不等价等多种新型保险模型，构建比例再保险和超额损失再保险联合下的新再保险模型，给出再保险和投资随机退出的框架，提出通货膨胀影响下的风险资产价格模型，进而研究所得新模型下的再保险和投资问题，探讨验证定理新的证明，分析新模型的特征对最优再保险和投资策略的影响。针对一个保险人和一个再保险人的再保险和投资问题，我们提出保险人与再保险人的竞争模式，设计再保险价格的普适性定价区间，研究再保险合同的设计问题，以及投资问题，分析竞争对索赔风险分担策略、再保险价格、再保费和投资策略的影响。针对多个保险人的再保险和投资问题，我们提出多个保险人之间一种新的相互影响机制，构建竞争与合作的统一框架，给出囊括分散化投资与集中化投资的新投资模式，得到保险人是否投资某个风险资产的准则，分析保险人何时进行分散化或集中化投资，以及竞争与合作对再保险和投资的影响。

本书可作为统计学、应用数学、保险学和金融学等专业教师、科研人员、研究生和高年级本科生的教学和科研用书，也可作为保险公司和再保险公司的从业人员、对投资感兴趣的个人投资者或机构投资者以及金融投资公司从业人员的参考用书。

前　言

伴随着社会和经济的快速发展，越来越多的个人和企业开始参加保险。这使得保险人的财富快速增加，但同时也使保险人面临的索赔风险急剧加大。因此，如何减少索赔风险是保险人当今十分关心的问题。在实际中，减少索赔风险的有效途径是通过再保险把部分风险转移给再保险人，但保险人要为再保险人缴纳再保费，这使得保险人的收入减少。因此，如何权衡转移索赔风险与支付再保费对保险人尤为重要；同时，研究复杂环境下的最优再保险策略，对于保险人减少索赔风险至关重要。另外，投资是保险人实现财富增值的最有效途径，而且可以对冲索赔风险。保险人的投资不同于通常的证券投资，其对投资的安全性要求更高。因为当索赔发生时，要有足够的资金进行赔付；否则，将引起社会的不稳定。因此，如何权衡投资收益与投资风险对保险人非常重要；进而，研究不同市场环境下的最优投资策略，对保险人实现财富增值至关重要。

连续时间框架下的再保险与投资问题综合利用保险精算学、统计学、随机分析、随机控制、随机动态规划等理论，通过建立模型、理论分析、模型求解、实证检验等定量分析方法，研究保险、再保险和投资问题，以期找到最优的再保险与投资策略并用于指导实践。它目前已成为保险精算学的核心问题和统计学、运筹学、应用数学领域学者重点关注的研究课题之一。然而，目前国内还没有一本专门系统介绍连续时间再保险和投资问题的书籍。本书将从最基本的保险和金融知识出发，全面系统地探讨连续时间再保险和投资问题，希望通过本书的介绍能帮助和吸引更多的学者从事再保险和投资的研究。

本书的主要内容构成如下。第一章绪论，重点介绍再保费计算原理、再保险和金融市场的基础知识，以及再保险和投资问题的发展现状。第二章研究索赔相依下的鲁棒最优再保险和投资问题，建立未来索赔与历史索赔相依的新型保险模型，提出索赔相依下的保费计算原理，建立模糊厌恶下的保险和金融模型，进而求得鲁棒最优再保险和投资策略的解析解；从理论推导和数值模拟上，系统分析索赔相依、价格跳跃、模糊厌恶等模型特征对保险人决策的影响。第三章探讨最优时间一致的联合再保险和投资问题，提出比例再保险和超额损失再保险的联合方式，保险人通过在带跳的风险资产投资来增加财富，求得最优再保险和投资策略的解析解，最后比较比例再保险和超额损失再保险对保险人决策的异同。第四章分析具有共同冲击和随机退出时间的最优再保险和投资问题，提出保险市场和金融市场之间新的相互影响机制，假定再保险和投资的终止时间都是随机的且其随机退出时间同时受外生和内生随机事件的影响，在均值-方差框架下，得到事先承诺的最优再保险和投资策略的解析解，并从数值角度分析市场的相依结构和随机退出时间对最优策略的影响。第五章研究多类相依保险业务下的最优再保险和投资问题，提出具有 n 类相依保险业务的保险模型，保险人通过在 n 个风险资产的投资来增加财富，得到时间一致的最优再保险和投资策略，分析模型参数对最优再保险和投资策略的影响。第六章考虑通货膨胀影响下的最优再保险和投资问题，提出考虑通货膨胀影响的风险资产价格模型，保险人从事两类相依保险业务，求得再保险和投资策略的解析解，最后分析保险业务的相依性、通货膨胀等因素对再保险和投资策略的影响。第七章探讨 Poisson - Geometric 模型下的最优再保险和投资问题，分析 Poisson - Geometric 模型的性质，进而针对该保险模型考虑再保险和投资，求得再保险和投资策略的解析解，分析模型参数对再保险和投资策略的影响。第八章研究保险人与再保险人竞争下的再保险和投资问题，构建保险人和再保险人竞争的模型，并研究相应的再保险和投资问题，得到再保险和投资策略的解析解，数值分析竞争程度和市场参数对再保险和投资策略的影响。第九章探讨再保险合同设计和投资问题，通过考虑保险人和再保险人的共同利益，设计再保险价格的普适性定价区间，在保险人和再保险人竞争下，得到最优再保险合同，以及最优投资策略的解析解，通过数值实验揭示模型参数对最优再保险合同和投资策略的影响。第十章研究多个保险人竞争下的再保险和投资问题，提出 n 个保险人之间一种新的相互影响机制，考虑新机制下 n 个保险人之间基于竞争的再保险和投资问题；为了更好地指导保险人从事投资活动，提出一个一般的投资框架，它囊括了文献中典型的分散化与集中化投资模式；在均值 - 方差框架下，得到解析的最优策略和值函数，通过对最优投资策略的理论分析，得出保险人是否投资某个特定风险资产的准则；从理论和数值分析两个角度，研究保险人的数量和模型的关键参数对最优再保险策略和投资模式的影响。第十一章探讨多个保险人竞争与合作下的再保险问题，提出 n 个保险人竞争与合作的统一框架，并研究由此产生的再保险博弈问题；在期望效用框架下，得到均衡再保险策略和值函数的解析解，通过数值实验探讨各种模型参数对均衡再保险策略的影响。

本书由西安财经大学杨鹏和西安交通大学陈志平共同撰写。杨鹏编写了第一章和第五至八章的所有内容，以及第二至四章和第九至十一章的问题求解和数值实验等，累计编写了 23.5 万字。陈志平编写了第二至四章和第九至十一章的建模部分，累计 6.5 万字。最后，全书由杨鹏统稿和修改，陈志平进行了校对。

本书的撰写得到了西安财经大学科研处、统计学院和数学学院的大力支持，并得到了西安财经大学学术著作出版的资助。本书也得到了西安交通大学数学与统计学院和国家天元数学西北中心的帮助。本书的部分研究成果受到了教育部人文社会科学研究一般项目——西部和边疆地区项目（编号：21XJC910001），陕西省自然科学基础研究计划项目（编号：2023 - JC - YB - 002），以及国家自然科学基金（编号：11991023，11991020）的资助。著者对他们的资助与指导，在此表示衷心的感谢！

限于作者水平，敬请广大读者对书中的不妥之处批评指正，不吝赐教。

杨　鹏

2023 年 4 月

目　录

主要符号

T	交易的终止时刻
Ω	样本空间
$\{\mathcal{F}_t, t \geqslant 0\}$	截止到时刻 t，盈余过程或资产价格过程生成的域流
$\mathcal{F}$	所有域流信息组成的集合
P	概率分布（测度）
$(\Omega, \mathcal{F}, P)$	赋流的概率空间
$\{W(t), t \geqslant 0\}$	标准布朗运动
$\{N(t), t \geqslant 0\}$	泊松过程
$\{N(t, \cdot), t \geqslant 0\}$	泊松随机测度
$\{\nu(t, \cdot), t \geqslant 0\}$	泊松过程的补偿过程
$\{\widetilde{N}(t, \cdot), t \geqslant 0\}$	补偿的泊松随机测度
$\{u(t), t \geqslant 0\}$	再保险或投资策略
U	所有容许策略 $u(t)$ 组成的集合
$\{X^u(t), t \geqslant 0\}$	在策略 $u(t)$ 下的财富过程
$\mathcal{A}^u$	策略 $u(t)$ 下财富过程的无穷小生成元
E	期望
Var	方差
sup	上确界
inf	下确界
r	利率
$U(x)$	效用函数

$C^{1,2}([0,T]\times R)$	$\phi(t,x)$ 和它的导数 $\phi_x(t,x)$、$\phi_{xx}(t,x)$ 在 $[0,T]\times R$ 上连续的全体 $\phi(t,x)$ 组成的空间
$D^{1,2}([0,T]\times R)$	$\phi(t,x)\in C^{1,2}([0,T]\times R)$ 且存在常数 $\kappa>0$，使 $\|\phi(t,x)\|\leqslant\kappa(1+\|x\|)$，$\|\phi_x(t,x)\|\leqslant\kappa(1+\|x\|)$ 的全体 $\phi(t,x)$ 组成的空间

第一章 绪　论

再保险也称分保，具体含义是：保险人通过与再保险人签订再保险合同，缴纳一定的再保费，当索赔发生时，再保险人按照再保险合同的约定为保险人承担一定的赔付。因此，再保险是建立在原保险上的保险。参加再保险，可以有效地减少保险人面临的潜在索赔风险，促进保险行业健康、快速的发展。目前，世界上很多再保险公司都在我国开展了再保险业务，比如德国慕尼黑再保险公司、瑞士再保险公司、法国再保险公司等。随着我国保险业的快速发展，现在也有了很多家自己的再保险公司，比如人保再保险公司、太平再保险公司、中国再保险公司等 13 家。需要特别指出的是，2020 年 12 月 31 日，我国成立了中国农业再保险公司，这对高质量发展我国的农业保险提供了保障。据《中国保险年鉴》统计，从 1996 年到 2006 年的十年间，我国的再保费收入累计为 1225.73 亿元人民币，而 2016 年一年我国的再保费收入近 1000 亿元人民币。中国再保险集团 2021 年再保费收入已达 1627.32 亿元人民币。由此可见，近年来再保险在我国发展十分迅速，这同时也表明在我国再保险已经引起了业界的重视。

保险人进行投资的含义是：保险人将保费收入减掉索赔额后，累积的净财富投入到社会再生产中，以达到财富增值的目的。保险人的投资已有 300 余年的历史。Morgan Stanley 的创始人曾说：“保险业的核心业务是投资，投资与保险业共存亡。”前些年，我国对保险人的投资限制非常严格。2015 年新修订的《中华人民共和国保险法》规定，我国保险人投资的主要形式有：

银行存款，购买基金、债券、股票、不动产等。随着我国对保险人投资的进一步放开，必将进一步吸引保险人进行投资。在投资特别是投资股票时，收益与风险并存。保险人的投资不同于一般的投资，他对于投资的安全性要求更高；因为当索赔发生时，他要有足够的资金进行赔付，否则，将引起社会的不稳定。

连续时间框架下的再保险和投资问题是综合利用保险精算学、统计学、随机分析、随机控制、随机动态规划和最优化等理论，通过建立模型、理论分析、模型求解、实证检验等定量分析方法，研究不同形式的保险、再保险和投资问题，以期找到最优的再保险和投资策略，并用于指导实践。它目前已成为保险精算学的核心问题和统计学、运筹学、应用数学领域诸多学者重点关注的研究课题之一，引起了人们极大的研究兴趣。

本章首先介绍常用的保费计算原理、文献中经常使用的保险模型、关于再保险的基本知识、金融市场中关于资产价格定价的常用模型；然后，介绍再保险和投资的发展现状，提出一些尚未完全解决的问题，指出本书的研究内容。

第一节 保费计算原理

保费的计算是保险人和投保人十分关心的问题。保费可定义为从索赔额的集合到实数空间的泛函。在给出具体的保费计算原理之前，我们首先给出保费应满足的性质。

假设保险人的索赔额为随机变量 X，相应的保费为 $\Pi(X)$，则 $\Pi(X)$ 满足以下 5 条性质：

（1）附加保费的非负性：$\Pi(X) \geqslant E(X)$，即保费大于等于索赔额的期望。

（2）可加性：对于相互独立的索赔额 X 和 Y，有 $\Pi(X+Y)=\Pi(X)+\Pi(Y)$ 。

（3）相容性：对于任意的 $c \in R$，有 $\Pi(X+c)=\Pi(X)+c$。

（4）正齐次性：对于任意的 $c>0$，有 $\Pi(cX)=c\Pi(X)$。

（5）无敲诈性：设索赔额的最大值为 x，则 $\Pi(X) \leqslant x$。

任一保费计算原理应该满足上面 5 条性质或其中的几条。基于上面的 5 条性质，在 20 世纪 70～90 年代，很多学者研究了保费计算原理。目前，保费的计算主要从索赔额的矩信息和保险人的效用两个角度出发来确定。

一、基于矩信息的保费计算原理

（一）基于一阶矩信息的保费计算原理

期望值保费计算原理：$\Pi(X)=(1+\theta)\mathrm{E}(X)$，其中 $\theta \geqslant 0$ 为保险人的安全负载。期望值保费计算原理满足保费的附加保费的非负性、可加性和正齐次性，但是保费的其他两条性质不满足。

净保费原理：$\Pi(X)=\mathrm{E}(X)$。净保费原理是期望值保费计算原理当 $\theta=0$ 时的特殊情况。净保费原理满足保费的 5 条性质，但在实际中很少用到。这是因为在净保费计算原理下，保险人的保费收入等于索赔支出，即保险人没有盈利。

（二）基于一阶和二阶矩信息的保费计算原理

期望值保费计算原理和净保费计算原理只考虑了索赔额的一阶矩信息，如果在考虑一阶矩信息的同时再考虑二阶矩信息，可得如下三种保费计算原理。

方差值保费计算原理：$\Pi(X)=\mathrm{E}(X)+\theta\mathrm{Var}(X)$。

修正的方差值保费计算原理：$\Pi(X)=\mathrm{E}(X)+\theta\dfrac{\mathrm{Var}(X)}{\mathrm{E}(X)}$。

标准差保费计算原理：$\Pi(X)=\mathrm{E}(X)+\theta\sqrt{\mathrm{Var}(X)}$。

这三种保费计算原理虽然都是为了克服基于一阶矩信息的保费计算原理的不足而提出的，但是它们满足的保费性质是不同的。方差值保费计算原理满足附加保费的非负性、可加性和相容性，其他两条性质不满足；修正的方差值保费计算原理满足附加保费的非负性和正齐次性，其他三条性质不满足；标准差原理满足附加保费的非负性、相容性和正齐次性，其他两条性质不满足。实际中，保险人可根据自己的具体情况来确定使用哪种保费计算原理来修正基于一阶矩信息的保费计算原理。

二、基于效用的保费计算原理

基于矩信息的保费计算原理没有考虑保险人对风险的喜好或厌恶特性，基于效用的保费计算原理可以克服这个缺陷。目前文献中常用的效用函数有4种，即指数效用函数、幂效用函数、对数效用函数和二次效用函数。下面首先介绍这四种常用的效用函数。

指数效用函数为 $U(x)=-\frac{1}{\beta}e^{-\beta x}$，其中 $\beta>0$ 是常数，该效用函数的绝对风险厌恶系数为定常的 β。指数效用函数是在零效用原理下，唯一一个可得出独立于保险人盈余水平的公平保费的函数，因此它在保险数学和精算应用中有着重要地位。幂效用函数为 $U(x)=x^{\beta}$，$x>0$，其中 $0<\beta<1$ 为常数，该效用函数的相对风险厌恶系数为 $1-\beta$。对数效用函数为 $U(x)=\beta\ln x$，$x>0$，其中 $\beta>0$ 是常数，该效用函数的相对风险厌恶系数为1。二次效用函数为 $U(x)=x-\beta x^2$，$x<\frac{1}{2\beta}$，其中 $\beta>0$ 是常数，该效用函数的绝对风险厌恶系数为 $r(x)=\frac{-U''(x)}{U'(x)}=\frac{2\beta}{1-2\beta x}$。

下面介绍基于效用的保费计算原理。

（一）指数效用保费计算原理

$\Pi(X)=\theta^{-1}\ln[E(e^{\theta X})]$，$\theta>0$ 为保险人的安全负载。指数保费计算原理满足保费的附加保费的非负性、相容性、无敲诈性和可加性，但不满足正齐次性。指数保费计算原理在保费计算原理的研究中占有非常重要的地位。在20世纪70年代，有很多学者对其进行了研究，如Gerber系统研究了这种保费计算原理。

在保险实务中，除了指数保费计算原理，计算保费还经常使用其他效用函数。基于一般的效用函数，常见的有以下保费计算原理。

（二）平均值保费计算原理

设 $u(x)$ 为一效用函数，且满足 $u'(x)>0$，$u''(x)<0$，则在平均值保费

计算原理下，保费 $\Pi(X)$ 是方程 $u[\Pi(X)]=\mathrm{E}[u(X)]$ 的解。

（三）期望效用保费计算原理

设 $u(x)$ 为一效用函数，且满足 $u'(x)>0$，$u''(x)<0$，则在期望效用保费计算原理下，保费 $\Pi(X)$ 是方程 $u(x)=\mathrm{E}[u(x+\Pi(X)-X)]$ 的解。Gerber 研究了这种保费原理。

（四）Swiss 保费计算原理

Swiss 保费计算原理由 Bühlmann 给出。设 $u(x)$ 为一效用函数，且满足 $u'(x)>0$，$u''(x)<0$，则在 Swiss 保费计算原理下，保费 $\Pi(X)$ 是方程 $u[(1-a)\Pi(X)]=\mathrm{E}[u(-a\Pi(X)+X)]$ 的解，其中 $0\leqslant a\leqslant 1$ 为一常数。

（五）Orlicz 保费计算原理

Orlicz 保费计算原理由 Haezendonck 和 Goovaerts 给出。设 $u(x)$ 为一效用函数，且满足 $u'(x)>0$，$u''(x)<0$，则在 Orlicz 保费计算原理下，保费 $\Pi(X)$ 是方程 $1=\mathrm{E}\left[u\left(\frac{X}{\Pi(X)}\right)\right]$ 的解。

实际中，保险人可以根据他们对风险的喜好和厌恶程度，选定效用函数，确定平均值、期望效用、Swiss 和 Orlicz 保费计算原理的具体形式，进而探讨他们满足的保费性质。

第二节　保险模型

基于上节的保费计算原理，本节介绍保险人盈余过程满足的方程，即保险模型。保险模型主要用于量化保险人的保费收入和索赔支出。目前，连续时间框架下最基本的保险模型有以下三种。

一、Cramér – Lundberg 保险模型

Cramér – Lundberg 模型起源于 Lundberg 的研究。Lundberg 首次使用泊松过程刻画了索赔发生的次数。Lundberg 的工作没有使用严格的数学工具，

Cramér 将 Lundberg 的工作建立在了严格的数学基础上，并进一步发展了保险理论。Lundberg 和 Cramér 研究的保险模型后人称为 Cramér - Lundberg 保险模型，又称为复合泊松保险模型。具体地，在时刻 t，盈余 $X(t)$ 满足下面的方程：

$$X(t) = x_0 + ct - \sum_{i=1}^{N(t)} Y_i \tag{1.1}$$

这里 x_0 表示保险人的初始盈余，$c>0$ 是保险人单位时间的保费收入；$\{Y_i, i=1,2,\cdots\}$ 是一列独立同分布取（严格）正值的随机变量序列，Y_i 表示第 i 次赔付的大小；$N(t)$ 服从参数为 λ 的齐次泊松过程，表示到时刻 t 为止索赔累积发生的次数。此外，文献中通常假设 $\{Y_i, i=1,2,\cdots\}$ 和 $N(t)$ 是相互独立的。

二、扩散逼近保险模型

模型（1.1）中用 ct 代表保险人的收入，用 $\sum_{i=1}^{N(t)} Y_i$ 代表保险人的支出，能很好地反映保险人盈余的变化。然而，模型（1.1）中含有跳项 $\sum_{i=1}^{N(t)} Y_i$，在基于该模型建立最优保险决策模型时，有时会对求解带来很大困难。人们渴望能用一个连续过程来近似 $\sum_{i=1}^{N(t)} Y_i$。很多学者进行了这方面的研究，如 Grandell 证明了，可以使用如下模型逼近累积赔付过程 $\sum_{i=1}^{N(t)} Y_i$：

$$\sum_{i=1}^{N(t)} Y_i \approx \lambda t \mathrm{E}(Y_i) - \sqrt{\mathrm{E}[(Y_i)^2]}\, W(t) \tag{1.2}$$

这里 $W(t)$ 为标准布朗运动。那么，模型（1.1）具有如下逼近形式：

$$X(t) \approx x_0 + ct - \lambda t \mathrm{E}(Y_i) + \sqrt{\mathrm{E}[(Y_i)^2]}\, W(t) \tag{1.3}$$

三、跳 - 扩散保险模型

模型（1.3）克服了模型（1.1）因跳引起的计算困难，但是不能刻画盈余的瞬时变化。目前文献中，经常把 Cramér - Lundberg 模型和扩散逼近保险模型结合起来研究，即考虑如下的跳－扩散保险模型：

$$X(t) = x_0 + ct + bW(t) - \sum_{i=1}^{N(t)} Y_i \tag{1.4}$$

这里 $b>0$ 为一常数。$bW(t)$ 可表示不确定的保费收入或索赔支出。

通过推广保费计算原理以及索赔发生次数所服从的计数过程，则可构建拓广的保险模型。目前，这仍是保险精算研究中的热点问题。

第三节　再保险基础知识

再保险也称分保或“保险的保险”，是指保险人将自己所承担的保险责任，部分地转移给再保险人承保的业务。再保险是保险人转移索赔风险的主要方式。再保险起源于海上保险，而其快速发展主要是基于保险人对巨灾理赔的需求，如 1666 年的伦敦大火、1755 年的里斯本地震等。为了避免因一起巨大事故而把自己赔垮，保险人将部分风险转移给再保险人，让它们为自己承保的责任再上一层保障。下面对文献中常用的再保险模式进行详细介绍。

一、比例再保险

（一）成数再保险

成数再保险是指保险人与再保险人在再保险合同中约定索赔额的分割比例，并按照约定的比例在保险人与再保险人之间进行赔付分割的再保险方式。假设索赔额为 Y，在成数再保险下，保险人的赔付额为 aY，其中 $a \in [0,1]$ 为索赔发生时保险人的自留比例，再保险人的赔付额为 $(1-a)Y$。传统的成数再保险要求 $a \in [0,1]$。Bäuerle 指出，在成数再保险中，a 也可以大于 1。当 $a>1$ 时，可以看作保险人从事了新的保险业务，比如承担了再保险人的角色，分入了保费。

成数再保险具有较强的资本融通能力，通常办理的手续非常简便，能有效地节省人力成本和签订再保险合同时谈判的费用；缺点是保险人对于再保险合同范围内的索赔业务没有选择机会，无论索赔额为多少都要进行分保，再保费支出大，风险责任很难全面衡量。所以，该再保险模式主要适用于保险人新从事的保险业务或增长较快的保险业务，如车险和责任险等。

（二）溢价再保险

溢价再保险指的是原保险人与再保险人在再保险合同中约定自留额和最高分入限额，将每次索赔额超过自留额的部分分给再保险人。溢价再保险的优点在于，可根据不同的保险业务确定不同的自留额，具有灵活性；缺点在于，再保费计算方面比较烦琐费时。溢价再保险常用于危险性较小、风险较分散的保险业务以及保险金额不均匀的保险业务。

目前，在文献中使用的比例再保险模式基本上都是成数再保险。研究溢价再保险的理论应是将来的一个研究课题。本书中，我们提到的比例再保险指的都是成数再保险。

二、非比例再保险

非比例再保险是相对比例再保险而言的，它的优点在于管理成本一般低于比例再保险，缺点在于不利于小额损失风险的转移。非比例再保险主要有超额损失再保险和超额赔付率再保险。

（一）超额损失再保险

超额损失再保险是指，只有当索赔额超过某个常数时才进行再保险，否则不进行再保险。具体表示形式为：对于索赔额 Y，在超额损失再保险下，保险人的赔付额为 $\min\{Y,b\}$，其中 b 为常数，再保险人的赔付额为 $\max\{Y-b,0\}$。超额损失再保险简单来说就是，当索赔额低于 b 时，保险人不进行再保险；当索赔额高于 b 时，高出的部分由再保险人赔付。超额损失再保险对巨灾风险的保障作用是比例再保险不能比拟的，该再保险模式主要应用于火险、海上货运险、附加险等。

（二）超额赔付率再保险

超额赔付率再保险是指按年度赔款与保费的比率来确定自负责任和再保险责任的一种再保险方式。超额赔付率再保险主要应用于农作物的再保险。

在文献中使用的非比例再保险大多数都是超额损失再保险，研究超额赔付率再保险的理论与应用应是将来的一个重要课题。

三、其他再保险

除了上述介绍的再保险模式，保险人在实际运营中还经常使用一些临时再保险或针对某类保险业务专门制定的再保险等。在理论方面研究这些再保险模式的应用，以及探索新的再保险模式，目前仍是保险精算的研究任务之一。例如，Liang 和 Guo 以及 Yang 等人研究了一种联合成数与超额损失再保险，该再保险模式兼顾了成数再保险和超额损失再保险的优点。具体形式为：设 Y 为索赔额，$a \in [0,1]$ 和 $b \in [0,+\infty)$ 为两个常数，在联合成数与超额损失再保险下，保险人的赔付额为 $\min\{aY,b\}$，再保险人的赔付额为 $Y-\min\{aY,b\}$。

四、再保费

通过再保险，当索赔发生时，再保险人为保险人承担一部分赔付。作为对再保险人的补偿，保险人要给再保险人缴纳再保费。再保费计算是保险人与再保险人双方均十分关心的问题。在实际中，再保费计算通常使用前面介绍的保费计算原理。最近，有些学者提出了一些新的再保费计算原理。例如：Zhang 等人基于一般的再保险模式，提出了推广的均值－方差再保费原理；Hu 和 Wang 基于比例再保险模式和未来赔付与历史赔付的相依性，提出了损失相依再保费原理；Tan 等人基于一般再保险模式，提出了均值－CVaR 再保费原理。研究新的再保费计算原理，目前仍是保险精算领域的热点问题。

第四节　金融市场基础知识

在金融市场上，投资是人们增加财富的主要手段。在金融市场中，通常存在着无风险资产（如债券、银行存款等）与风险资产（如股票）。合理刻画无风险资产和风险资产的价格变化规律，在金融投资中非常重要。本节从常用的金融资产价格满足的方程角度，介绍金融市场的相关基础知识。

Black 和 Scholes 在 1973 年提出了如下模型来刻画无风险资产的价格 $B(t)$ 和风险资产的价格 $S(t)$：

$$dB(t)=rB(t)dt,\ dS(t)=S(t)[\mu dt+\sigma dW(t)] \tag{1.5}$$

这里 $r>0$ 是无风险资产的利率，$\mu\geqslant r$ 和 $\sigma>0$ 分别是风险资产的预期收益率和波动率，$W(t)$ 为标准布朗运动。现在，人们通常把模型（1.5）称为 B－S 模型。

B－S 模型给出了资产价格变化的显式表达，它的出现对于人们研究金融投资问题带来了很大的便利。然而 B－S 模型也有很多缺陷，比如资产的收益率和波动率一般都不是常数，风险资产的价格经常是跳跃的，长期投资时无风险资产的利率也是变化的。因此，自从 B－S 模型提出以来，就有很多学者对其进行了完善和推广。下面介绍一些常见的推广形式。

一、风险资产的价格模型

（一）定常变差（Constant Elasticity of Variance，CEV）模型

Cox 和 Ross 首次提出了 CEV 模型。在 CEV 模型下，风险资产的价格满足如下方程：

$$dS(t)=S(t)[\mu dt+\sigma S^{\beta}(t)dW(t)] \tag{1.6}$$

其中 β 是常弹性参数，可取任意实数。当该模型被提出时，β 只能取负值。Emanuel 和 Macbeth 证明了 β 也可取正值。特别地，当 $\beta=0$ 时，模型（1.6）变为模型（1.5）中风险资产的价格过程。因此，CEV 模型是 B－S 模型的推广。CEV 模型能体现波动率的随机变化，而且在理论研究中易于分析波动率对风险资产价格的影响，缺点在于风险资产的预期收益率仍是常数。

（二）Ornstein－Uhlenbec（OU）模型

在 OU 模型下，风险资产的价格满足如下随机微分方程：

$$dS(t)=S(t)[(\mu+m(t))dt+\sigma dW(t)] \tag{1.7}$$

这里$\mu>0,\sigma>0$都是常数，$m(t)$是满足下式的随机过程：

$$dm(t)=\alpha m(t)dt+\beta d\overline{W}(t) \tag{1.8}$$

其中$\alpha>0,\beta>0$为两个常数，$\overline{W}(t)$为标准布朗运动。OU 模型体现了风险资产预期收益率的随机变化，但是波动率仍是常数。

（三）Heston 模型

Heston 首次提出了如下后人称为 Heston 模型来描述风险资产的价格：

$$dS(t)=S(t)[(r+k\eta(t))dt+\sqrt{\eta(t)}dW(t)] \tag{1.9}$$

这里$r>0$为无风险资产的利率。$k>0$为常数，$\eta(t)$是随机过程，满足如下随机微分方程：

$$d\eta(t)=(b-a\eta(t))dt+\sigma\sqrt{\eta(t)}d\overline{W}(t) \tag{1.10}$$

其中$a>0,b>0,\sigma>0$为常数，$\overline{W}(t)$为标准布朗运动。在 Heston 模型中，风险资产的收益率和波动率都是随机的，因此能更好地刻画风险资产价格的随机变化。Heston 模型在文献中广为应用，它的优点在于其较高的计算效率和较好的稳健性。

（四）Stein – Stein 模型

Stein EM 和 Stein JC 提出了如下 Stein – Stein 模型以描述风险资产的价格：

$$dS(t)=S(t)[(r+\eta|V(t)|)dt+|V(t)|dW_1(t)] \tag{1.11}$$

这里$r>0$为无风险资产的利率，$\eta>0$为常数，$W_1(t)$为标准布朗运动。$V(t)$为随机过程，满足下面的随机微分方程：

$$dV(t)=b(a-V(t))dt+\sigma dW_2(t) \tag{1.12}$$

其中$a>0,b>0,\sigma>0$为常数，$W_2(t)$为标准布朗运动。比较 Heston 模型与 Stein – Stein 模型我们可以看到，Stein – Stein 模型的波动率的波动率是常数，而 Heston 模型的波动率的波动率仍是随机的。因此，Stein – Stein 模型可看作 Heston 模型的特殊形式。

（五）风险资产的价格带跳的模型

模型（1.5）～模型（1.11）中，风险资产的价格过程都是连续的。但实际中，由于受到一些不确定因素的影响，比如新冠疫情、金融危机、国家宏观调控等，风险资产的价格经常出现跳跃，考虑带跳的风险资产价格更符合实际。带跳的风险资产价格可以用如下模型刻画：

$$dS(t) = S(t)\left[\mu dt + \sigma dW(t) + d\sum_{i=1}^{\overline{N}(t)} Z_i\right] \tag{1.13}$$

这里$\mu>0,\sigma>0$为常数，$W(t)$为标准布朗运动，$\overline{N}(t)$是齐次泊松过程，$\{Z_1,Z_2,\cdots\}$是一列独立同分布的随机变量，Z_i表示风险资产第i次跳的大小。为了保证风险资产的价格为正，一般要求$Z_i>-1$。

二、无风险资产的价格模型

前面介绍了描述风险资产价格的几种形式，并指出在实际中无风险资产的利率不一定是常数。特别是在长期投资，比如养老金投资中，无风险资产的利率往往是不确定的。下面介绍无风险资产价格过程的一些推广形式。

（一）Vasicek 模型

Vasicek 提出了一种随机利率模型，后人称之为 Vasicek 模型。在 Vasicek 模型下，无风险资产的价格满足如下形式：

$$dB(t)=r(t)B(t)dt,\ dr(t)=[\delta-\alpha r(t)]dt+\beta d\tilde{W}(t) \tag{1.14}$$

这里$\delta>0,\alpha>0,\beta>0$为常数，$\tilde{W}(t)$是标准布朗运动。Vasicek 模型中利率的波动率是常数，所以有可能产生负的利率，这与实际不符。因此，Vasicek模型提出后，就有学者开始研究新的随机利率模型。

（二）CIR 模型

Cox 等人提出了刻画随机利率的 Cox－Ingersoll－Ross（CIR）模型。在 CIR 模型下，无风险资产的价格满足如下方程：

$$dB(t)=r(t)B(t)dt,\ dr(t)=k[\theta-r(t)]dt+\sigma\sqrt{r(t)}\,d\tilde{W}(t) \tag{1.15}$$

其中$k>0,\theta>0,\sigma>0$为常数，$\tilde{W}(t)$是标准布朗运动。CIR 模型中，利率的波动率是利率的平方根乘以正常数，因此利率越高，波动率越大，这是符合实际的。同时，CIR 模型克服了 Vasicek 模型可能导致利率为负的缺陷。

前面几节介绍了再保险和投资问题中经常用到的基础知识，接下来我们重点探讨再保险和投资的发展现状。

第五节　再保险和投资的发展现状

本节从一个保险人、一个保险人和一个再保险人、多个保险人三个视角分析再保险和投资的发展现状，指出尚未完全解决的再保险和投资问题，从而得到本书的研究内容。

一、基于一个保险人的最优再保险和投资

在连续时间再保险和投资问题中，基于一个保险人的再保险和投资问题是最基础、研究最早的一种情形，Browne 的工作是这个领域的一项奠基性工作。虽然 Browne 的工作过去快 30 年了，但是如今仍然受到学者们的广泛关注。Browne 工作的创新性在于：他开创了利用随机控制理论研究连续时间保险人投资问题的先河。Browne 假设保险人的盈余过程满足扩散逼近保险模型。进而，作者假设保险人在资产价格满足 B－S 模型上进行投资来增加财富，建立了如下优化问题：

$$\sup_{\pi\in\Pi}\mathrm{E}\{U[X^{\pi}(T)]\} \tag{1.16}$$

这里 π 代表保险人在风险资产上投资的金额，Π 是所有 π 组成的容许策略集，$X^{\pi}(T)$ 为投资终止时刻的财富，$U(x)$ 为效用函数。在指数效用函数下，Browne 利用随机控制理论建立了财富过程满足的 Hamilton－Jacobi－Bellman（HJB）方程，进而求解问题（1.16）获得了保险人的最优投资策略。

虽然 Browne 开创了连续时间保险人投资问题研究的先河，但是也存在如下几点不足：（1）没有考虑再保险；（2）模型中没有考虑跳跃；（3）考虑的金融市场比较简单；（4）没有体现保险人的模糊厌恶；（5）研究结果依赖于效用函数的选择，没有直接量化索赔和投资风险。基于这 5 点不足，近年来很多文献推广了 Browne 的工作。

Yang 和 Zhang 从保险模型方面推广了 Browne 的工作，他们假设保险人

的盈余过程满足复合泊松保险模型，资产价格满足 B-S 模型，研究了保险人的最优投资策略，不足之处是仍没有考虑再保险。Bai 和 Guo 把风险资产数量由一个推广到了 n 个，并且考虑了比例再保险。Li 等人把风险资产价格过程推广到了 CEV 模型，且考虑了超额损失再保险。A 和 Li 把风险资产的价格过程推广到了 Heston 模型并且考虑了超额损失再保险。Brachetta 和 Schmidli、Brachetta 和 Ceci 研究了保险市场与金融市场的相依性且考虑了再保险。Deng 等人考虑了保险人具有有限记忆并可以投资到违约债券的情形。Bäeuerle 和 Leimcke 把再保险和投资问题与目前流行的强化学习结合了起来。Zhang 和 Chen 则进一步考虑了模型具有延迟和资产价格带跳跃的情形。

实际中保险人通常是模糊厌恶的，因此稳健的决策是人们所追求的。稳健的决策是在最坏情形下做出最优决策，即鲁棒（robust）最优策略。Anderson 等人为了在连续时间框架下研究模糊厌恶的投资问题，引入了鲁棒控制的方法。Maenhout 通过提出“同调鲁棒性”（homothetic robustness）的概念改进了鲁棒控制方法，进而研究了连续时间的投资和消费问题。2008 年全球金融危机以及最近中美关系恶化以来，全球经济环境持续动荡，导致再保险和投资的不确定因素加大。因此，最近越来越多的学者展开了关于鲁棒最优再保险和投资问题的研究。这类研究是把优化问题（1.16）改进为如下优化问题：

$$\sup_{u\in U}\inf_{\theta\in\Theta}\mathrm{E}^{\theta}\left\{\int_t^T f[s,X^u(s),\theta(s)]\,\mathrm{d}s+U(X^u(T))\right\}\tag{1.17}$$

这里 u 是再保险和投资策略，U 是全体 u 组成的容许策略集，θ 是体现经济环境变化的决策变量，所有的 θ 组成 Θ，$\int_t^T f[s,X_t^u,\theta(s)]\,\mathrm{d}s$ 刻画了偏离参考模型的惩罚，其他符号与（1.16）相同。针对于问题（1.17），文献中相关的研究有：Pun 和 Wong 研究了风险资产价格满足多尺度随机波动模型的情形；Zheng 等人研究了 CEV 模型；Sun 等人研究了方差值再保险保费原理以及保险人可投资违约债券的情形；Huang 等人研究了 Heston 模型；Li 等人研究了超额损失再保险和模型带跳跃的情形；Gu 等人研究了金融资产具有错误定价情形；Sun 等人研究了保险人具有多重相依的情形；Zhang 和 Chen 研究了价格跳跃以及保险人可投资违约债券的情形；Peng 等人研究了考虑内部信息的情形。

上述研究在再保险、模型带跳跃、金融市场以及模糊厌恶四个方面进行了推广研究，然而这些研究都是基于期望效用准则的。期望效用准则对保险人的风险偏好有很大的依赖性，效用函数不同往往会得到不同的结果，而效用函数的恰当选择又比较困难，而且不能直接量化索赔和投资风险。

2000 年 Zhou 和 Li 首次研究了连续时间框架下的均值 - 方差投资组合问题。他们的目标函数为：

$$\sup_{\pi \in \Pi} \{ E[X^{\pi}(T)] - \gamma \mathrm{Var}[X^{\pi}(T)] \} \tag{1.18}$$

这里 $\gamma > 0$ 表示投资者的风险厌恶参数。模型（1.18）用期望 $E[X^{\pi}(T)]$ 量化了收益，同时用方差 $\mathrm{Var}[X^{\pi}(T)]$ 量化了风险，从而克服了模型（1.16）的不足。在连续时间下，由于模型（1.18）中含有方差项，而方差不满足可分性，这导致 Bellman 最优性原理不再成立，因此不能使用随机动态规划的方法来求解问题（1.18），这对问题的求解带来了困难。Zhou 和 Li 把问题（1.18）等价转化为一个随机线性二次控制问题，通过求解等价转化后的问题，进而得到了问题（1.18）的解。Bäuerle 把 Zhou 和 Li 的研究框架应用到了再保险问题，得到了最优再保险策略，但是作者没有考虑投资。20 多年来，很多学者基于 Bäuerle、Zhou 和 Li 的工作，研究了连续时间均值 - 方差框架下的再保险和投资问题。Bi 和 Guo 研究了扩散逼近保险模型和风险资产价格带跳跃的情形。杨鹏等人研究了保险模型满足 Poisson - Geometric 过程的情形，进而研究了风险资产价格满足 OU 模型的情形。Sun 和 Guo 研究了扩散逼近保险模型，且风险资产价格满足 Heston 模型以及无风险资产价格满足 CIR 模型的情形。Bi 等人研究了两类相依保险业务的情形。类似的研究还有杨鹏、Bi 等人、Zhang 等人、Chen 和 Peng。

以上研究获得的再保险和投资策略均属事先承诺的策略（pre - commitment strategy），该类策略是时间不一致的。也就是说，这种策略只在初始时刻是最优的，随着时间的推移，它可能就不是最优的了。然而，人们通常更关心的是时间一致的策略。比如：我国政府在 2020 年制定，到 2030 年全面建成完善的健康保险医疗体系，那么到 2030 年该决策应该仍是最优的。目前有两种方法寻求时间一致的策略：一种是基于随机动态规划原理，利用随机控制理论建立财富过程满足的推广的（extended）HJB 方程，求得闭环（closed loop）均衡策略；另一种是基于最大化原理，利用正向、倒向随机微分方程理论获得开环（open loop）均衡策略。

利用闭环均衡策略研究时间不一致的问题源自 Strotz。Ekeland 和 Lazrak 基于博弈的思想首次提出了均衡策略的概念，进而 Ekeland 和 Pirvu 基于均衡策略研究了时间不一致的投资－消费问题。Björk 和 Murgoci 利用博弈思想系统地研究了一类连续时间下的时间不一致问题。基于 Björk 和 Murgoci 的研究框架，近年来许多学者研究了时间一致的再保险和投资问题。Zeng 和 Li 针对复合泊松保险模型，较早地研究了时间一致的比例再保险和投资问题。Liang 和 Song 研究了保险人只能获取部分保险和金融信息的情形。Zhang 和 Liang 研究了只在风险资产投资，不在无风险资产投资的情形。Lin 和 Qian 研究了风险资产价格满足 CEV 模型的情形。Yang 考虑了保险市场与金融市场具有相依性的情形。Zhang 和 Chen 研究了保险人可投资违约债券的情形。Wang 等人同时考虑了具有时间延迟和保险人可投资违约债券的情形。这方面的研究还可以参考杨鹏和刘琦、Zhang 和 Liang、Cao 等人。

利用开环策略研究时间不一致问题的一项重要工作是 Hu 等人。他们研究了一类随机线性二次控制问题，利用最大化原理的思想，通过使用正向、倒向随机微分方程的技术获得了开环均衡策略存在的充分条件，在一些特殊情形下得到了开环均衡策略的解析解，并探讨了结果在均值－方差投资组合选择问题中的应用。进而，Hu 等人进一步在状态是一维和模型参数是确定时，证明了所研究问题的开环均衡策略是唯一的。最近，Sun 和 Guo 研究了模型带跳跃情形下的开环均衡策略，并把所得结果应用到了均值－方差投资组合选择问题；Wang 等人研究了模型参数是随机过程时再保险和投资问题的开环均衡策略；Yan 和 Wong 研究了资产价格满足随机波动率模型时再保险和投资问题的开环均衡策略。这方面的研究还可以参考 Wang、Zhao 和 Wei、Zhang 等人。

闭环均衡策略常用于解决复杂的再保险和投资问题，但其缺点是有时难以保证策略的唯一性；开环均衡策略易于研究策略的唯一性，但其缺点是不能反映系统的反馈，因而缺乏精确性。目前，这两种方法仍是求解时间不一致问题常用的方法。

除了上面从获得时间一致性策略的角度推广 Zhou 和 Li 的工作之外，另一类研究是把 Zhou 和 Li 的工作与模糊厌恶结合起来。Yi 等人在模糊厌恶框架下，得到了鲁棒事先承诺的再保险和投资策略。杨鹏在通货膨胀影响下，得到了鲁棒事先承诺的再保险和投资策略。Zeng 等人在模糊厌恶框架下，得到了鲁棒时间一致的再保险和投资策略。Li 等人研究了 Zeng 等人模型的一种推广形式，他们称为 α - 鲁棒框架，同样求得了时间一致的策略。Zhao 等人在模糊厌恶框架下，考虑了保险人投资违约债券的情形，得到了时间一致的策略。在这些文献中，时间一致的策略均是基于闭环均衡策略的。我们没有发现有文献在模糊厌恶框架下，基于开环策略研究时间一致的再保险和投资问题，这在将来可能会引起人们的重视。

从上述分析可见，已有很多文献研究了基于一个保险人的再保险和投资问题，但是在连续时间框架下建立保险模型时，还有以下问题很少涉及。

（1）探索新的保险模型，使所建立的保险模型更符合实际中保险业务的运营，能更准确地描述索赔的发生，以便保险人更好地采取再保险减少索赔风险。

众所周知，在汽车保险中，保险人通常根据投保人当年的索赔数量或金额来确定下一年的保费。Niehaus 和 Terry、Browne 和 Hoyt 通过实证研究证明了，对于保险人来说，未来的索赔与历史索赔是相依的。Ranyard 和 McHugh 指出，投保人以前的经验在他们未来的保险决策中起着重要作用。然而，如何恰当地用计量模型描述未来索赔和历史索赔之间的相依关系仍然是一个悬而未决的问题。因此，从未来索赔与历史索赔相依的视角提出新的保险模型是很有意义的。

Barberis 等人证明了：投资者可以通过推断股票市场过去的价格变化，形成对股票市场未来价格变化的认知。受这项研究的启发，我们认为保险人可以通过推断历史索赔来形成他们对未来索赔的认知。基于此，可以建立未来索赔与历史索赔之间相依的模型。Hu 和 Wang、Chen 等人也做了类似的推广，但他们没有系统地解释索赔相依保险模型的保险与经济含义，没有完整地分析索赔相依对保险人决策的影响，并且他们也没考虑在风险资产上进行投资。因此，很有必要进一步研究索赔相依的保险问题。

实际中，风险事件与赔付事件有可能是不等价的。比如，在保险人推出免赔额制度和无赔款折扣（No Claim Discount，NCD）等制度后，风险事件就不一定是赔付事件，理赔次数过程就不再是 Poisson 过程。在 Poisson - Geometric 类风险模型中，描述理赔次数的过程是 Poisson - Geometric 过程。毛泽春和刘锦萼通过研究得到：Poisson - Geometric 过程是 Poisson 过程的推广，并且 Poisson - Geometric 过程中风险事件与赔付事件不再等价。孙宗岐和陈志平研究了 Poisson - Geometric 风险模型下的最优投资和分红策略；闫德志在比例再保险和超额损失再保险下，研究了 Poisson - Geometric 风险模型中的调节系数方程、破产概率等问题；崔巍研究了一类 Poisson - Geometric 风险模型的预警区域的矩母函数。然而，还没有文献在 Poisson - Geometric 模型下，研究时间一致的再保险和投资问题。

（2）探索新的再保险模式，以便更有效地指导保险人进行再保险。

保险人在实际中经常使用的再保险模式有比例再保险和超额损失再保险。目前，大多数文献都是独立地研究比例再保险和超额损失再保险，很少有学者把这两种常见的再保险模式联合起来研究。因此，从同时考虑比例和超额损失两种再保险模式的视角，提出新的再保险模式，是很有意义的。

Liang 和 Guo 在最大化期望效用准则下，Hu 等人在破产概率最小化准则下，把比例和超额损失两种再保险联合起来进行了研究。但是，他们的研究有以下不足：

①期望效用和破产概率这两个准则不能直接量化索赔风险，然而索赔风险直接决定保险人采取的再保险方式。

②没有探讨比例和超额损失两种再保险模式对保险人的影响。

③没有考虑保险人在金融市场的投资。众所周知，保险人在实际中通常是通过在金融市场投资来增加财富的。

④没有从理论或数值方面分析联合再保险与单纯的比例再保险、超额损失再保险之间的关系。

因此，在均值 - 方差框架下研究联合再保险和投资问题很有意义。

（3）探索保险市场和金融市场之间新的相互影响机制，同时考虑再保险和投资的终止时刻都是随机的。

实际中，巨大自然灾害或突发事件，如金融危机、新冠疫情，不可避免地会对保险市场和金融市场产生共同冲击，带来相互依赖的影响。因此，研究两个市场的相依性是很有意义的。有少数文献，如 Yang 和 Liang 等人，研究了共同冲击对两个市场的影响。但是，他们研究的问题中没能体现共同冲击对索赔额和资产价格跳跃大小的影响，也没能体现两个市场的相互影响。因此，很有必要在共同冲击下，提出保险市场和金融市场之间一种新的相互影响机制，以克服目前研究中的不足。

此外，保险人通常知道何时开始再保险和投资，但是他们不确定何时终止再保险和投资。有许多外生和内生的随机事件可以迫使保险人退出再保险或投资市场。这里外生随机事件可包括保险人的严重疾病、意外的巨额消费等；内生随机事件则有诸如再保险保费的急剧增加、索赔的迅速减少以及金融资产价格的暴跌等。

有不少文献研究了随机退出时间下的最优投资或消费问题。Yaari、Hakansson 和 Zeng 等人研究了外生随机事件导致的随机退出时间；Shefrin 和 Statman、Odean 和 Kharroubi 等人则研究了内生随机事件导致的随机退出时间。实际中，随机退出时间可能同时取决于内生和外生随机事件，尽管这将使由此产生的问题更加复杂。Blanchet - Scalliet 等人首次研究了由外生和内生随机事件引起的随机退出时间。与 Blanchet - Scalliet 等人相似，Yu、Huang 等人、Lv 等人和 Bellalah 等人也研究了外生和内生随机事件引起的随机退出时间。

与许多关于随机退出时间下的投资或消费问题的研究相比，目前关于随机退出时间下的再保险和投资问题的研究还很少。原因可能是，再保险和投资问题的随机退出包含再保险的随机退出以及投资的随机退出，两个随机退出使问题更加复杂。据我们所知，只有 Gu 等人研究了具有随机退出时间的再保险和投资问题，这里的随机退出时间是一个停时，完全由风险资产的价格决定。也就是说，随机退出时间完全来自风险资产价格波动引起的内生随机事件。换句话说，任何独立于风险资产价格的外生随机事件和内生随机事件都不会影响退出时间。这显然与现实不符。同时，Gu 等人只研究了单一风险资产没有考虑价格跳跃的情形，也没有考虑保险市场和金融市场之间的相互影响。鉴于此，研究再保险和投资终止时间都是由内生和外生随机事件引起的再保险和投资问题将很有意义。

（4）基于多类保险业务的再保险和投资问题。在实际中，一家保险公司可能同时经营多种保险业务。例如，2021 年中国平安保险公司在产险中，同时经营车险、保证保险、责任保险、意外伤害保险和企业财产保险等；在寿险中，同时经营赢越人生年金保险、尊宏人生两全保险、平安福终身寿险、玺越人生（少儿版）和玺越人生（成人版）等。然而，目前很少有文献研究保险公司经营多类保险业务的再保险和投资问题。

（5）考虑通货膨胀影响的最优再保险和投资。改革开放以来，中国经济得到了快速发展。从 2009 年开始，中国的 GDP 总量已经跃居世界第二位。经济的发展，一方面使国民的收入有了很大的提升，但另一方面也导致通货膨胀越来越突出。最近有一些学者开始关注考虑通货膨胀影响的投资策略选择。Li 等人在通货膨胀影响下，研究了时间一致的均值 - 方差再保险 - 投资策略选择。Sun 等人在通货膨胀影响下，研究了 DC 型养老金的最优投资问题。Wu 在通货膨胀影响下，研究了最优消费和投资问题。目前，在通货膨胀影响下研究时间一致再保险和投资问题的文献还不多。

针对上述文献中很少涉及的 5 个问题，本书将提出未来索赔与历史索赔相依、索赔事件和赔付事件不等价、多类保险业务相依的多种新型保险模型，提出比例再保险和超额损失再保险新联合形式下的再保险模式，构建再保险和投资随机退出的新框架，建立考虑通货膨胀影响的风险资产价格模型，提出保险市场和金融市场之间新的相互影响机制，进而研究所构建新模型下的再保险和投资问题。

二、基于一个保险人和一个再保险人的最优再保险和投资

前面所列文献均只从保险人的角度研究了最优再保险和投资策略选择问题，没有考虑再保险人的利益，因而没有考虑最优再保费定价策略。事实上，再保险人也是签订再保险合同的利益相关方。Borch 指出：再保险合同可能对一方非常有吸引力，但对另一方可能相当不可接受。Li 等人、Huang

等人和 Wang 等人的文献从兼顾保险人和再保险人双方利益的角度出发，研究了最优再保险和投资问题。尽管这些研究考虑了保险人和再保险人的共同利益，但他们都假设再保费取某个预先指定的常数。因此，这些研究未能反映再保险人动态调整再保费的现实需求。

最近，一些学者从兼顾保险人和再保险人双方利益的角度出发，研究了最优再保费定价策略。Hu 等人和 Hu 和 Wang 用再保险人的相对安全负载代表再保险价格，进而按照期望值原理计算再保费，但对再保险价格没有限制。这就意味着再保险人可以随心所欲地把再保险价格定得很高，这显然不合常理。因此，引入再保险价格的上界和下界更为合理。与 Hu 等人和 Hu 和 Wang 类似，Gu 等人采用再保险人的相对安全负载代表再保险价格，但是只要求其大于保险人的相对安全负载，对其上限没有限制。Chen 和 Shen 将再保险价格限制在了一个给定区间，但是该区间的确定依赖于期望值保费原理，不具有普适性。

基于文献分析，我们发现还有以下两个问题很少涉及：

（1）探索再保费的普适性定价策略；

（2）量化保险人与再保险人之间的竞争。

实际中，保险人和再保险人之间经常存在竞争。① 保险人和再保险人存在业务竞争，例如：瑞士再保险公司在中国从事保险业务，中国平安保险公司也从事再保险业务。根据瑞士再保险公司经济研究与咨询部的报道，它在 2015 年天津“8·12”大爆炸事故中赔付了 2.5 亿美元。这意味着瑞士再保险公司可能与中国本土的保险公司存在着业务竞争。同时，根据中国平安保险公司 2020 年的年报，我们知道它在 2020 年的再保费收入为 5700 万元人民币。所以，中国平安保险公司可能与其他再保险公司之间存在业务竞争。此外，保险公司和再保险公司经常在巨灾保险中存在竞争。例如，慕尼黑再保险公司在日本从事台风引起的巨灾保险。所以，慕尼黑再保险公司可能与日本本土的保险公司之间存在竞争。② 在签订再保险合同时，保险人和再保险人存在利益冲突，双方都希望最大化自身利益。具体来说，在再保费的制定过程中，保险人希望再保费越低越好，然而，再保险人希望再保费越高越好，双方通过讨价还价或竞争确定最终的再保费。因此，保险人和再保险人存在竞争关系。③ 在签订再保险合同后，保险人不希望再保险人的收入（再保费）超过其剩余收入，即总保费减去再保费。在通常情况下，保险人只支付少量再保费，然后将剩余保费投入金融市场以增加财富。例如，根据中国平安保险公司2020年的年报，其再保费仅占总保费的14.2%。

在保险人和再保险人竞争框架下，设计再保费的普适性定价策略，研究相应的再保险和投资问题，可以更好地兼顾保险人和再保险人的利益，进而制定更合理的索赔风险分担策略、再保费定价策略和投资策略。

针对上述文献中很少涉及的两个问题，本书将提出保险人与再保险人的竞争模式，设计再保险价格的普适性定价区间，研究再保险合同的设计问题，即索赔风险分担策略和再保险价格，以及相对应的投资问题。

三、基于多个保险人的最优再保险和投资

市场上通常存在多个保险人，他们之间是密切联系的，尤其是在经济全球化快速发展的今天。一些学者最近采用相对业绩来量化两个保险人之间的竞争，在不同的保险和金融模型中研究了由此产生的再保险和投资问题。Bensoussan等人用相对业绩量化了两个保险人之间的竞争，他们考虑的模型参数由连续时间马尔可夫链和独立于保险、金融市场的指标过程共同驱动。Siu等人研究了两个竞争的保险人具有相依风险时的相对业绩。Deng等人研究了两个竞争的保险人可投资于违约债券时的相对业绩。Pun等人研究了两个竞争的保险人在模糊厌恶下的相对业绩。Chen等人在广义的均值-方差再保险保费原理下，研究了两个竞争保险人的相对业绩。Hu和Wang研究了两个竞争的保险人考虑相对业绩时的时间一致再保险-投资策略。Zhu等人将Hu和Wang的结果推广到了风险资产价格满足Heston模型的情形。相似的研究还有Wang等人、Zhu等人。

基于文献分析，我们发现还有以下两个问题很少涉及。

（1）多个保险人之间的竞争问题。在实际中，通常有很多，比如说两个以上的保险人，他们的业绩是相关联的。与研究 $n>2$ 个保险人相比，用相对业绩量化两个保险人之间的竞争至少有以下三点不足。首先，每个保险人只考虑另一个特定保险人的业绩，超过某个保险人的业绩并不意味着他的业

绩是好的。因为另一个保险人的业绩可能很好也可能很糟糕，如果是后者，则用相对业绩量化竞争就没有意义了。其次，两个保险人情形不能恰当地反映再保险和投资策略的改进，因为每个保险人只能与他的竞争对手做比较。最后但同样重要的是，两个保险人情形不能很好地反映整个保险市场的共同因素对单个保险人再保险策略的影响。因为每个保险人只考虑另一个特定的保险人，而不是所有其他保险人。因此，研究 $n>2$ 个保险人基于相对业绩的再保险和投资问题更有意义。

据我们所知，只有 Espinosa 和 Touzi 以及 Lacker 和 Zariphopoulou 用相对业绩刻画了 n 个代理人之间的竞争，进而研究了相应的最优投资问题。再保险和投资问题不同于通常的投资问题，因为它涉及保费收入和再保费支出，因而是非自融资的，然而通常的投资问题是自融资的。再保险和投资问题中除了投资决策外还有再保险决策，而且保险人的投资行为更为谨慎，他要为投保人负责。因为当索赔发生时，保险人要有足够的资金来应对索赔。虽然有一些文献，如 Dutang、Faias 和 Guedes 研究了多个保险人或再保险人的竞争，但是这些研究都是基于静态模型，不能体现保险信息、策略和盈余的动态变化。目前，没有文献研究连续时间下多个保险人基于竞争的再保险和投资问题。

另外，随着全球化进程的加快，多个国家、企业或个人之间的合作变得越来越普遍。Okano 研究了两国财政政策合作的重要性。Fujiwara 研究了可持续的国际货币政策合作。Timmer 研究了两家企业的合作，分析了两家企业联合成本的稳定分配。Berthod 和 Benchekroun 研究了不可再生资源市场中两家公司的合作。同样地，多个保险人之间也存在着合作关系。在单期或离散时间框架下，一些学者研究了多个合作保险人的再保险问题。例如，Asimit 和 Boonen 研究了单期情形下多个合作保险人之间的帕累托最优保险合同。关于单期或离散时间环境下多个保险人之间其他形式的合作，读者可以参考 DuMouchel、Alegre 和 Claramunt 及 Suijs 等人。据我们所知，目前还没有学者研究连续时间框架下多个保险人基于合作的再保险和投资问题。

（2）多个保险人之间同时考虑竞争与合作的问题。在复杂的社会环境中，一些人或企业是竞争的，而另一些可能是合作的。但是，极少有学者同时考虑竞争与合作的问题。Leite 等人研究了在高技术产业背景下，企业如何在合作与竞争之间转换。Chen 等人研究了群体竞争与合作的优化算法。同样，在社会网络中，一些保险人可能是合作的，而另一些可能是竞争的。然而，没有学者建立计量模型同时研究竞争与合作下的再保险问题。提出多个保险人竞争与合作的统一框架，进而研究由此导出的再保险问题将非常有意义。

针对现有文献中很少涉及的上述两个问题，本书将提出多个保险人之间一种新的相互影响机制，竞争与合作的统一框架，在新的模型框架下，研究再保险和投资问题，系统分析竞争与合作对再保险和投资的影响。

第二章

索赔相依下的鲁棒最优再保险和投资

本章采用 Barberis 等人提出的外推偏差法，建立未来索赔与历史索赔之间的相依关系，进而建立索赔相依的保险模型。此外，投资者在从事投资活动时，往往面临着不确定的经济环境，所以投资者通常是模糊厌恶的。因此，本章将引入模糊厌恶，进而研究期望效用框架下具有索赔相依的鲁棒最优再保险和投资问题，求得问题的最优解。为了更好地理解索赔相依、模糊厌恶以及价格跳跃对最优策略的影响，我们将考虑三种特殊情形，也就是不考虑索赔相依、不考虑价格跳跃以及不考虑模糊厌恶。进而，为了直接量化保险人面临的潜在风险，我们采取均值 - 方差框架，并得到相应的解析解。最后，从理论和数值上系统分析这些特殊情形与一般情形的关系，得到诸多深刻的见解，可有效指导实际中保险人的再保险和投资决策。

第一节　模型设置和假设

本节先给出连续时间情形下索赔相依的再保险和投资模型，以及后文中要用到的假设条件。本章中用到的所有随机变量，以及所有随机过程都定义在完备的赋流概率空间$(\Omega,\mathcal{F},\{\mathcal{F}_t\}_{t\geqslant 0},P)$上，这里 $\mathcal{F}_t$ 是右连续的；P 是一个参考的概率分布；$\mathcal{F}_t$ 表示到时刻 t 为止保险人所掌握的所有索赔和资产价格的信息。更具体地说，$\mathcal{F}_t$ 是由复合泊松过程 $S(t)$ 和两个相互独立的布朗运动 $W_1(t)$ 和 $W_2(t)$ 生成的域流。$S(t)$ 的具体形式将在后文中给出。假设资产可以在有限时间区间 $[0,T]$ 内进行交易，这里 T 是交易的终止时刻。

一、盈余过程

保险人的盈余过程 $\{X_t, t\geqslant 0\}$ 通过下面的复合泊松保险（Cramér－Lundberg）模型来刻画：

$$dX_t = c\mathrm{d}t - \mathrm{d}\left(\sum_{j=1}^{N_1(t)} Y_j\right) \tag{2.1}$$

这里 $c>0$ 是保险人单位时间保费的收取率，Y_j 是第 j 次索赔的大小，并且 $\{Y_j, j=1,2,\cdots\}$ 构成一个独立、非负的随机变量序列，它们具有共同的分布。共同的分布函数记作 $F_Y(y)$，相应的密度函数为 $f_Y(y)$。假设 Y_j 具有有限的均值 $\mu_{11}=\mathrm{E}(Y_j)$ 和有限的二阶矩 $\mu_{12}=\mathrm{E}(Y_j^2)$。$\{N_1(t), t\geqslant 0\}$ 是一个具有强度 $\lambda_1\geqslant 0$ 的泊松过程，它表示到时刻 t 为止索赔发生的次数。因此，$\sum_{j=1}^{N_1(t)} Y_j$ 表示到时刻 t 为止，累积发生的索赔额。为了书写方便，设 $L(t)=\sum_{j=1}^{N_1(t)} Y_j$，具有初值 $L(0)=0$。假设保险人的初始盈余为 x_0，保费率 c 依照期望值原理来计算。

根据 Grandell 和 Schmidli 等文献的结果，可知累积索赔过程 $L(t)$ 可以由下面带漂移的布朗运动来近似：

$$L(t)\approx \lambda_1\mu_{11}t-\sqrt{\lambda_1\mu_{12}}\,W_1(t) \tag{2.2}$$

其中，$\{W_1(t), t\geqslant 0\}$ 是一维标准布朗运动。

对于实际中的精算问题，大量的实证研究（例如，Niehaus 和 Terry、Browne 和 Hoyt、Ranyard 和 McHugh 等）表明未来索赔与历史索赔是相依的。Watt 和 Vazquez 指出，在实际中，保险人通常根据投保人历史上的索赔情况制定新的保险合同条款。Fung 等人通过实证研究证实了保险人会基于投保人历史上的索赔情况制定未来的保费。基于这些研究，假设保险人是一个外推者是合理的。也就是说，保险人认为索赔的历史趋势可能重现，并可以用来预测未来索赔的变化。基于此考虑以及受 Hu 和 Wang、Barberis 等人和 Chen 等人等文献的启发，我们采用如下的外推偏差来刻画索赔相依：

$$\nu(t) = \int_0^t \delta e^{-\delta(t-s)} dL(s-ds), 0 < \delta < 1 \quad (2.3)$$

式中 $\nu(0)=\nu_0=0$，δ 是外推强度，$dL(s-ds)=L(s)-L(s-ds)$ 反映了时刻 $s-ds$ 到时刻 s 发生的索赔额。这意味着保险人使用时刻 t 之前的历史索赔的指数加权平均来预测未来时刻 t 的索赔。因此，模型（2.3）建立了未来索赔与历史索赔之间的相依关系。

注 2.1 众所周知，在期望值保费原理下，保险人的保费为 $(1+\eta)\cdot E[\overline{L}(t)]$。这里 η 为保险人的安全负载，$\overline{L}(t)$ 为时刻 t 的索赔额。然而，未来的索赔额 $\overline{L}(t)$ 是很难估计的。对于离散时间模型，Ruser 给出了未来索赔额 $\overline{L}(t)$ 的一种计算方法：利用历史索赔信息和其他非历史索赔信息来预测未来的索赔额 $\overline{L}(t)$。进而，Ruser 给出了保费公式 $(1+\lambda)[\theta AL+(1-\theta)EL]$。这里 $\theta\in(0,1)$ 是权重因子，$\lambda>0$ 是安全负载；AL 和 EL 分别代表历史索赔信息和其他非历史索赔信息对未来索赔额的平均预测值，它们的加权和代表未来索赔额的平均值。根据外推偏差模型（2.3），我们可以把 Ruser 的保费模型推广到连续时间情形。对于我们的模型，历史索赔信息预测的未来平均索赔额的总权重为 $\int_0^t \delta e^{-\delta(t-s)} ds = 1-e^{-\delta t}$，所以非历史索赔信息预测的未来平均索赔额的总权重为 $e^{-\delta t}$。因此，在期望值保费原理下，保费可以设置为 $c=(1+\eta_1)[e^{-\delta t}\lambda_1\mu_{11}+\nu(t)]$，这里 η_1 为保险人的安全负载，$\nu(t)$ 和 $e^{-\delta t}\lambda_1\mu_{11}$ 分别代表历史索赔信息和非历史索赔信息预测的未来索赔额的加权平均。

注 2.2 模型（2.3）至少具有以下两个优点。第一，它考虑了所有的历史索赔额，而不是只包含最近的索赔额，这是因为 $dL(s-ds)$ 代表了从时刻 $s-ds$ 到时刻 s 发生的所有索赔额。第二，加权方法可动态地调整不同时间的索赔实现的权重，因为对于任何给定的时间 s 来说，权重 $\delta e^{-\delta(t-s)}$ 是时间 t 的递减函数。这表明，保险人对最近发生的索赔给予更多关注（给予较大权重），而对遥远的过去发生的索赔给予相对较少的关注（给予较小权重），这与人类记忆的特点是一致的。

为了确保历史索赔的加权平均是有限的，给出如下假设。

假设 2.1 假设

$$|\nu(t)| \leqslant M, P-\text{a.s.}, \forall t \in [0,T]$$

这里 M 是一个正常数。

$\nu(t)$ 的微分形式可以表示为：

$$\mathrm{d}\nu(t) = -\delta\nu(t)\mathrm{d}t + \delta \mathrm{d}L(t) \tag{2.4}$$

正如在注 2.1 中解释的，考虑索赔相依后，传统的常数索赔率 $\lambda_1\mu_{11}$ 变为 $e^{-\delta t}\lambda_1\mu_{11}+\nu(t)$。相应地，累积索赔过程（2.2）的微分形式变为：

$$\mathrm{d}L(t) = [e^{-\delta t}\lambda_1\mu_{11}+\nu(t)]\mathrm{d}t - \sqrt{\lambda_1\mu_{12}}\mathrm{d}W_1(t) \tag{2.5}$$

考虑索赔相依后，在索赔过程中我们只修改索赔的期望，而不修改方差的原因是：正如 Merton、Basak 所解释的，一般来说，估计随机变量的期望很困难，而估计其方差很容易，如可以使用平方变差法。因此，我们假设不考虑索赔相依时，保险人对索赔的方差估计是准确的。所以，考虑索赔相依后，不修改索赔的方差。

进而，可得保险人的盈余过程满足下面的随机微分方程：

$$\mathrm{d}X_t = c\mathrm{d}t - \mathrm{d}L(t) = \eta_1[e^{-\delta t}\lambda_1\mu_{11}+\nu(t)]\mathrm{d}t + \sqrt{\lambda_1\mu_{12}}\mathrm{d}W_1(t)$$

把式（2.5）代入式（2.4），可以得到：

$$\mathrm{d}\nu(t) = \delta e^{-\delta t}\lambda_1\mu_{11}\mathrm{d}t - \delta\sqrt{\lambda_1\mu_{12}}\mathrm{d}W_1(t) \tag{2.6}$$

假设保险人通过购买再保险来转移可能发生的索赔风险，对于任意的时间 $t\in[0,T]$，再保险水平与 $1-a(t)$ 相关联，其中 $a(t)$ 是保险人的风险暴露，也称为自留水平。$0\leqslant a(t)\leqslant 1$ 表示比例再保险，$a(t)>1$ 则表示保险人有新业务需求，例如：接受了一些分保业务，承担了再保险人的角色。Bäuerle 对这种再保险模式进行了详细的介绍；最近，这种再保险模式在文献中被广泛研究，例如 Li 等人、Yi 等人。在这种再保险模式下，当索赔发生时，保险人只需赔付索赔额的 $a(t)\%$，剩余的 $[1-a(t)]\%$ 由再保险人来赔付。设 c_1 为再保险的保费率，它通过期望值原理来确定，即 $c_1=(1+\eta_2)\cdot[e^{-\delta t}\lambda_1\mu_{11}+\nu(t)]$，这里 $\eta_2>0$ 是再保险人的安全负载。为了排除保险人的套利行为，我们要求 $\eta_2>\eta_1$。否则，保险人会获得净收益而不需要承担任何索赔风险。考虑再保险之后，保险人的盈余过程变为：

$$
\begin{aligned}
\mathrm{d}X_t^a &= \left\{c-[1-a(t)]c_1\right\}\mathrm{d}t-a(t)\mathrm{d}L(t)\\
&=\left\{(1+\eta_1)[\mathrm{e}^{-\delta t}\lambda_1\mu_{11}+\nu(t)]-[1-a(t)](1+\eta_2)[\mathrm{e}^{-\delta t}\lambda_1\mu_{11}\right.\\
&\quad\left.+\nu(t)]-a(t)[\mathrm{e}^{-\delta t}\lambda_1\mu_{11}+\nu(t)]\right\}\mathrm{d}t+a(t)\sqrt{\lambda_1\mu_{12}}\,\mathrm{d}W_1(t)\\
&=[\eta_1-\eta_2+a(t)\eta_2][\mathrm{e}^{-\delta t}\lambda_1\mu_{11}+\nu(t)]\mathrm{d}t+a(t)\sqrt{\lambda_1\mu_{12}}\,\mathrm{d}W_1(t)
\end{aligned}
\tag{2.7}
$$

这里 X_t^a 为考虑再保险后保险人的盈余，初始盈余为 $X_0^a=x_0$。

二、金融市场

不失一般性，假设保险人可在两个金融资产上进行投资，一个是无风险资产，另一个是风险资产。无风险资产的价格过程 $P_0(t)$ 由微分方程 $\mathrm{d}P_0(t)=rP_0(t)\mathrm{d}t$ 确定，这里 $r>0$ 是利率。设 $\{W_2(t),t\geqslant 0\}$ 是一维标准布朗运动，定义在概率空间 $(\Omega,\mathcal{F},\{\mathcal{F}_t\}_{t\geqslant 0},P)$ 上。风险资产价格 $P_1(t)$ 随时间演变的规律则通过下面的跳－扩散过程来刻画：

$$
\mathrm{d}P_1(t)=P_1(t)\left[\mu\mathrm{d}t+\sigma\mathrm{d}W_2(t)+\mathrm{d}\left(\sum_{i=1}^{N_2(t)}Z_i\right)\right]\tag{2.8}
$$

这里 $\mu\geqslant r$ 是风险资产价格的增值率，$\sigma>0$ 是风险资产价格的波动率，Z_i 是第 i 次价格跳跃的大小，在区间 $(-1,+\infty)$ 上取值，$\{Z_i,i=1,2,\cdots\}$ 是一列独立、同分布的随机变量序列。Z_i 的共同分布函数为 $F_Z(z)$，相应的密度函数为 $f_Z(z)$，假设 Z_i 具有有限的均值 $\mu_{21}=\mathrm{E}(Z_i)$ 和有限的二阶矩 $\mu_{22}=\mathrm{E}(Z_i^2)$。$\{N_2(t),t\geqslant 0\}$ 代表到时刻 t 为止价格跳跃的次数，它服从强度为 $\lambda_2\geqslant 0$ 的泊松过程。那么，复合泊松过程 $S(t)=\sum_{i=1}^{N_2(t)}Z_i$ 代表时间区间 $[0,t]$ 上累积发生的跳跃大小。与 Branger 和 Larsen 等文献中的通常做法相似，假设 $\{W_1(t),t\geqslant 0\}$，$\{W_2(t),t\geqslant 0\}$，$\{N_2(t),t\geqslant 0\}$ 和 $\{Z_i,i=1,2,\cdots\}$ 是相互独立的。

后文中，我们应用 $[0,T]\times(-1,+\infty)$ 上的泊松随机测度 $N_2(\cdot,\cdot)$ 来表述复合泊松过程 $\sum_{i=1}^{N_2(t)}Z_i$，即：

$$\sum_{i=1}^{N_2(t)} Z_i = \int_0^t \int_{-1}^{+\infty} z N_2(\mathrm{d}s,\mathrm{d}z), \forall t \in [0,T] \tag{2.9}$$

根据上式，可推得：

$$\mathrm{E}\left[\sum_{i=1}^{N_2(t)} Z_i\right] = \int_0^t \int_{-1}^{+\infty} z\gamma_2(\mathrm{d}s,\mathrm{d}z), \forall t \in [0,T] \tag{2.10}$$

这里 $\gamma_2(\mathrm{d}s,\mathrm{d}z)=\lambda_2 f_Z(z)\mathrm{d}s\mathrm{d}z$ 是泊松随机测度$N_2(\cdot,\cdot)$的补偿过程。如果记补偿的泊松随机测度$N_2(\cdot,\cdot)-\gamma_2(\cdot,\cdot)$为$\overline{N}_2(\cdot,\cdot)$，则有：

$$\int_0^t \int_{-1}^{+\infty} z\,\overline{N}_2(\mathrm{d}s,\mathrm{d}z) = \sum_{i=1}^{N_2(t)} Z_i - \mathrm{E}\left[\sum_{i=1}^{N_2(t)} Z_i\right], \forall t \in [0,T] \tag{2.11}$$

三、财富过程

对于任意时刻 $t\in[0,T]$，设 $\pi(t)$是保险人投资于风险资产的资金，剩余资金全部投资在无风险资产上。那么，在任意时刻 t，保险人可以选择投资额 $\pi(t)$和风险暴露 $a(t)$作为其决策变量。换句话说，$a(t)$和 $\pi(t)$是保险人的控制变量，记作 $u(t)=[a(t),\pi(t)]$。对应于每个策略$\{u(t),t\in[0,T]\}$，在考虑再保险与投资后，保险人的财富过程 X_t^u 满足：

$$\begin{aligned}\mathrm{d}X_t^u &= \pi(t)\frac{\mathrm{d}P_1(t)}{P_1(t)} + [X_t^u - \pi(t)]\frac{\mathrm{d}P_0(t)}{P_0(t)} + \mathrm{d}X_t^a \\ &= \left\{rX_t^u + (\mu - r)\pi(t) + [\eta_1 - \eta_2 + a(t)\eta_2][\mathrm{e}^{-\delta t}\lambda_1\mu_{11} + \nu(t)]\right\}\mathrm{d}t \\ &\quad + a(t)\sqrt{\lambda_1\mu_{12}}\,\mathrm{d}W_1(t) + \pi(t)\sigma\mathrm{d}W_2(t) + \int_{-1}^{+\infty}\pi(t)zN_2(\mathrm{d}t,\mathrm{d}z)\end{aligned} \tag{2.12}$$

带有初值 $X_0^u=x_0$。

第二节　具有索赔相依的鲁棒最优再保险和投资问题

一、模糊厌恶

前文给出的模型框架属于传统的再保险与投资问题，它没有考虑保险人的模糊厌恶特征。也就是说，保险人完全相信在概率分布 P 下定义的模型(2.12)。然而，在很多实际情形中，保险人无法准确获知真正的概率分布 P，因此任何用于描述模型的特定概率分布都会导致潜在的模型风险。为此，我们将把概率分布的不确定性引入模糊厌恶保险人的再保险与投资问题中。假设模糊厌恶保险人使用模型（2.12）作为其财富过程的参考模型。然而，他对这个参考模型持怀疑态度，并考虑替代模型以确定鲁棒的最优策略。与 Anderson 等人类似，替代模型是由一类与 P 等价的概率分布来定义的，具体的定义如下：

$$\mathcal{Q} := \{Q \mid Q \sim P\} \tag{2.13}$$

接下来，我们应用 Radon - Nikodym 导数和 Girsanov 定理将概率分布 P 下的模型（2.12）转化到概率分布 Q 下。为此，首先定义过程 $\{\theta(t) = [\theta_1(t), \theta_2(t), \theta_3(t)] \mid t \in [0,T]\}$，它满足下面三个条件：

（1）对任意时间 $t \in [0,T]$，$\theta_1(t)$、$\theta_2(t)$ 和 $\theta_3(t)$ 关于 $\{\mathcal{F}_t\}_{t \geq 0}$ 是可测的。

（2）$\theta_1(t)$、$\theta_2(t)$ 和 $\theta_3(t)$ 满足如下的 Novikov 增长条件：

$$\mathrm{E}\left[\exp\left\{\frac{1}{2}\int_0^T [\theta_1^2(t) + \theta_2^2(t)]\,\mathrm{d}t + \lambda_2 \int_0^T [\theta_3(t)\ln\theta_3(t) - \theta_3(t) + 1]\,\mathrm{d}t\right\}\right] < +\infty \tag{2.14}$$

（3）对于所有的 $(t,\omega) \in [0,T] \times \Omega$，有 $\theta_3(t) > 0$。这里 $\theta_3(\cdot)$ 只依赖于 (t,ω)。这是因为价格的跳跃次数通过泊松过程来刻画，也就是说，跳跃次数的分布是确定的，并且每次跳跃的大小 Z_i 的分布函数也是确定的。Li 等人、Branger 和 Larsen 研究了类似的情形。如果风险资产的价格满足一个一般的跳过程，比如 Lévy 过程，则我们需要把 $\theta_3(\cdot)$ 写作 s, z, ω 的函数。进而，需要重新构建下面的 $\Lambda^\theta(t)$。相关的构建方法可以参考 Li 等人。

以下，将满足上述三个条件的所有过程 $\theta(t)$ 记作 Θ。

注 2.3 根据模型（2.12），容易看出模型的模糊性是由布朗运动 $W_1(t)$、$W_2(t)$ 以及复合泊松过程 $\int_0^t \int_{-1}^{+\infty} z N_2(\mathrm{d}s, \mathrm{d}z)$ 导致的。所以，$\theta(t)$ 的定义包含了三个部分，具体地，$\theta_1(t)$ 与布朗运动 $W_1(t)$ 相联系，$\theta_2(t)$ 与布朗运动

$W_2(t)$相联系，$\theta_3(t)$与复合泊松过程$\int_0^t\int_{-1}^{+\infty} zN_2(\mathrm{d}s,\mathrm{d}z)$相联系。

为了把概率分布由 P 转换为 Q，对每个 $\theta(t)\in\Theta$，在概率空间$(\Omega,\mathcal{F},\{\mathcal{F}_t\}_{t\geqslant 0},P)$上定义如下的实值过程$\{\Lambda^\theta(t)\mid t\in[0,T]\}$：

$$\begin{aligned}\Lambda^\theta(t) = \exp\Big\{ & -\int_0^t \theta_1(s)\mathrm{d}W_1(s) - \int_0^t \theta_1^2(s)\mathrm{d}s - \int_0^t \theta_2(s)\mathrm{d}W_2(s) \\ & - \int_0^t \theta_2^2(s)\mathrm{d}s + \int_0^t\int_{-1}^{+\infty} \ln\theta_3(s-)N_2(\mathrm{d}s,\mathrm{d}z) \\ & + \int_0^t\int_{-1}^{+\infty} [1-\theta_3(s)]\gamma_2(\mathrm{d}s,\mathrm{d}z)\Big\}\end{aligned} \tag{2.15}$$

在 Novikov 条件下，类似于文献 Branger 和 Larsen，可以证明 $\Lambda^\theta(t)$关于概率分布 P 构成一个指数鞅。因此，$\mathrm{E}[\Lambda^\theta(t)]=1$。对于每个 $\theta(t)\in\Theta$，应用 Radon - Nikodym 导数，定义一个新的概率分布 Q^θ，它在 F_T 上关于 P 是绝对连续的，具体形式为：

$$\frac{\mathrm{d}Q^\theta}{\mathrm{d}P}\Big|_{F_T} := \Lambda^\theta(T) \tag{2.16}$$

所有 Q^θ 组成的集合记作 $\mathcal{Q}$。根据 Girsanov 定理，在替代概率分布 Q^θ 下，随机过程 $W_1^\theta(t)$和 $W_2^\theta(t)$均是标准布朗运动，这里：

$$\mathrm{d}W_1^\theta(t) = \mathrm{d}W_1(t) + \theta_1(t)\mathrm{d}t,\ \mathrm{d}W_2^\theta(t) = \mathrm{d}W_2(t) + \theta_2(t)\mathrm{d}t \tag{2.17}$$

在替代概率分布 Q^θ 下，由 Branger 和 Larsen 的结果，我们知道 $N_2(t)$是强度为 $\lambda_2\theta_3(t)$的泊松过程。因为布朗运动 $W_1(t)$和 $W_2(t)$是相互独立的，所以 $W_1^\theta(t)$和 $W_2^\theta(t)$也是相互独立的。进而，在概率分布 Q^θ 下，对于 $s\geqslant t$ 和初始条件 $X_t^u=x,\nu(t)=\nu$，由模型（2.12）刻画的动态财富过程 X_s^u 变为：

$$\begin{aligned}\mathrm{d}X_s^u = & \Big\{rX_s^u + (\mu-r)\pi(s) + [\eta_1-\eta_2+a(s)\eta_2][\mathrm{e}^{-\delta s}\lambda_1\mu_{11}+\nu(s)] \\ & - \theta_1(s)a(s)\sqrt{\lambda_1\mu_{12}} - \theta_2(s)\pi(s)\sigma\Big\}\mathrm{d}s + a(s)\sqrt{\lambda_1\mu_{12}}\mathrm{d}W_1^\theta(s) \\ & + \pi(s)\sigma\mathrm{d}W_2^\theta(s) + \int_{-1}^{+\infty}\pi(s)zN_2(\mathrm{d}s,\mathrm{d}z)\end{aligned} \tag{2.18}$$

初值为 $X_0^u=x_0$。相应地，式（2.6）定义的 $\nu(s)$变为：

$$\mathrm{d}\nu(s) = [\delta\mathrm{e}^{-\delta s}\lambda_1\mu_{11} + \theta_1(s)\delta\sqrt{\lambda_1\mu_{12}}]\mathrm{d}s - \delta\sqrt{\lambda_1\mu_{12}}\mathrm{d}W_1^\theta(s) \tag{2.19}$$

为了求解鲁棒最优再保险与投资问题，首先定义概率分布 Q^{θ} 下的容许策略。

定义 2.1 对于任意给定的 $t \in T$，称再保险与投资策略 $u(t)=[a(t),\pi(t)]$ 是容许策略，如果它满足下列条件：

(1) 对每个 $t \in [0,T]$，$a(t)$ 和 $\pi(t)$ 关于 $\{\mathcal{F}_t\}_{t \geqslant 0}$ 是循序可测的。

(2) 对 $\forall t \in [0,T]$，$a(t) \in [0,+\infty)$，$\pi(t) \in [0,+\infty)$。

(3) $\mathrm{E}_{t,x,\nu}\left\{\int_0^T [a^2(t)+\pi^2(t)]\mathrm{d}t\right\} < +\infty$，其中 $\mathrm{E}_{t,x,\nu}[\cdot] = \mathrm{E}[\cdot \mid X_t^u = x, \nu(t)=\nu]$。

(4) 针对于策略 $u(t)$，随机微分方程 (2.18) 存在唯一的强解 X_t^u，它满足 $\mathrm{E}_{t,x,\nu}[U(X_T^u)] < +\infty$。这里 $U(x)$ 是效用函数，且是连续、递增的严格凹函数。

所有容许的再保险与投资策略构成的集合记为 U。

二、鲁棒最优再保险与投资问题

本小节建立鲁棒最优再保险与投资模型。首先引入一个惩罚函数。为了体现模糊性来源于扩散风险（布朗运动引起的风险）以及跳跃风险（复合泊松过程引起的风险），我们采用如下形式的惩罚函数：

$$\Phi[t,X_t^u,\nu(t),\theta(t)] = \frac{\theta_1^2(t)}{2\phi_1[t,X_t^u,\nu(t)]} + \frac{\theta_2^2(t)}{2\phi_2[t,X_t^u,\nu(t)]} + \frac{\lambda_2[\theta_3(t)\ln\theta_3(t) - \theta_3(t) + 1]}{\phi_3[t,X_t^u,\nu(t)]} \tag{2.20}$$

这里 $\phi_1[t,X_t^u,\nu(t)]$、$\phi_2[t,X_t^u,\nu(t)]$ 和 $\phi_3[t,X_t^u,\nu(t)]$ 均是非负的，它们体现了保险人的模糊厌恶程度。

注 2.4 上面定义的惩罚函数通过在右端增加第三项推广了 Maenhout 的结果，它也通过在右端增加第一项推广了 Branger 和 Larsen 的结果。此外，上面引入的惩罚函数具有如下优点：

(1) 它可以有效地反映由于偏离参考模型，即概率分布 P 下的模型，而导致的惩罚。第一项和第二项描述了由模型的连续部分引起的惩罚，也就是由 $W_1(t)$ 和 $W_2(t)$ 引起的惩罚；第三项体现了由模型的跳跃部分引起的惩罚，也就是因 $\int_0^t \int_{-1}^{+\infty} zN_2(\mathrm{d}s,\mathrm{d}z)$ 引起的惩罚。

(2) 它可以灵活地调控保险人受到惩罚的程度。$\phi_1[t, X_t^u, \nu(t)]$、$\phi_2[t, X_t^u, \nu(t)]$和$\phi_3[t, X_t^u, \nu(t)]$越大，保险人被惩罚的幅度越小。

(3) 它可以量化保险人对参考模型的信任程度。$\phi_1[t, X_t^u, \nu(t)]$、$\phi_2[t, X_t^u, \nu(t)]$和$\phi_3[t, X_t^u, \nu(t)]$越大，保险人对参考模型的信任度越低，即保险人更有可能考虑替代模型，即概率分布 Q^θ 下的模型。

(4) 根据这个惩罚函数，可以求得后述鲁棒最优化问题的解析解，这对于实际应用是很有帮助的。

基于惩罚函数 $\Phi[t, X_t^u, \nu(t), \theta(t)]$，我们定义一个鲁棒最优再保险与投资问题，以寻求最坏情形下的最优决策，具体形式如下：

$$\sup_{u\in \mathrm{U}} \inf_{\theta\in\Theta} \mathrm{E}_{t,x,\nu}\left\{\int_t^T \Phi[s, X_s^u, \nu(s), \theta(s)]\mathrm{d}s + U(X_T^u)\right\} \tag{2.21}$$

这里期望是关于替代概率分布 Q^θ 的，$\mathrm{E}_{t,x,\nu}[\cdot] = \mathrm{E}[\cdot | X_t^u = x, \nu(t) = \nu]$，$U(\cdot)$是定义 2.1 中指定的效用函数。

问题 (2.21) 等价于下面的最优化问题：

$$\inf_{\theta\in\Theta} \sup_{u\in \mathrm{U}} \mathrm{E}_{t,x,\nu}\left\{\int_t^T \Phi[s, X_s^u, \nu(s), \theta(s)]\mathrm{d}s + U(X_T^u)\right\} \tag{2.22}$$

为了证明问题 (2.21) 和问题 (2.22) 的等价性，我们可以分别求解问题 (2.21) 的最优策略$[u^*(t), \theta^*(t)]$和问题 (2.22) 的最优策略$[\ddot{u}^*(t), \ddot{\theta}^*(t)]$。然后，我们验证$[u^*(t), \theta^*(t)]$和$[\ddot{u}^*(t), \ddot{\theta}^*(t)]$实际上是相同的。事实上，因为所考虑问题的值函数是光滑函数，在文献中通常假设这里的$\sup\limits_{u\in \mathrm{U}}\inf\limits_{\theta\in\Theta}\{\cdots\}$问题等价于$\inf\limits_{\theta\in\Theta}\sup\limits_{u\in \mathrm{U}}\{\cdots\}$问题，例如，Maenhout、Branger 和 Larsen、Wang 和 Li。因此，鞍点的存在性可以通过问题 (2.21) 和问题 (2.22) 具有相同的最优策略来保证，鞍点的可测性可以通过 $\theta(t)$的定义和容许策略的定义 2.1 来保证。因为问题 (2.21) 和问题 (2.22) 的求解是相似的，所以接下来以问题 (2.21) 为例来确定最优策略，即鞍点。

注 2.5 类似于文献 Elliott 和 Siu、Lin 等人的解释，问题 (2.21) 或问题 (2.22) 可以理解为是一个二人零和随机微分博弈问题。也就是说，模糊厌恶的保险人选择策略 $u(t)$来最大化目标函数，然而保险和金融市场作为博弈的虚拟竞争对手，选择体现经济环境的策略 $\theta(t)$来最小化模糊厌恶的保险人的目标函数。通过模糊厌恶保险人与保险 - 金融市场之间的这种二人博弈，可以确定最优再保险和投资策略。

为了求解优化问题（2.21），定义最优值函数为：

$$V(t,x,\nu) = \sup_{u\in U}\inf_{\theta\in\Theta}\mathrm{E}_{t,x,\nu}\left\{\int_t^T \Phi[s,X_s^u,\nu(s),\theta(s)]\mathrm{d}s + U(X_T^u)\right\} \tag{2.23}$$

对于任意的函数 $\varphi(t,x,\nu)\in C^{1,2,2}([0,T]\times R\times R^+)$ 和任意固定的策略 $u\in U$，由式（2.18）定义的财富过程的无穷小生成元 $\mathcal{A}^{\theta,u}$ 可定义为：

$$\begin{aligned}\mathcal{A}^{\theta,u}\varphi(t,x,\nu) = {} & \varphi_t(t,x,\nu) + \Big[rx+(\mu-r)\pi+(\eta_1-\eta_2+a\eta_2)(\mathrm{e}^{-\delta t}\lambda_1\mu_{11} \\ & +\nu)-\theta_1 a\sqrt{\lambda_1\mu_{12}}-\theta_2\pi\sigma\Big]\varphi_x(t,x,\nu)+\frac{1}{2}[a^2\lambda_1\mu_{12}+\pi^2\sigma^2] \\ & \cdot\varphi_{xx}(t,x,\nu)+(\delta\mathrm{e}^{-\delta t}\lambda_1\mu_{11}+\theta_1\delta\sqrt{\lambda_1\mu_{12}})\varphi_\nu(t,x,\nu)+\frac{1}{2} \\ & \cdot\delta^2\lambda_1\mu_{12}\varphi_{\nu\nu}(t,x,\nu)-\delta\lambda_1\mu_{12}a\varphi_{x\nu}(t,x,\nu)+\lambda_2\theta_3\mathrm{E}[\varphi(t,x \\ & +\pi Z,\nu)-\varphi(t,x,\nu)]\end{aligned} \tag{2.24}$$

这里将 $u(t)=[a(t),\pi(t)]$ 和 $\theta(t)=[\theta_1(t),\theta_2(t),\theta_3(t)]$ 简写成了 $u=(a,\pi)$ 和 $\theta=(\theta_1,\theta_2,\theta_3)$。

根据随机动态规划原理，可以得到问题（2.21）满足如下 Hamilton - Jacobi - Bellman - Isaacs（HJBI）方程：

$$\sup_{u\in U}\inf_{\theta\in\Theta}\{\mathcal{A}^{\theta,u}V(t,x,\nu)+\Phi(t,x,\nu,\theta)\}=0 \tag{2.25}$$

边界条件为 $V(T,x,\nu)=U(x)$。

下面的定理是求解上述随机控制问题必不可少的。

定理 2.1 如果存在一个函数 $H(t,x,\nu)\in C^{1,2,2}([0,T]\times R\times R^+)$ 和一个控制策略 $(\theta^*,u^*)\in(\Theta,U)$，使

（1）对所有的 $\theta\in\Theta$，有 $\mathcal{A}^{\theta,u^*}H(t,x,\nu)+\Phi(t,x,\nu,\theta)\geqslant 0$；

（2）对所有的 $u\in U$，有 $\mathcal{A}^{\theta^*,u}H(t,x,\nu)+\Phi(t,x,\nu,\theta^*)\leqslant 0$；

（3）$\mathcal{A}^{\theta^*,u^*}H(t,x,\nu)+\Phi(t,x,\nu,\theta^*)=0$；

（4）对所有的 $(\theta,u)\in(\Theta,U)$，有 $\lim_{t\to T-}H(t,X_t^u,\nu(t))=U(X_T^u)$；

（5）$\{H[\tau,X_\tau^u,\nu(\tau)]\}_{\tau\in T}$ 和 $\{\Phi[\tau,X_\tau^u,\nu(\tau),\theta(\tau)]\}_{\tau\in T}$ 是一致可积的，这里 T 表示停时 $\tau\leqslant T$ 组成的集合。

则 $H(t,x,\nu)=V(t,x,\nu)$，并且 (θ^*,u^*) 是最优的控制策略。

该定理的证明类似于 Mataramvura 和 Oksendal 中的定理 3.2，这里我们省略它的证明。在下一节中，我们将应用该定理检验候选的再保险 - 投资策略和相应的值函数是最优的。

第三节　指数效用函数下的鲁棒最优再保险和投资策略

本节的目的是获得问题（2.21）的鲁棒最优再保险与投资策略。众所周知，指数效用函数在保险数学和精算实践中一直发挥着突出的作用。因为它是在“零效用”原理下，唯一一个能提供独立于保险人财富水平的、公平保费的效用函数。出于这个原因，我们假设模糊厌恶保险人考虑指数效用函数，具体形式为：

$$U(x)=-\frac{1}{m}e^{-mx} \tag{2.26}$$

其中 $m>0$ 是绝对风险厌恶参数。受 Maenhout 的启发，定义模糊偏好函数为：

$$\phi_i(t,x,\nu)=-\frac{\gamma_i}{mV(t,x,\nu)},i=1,2,3 \tag{2.27}$$

这里 $\gamma_i,i=1,2,3$ 是正常数，它们代表模糊厌恶参数。

注 2.6　本章选择形如（2.27）的模糊偏好函数的原因如下。

（1）Maenhout 特别指出，如果简单地选择模糊偏好函数为常数或与状态无关的函数，那么关于模型不确定的鲁棒性会随着状态变量的演变而消失。换句话说，模糊偏好函数增强了同质性，即鲁棒性不会随着状态变量（在我们的模型下，状态变量对应于当前财富 x 和当前外推偏差 ν）的变化而减弱。因此，Maenhout 提出了一个通过值函数来衡量的偏好函数，参见 Maenhout 中的模型（13）。类似于 Maenhout，我们定义了模糊偏好函数（2.27），它

依赖于值函数 $V(t,x,\nu)$。最近，Li 等人、Wang 和 Li 在指数效用、均值－方差准则和幂效用框架下采用了这种方法来构造模糊偏好函数。

（2）将 γ_i 除以 $-mV(t,x,\nu)$，而不是 $V(t,x,\nu)$，可确保模糊偏好函数 $\phi_i(t,x,\nu)$ 总是正的［注意，$U(x)=-\frac{1}{m}\mathrm{e}^{-mx}<0$ 将导致 $V(t,x,\nu)<0$］。这样，也可以避免使用绝对值算子。

（3）在该模糊偏好函数下，能获得问题的解析解，这对实际应用是非常有帮助的。

为了确保最优投资策略的存在性，需要下面的技术性假设。

假设 2.2 $\mu-r+\lambda_2\mu_{21}>0$。

为了获得鲁棒最优再保险与投资策略，首先给出下面两个引理。第一个引理确保了鲁棒最优投资策略（该投资策略简写为 ROIS）的存在性和唯一性。

引理 2.1 在假设 2.2 成立的前提下，设：

$$q[\pi(t)]=-\frac{1}{2}\pi^2(t)\sigma^2(m+\gamma_2)\mathrm{e}^{2r(T-t)}+(\mu-r)\pi(t)\mathrm{e}^{r(T-t)}$$
$$-\frac{\lambda_2}{\gamma_3}\left[\mathrm{e}^{\frac{\gamma_3}{m}\mathrm{E}[\mathrm{e}^{-m\pi(t)Z\mathrm{e}^{r(T-t)}}-1]}-1\right] \tag{2.28}$$

则 $q'[\pi(t)]=0$ 有唯一的根 $\pi^*(t)\in[0,+\infty)$。

证明 方程 $q'[\pi(t)]=0$ 可以重新写作

$$\frac{e^{-r(T-t)}}{(m+\gamma_2)\sigma^2}\left\{\mu-r+\lambda_2\mathrm{E}[Z\mathrm{e}^{-m\pi(t)Z\mathrm{e}^{r(T-t)}}]\mathrm{e}^{\frac{\gamma_3}{m}\mathrm{E}[\mathrm{e}^{-m\pi(t)Z\mathrm{e}^{r(T-t)}}-1]}\right\}-\pi(t)=0 \tag{2.29}$$

记：

$$h[\pi(t)]=\mu-r+\lambda_2\mathrm{E}[Z\mathrm{e}^{-m\pi(t)Z\mathrm{e}^{r(T-t)}}]\mathrm{e}^{\frac{\gamma_3}{m}\mathrm{E}[\mathrm{e}^{-m\pi(t)Z\mathrm{e}^{r(T-t)}}-1]}$$
$$-\pi(t)(m+\gamma_2)\sigma^2\mathrm{e}^{r(T-t)} \tag{2.30}$$

则有：

$$h'[\pi(t)]=-\lambda_2m\mathrm{e}^{r(T-t)}\mathrm{E}[Z^2\mathrm{e}^{-m\pi(t)Z\mathrm{e}^{r(T-t)}}]\mathrm{e}^{\frac{\gamma_3}{m}\mathrm{E}[\mathrm{e}^{-m\pi(t)Z\mathrm{e}^{r(T-t)}}-1]}$$
$$-\lambda_2\gamma_3\mathrm{e}^{r(T-t)}\{\mathrm{E}[Z\mathrm{e}^{-m\pi(t)Z\mathrm{e}^{r(T-t)}}]\}^2\mathrm{e}^{\frac{\gamma_3}{m}\mathrm{E}[\mathrm{e}^{-m\pi(t)Z\mathrm{e}^{r(T-t)}}-1]}$$

$$-(m+\gamma_2)\sigma^2 e^{r(T-t)}<0 \tag{2.31}$$

所以，$h[\pi(t)]$关于$\pi(t)$是单调递减的函数。在假设2.2下，可以得到$h(0)=\mu-r+\lambda_2\mu_{21}>0$。此外，注意到$h(+\infty)=-\infty$，所以$q'[\pi(t)]=0$有唯一的根$\pi^*(t)\in[0,+\infty)$。

为了获得值函数的解析表达式，需要下面的引理。

引理2.2 在假设2.2成立的前提下，设：

$$\begin{aligned}&f_t+[\delta e^{-\delta t}\lambda_1\mu_{11}(1+\eta_2)+\eta_2\delta\nu]f_\nu+\frac{1}{2}\delta^2\lambda_1\mu_{12}f_{\nu\nu}+\frac{\eta_2^2\nu^2}{2\lambda_1\mu_{12}(m+\gamma_1)}\\&\quad+\frac{\nu\mu_{11}\eta_2^2 e^{-\delta t}}{\mu_{12}(m+\gamma_1)}+\nu(\eta_1-\eta_2)e^{r(T-t)}+(\eta_1-\eta_2)\lambda_1\mu_{11}e^{rT-(r+\delta)t}\\&\quad+\frac{\lambda_1\mu_{11}^2\eta_2^2 e^{-2\delta t}}{2\mu_{12}(m+\gamma_1)}+q[\pi^*(t)]=0,\ f(T,\nu)=0\end{aligned} \tag{2.32}$$

这里f是函数$f(t,\nu)$的缩写，并且$\pi^*(t)$是方程$q'[\pi(t)]=0$的根，则可以得出：

$$f(t,\nu)=A(t)\nu^2+B(t)\nu+D(t) \tag{2.33}$$

其中，

$$A(t)=\frac{\eta_2}{4\lambda_1\mu_{12}\delta(m+\gamma_1)}[e^{2\delta\eta_2(T-t)}-1] \tag{2.34}$$

$$B(t)=\frac{\eta_1-\eta_2}{\delta\eta_2-r}[e^{\delta\eta_2(T-t)}-e^{r(T-t)}]+\frac{\mu_{11}\eta_2 e^{-\delta T}}{2\delta\mu_{12}(m+\gamma_1)}[e^{\delta(1+2\eta_2)(T-t)}-e^{\delta(T-t)}] \tag{2.35}$$

$$\begin{aligned}D(t)&=\delta\lambda_1\mu_{11}(1+\eta_2)\int_t^T e^{-\delta s}B(s)ds+\delta^2\lambda_1\mu_{12}\int_t^T A(s)ds+\frac{\lambda_1\mu_{11}(\eta_1-\eta_2)}{r+\delta}\\&\quad\times[e^{rT-(r+\delta)t}-e^{-\delta T}]+\frac{\eta_2^2\lambda_1\mu_{11}^2}{4\delta(m+\gamma_1)\mu_{12}}[e^{-2\delta t}-e^{-2\delta T}]+\int_t^T q[\pi^*(s)]ds\end{aligned} \tag{2.36}$$

证明 根据（2.33），可得：

$$f_t=A'(t)\nu^2+B'(t)\nu+D'(t),f_\nu=2A(t)\nu+B(t),f_{\nu\nu}=2A(t) \tag{2.37}$$

把式（2.37）代入式（2.32），经过一系列化简得到：

$$\nu^2\left\{A'(t)+2\delta\eta_2 A(t)+\frac{\eta_2^2}{2\lambda_1\mu_{12}(m+\gamma_1)}\right\}$$

$$+\nu\left\{B'(t)+\delta\eta_2 B(t)+2\delta e^{-\delta t}\lambda_1\mu_{11}(1+\eta_2)A(t)+(\eta_1-\eta_2)e^{r(T-t)}\right.$$

$$\left.+\frac{\mu_{11}\eta_2^2 e^{-\delta t}}{\mu_{12}(m+\gamma_1)}\right\}+D'(t)+\delta\lambda_1\mu_{11}(1+\eta_2)e^{-\delta t}B(t)+\delta^2\lambda_1\mu_{12}A(t)$$

$$+(\eta_1-\eta_2)\lambda_1\mu_{11}e^{rT-(r+\delta)t}+\frac{\lambda_1\mu_{11}^2\eta_2^2 e^{-2\delta t}}{2\mu_{12}(m+\gamma_1)}+q[\pi^*(t)]=0 \tag{2.38}$$

为了求解（2.38），需要分离包含 ν^2、ν 的项以及常数项。由此可见，必须有下面的常微分方程组成立：

$$\begin{cases}A'(t)+2\delta\eta_2 A(t)+\dfrac{\eta_2^2}{2\lambda_1\mu_{12}(m+\gamma_1)}=0,\ A(T)=0\\ B'(t)+\delta\eta_2 B(t)+2\delta e^{-\delta t}\lambda_1\mu_{11}(1+\eta_2)A(t)+(\eta_1-\eta_2)e^{r(T-t)}\\ +\dfrac{\mu_{11}\eta_2^2 e^{-\delta t}}{\mu_{12}(m+\gamma_1)}=0,\ B(T)=0\\ D'(t)+\delta\lambda_1\mu_{11}(1+\eta_2)e^{-\delta t}B(t)+\delta^2\lambda_1\mu_{12}A(t)+(\eta_1-\eta_2)\lambda_1\mu_{11}e^{rT-(r+\delta)t}\\ +\dfrac{\lambda_1\mu_{11}^2\eta_2^2 e^{-2\delta t}}{2\mu_{12}(m+\gamma_1)}+q[\pi^*(t)]=0,\ D(T)=0\end{cases} \tag{2.39}$$

求解上述常微分方程组可得 $A(t)$、$B(t)$ 和 $D(t)$，具体的表达式分别由式（2.34）、式（2.35）和式（2.36）给出。

下面的定理给出了问题（2.21）的候选鲁棒最优再保险－投资策略和相应的值函数的解。

定理 2.2 在假设 2.1 和假设 2.2 成立的前提下，当问题（2.21）中的效用函数为指数效用函数（2.26），并且模糊偏好函数的形式为（2.27）时，问题（2.21）的解为如下形式。候选的鲁棒最优再保险策略（此时再保险策略简写为 RORS）为：

$$a^*(t)=\frac{\eta_2(e^{-\delta t}\lambda_1\mu_{11}+\nu)+\delta\lambda_1\mu_{12}(m+\gamma_1)[2A(t)\nu+B(t)]}{\lambda_1\mu_{12}(m+\gamma_1)e^{r(T-t)}}\vee 0 \tag{2.40}$$

候选的 ROIS 为：

$$\pi^*(t)=\frac{e^{-r(T-t)}}{(m+\gamma_2)\sigma^2}\left\{\mu-r+\lambda_2\mathrm{E}\left[Ze^{-m\pi^*(t)Ze^{r(T-t)}}\right]e^{\frac{\gamma_3}{m}\mathrm{E}\left[e^{-m\pi^*(t)Ze^{r(T-t)}}-1\right]}\right\} \tag{2.41}$$

候选的最坏情形的经济环境策略为：

$$\begin{cases}\theta_1^*(t)=-\gamma_1\sqrt{\lambda_1\mu_{12}}\left[2\delta A(t)\nu+\delta B(t)-a^*(t)e^{r(T-t)}\right]\\ \theta_2^*(t)=\gamma_2\sigma\pi^*(t)e^{r(T-t)}\\ \theta_3^*(t)=e^{\frac{\gamma_3}{m}\mathrm{E}\left[e^{-m\pi^*(t)Ze^{r(T-t)}}-1\right]}\end{cases} \tag{2.42}$$

这里 $A(t)$和 $B(t)$分别由式（2.34）和式（2.35）确定。在 $a^*(t)>0$ 时，候选的最优值函数为：

$$H(t,x,\nu)=-\frac{1}{m}e^{-m\left[xe^{r(T-t)}+f(t,\nu)\right]} \tag{2.43}$$

这里函数 $f(t,\nu)$由引理 2.2 给出。

证明　为了求解 HJBI 方程（2.25），首先构造候选最优值函数的形式。然后，我们找到候选最优值函数的解析解，以验证构造的正确性。最后，我们推导出候选的最坏情形的经济环境策略 $\theta^*(t)$，从而得到 $\theta^*(t)$下的鲁棒最优再保险与投资策略$[a^*(t),\pi^*(t)]$。具体证明分以下三步。

第一步：提出候选值函数的结构。

构造候选值函数满足如下形式：

$$H(t,x,\nu)=-\frac{1}{m}e^{-m\left[xe^{r(T-t)}+f(t,\nu)\right]} \tag{2.44}$$

这里 $f(t,\nu)$是一个函数，后面会确定它的具体形式，它满足边界条件 $f(T,\nu)=0$。$H(t,x,\nu)$关于各个变量的偏导数为：

$$\begin{cases}H_t(t,x,\nu)=\left[rxe^{r(T-t)}-f_t(t,\nu)\right]mH(t,x,\nu)\\ H_x(t,x,\nu)=-me^{r(T-t)}H(t,x,\nu),H_\nu(t,x,\nu)=-mf_\nu H(t,x,\nu)\\ H_{xx}(t,x,\nu)=m^2e^{2r(T-t)}H(t,x,\nu)\\ H_{x\nu}(t,x,\nu)=m^2f_\nu e^{r(T-t)}H(t,x,\nu)\\ H_{\nu\nu}(t,x,\nu)=m^2(f_\nu)^2H(t,x,\nu)-mf_{\nu\nu}H(t,x,\nu)\end{cases} \tag{2.45}$$

第二步：获得候选值函数的解析解。

首先，HJBI 方程（2.25）可写成如下显式的形式：

$$\sup_{u\in U}\inf_{\theta\in\Theta}\Big\{H_t(t,x,\nu)+[rx+(\mu-r)\pi+(\eta_1-\eta_2+a\eta_2)(e^{-\delta t}\lambda_1\mu_{11}+\nu)-\theta_1 a\sqrt{\lambda_1\mu_{12}}-\theta_2\pi\sigma]H_x(t,x,\nu)+\frac{1}{2}[a^2\lambda_1\mu_{12}+\pi^2\sigma^2]H_{xx}(t,x,\nu)+(\delta e^{-\delta t}\lambda_1\mu_{11}+\theta_1\delta\sqrt{\lambda_1\mu_{12}})H_\nu(t,x,\nu)+\frac{1}{2}\delta^2\lambda_1\mu_{12}H_{\nu\nu}(t,x,\nu)-\delta\lambda_1\mu_{12}aH_{x\nu}(t,x,\nu)+\lambda_2\theta_3E[H(t,x+\pi Z,\nu)-H(t,x,\nu)]-\frac{m\theta_1^2H(t,x,\nu)}{2\gamma_1}-\frac{m\theta_2^2H(t,x,\nu)}{2\gamma_2}-\frac{\lambda_2mH(t,x,\nu)[\theta_3\ln\theta_3-\theta_3+1]}{\gamma_3}\Big\}=0 \tag{2.46}$$

根据一阶最优性条件，若 $\theta_1(t)$、$\theta_2(t)$和 $\theta_3(t)$求解（2.46）的内层最小化问题，则有：

$$\begin{cases}\theta_1^*(t)=-\dfrac{\gamma_1\sqrt{\lambda_1\mu_{12}}}{m}\dfrac{aH_x-\delta H_\nu}{H}\\ \theta_2^*(t)=-\dfrac{\gamma_2\sigma\pi}{m}\dfrac{H_x}{H}\\ \theta_3^*(t)=e^{\frac{\gamma_3}{mH}E[H(t,x+\pi Z,\nu)-H(t,x,\nu)]}\end{cases} \tag{2.47}$$

把式（2.44）、式（2.45）代入式（2.47），有：

$$\begin{cases}\theta_1^*(t)=-\gamma_1\sqrt{\lambda_1\mu_{12}}[\delta f_\nu-ae^{r(T-t)}]\\ \theta_2^*(t)=\gamma_2\sigma\pi e^{r(T-t)}\\ \theta_3^*(t)=e^{\frac{\gamma_3}{m}E[e^{-m\pi Ze^{r(T-t)}}-1]}\end{cases} \tag{2.48}$$

$\theta_1^*(t)$、$\theta_2^*(t)$和 $\theta_3^*(t)$对应于模糊厌恶保险人考虑的最坏情形的经济环境，在这种最坏情形下将得出最优再保险与投资策略以确保决策的鲁棒性。将式（2.48）代入到 HJBI 方程（2.46）中，并应用式（2.44）、式（2.45），化简后得到：

$$f_t+(\eta_1-\eta_2)(e^{-\delta t}\lambda_1\mu_{11}+\nu)e^{r(T-t)}+\delta e^{-\delta t}\lambda_1\mu_{11}f_\nu-\frac{1}{2}\delta^2\lambda_1\mu_{12}[(m+\gamma_1)(f_\nu)^2-f_{\nu\nu}]$$

$$+\sup_{a\geqslant 0}\left\{-\frac{1}{2}a^2\lambda_1\mu_{12}(m+\gamma_1)e^{2r(T-t)}+a[\eta_2(e^{-\delta t}\lambda_1\mu_{11}+\nu)+(m+\gamma_1)\delta\lambda_1\mu_{12}f_\nu]e^{r(T-t)}\right\}$$

$$+\sup_{\pi\geqslant 0}\left\{-\frac{1}{2}\pi^2\sigma^2(m+\gamma_2)e^{2r(T-t)}+(\mu-r)\pi e^{r(T-t)}-\frac{\lambda_2}{\gamma_3}[e^{\frac{\gamma_3}{m}E[e^{-m\pi Ze^{r(T-t)}}-1]}-1]\right\}=0 \tag{2.49}$$

对应于式（2.49）中的极大化问题，根据 $a(t)$ 和 $\pi(t)$ 所应满足的一阶最优性条件，可以推得：

$$\hat{a}(t)=\frac{\eta_2(e^{-\delta t}\lambda_1\mu_{11}+\nu)+\delta\lambda_1\mu_{12}(m+\gamma_1)f_\nu}{\lambda_1\mu_{12}(m+\gamma_1)e^{r(T-t)}} \tag{2.50}$$

且 $\pi^*(t)$ 是下面方程的解：

$$\pi^*(t)=\frac{e^{-r(T-t)}}{(m+\gamma_2)\sigma^2}\left\{\mu-r+\lambda_2 E[Ze^{-m\pi^*(t)Ze^{r(T-t)}}]e^{\frac{\gamma_3}{m}E[e^{-m\pi^*(t)Ze^{r(T-t)}}-1]}\right\} \tag{2.51}$$

注意，上式右端是关于 $\pi^*(t)$ 的函数。

把式（2.50）、式（2.51）代入式（2.49），得到：

$$f_t+[\delta e^{-\delta t}\lambda_1\mu_{11}(1+\eta_2)+\eta_2\delta\nu]f_\nu+\frac{1}{2}\delta^2\lambda_1\mu_{12}f_{\nu\nu}+\frac{\eta_2^2\nu^2}{2\lambda_1\mu_{12}(m+\gamma_1)}$$
$$+\frac{\nu\mu_{11}\eta_2^2e^{-\delta t}}{\mu_{12}(m+\gamma_1)}+\nu(\eta_1-\eta_2)e^{r(T-t)}+(\eta_1-\eta_2)\lambda_1\mu_{11}e^{rT-(r+\delta)t}$$
$$+\frac{\lambda_1\mu_{11}^2\eta_2^2e^{-2\delta t}}{2\mu_{12}(m+\gamma_1)}+q[\pi^*(t)]=0 \tag{2.52}$$

注意，上式中的 $q(\cdot)$ 由引理 2.1 确定，$f(t,\nu)$ 可以直接由引理 2.2 确定。结合引理 2.2，可以得到值函数的解析解由（2.43）给出。

第三步：获得候选的鲁棒最优再保险 - 投资策略，以及候选的最坏情形的经济环境策略。

把式（2.33）代入式（2.50），可以推得

$$\hat{a}(t)=\frac{\eta_2(e^{-\delta t}\lambda_1\mu_{11}+\nu)+\delta\lambda_1\mu_{12}(m+\gamma_1)[2A(t)\nu+B(t)]}{\lambda_1\mu_{12}(m+\gamma_1)e^{r(T-t)}} \tag{2.53}$$

如果 $\hat{a}(t)>0$，则候选的 RORS 为 $a^*(t)=\hat{a}(t)$，相应的最优值函数由式（2.43）给出。如果 $\hat{a}(t)\leqslant 0$，则式（2.49）中的 $\sup_{a\geqslant 0}\{\cdots\}$ 在零点获得，

这是因为$\sup\limits_{a\geq 0}\{\cdots\}$内部的函数关$a(t)$在区间$[\hat{a}(t),+\infty)$是单调递减的。据此和再保险策略的非负性，可以得知候选的RORS必须为$a^*(t)=0$。这种情形可能会在理论上发生，但是在实际中几乎不会发生。这种情形意味着保险人把所有的索赔都转移给再保险人。一旦这种情形发生，保险人宁愿不接受客户的保险业务，也不愿接受再保险，因为再保险保费高于保险费（我们要求$\eta_2>\eta_1$，所以$c_1>c$）。这也是我们在这种情形下没有计算值函数的原因。然后，把$a^*(t)=0$代入式（2.49），与情形$a^*(t)=\hat{a}(t)$的做法相似，可以获得最优值函数。

根据引理2.1，$\pi^*(t)$可由式（2.51）确定，它是候选的ROIS。把式(2.33)、式（2.40）和式（2.41）代入式（2.48），则候选的最坏情形的经济环境策略$\theta^*(t)=[\theta_1^*(t),\theta_2^*(t),\theta_3^*(t)]$通过式（2.42）确定。证明完成。

接下来，我们将应用定理2.1来检验定理2.2中得到的候选最优策略以及相应的值函数的确是最优的。

定理2.3（验证定理） 在假设2.1和假设2.2成立下，由式（2.40）~式（2.42）给出的候选最优策略$a^*(t)$、$\pi^*(t)$和$\theta^*(t)=[\theta_1^*(t),\theta_2^*(t),\theta_3^*(t)]$的确是最优的策略，式（2.43）给出的候选值函数$H(t,x,\nu)$的确等于式（2.23）定义的最优值函数$V(t,x,\nu)$。

证明 根据定理2.2，很容易得到定理2.1中的条件（2）~条件（4）关于$H(t,x,\nu)$是成立的。对于本章建立的模型，最优化问题（2.21）等价于问题（2.22）。因此，定理2.1中的条件（1）成立。为了检验定理2.1中的条件（5）成立，候选策略$[a^*(t),\pi^*(t),\theta^*(t)]$和候选值函数$H(t,x,\nu)$在概率分布$Q^{\theta^*}$下只需满足如下三条性质：

（1）$u^*(t)$是容许策略；

（2）$E\left(\sup\limits_{t\in[0,T]}|H[t,X_t^{u^*},\nu(t)]|^4\right)<\infty$；

（3）
$$E\left(\sup_{t\in[0,T]}\left|\frac{\theta_1^{*2}(t)}{2\phi_1[t,X_t^{u^*},\nu(t)]}+\frac{\theta_2^{*2}(t)}{2\phi_2[t,X_t^{u^*},\nu(t)]}+\frac{\lambda_2[\theta_3^*(t)\ln\theta_3^*(t)-\theta_3^*(t)+1]}{\phi_3[t,X_t^{u^*},\nu(t)]}\right|^2\right)<\infty。$$

接下来，将逐一证明性质（1）~（3）。为了使后面的证明好理解，我们先证明性质（2）。

性质（2）的证明。

把式（2.40）~式（2.42）代入式（2.18），得到：

$$X_t^{u^*}=x_0e^{rt}+\int_0^t\Gamma(s)e^{r(t-s)}ds+\sqrt{\lambda_1\mu_{12}}\int_0^t a^*(s)e^{r(t-s)}dW_1^{\theta^*}(s)$$
$$+\sigma\int_0^t\pi^*(s)e^{r(t-s)}dW_2^{\theta^*}(s)+\int_0^t\int_{-1}^{+\infty}\pi^*(s)ze^{r(t-s)}N_2(ds,dz) \tag{2.54}$$

这里

$$\Gamma(s)=(\mu-r)\pi^*(s)+(\eta_1-\eta_2+a^*(s)\eta_2)[e^{-\delta s}\lambda_1\mu_{11}+\nu(s)]$$
$$+a^*(s)\lambda_1\mu_{12}\gamma_1[2\delta A(s)\nu+\delta B(s)-a^*(s)e^{r(T-s)}]$$
$$-\gamma_2\sigma^2[\pi^*(s)]^2e^{r(T-s)} \tag{2.55}$$

因为对任意的$s\in[0,T]$，$u^*(s)$是确定的，并且$\nu(s)$满足假设2.1，所以$\Gamma(s)$是有界的。把式（2.54）代入候选值函数（2.43）获得：

$$|H(t,X_t^{u^*},\nu(t))|^4=\left|\frac{1}{m^4}e^{-4m[X_t^{u^*}e^{r(T-t)}+f(t,\nu(t))]}\right|\leqslant K_1e^{-4me^{r(T-t)}X_t^{u^*}}$$
$$=K_1\exp\left\{-4me^{r(T-t)}\left[x_0e^{rt}+\int_0^t\Gamma(s)e^{r(t-s)}ds\right.\right.$$
$$+\sqrt{\lambda_1\mu_{12}}\int_0^t a^*(s)e^{r(t-s)}dW_1^{\theta^*}(s)$$
$$+\sigma\int_0^t\pi^*(s)e^{r(t-s)}dW_2^{\theta^*}(s)$$
$$\left.\left.+\int_0^t\int_{-1}^{+\infty}\pi^*(s)ze^{r(t-s)}N_2(ds,dz)\right]\right\}$$
$$\leqslant K_2\exp\left\{-4m\left[\sqrt{\lambda_1\mu_{12}}\int_0^t a^*(s)dW_1^{\theta^*}(s)\right.\right.$$
$$\left.\left.+\sigma\int_0^t\pi^*(s)dW_2^{\theta^*}(s)\right]\right\} \tag{2.56}$$

这里K_1和K_2是两个常数，满足：

$$K_1\geqslant\frac{1}{m^4}e^{-4mf[t,\nu(t)]},P-a.s.,t\in[0,T] \tag{2.57}$$

和

$$K_2 \geqslant K_1 \exp\left\{-4m\left[x_0 e^{rt} + \int_0^t \Gamma(s) e^{r(t-s)} ds + \int_0^t \int_{-1}^{+\infty} \pi^*(s) z e^{r(t-s)} N_2(ds, dz)\right]\right\},$$

$P-a.s., t \in [0,T]$

式（2.56）的第一个不等式成立是因为$f[t,\nu(t)]$关于概率分布 P 几乎处处是有界的；第二个不等式成立是因为当 $0<s \leqslant t \leqslant T$ 时，$e^{r(T-t)}>1$，$e^{r(t-s)}>1$，并且$\int_0^t \int_{-1}^{+\infty} \pi^*(s) z e^{r(t-s)} N_2(ds, dz)$ 和 $\int_0^t \Gamma(s) e^{r(t-s)} ds$ 关于概率分布 P 几乎处处是有界的，$x_0 e^{rt}$是有界的。

积分表达式 $\exp\left\{-4m\sqrt{\lambda_1 \mu_{12}} \int_0^t a^*(s) dW_1^{\theta^*}(s)\right\}$ 可重新写为：

$$\exp\left\{-4m\sqrt{\lambda_1 \mu_{12}} \int_0^t a^*(s) dW_1^{\theta^*}(s)\right\} = \underbrace{\exp\left\{8m^2 \lambda_1 \mu_{12} \int_0^t [a^*(s)]^2 ds\right\}}$$
$$\times \underbrace{\exp\left\{-8m^2 \lambda_1 \mu_{12} \int_0^t [a^*(s)]^2 ds + \int_0^t (-4) m \sqrt{\lambda_1 \mu_{12}} a^*(s) dW_1^{\theta^*}(s)\right\}} \tag{2.58}$$

上式等号右端第一项为常数，第二项为鞅。所以，得到：

$$E\left(\exp\left\{-4m\sqrt{\lambda_1 \mu_{12}} \int_0^t a^*(s) dW_1^{\theta^*}(s)\right\}\right) < \infty \tag{2.59}$$

类似地，可以获得：

$$E\left(\exp\left\{-4m\sigma \int_0^t \pi^*(s) dW_2^{\theta^*}(s)\right\}\right) < \infty \tag{2.60}$$

联合式（2.56）~式（2.60），推得：

$$E\left(\sup_{t \in [0,T]} |H[t, X_t^{u^*}, \nu(t)]|^4\right) < \infty \tag{2.61}$$

性质（1）的证明。

根据 HJBI 方程（2.25）的求解，我们知道定义 2.1 中的条件（1）和（2）显然满足，策略 $u^*(t)$是确定的并且是状态独立的，因此定义 2.1 中的条件（3）成立。对于定义 2.1 中的条件（4），我们已经证明了对任意的时间 $t \in [0,T]$，有 $E\left(\sup_{t \in [0,T]} |H[t, X_t^{u^*}, \nu(t)]|^4\right) < \infty$ 成立。注意到 $U(X_T^{u^*}) = H[t, X_T^{u^*}, \nu(T)]$，采取证明性质（2）相似的方法，可以得到：

$$\mathrm{E}_{t,x,\nu}(|H[T,X_T^{u^*},\nu(T)]|)<\infty \tag{2.62}$$

所以，$u^*(t)$是一个容许策略。

性质（3）的证明。

设

$$\overline{\Gamma}(t)=\frac{m[\theta_1^*(t)]^2}{2\gamma_1}+\frac{m[\theta_2^*(t)]^2}{2\gamma_2}+\frac{m\lambda_2[\theta_3^*(t)\ln\theta_3^*(t)-\theta_3^*(t)+1]}{\gamma_3} \tag{2.63}$$

则它是有界的。根据式（2.27），用$H(t,x,\nu)$代替$V(t,x,\nu)$，得到：

$$\mathrm{E}\left(\sup_{t\in[0,T]}\left|\frac{[\theta_1^*(t)]^2}{2\phi_1[t,X_t^{u^*},\nu(t)]}+\frac{[\theta_2^*(t)]^2}{2\phi_2[t,X_t^{u^*},\nu(t)]}+\frac{\lambda_2[\theta_3^*(t)\ln\theta_3^*(t)-\theta_3^*(t)+1]}{\phi_3[t,X_t^{u^*},\nu(t)]}\right|^2\right)$$
$$=\mathrm{E}\left(\sup_{t\in[0,T]}|\overline{\Gamma}(t)|^2\ |H[t,X_t^{u^*},\nu(t)]|^2\right)$$
$$\leqslant \mathrm{E}\left(\sup_{t\in[0,T]}|\overline{\Gamma}(t)|^4\right)^{\frac{1}{2}}\left(\sup_{t\in[0,T]}|H[t,X_t^{u^*},\nu(t)]|^4\right)^{\frac{1}{2}}<\infty \tag{2.64}$$

这里第一个不等式是根据 Cauchy - Schwarz 不等式得到的，第二个不等式是根据性质（2）得到的。因此，定理 2.3 成立。

注 2.7 根据式（2.40）和式（2.41），我们发现 RORS $a^*(t)$不依赖于有关金融市场的参数；类似地，保险市场中的参数也不影响 ROIS $\pi^*(t)$。这是因为，我们假设保险市场和金融市场是相互独立的。

注 2.8 定理 2.2 推广了文献中的已有结果。如果 $\gamma_1=\gamma_2=\gamma_3=\mu=\sigma=\lambda_2=0$，也就是不考虑模糊厌恶和不在风险资产上投资，则最优再保险策略退化为 Chen 等人的情形；如果 $\nu=\delta=0$，也就是不考虑索赔相依，则 RORS 变成 Yi 等人得到的结果；如果 $\lambda_2=0$，也就是不考虑价格跳跃，则最优投资策略与 Maenhout 得到的结果相似，他在最大化幂效用函数下研究了鲁棒最优投资问题。

第四节　三种特殊情形

为了更好地理解索赔相依、模糊厌恶以及价格跳跃对最优策略的影响，本节考虑一般模型的三种特殊情形，即不考虑索赔相依、不考虑价格跳跃以及不考虑模糊厌恶。与定理 2.2 类似，我们可以获得这三种特殊情形下的最优策略和最优值函数。

一、不考虑索赔相依

如果不考虑索赔之间的相依性，也就是加权平均 $\nu(t)=0$ 和外推偏差强度 $\delta=0$，则财富过程（2.18）在概率分布 Q^{θ} 下简化为：

$$\begin{aligned}\mathrm{d}X_t^{\bar{u}} = &\Big[rX_t^{\bar{u}} + (\mu - r)\bar{\pi}(t) + (\eta_1 - \eta_2)\lambda_1\mu_{11} + \bar{a}(t)\eta_2\lambda_1\mu_{11} - \theta_1(t)\bar{a}(t)\\ &\cdot\sqrt{\lambda_1\mu_{12}} - \theta_2(t)\bar{\pi}(t)\sigma\Big]\mathrm{d}t + \bar{a}(t)\sqrt{\lambda_1\mu_{12}}\mathrm{d}W_1^{\theta}(t) + \bar{\pi}(t)\sigma\mathrm{d}W_2^{\theta}(t)\\ &+\int_{-1}^{+\infty}\bar{\pi}(t)zN_2(\mathrm{d}t,\mathrm{d}z)\end{aligned} \tag{2.65}$$

这里将该种情形的再保险与投资策略改写为 $\bar{u}(t)=\{(\bar{a}(t),\bar{\pi}(t)\}:t\in[0,T]\}$。相应地，HJBI 方程（2.25）变为：

$$\begin{aligned}\sup_{\bar{u}\in\bar{U}}\inf_{\theta\in\Theta}\Big\{&\bar{V}_t(t,x) + \Big[rx + (\mu-r)\bar{\pi} + (\eta_1-\eta_2)\lambda_1\mu_{11} + \bar{a}\eta_2\lambda_1\mu_{11} - \theta_1\bar{a}\sqrt{\lambda_1\mu_{12}}\\ &-\theta_2\bar{\pi}\sigma\Big]\bar{V}_x(t,x) + \frac{1}{2}[\bar{a}^2\lambda_1\mu_{12} + \bar{\pi}^2\sigma^2]\bar{V}_{xx}(t,x) + \lambda_2\theta_3\mathrm{E}[\bar{V}(t,x+\bar{\pi}Z) - \bar{V}(t,x)]\\ &-\frac{m\theta_1^2\bar{V}(t,x)}{2\gamma_1} - \frac{m\theta_2^2\bar{V}(t,x)}{2\gamma_2} - \frac{\lambda_2 m\bar{V}(t,x)[\theta_3\ln\theta_3 - \theta_3 + 1]}{\gamma_3}\Big\} = 0\end{aligned} \tag{2.66}$$

这里 $\bar{V}(t,x)$ 代表不考虑索赔相依时的值函数，它满足边界条件 $\bar{V}(T,x)=U(x)$。与定理 2.2 和定理 2.3 类似，可以获得鲁棒最优再保险 - 投资策略和相应的最优值函数。具体的结果在下面的定理中给出。

定理 2.4 在假设 2.1 和假设 2.2 成立的前提下，当问题（2.21）中的效用函数为指数效用函数（2.26），并且模糊偏好函数的形式为（2.27）时，不考虑索赔相依时问题（2.21）的解为如下形式。不考虑索赔相依情形的 RORS（此时再保险策略简写为 RORSUC）由下式给出：

$$\bar{a}^*(t) = \frac{\eta_2\mu_{11}}{\mu_{12}(m+\gamma_1)\mathrm{e}^{r(T-t)}} \tag{2.67}$$

不考虑索赔相依情形的 ROIS（此时投资策略简写为 ROISUC）为：

$$\overline{\pi}^*(t)=\frac{e^{-r(T-t)}}{(m+\gamma_2)\sigma^2}\left\{\mu-r+\lambda_2 E\left[Ze^{-m\overline{\pi}^*(t)Ze^{r(T-t)}}\right]e^{\frac{\gamma_3}{m}E\left[e^{-m\overline{\pi}^*(t)Ze^{r(T-t)}}-1\right]}\right\} \tag{2.68}$$

最优值函数为：

$$\overline{V}(t,x)=-\frac{1}{m}e^{-m\left[xe^{r(T-t)}+g(t)\right]} \tag{2.69}$$

这里：

$$\begin{aligned}g(t)=&\frac{\lambda_1\mu_{11}(\eta_1-\eta_2)}{r}\left[e^{r(T-t)}-1\right]\\&+\frac{\eta_2^2\lambda_1\mu_{11}^2}{2(m+\gamma_1)\mu_{12}}(T-t)+\int_t^T q\left[\overline{\pi}^*(s)\right]ds\end{aligned} \tag{2.70}$$

其中 $q(\cdot)$ 由式（2.28）定义。

注 2.9 RORSUC（2.49）与 Yi 等人中的定理 4.1 中的结果相似。换句话说，我们的模型把 Yi 等人中的 RORS 推广到了索赔相依情形。

注 2.10 式（2.40）和式（2.67）分别给出的再保险策略 $a^*(t)$ 和 $\overline{a}^*(t)$ 具有如下的相同点和不同点：

（1）它们具有不同的形式。显然 $\overline{a}^*(t)$ 变得更简单，这是因为此时保险人不需考虑索赔相依。

（2）它们可以反映相似的经济现象。当 η_2 增加时，$a^*(t)$ 和 $\overline{a}^*(t)$ 都将增加，也就是说，保险人更愿意通过自己的努力来控制索赔风险。当 m 和 γ_1 增加时，$a^*(t)$ 和 $\overline{a}^*(t)$ 都将减少，也就是说，保险人更愿意寻找再保险保护。然而，随着模型参数的变化，$a^*(t)$ 和 $\overline{a}^*(t)$ 的不同变化速度只能通过数值实验来分析。

式（2.41）和式（2.68）给出的两个投资策略是相同的。这是显然的，因为保险市场和金融市场没有相依性，是否考虑索赔相依不会影响投资策略。

二、不考虑价格跳跃

本节不考虑价格跳跃，即 $\lambda_2=0$。在这种情形下，记再保险与投资策略

为 $\hat{u}(t)=\{(\hat{a}(t),\hat{\pi}(t)\}:t\in[0,T]\}$，则财富过程（2.18）在概率分布 Q^{θ} 下简化为：

$$\begin{aligned}\mathrm{d}X_t^{\hat{u}}=&\Big\{rX_t^{\hat{u}}+(\mu-r)\hat{\pi}(t)-\theta_1(t)\hat{a}(t)\sqrt{\lambda_1\mu_{12}}-\theta_2(t)\hat{\pi}(t)\sigma+(\eta_1-\eta_2)\\&\times[\mathrm{e}^{-\delta t}\lambda_1\mu_{11}+\nu(t)]+\hat{a}\eta_2[\mathrm{e}^{-\delta t}\lambda_1\mu_{11}+\nu(t)]\Big\}\mathrm{d}t+\hat{a}(t)\sqrt{\lambda_1\mu_{12}}\mathrm{d}W_1^{\theta}(t)\\&+\hat{\pi}(t)\sigma\mathrm{d}W_2^{\theta}(t).\end{aligned}\tag{2.71}$$

相应地，HJBI 方程（2.25）变为：

$$\begin{aligned}&\sup_{\hat{u}\in\hat{\mathrm{U}}}\inf_{(\theta_1,\theta_2)\in\Theta}\Big\{\hat{V}_t(t,x,\nu)+[rx+(\mu-r)\hat{\pi}+(\eta_1-\eta_2)(\mathrm{e}^{-\delta t}\lambda_1\mu_{11}+\nu)+\hat{a}\eta_2\\&\times(\mathrm{e}^{-\delta t}\lambda_1\mu_{11}+\nu)-\theta_1\hat{a}\sqrt{\lambda_1\mu_{12}}-\theta_2\hat{\pi}\sigma]\hat{V}_x(t,x,\nu)+0.5[\hat{a}^2\lambda_1\mu_{12}+\hat{\pi}^2\sigma^2]\hat{V}_{xx}(t,\\&x,\nu)+(\delta\mathrm{e}^{-\delta t}\lambda_1\mu_{11}+\theta_1\delta\sqrt{\lambda_1\mu_{12}})\hat{V}_\nu(t,x,\nu)+0.5\delta^2\lambda_1\mu_{12}\hat{V}_{\nu\nu}(t,x,\nu)-\delta\lambda_1\mu_{12}\\&\times\hat{a}\hat{V}_{x\nu}(t,x,\nu)-\frac{m\theta_1^2\hat{V}(t,x,\nu)}{2\gamma_1}-\frac{m\theta_2^2\hat{V}(t,x,\nu)}{2\gamma_2}\Big\}=0.\end{aligned}\tag{2.72}$$

这里 $\hat{V}(t,x,\nu)$ 表示不考虑价格跳跃时对应的值函数，它满足边界条件 $\hat{V}(T,x,\nu)=U(x)$。与推导考虑价格跳跃情形类似，我们可以得到鲁棒最优再保险－投资策略和值函数的解析解，具体的结果在下面的定理中给出。

定理 2.5 在假设 2.1 和假设 2.2 成立的前提下，当问题（2.21）中的效用函数为指数效用函数（2.26），并且模糊偏好函数的形式为（2.27）时，不考虑价格跳跃时问题（2.21）的解为如下形式。不考虑价格跳跃时的 RORS（此时再保险策略简写为 RORSNJ）为：

$$\hat{a}^*(t)=\frac{\eta_2(\mathrm{e}^{-\delta t}\lambda_1\mu_{11}+\nu)+\delta\lambda_1\mu_{12}(m+\gamma_1)[2A(t)\nu+B(t)]}{\lambda_1\mu_{12}(m+\gamma_1)\mathrm{e}^{r(T-t)}}\vee 0\tag{2.73}$$

不考虑价格跳跃时的 ROIS（此时再投资策略简写为 ROISNJ）为：

$$\hat{\pi}^*(t)=\frac{(\mu-r)\mathrm{e}^{-r(T-t)}}{(m+\gamma_2)\sigma^2}\tag{2.74}$$

当 $\hat{a}^*(t)>0$ 时，最优值函数为：

$$\hat{V}(t,x,\nu)=-\frac{1}{m}e^{-m[xe^{r(T-t)}+f(t,\nu)]} \tag{2.75}$$

这里$f(t,\nu)$在引理2.2中给出，$f(t,\nu)$中的$D(t)$变为：

$$D(t)=\delta\lambda_1\mu_{11}(1+\eta_2)\int_t^T e^{-\delta s}B(s)ds+\delta^2\lambda_1\mu_{12}\int_t^T A(s)ds+\frac{\lambda_1\mu_{11}(\eta_1-\eta_2)}{r+\delta}$$

$$\times[e^{rT-(r+\delta)t}-e^{-\delta T}]+\frac{\eta_2^2\lambda_1\mu_{11}^2}{4\delta(m+\gamma_1)\mu_{12}}[e^{-2\delta t}-e^{-2\delta T}]+\frac{(\mu-r)^2}{2(m+\gamma_2)\sigma^2}(T-t) \tag{2.76}$$

其中$A(t)$和$B(t)$分别由（2.34）和（2.35）给出。

注2.11 定理2.5表明，如果不考虑价格跳跃，则ROIS与Maenhout得出的命题1相似，他研究了鲁棒投资与消费问题。

注2.12 因为保险市场和金融市场没有相关性，所以风险资产的价格变化只会影响投资策略而不会影响再保险策略。因此，式（2.40）和式（2.73）给出的再保险策略是相同的。式（2.41）和式（2.74）呈现的投资策略是显著不同的。不考虑价格跳跃时，我们可以求得投资策略的解析解；然而，考虑价格跳跃时，投资策略只能通过一个方程来确定，变得更加复杂。一种可能的解释是，在考虑价格跳跃时，风险资产的价格波动更加复杂。在第六节，我们将通过数值实验来详细分析价格跳跃对最优投资策略的影响。

三、不考虑模糊厌恶

如果所有的模糊厌恶参数都等于0，即$\gamma_1=\gamma_2=\gamma_3=0$，我们的模型退化为不考虑模糊厌恶的情形。此时，财富过程由方程（2.12）给出，目标函数由下式给出：

$$\sup_{\breve{u}\in U}E_{t,x,\nu}[U(X_T^{\breve{u}})]=\sup_{\breve{u}\in U}E[U(X_T^{\breve{u}})|X_t^{\breve{u}}=x,\nu(t)=\nu] \tag{2.77}$$

这里$\breve{u}(t)=\{(\breve{a}(t),\breve{\pi}(t)\}:t\in[0,T]\}$是该种情形下的再保险与投资策略。最优值函数记作$\breve{V}(t,x,\nu)$，相应的HJBI方程（2.25）变为：

$$\sup_{\breve{u}\in U}\Big\{\breve{V}_t(t,x,\nu)+[rx+(\mu-r)\breve{\pi}+(\eta_1-\eta_2)(e^{-\delta t}\lambda_1\mu_{11}+\nu)+\breve{a}\eta_2(e^{-\delta t}\lambda_1\mu_{11}+\nu)]$$

$$\times \breve{V}_x(t,x,\nu) + \delta e^{-\delta t}\lambda_1\mu_{11}\breve{V}_\nu(t,x,\nu) + 0.5[\breve{a}^2\lambda_1\mu_{12} + \breve{\pi}^2\sigma^2]\breve{V}_{xx}(t,x,\nu)$$
$$+0.5\delta^2\lambda_1\mu_{12}\breve{V}_{\nu\nu}(t,x,\nu) - \delta\lambda_1\mu_{12}\breve{a}V_{x\nu} + \lambda_2 E[\breve{V}(t,x+\breve{\pi}Z,\nu) - \breve{V}(t,x,\nu)]\Big\} = 0 \tag{2.78}$$

边界条件为 $\breve{V}(T,x,\nu) = U(x)$。

定理 2.6 在假设 2.1 和假设 2.2 成立的前提下，当效用函数满足 (2.26)，以及不考虑模糊厌恶时，基于效用的最优再保险策略（该种情形的再保险策略简写为 UBORS）为：

$$\breve{a}^*(t) = \frac{\eta_2(e^{-\delta t}\lambda_1\mu_{11} + \nu) + \delta\lambda_1\mu_{12}m\left[2\breve{A}(t)\nu + \breve{B}(t)\right]}{\lambda_1\mu_{12}me^{r(T-t)}} \vee 0 \tag{2.79}$$

相应的基于效用的投资策略（该种情形的投资策略简写为 UBOIS）为：

$$\breve{\pi}^*(t) = \frac{e^{-r(T-t)}}{m\sigma^2}\left\{\mu - r + \lambda_2 E[Ze^{-m\breve{\pi}^*(t)Ze^{r(T-t)}}]\right\} \tag{2.80}$$

当 $\breve{a}^*(t) > 0$ 时，最优值函数由下式给出：

$$\breve{V}(t,x,\nu) = -\frac{1}{m}e^{-m[xe^{r(T-t)} + \bar{f}(t,\nu)]} \tag{2.81}$$

这里

$$\bar{f}(t,\nu) = \breve{A}(t)\nu^2 + \breve{B}(t)\nu + \breve{D}(t)$$

$$\breve{A}(t) = \frac{\eta_2}{4\lambda_1\mu_{12}\delta m}[e^{2\delta\eta_2(T-t)} - 1]$$

$$\breve{B}(t) = \frac{\eta_1 - \eta_2}{\delta\eta_2 - r}[e^{\delta\eta_2(T-t)} - e^{r(T-t)}] + \frac{\mu_{11}\eta_2 e^{-\delta T}}{2\delta\mu_{12}m}[e^{\delta(1+2\eta_2)(T-t)} - e^{\delta(T-t)}]$$

$$\breve{D}(t) = \delta\lambda_1\mu_{11}(1+\eta_2)\int_t^T e^{-\delta s}\breve{B}(s)\,ds + \delta^2\lambda_1\mu_{12}\int_t^T \breve{A}(s)\,ds + \frac{\lambda_1\mu_{11}(\eta_1 - \eta_2)}{r+\delta}$$
$$\times[e^{rT-(r+\delta)t} - e^{-\delta T}] + \frac{\eta_2^2\lambda_1\mu_{11}^2}{4\delta m\mu_{12}}[e^{-2\delta t} - e^{-2\delta T}] + \int_t^T \breve{q}[\breve{\pi}^*(s)]\,ds$$

$$\breve{q}[\breve{\pi}^*(t)] = -\frac{1}{2}\pi^2(t)\sigma^2 m e^{2r(T-t)} + (\mu - r)\breve{\pi}^*(t)e^{r(T-t)} - \lambda_2 E[e^{-m\breve{\pi}^*(t)Ze^{r(T-t)}} - 1]$$

注 2.13 从定理 2.6 可以看到，UBORS（2.79）与 Chen 等人中定理 2 的结论相似，这表明我们的模型把 Chen 等人中的再保险策略推广到了鲁棒再保险策略。如果不考虑价格跳跃，则再保险策略进一步简化为：

$$\breve{\pi}^*(t)=\frac{(\mu-r)\mathrm{e}^{-r(T-t)}}{m\sigma^2} \tag{2.82}$$

这个结果与 Yang 和 Zhang 中的定理 1 相似。所以，我们的模型把 Yang 和 Zhang 中的投资策略推广到了具有价格跳跃的鲁棒最优投资策略情形。

注 2.14 从式（2.40）可以得到，$a^*(t)$是关于 γ_1 递减的函数。这是显然的。因为 γ_1 是模糊厌恶系数。γ_1 越大，保险人开展业务的积极性则越低，因此他将保留更少的自留额。因为 $\breve{a}^*(t)$是在 $\gamma_1=0$ 的情形下得到的，所以有 $a^*(t)\leqslant\breve{a}^*(t)$。这意味着，在不考虑模糊厌恶时，保险人更愿意通过自己的努力来控制索赔风险。在第六节中，我们将通过数值实验来研究模糊厌恶参数 γ_2 和 γ_3 对最优投资策略的影响。

第五节　不考虑模糊厌恶时的均值－方差再保险和投资问题

在上一节，针对不考虑模糊厌恶的情形，我们在最大化期望指数效用下研究了最优再保险与投资问题。然而，期望效用准则没有直接度量索赔风险和投资风险。索赔风险和投资风险显然对保险人的再保险与投资行为具有显著影响。在保险实务中，有许多度量风险的方法。本节，我们使用方差来度量索赔风险和投资风险。具体地，针对不考虑模糊厌恶的情形，我们在均值－方差准则下研究最优再保险与投资问题。

不考虑模糊厌恶时，财富过程由方程（2.12）给出，相应的均值－方差再保险与投资问题可以描述为：

$$J(0,x_0,\nu_0,\tilde{u}_0)=\sup_{\tilde{u}\in\tilde{\mathrm{U}}}\left\{\mathrm{E}_{0,x_0,\nu_0}[X_T^{\tilde{u}}]-0.5\gamma\,\mathrm{Var}_{0,x_0,\nu_0}[X_T^{\tilde{u}}]\right\} \tag{2.83}$$

这里 γ 是事先确定的风险厌恶参数，$\tilde{u}(t)=\{(\tilde{a}(t),\tilde{\pi}(t)):t\in[0,T]\}$ 是该种情形下的容许策略。由于问题（2.83）的目标函数中含有条件方差，这导致问题（2.83）是时间不一致的。

在许多情形中，策略的时间一致性是一个基本的要求。为此，我们从博弈的视角研究均值－方差问题（2.83），进而得到其时间一致的最优策略。然而问题（2.83）没体现目标随状态的动态变化，接下来我们研究如下问题：

$$\sup_{\tilde{u}\in\tilde{U}} J(t,x,\nu,\tilde{u}) = \sup_{\tilde{u}\in\tilde{U}}\left\{ \mathrm{E}_{t,x,\nu}[X_T^{\tilde{u}}] - 0.5\gamma\,\mathrm{Var}_{t,x,\nu}[X_T^{\tilde{u}}]\right\} \tag{2.84}$$

显然，问题（2.84）当 $t=0$ 时则退化为问题（2.83）。为了求解问题（2.84），首先给出如下均衡策略的定义。

定义 2.2 对于任意给定的容许策略 $\tilde{u}(s)$ 和 $\tilde{u}^*(s)$（可能的均衡策略），初始状态 $(t,x,\nu)\in[0,T]\times R\times R^+$ 和实数 $\varepsilon>0$，定义下面的策略：

$$\tilde{u}^{\varepsilon}(s) = \begin{cases} \tilde{u}(s), & t\leqslant s<t+\varepsilon \\ \tilde{u}^*(s), & t+\varepsilon\leqslant s\leqslant T \end{cases} \tag{2.85}$$

如果有

$$\liminf_{\varepsilon\to 0}\frac{J(t,x,\nu,\tilde{u}^*) - J(t,x,\nu,\tilde{u}^{\varepsilon})}{\varepsilon}\geqslant 0 \tag{2.86}$$

则 $\tilde{u}^*(s)$ 称为均衡策略。相应的均衡值函数 $\tilde{V}(t,x,\nu)$ 定义为：

$$\tilde{V}(t,x,\nu) = J(t,x,\nu,\tilde{u}^*) \tag{2.87}$$

根据 Björk 和 Murgoci 的研究可知，定义 2.2 给出的均衡策略是时间一致的，通常的最优值函数等于均衡值函数。为了表示方便，对于 $\Psi(t,x,\nu)\in C^{1,2,2}([0,T]\times R\times R^+)$，定义财富过程（2.12）的无穷小生元 $\mathcal{B}^{\tilde{u}}$ 为：

$$\begin{aligned}\mathcal{B}^{\tilde{u}}\Psi(t,x,\nu) = {} & \Psi_t(t,x,\nu) + [rx + (\mu - r)\tilde{\pi} + (\eta_1-\eta_2)(\mathrm{e}^{-\delta t}\lambda_1\mu_{11}+\nu) \\ & + \tilde{a}\eta_2(\mathrm{e}^{-\delta t}\lambda_1\mu_{11}+\nu)]\Psi_x(t,x,\nu) + \delta\mathrm{e}^{-\delta t}\lambda_1\mu_{11}\Psi_\nu(t,x,\nu) \\ & + \frac{1}{2}[\tilde{a}^2\lambda_1\mu_{12} + \tilde{\pi}^2\sigma^2]\Psi_{xx}(t,x,\nu) + \frac{1}{2}\delta^2\lambda_1\mu_{12}\Psi_{\nu\nu}(t,x,\nu) \\ & - \delta\lambda_1\mu_{12}\tilde{a}\Psi_{x\nu} + \lambda_2\mathrm{E}[\Psi(t,x+\tilde{\pi}Z,\nu) - \Psi(t,x,\nu)]\end{aligned} \tag{2.88}$$

为了求解问题（2.84），我们建立如下的验证定理。

定理 2.7 对于最优化问题（2.84），如果存在两个实函数 $W(t,x,\nu)$，$h(t,x,\nu)\in C^{1,2,2}([0,T]\times R\times R^+)$，它们满足下面推广的 HJB 方程组：

$$\sup_{\tilde{u}\in\tilde{U}}\left\{\mathcal{B}^{\tilde{u}}W(t,x,\nu) - 0.5\gamma\mathcal{B}^{\tilde{u}}h^2(t,x,\nu) + \gamma h(t,x,\nu)\mathcal{B}^{\tilde{u}}h(t,x,\nu)\right\} = 0 \tag{2.89}$$

$$\mathcal{B}^{\tilde{u}^*}h(t,x,\nu)=0 \tag{2.90}$$

和边界条件

$$W(T,x,\nu)=x,h(T,x,\nu)=x \tag{2.91}$$

这里

$$\tilde{u}^*(t)=\arg\sup_{\tilde{u}\in\tilde{U}}\{\mathcal{B}^{\tilde{u}}W(t,x,\nu)-0.5\gamma\mathcal{B}^{\tilde{u}}h^2(t,x,\nu)+\gamma h(t,x,\nu)\mathcal{B}^{\tilde{u}}h(t,x,\nu)\} \tag{2.92}$$

则 $\tilde{u}^*(t)$ 是最优时间一致的策略，并且 $W(t,x,\nu)=\tilde{V}(t,x,\nu)$。

该定理的证明类似于 Björk 和 Murgoci 中的定理 7.1，这里不再证明。

接下来，应用定理 2.7，我们求得最优时间一致的再保险与投资策略以及相应值函数的解析解。具体的结果由下面的定理给出。

定理 2.8 在假设 2.1 和 2.2 成立的前提下，最优化问题（2.84）的解如下。最优时间一致的再保险策略（该种情形的再保险策略简写为 OTCRS）为：

$$\tilde{a}^*(t)=\frac{\eta_2(e^{-\delta t}\lambda_1\mu_{11}+\nu)+\delta\gamma\lambda_1\mu_{12}[2B_2(t)\nu+B_3(t)]}{\gamma\lambda_1\mu_{12}e^{r(T-t)}}\vee 0 \tag{2.93}$$

最优时间一致的投资策略（该种情形的投资策略简写为 OTCIS）为：

$$\tilde{\pi}^*(t)=\frac{\mu-r+\lambda_2\mu_{21}}{\gamma(\sigma^2+\lambda_2\mu_{22})}e^{-r(T-t)} \tag{2.94}$$

当 $\tilde{a}^*(t)>0$ 时，最优值函数为：

$$W(t,x,\nu)=xe^{r(T-t)}+A_2(t)\nu^2+A_3(t)\nu+A_4(t) \tag{2.95}$$

最优策略下终端财富的方差为：

$$\mathrm{Var}_{t,x,\nu}(X_T^{\tilde{u}^*})=\frac{2}{\gamma}\left\{\frac{\eta_2^2(T-t)}{2\gamma\lambda_1\mu_{12}}\nu^2+[B_3(t)-A_3(t)]\nu+B_4(t)-A_4(t)\right\} \tag{2.96}$$

这里

$$A_2(t)=\frac{\eta_2}{2\delta\gamma\lambda_1\mu_{12}}[e^{2\delta\eta_2(T-t)}-1]-\frac{\eta_2^2(T-t)}{2\gamma\lambda_1\mu_{12}} \tag{2.97}$$

$$B_2(t)=\frac{\eta_2}{2\delta\gamma\lambda_1\mu_{12}}[e^{2\delta\eta_2(T-t)}-1] \tag{2.98}$$

$$A_3(t) = \int_t^T [2\delta\lambda_1\mu_{11}e^{-\delta s}A_2(s) + 2\eta_2\delta\lambda_1\mu_{11}e^{-\delta s}B_2(s) + \eta_2\delta B_3(s)]ds + \frac{\eta_1-\eta_2}{r}[e^{r(T-t)} - 1] + \frac{\eta_2^2\mu_{11}}{\gamma\mu_{12}\delta}(e^{-\delta t} - e^{-\delta T}) \tag{2.99}$$

$$B_3(t) = \frac{\eta_1-\eta_2}{\delta\eta_2 - r}[e^{\delta\eta_2(T-t)} - e^{r(T-t)}] + \frac{\mu_{11}\eta_2}{\gamma\delta\mu_{12}}e^{-\delta T}[e^{\delta(1+2\eta_2)(T-t)} - e^{\delta(T-t)}] \tag{2.100}$$

$$A_4(t) = \int_t^T [\eta_2\delta\lambda_1\mu_{11}e^{-\delta s}B_3(s) + \delta\lambda_1\mu_{11}e^{-\delta s}A_3(s) + \delta^2\lambda_1\mu_{12}A_2(s)]ds + \frac{(\eta_1-\eta_2)\lambda_1\mu_{11}e^{rT}}{r+\delta}[e^{-(r+\delta)T} - e^{-(r+\delta)t}] + \frac{(\mu - r + \lambda_2\mu_{21})^2}{2\gamma(\sigma^2 + \lambda_2\mu_{22})}(T-t) + \frac{\eta_2^2\lambda_1\mu_{11}^2}{4\delta\gamma\mu_{12}}(e^{-2\delta t} - e^{-2\delta T}) \tag{2.101}$$

$$B_4(t) = \int_t^T [\delta^2\lambda_1\mu_{12}B_2(s) + (1+\eta_2)\lambda_1\mu_{11}\delta e^{-\delta s}B_3(s)]ds + \frac{(\eta_1-\eta_2)\lambda_1\mu_{11}e^{rT}}{r+\delta}[e^{-(r+\delta)T} - e^{-(r+\delta)t}] + \frac{(\mu - r + \lambda_2\mu_{21})^2}{\gamma(\sigma^2 + \lambda_2\mu_{22})}(T-t) + \frac{\eta_2^2\lambda_1\mu_{11}^2}{2\delta\gamma\mu_{12}}(e^{-2\delta t} - e^{-2\delta T}) \tag{2.102}$$

证明 证明由两步组成：首先，我们求得最优值函数和终端财富的方差。在这一步里，我们要给出两个函数 $W(t,x,\nu)$ 和 $h(t,x,\nu)$ 的构造形式，然后把它们代入式（2.89）和式（2.90），则可获得 $W(t,x,\nu)$。根据定理 2.7，可得 $W(t,x,\nu)$ 为最优值函数。有了最优值函数，终端财富的方差则可很容易获得。其次，我们求得最优时间一致的再保险策略 $\tilde{a}^*(t)$ 和最优时间一致的投资策略 $\tilde{\pi}^*(t)$。

第一步：求解最优值函数和终端财富的方差。

为了求解方程组（2.89）和方程组（2.90），假设 $W(t,x,\nu)$ 和 $h(t,x,\nu)$ 具有如下结构：

$$\begin{cases} W(t,x,\nu) = A_1(t)x + A_2(t)\nu^2 + A_3(t)\nu + A_4(t) \\ h(t,x,\nu) = B_1(t)x + B_2(t)\nu^2 + B_3(t)\nu + B_4(t) \end{cases} \tag{2.103}$$

且满足边界条件

$$\begin{cases}A_1(T)=1,A_2(T)=0,A_3(T)=0,A_4(T)=0\\B_1(T)=1,B_2(T)=0,B_3(T)=0,B_4(T)=0\end{cases}\tag{2.104}$$

$W(t,x,\nu)$和$h(t,x,\nu)$的偏导数为：

$$\begin{cases}W_t=A_1'(t)x+A_2'(t)\nu^2+A_3'(t)\nu+A_4'(t),W_x=A_1(t),W_{xx}=0\\W_\nu=2A_2(t)\nu+A_3(t),W_{\nu\nu}=2A_2(t),W_{\nu x}=0\\h_t=B_1'(t)x+B_2'(t)\nu^2+B_3'(t)\nu+B_4'(t),h_x=B_1(t),h_{xx}=0\\h_\nu=2B_2(t)\nu+B_3(t),h_{\nu\nu}=2B_2(t),h_{\nu x}=0\end{cases}\tag{2.105}$$

这里W和h分别是$W(t,x,\nu)$和$h(t,x,\nu)$的缩写。

把上面的$W(t,x,\nu)$和$h(t,x,\nu)$及它们的偏导数代入（2.89），化简后得到：

$$\begin{aligned}&\left\{A_1'(t)+rA_1(t)\right\}x+\left\{A_2'(t)-2\gamma\delta^2\lambda_1\mu_{12}B_2^2(t)\right\}\nu^2+\left\{A_3'(t)+2\delta e^{-\delta t}\right.\\&\left.\times\lambda_1\mu_{11}A_2(t)-2\gamma\delta^2\lambda_1\mu_{12}B_2(t)B_3(t)+(\eta_1-\eta_2)A_1(t)\right\}\nu+\left\{A_4'(t)+(\eta_1-\eta_2)\right.\\&\left.\times e^{-\delta t}\lambda_1\mu_{11}A_1(t)+\delta e^{-\delta t}\lambda_1\mu_{11}A_3(t)+\delta^2\lambda_1\mu_{12}A_2(t)-0.5\gamma\delta^2\lambda_1\mu_{12}B_3^2(t)\right\}\\&+\sup_{\tilde{\pi}\geq 0}\left\{(\mu-r+\lambda_2\mu_{21})A_1(t)\tilde{\pi}-0.5\gamma(\sigma^2+\lambda_2\mu_{22})\overline{B}_1^2(t)\tilde{\pi}^2\right\}+\sup_{\tilde{a}\geq 0}\left\{\tilde{a}\eta_2(e^{-\delta t}\lambda_1\mu_{11}\right.\\&\left.+\nu)A_1(t)+\tilde{a}\delta\gamma\lambda_1\mu_{12}B_1(t)[2B_2(t)\nu+B_3(t)]-0.5\gamma\lambda_1\mu_{12}B_1^2(t)\tilde{a}^2\right\}=0\end{aligned}\tag{2.106}$$

根据一阶最优性条件，若$\tilde{a}(t)$和$\tilde{\pi}(t)$求解（2.106）中对应的最优化问题，则有：

$$\tilde{a}_1(t)=\frac{\eta_2(e^{-\delta t}\lambda_1\mu_{11}+\nu)A_1(t)+\delta\gamma\lambda_1\mu_{12}B_1(t)[2B_2(t)\nu+B_3(t)]}{\gamma\lambda_1\mu_{12}B_1^2(t)}\tag{2.107}$$

和

$$\tilde{\pi}_1(t)=\frac{\mu-r+\lambda_2\mu_{21}}{\gamma(\sigma^2+\lambda_2\mu_{22})}\frac{A_1(t)}{B_1^2(t)}\tag{2.108}$$

把式（2.107）和式（2.108）代入式（2.106），可得：

$$\left\{A_1'(t)+rA_1(t)\right\}x+\left\{A_2'(t)+\frac{\eta_2^2}{2\gamma\lambda_1\mu_{12}}\frac{A_1^2(t)}{B_1^2(t)}+2\delta\eta_2\frac{A_1(t)B_2(t)}{B_1(t)}\right\}\nu^2$$

$$+\left\{A_3'(t)+2\delta\lambda_1\mu_{11}e^{-\delta t}A_2(t)+2\eta_2\delta\lambda_1\mu_{11}e^{-\delta t}\frac{A_1(t)B_2(t)}{B_1(t)}+\frac{\eta_2^2\mu_{11}e^{-\delta t}}{\gamma\mu_{12}}\frac{A_1^2(t)}{B_1^2(t)}\right.$$

$$\left.+\eta_2\delta\frac{A_1(t)B_3(t)}{B_1(t)}+(\eta_1-\eta_2)A_1(t)\right\}\nu+\left\{A_4'(t)+(\eta_1-\eta_2)\lambda_1\mu_{11}e^{-\delta t}A_1(t)\right.$$

$$+\delta\lambda_1\mu_{11}e^{-\delta t}A_3(t)+\delta^2\lambda_1\mu_{12}A_2(t)+\frac{(\mu-r+\lambda_2\mu_{21})^2}{2\gamma(\sigma^2+\lambda_2\mu_{22})}\frac{A_1^2(t)}{B_1^2(t)}+\frac{\eta_2^2\lambda_1\mu_{11}^2e^{-2\delta t}}{2\gamma\mu_{12}}\frac{A_1^2(t)}{B_1^2(t)}$$

$$\left.+\eta_2\delta\lambda_1\mu_{11}e^{-\delta t}\frac{A_1(t)B_3(t)}{B_1(t)}\right\}=0 \tag{2.109}$$

分别分离变量 x 和 ν，则可以导出如下常微分方程组：

$$A_1'(t)+rA_1(t)=0, A_1(T)=1 \tag{2.110}$$

$$A_2'(t)+\frac{\eta_2^2}{2\gamma\lambda_1\mu_{12}}\frac{A_1^2(t)}{B_1^2(t)}+2\delta\eta_2\frac{A_1(t)B_2(t)}{B_1(t)}=0,\ A_2(T)=0 \tag{2.111}$$

$$A_3'(t)+2\delta\lambda_1\mu_{11}e^{-\delta t}A_2(t)+2\eta_2\delta\lambda_1\mu_{11}e^{-\delta t}\frac{A_1(t)B_2(t)}{B_1(t)}+\frac{\eta_2^2\mu_{11}e^{-\delta t}}{\gamma\mu_{12}}\frac{A_1^2(t)}{B_1^2(t)}$$

$$+\eta_2\delta\frac{A_1(t)B_3(t)}{B_1(t)}+(\eta_1-\eta_2)A_1(t)=0,\ A_3(T)=0 \tag{2.112}$$

$$A_4'(t)+(\eta_1-\eta_2)\lambda_1\mu_{11}e^{-\delta t}A_1(t)+\delta\lambda_1\mu_{11}e^{-\delta t}A_3(t)+\delta^2\lambda_1\mu_{12}A_2(t)$$

$$+\frac{(\mu-r+\lambda_2\mu_{21})^2}{2\gamma(\sigma^2+\lambda_2\mu_{22})}\frac{A_1^2(t)}{B_1^2(t)}+\frac{\eta_2^2\lambda_1\mu_{11}^2e^{-2\delta t}}{2\gamma\mu_{12}}\frac{A_1^2(t)}{B_1^2(t)}+\eta_2\delta\lambda_1\mu_{11}e^{-\delta t}\frac{A_1(t)B_3(t)}{B_1(t)}=0,$$

$$A_4(T)=0 \tag{2.113}$$

把 $h(t,x,\nu)$ 与它的偏导数，以及将式（2.107）、式（2.108）代入式（2.90），化简后得到：

$$\left\{B_1'(t)+rB_1(t)\right\}x+\left\{B_2'(t)+2\eta_2\delta B_2(t)+\frac{\eta_2^2}{\gamma\lambda_1\mu_{12}}\frac{A_1(t)}{B_1(t)}\right\}\nu^2+\left\{B_3'(t)+\delta\eta_2B_3(t)\right.$$

$$\left.+(\eta_1-\eta_2)B_1(t)+2(1+\eta_2)\lambda_1\mu_{11}\delta e^{-\delta t}B_2(t)+\frac{2\eta_2^2\mu_{11}e^{-\delta t}}{\gamma\mu_{12}}\frac{A_1(t)}{B_1(t)}\right\}\nu+\left\{B_4'(t)\right.$$

$$+(\eta_1-\eta_2)\lambda_1\mu_{11}e^{-\delta t}B_1(t)+\delta^2\lambda_1\mu_{12}B_2(t)+(1+\eta_2)\lambda_1\mu_{11}\delta e^{-\delta t}B_3(t)$$

$$\left.+\frac{(\mu-r+\lambda_2\mu_{21})^2}{\gamma(\sigma^2+\lambda_2\mu_{22})}\frac{A_1(t)}{B_1(t)}+\frac{\eta_2^2\lambda_1\mu_{11}^2e^{-2\delta t}}{\gamma\mu_{12}}\frac{A_1(t)}{B_1(t)}\right\}=0 \tag{2.114}$$

那么，我们需要求解下面的常微分方程组：

$$B'_1(t)+rB_1(t)=0,\ B_1(T)=1 \tag{2.115}$$

$$B'_2(t)+2\eta_2\delta B_2(t)+\frac{\eta_2^2}{\gamma\lambda_1\mu_{12}}\frac{A_1(t)}{B_1(t)}=0,\ B_2(T)=0 \tag{2.116}$$

$$B'_3(t)+\delta\eta_2B_3(t)+(\eta_1-\eta_2)B_1(t)+2(1+\eta_2)\lambda_1\mu_{11}\delta e^{-\delta t}B_2(t)$$
$$+\frac{2\eta_2^2\mu_{11}e^{-\delta t}}{\gamma\mu_{12}}\frac{A_1(t)}{B_1(t)}=0,\ B_3(T)=0 \tag{2.117}$$

$$B'_4(t)+(\eta_1-\eta_2)\lambda_1\mu_{11}e^{-\delta t}B_1(t)+\delta^2\lambda_1\mu_{12}B_2(t)+(1+\eta_2)\lambda_1\mu_{11}\delta e^{-\delta t}$$
$$\times B_3(t)+\frac{(\mu-r+\lambda_2\mu_{21})^2}{\gamma(\sigma^2+\lambda_2\mu_{22})}\frac{A_1(t)}{B_1(t)}+\frac{\eta_2^2\lambda_1\mu_{11}^2e^{-2\delta t}}{\gamma\mu_{12}}\frac{A_1(t)}{B_1(t)}=0,\ B_4(T)=0$$
$$\tag{2.118}$$

分别求解方程（2.110）和方程（2.115），可得：

$$A_1(t)=e^{r(T-t)} \tag{2.119}$$

和

$$B_1(t)=e^{r(T-t)} \tag{2.120}$$

把式（2.119）和式（2.120）代入式（2.116），则式（2.116）的解由式（2.98）给出；把式（2.98）、式（2.119）和式（2.120）代入式（2.117），则可求得 $B_3(t)$，其由式（2.100）给出；把式（2.100）、式（2.119）、式（2.120）代入式（2.118），我们可求得 $B_4(t)$，其由式（2.102）给出。把式（2.98）、式（2.119）、式（2.120）代入式（2.111），则式（2.111）的解式由（2.97）给出。把式（2.97）、式（2.98）、式（2.100）、式（2.119）、式（2.120）代入式（2.112），可以求得 $A_3(t)$；最后根据式（2.113）可求得 $A_4(t)$。$A_3(t)$ 和 $A_4(t)$ 分别由式（2.99）和式（2.101）给出。

根据上面的结果，则可以求得 $W(t,x,\nu)$ 由式（2.95）给出。下面，我们计算方差 $\mathrm{Var}_{t,x,\nu}(X_T^{\tilde{u}^*})$。

$$\mathrm{Var}_{t,x,\nu}(X_T^{\tilde{u}^*})=\frac{2}{\gamma}[E_{t,x,\nu}(X_T^{\tilde{u}^*})-J(t,x,\nu,\tilde{u}^*)]=\frac{2}{\gamma}[h(t,x,\nu)-W(t,x,\nu)]$$
$$=\frac{2}{\gamma}\left\{\frac{\eta_2^2(T-t)}{2\gamma\lambda_1\mu_{12}}\nu^2+[B_3(t)-A_3(t)]\nu+B_4(t)-A_4(t)\right\}$$
$$\tag{2.121}$$

第二步： 确定最优时间一致的再保险与投资策略。

如果式（2.107）给出的候选再保险策略 $\tilde{a}_1(t)$ 大于零，则根据定理 2.7 知 OTCRS 为 $\tilde{a}^*(t)=\tilde{a}_1(t)$。如果 $\tilde{a}_1(t)\leqslant 0$，因为式（2.106）中 $\sup_{\tilde{a}\geqslant 0}\{\cdots\}$ 内部的函数在 $[\tilde{a}_1(t),+\infty)$ 上关于 $\tilde{a}(t)$ 是单调递减的，据此和再保险策略的非负性，可得此时 OTCRS 一定为 $\tilde{a}^*(t)=0$。与情形 $\tilde{a}^*(t)>0$ 相似，可以获得情形 $\tilde{a}^*(t)=0$ 对应的最优值函数和终端财富的方差，这里省略它们具体的表达式。

根据式（2.108）、式（2.119）和式（2.120），可以推得：

$$\tilde{\pi}_1(t)=\frac{\mu-r+\lambda_2\mu_{21}}{\gamma(\sigma^2+\lambda_2\mu_{22})}\frac{A_1(t)}{B_1^2(t)}=\frac{\mu-r+\lambda_2\mu_{21}}{\gamma(\sigma^2+\lambda_2\mu_{22})}e^{-r(T-t)} \tag{2.122}$$

在假设 2.2 的条件下，可得 $\tilde{\pi}_1(t)>0$。因此，基于定理 2.7 知 $\tilde{\pi}^*(t)=\tilde{\pi}_1(t)$ 是最优时间一致的投资策略。

注 2.15 如果 $\nu=\delta=0$，也就是不考虑索赔相依，则 OTCRS 变为：

$$\tilde{a}^*(t)=\frac{\eta_2\mu_{11}}{\gamma\mu_{12}e^{r(T-t)}} \tag{2.123}$$

该结果与 Zeng 和 Li、Lin 和 Qian 中的结果相似；如果 $\lambda_2=0$，也就是不考虑价格跳跃，则 OTCIS 变为：

$$\tilde{\pi}^*(t)=\frac{\mu-r}{\gamma\sigma^2}e^{-r(T-t)} \tag{2.124}$$

这个结果与 Zeng 和 Li 中的结果相似。所以，我们的模型将 Zeng 和 Li、Lin 和 Qian 中研究的模型推广到了具有索赔相依和带价格跳跃的情形。

注 2.16 根据式（2.79）、式（2.80）、式（2.93）和式（2.94），可以发现最优再保险策略在均值 - 方差框架下和期望效用框架下非常相似。然而，最优投资策略在这两种情形下则显著不同。如果不考虑价格跳跃，根据式（2.82）和式（2.124），可以发现在这两种框架下，最优投资策略是非常相似的。由这些发现可以得到结论：价格跳跃对最优策略具有显著影响。在下一节中，我们进一步通过数值实验来分析价格跳跃对最优投资策略的影响。

第六节　数值结果和敏感性分析

本节致力于通过数值实验来考察模型参数对最优再保险与投资策略以及值函数的影响。为了更深入地考察某些特征对保险人行为的影响，我们将第四节和第五节中获得的特殊情形下的结果与第三节中获得的一般情形下的结果进行比较。通过对数值结果的进一步分析，我们将更好地理解所提模型的特征，即索赔相依、价格跳跃和模糊厌恶对最优策略和相应值函数的影响。在下面的数值实验中，除非另有说明，基本参数的选择如表 2.1 所示。这里模型参数的设置参考了 Li 等人、Zeng 和 Li、Chen 等人等文献中的数据，同时参考了保险公司的交易信息和证券市场中股票的价格参数，以便把模型参数设置在合理的范围。

表 2.1　　基本模型参数的取值

η_1	η_2	δ	ν	t	T	λ_1	μ_{11}	μ_{12}	γ_1
0.2	0.5	0.05	0.4	0	10	1	1	1	0.2
γ_2	γ_3	μ	m	γ	r	σ	λ_Z	λ_2	
1	3	0.04	0.2	0.2	0.02	0.25	0.1	1	

一、模型参数对 RORS 的影响

本节分析模型参数对 RORS $a^*(t)$的影响，$a^*(t)$通过式（2.40）确定。

图 2.1 展示了外推偏差强度δ对$a^*(t)$的影响。δ越大，加权平均$\nu(t)$就越大。$\nu(t)$与财富过程的风险是负相关的，因此$\nu(t)$可以随着δ的增加抵消更多的财富过程的风险。所以，当δ增加，保险人会减少他的再保险需求。因此，从图 2.1 中可以看到，$a^*(t)$是关于δ递增的函数。

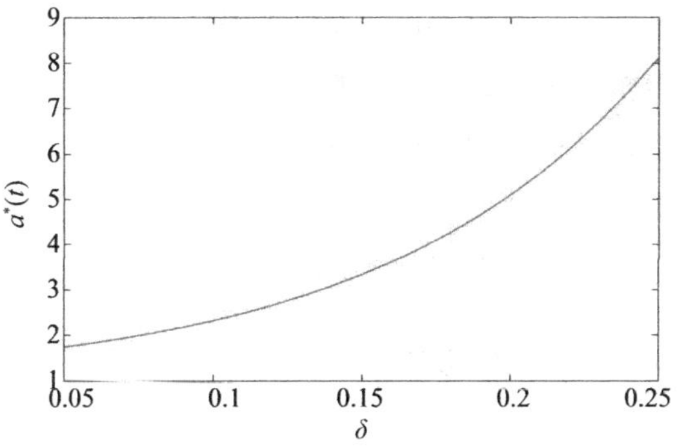

图 2.1　δ 对 RORS 的影响

图 2.2 说明了 γ_1 和 m 对 $a^*(t)$ 的联合影响。从图 2.2 中可以看到，$a^*(t)$ 关于 γ_1 和 m 是递减的函数。这是显然的，因为 γ_1 和 m 分别代表模糊厌恶参数和绝对风险厌恶参数。随着 γ_1 的增加，模糊厌恶保险人将购买更多的再保险以转移潜在的分布不确定性导致的风险；m 越大，保险人开展保险业务的积极性就越低，因此保险人持有的自留水平就越低。图 2.3 展示了 γ_1 和 δ 对 $a^*(t)$ 的联合影响，揭示的结果与从图 2.1 和图 2.2 中观察到的情况是一致的。

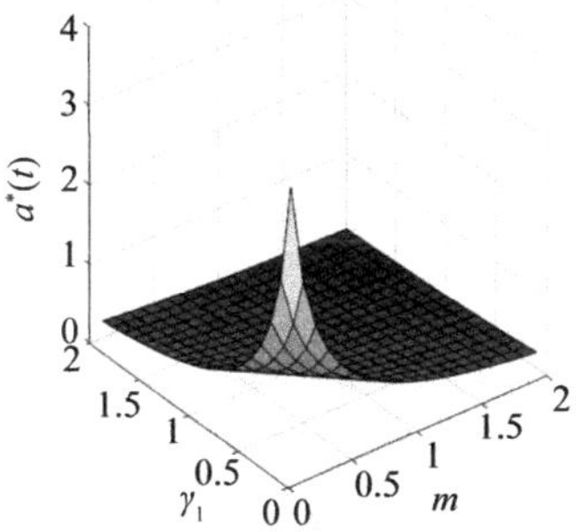

图 2.2　γ_1 和 m 对 RORS 的联合影响

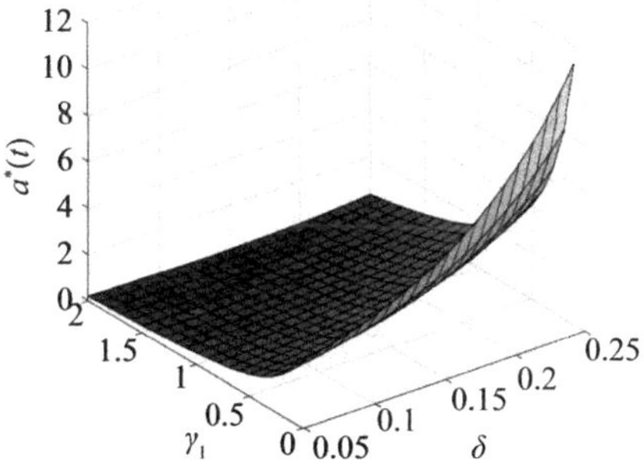

图 2.3　γ_1 和 δ 对 RORS 的联合影响

图 2.1～图 2.3 解释了模型参数对定理 2.2 中获得的 RORS $a^*(t)$ 的影响。根据图 2.1 和图 2.3 可以发现，外推偏差强度 δ 是一个重要的参数，它对 $a^*(t)$ 具有显著的影响。从图 2.3 中可得：当 δ 较大时，加权平均 $\nu(t)$ 主

要由新近的索赔决定；当 δ 较小时，历史的索赔对加权平均也有显著影响。因此，在考虑索赔相依时，必须恰当地选择外推偏差强度。根据图 2.2 和图 2.3 可以发现，当 γ_1 比较小时，γ_1 对 $a^*(t)$的影响更为显著。这意味着当保险市场的模糊性很强时，模型不确定性对再保险决策的影响变弱。一个可能的原因是，在这种情况下，模糊厌恶保险人的自留水平已经很低了。

二、模型参数对 ROIS 的影响

本小节测试模型参数对 ROIS $\pi^*(t)$的影响。假设跳跃大小 Z_i，$i=1,2,\cdots$，的密度函数为：

$$f_Z(z)=\begin{cases}\lambda_Z e^{-\lambda_Z(z+1)} & z>-1\\ 0 & z\leqslant -1\end{cases} \tag{2.125}$$

这里我们根据式（2.41）确定 ROIS $\pi^*(t)$。

图 2.4 表明 ROIS 是模糊厌恶参数 γ_2 的递减函数，而它是风险资产价格的增值率 μ 的递增函数。由于模型的不确定性，较高的模糊厌恶参数将迫使模糊厌恶的保险人减少在风险资产上投资的资金。同时，μ 越大，风险资产的预期回报就越高，因此，此时模糊厌恶的保险人在风险资产上投资的资金就更多。

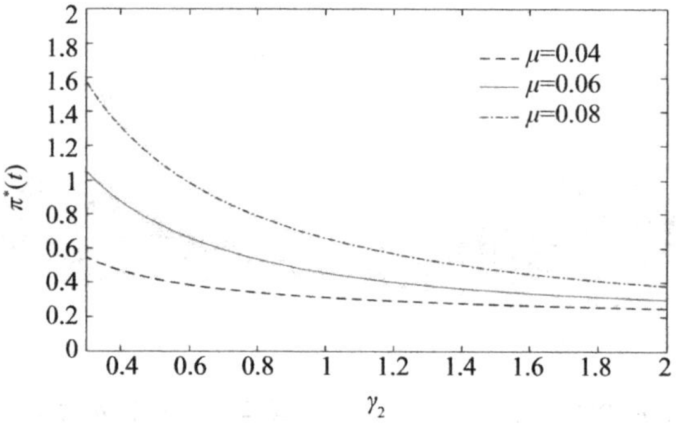

图 2.4　γ_2 和 μ 对 ROIS 的影响

图 2.5 展示了模糊厌恶参数 γ_3 和风险资产的价格波动率 σ 对 $\pi^*(t)$的联合影响。与前面分析 γ_2 对 $\pi^*(t)$的影响相似，$\pi^*(t)$关于 γ_3 也是递减的

函数。σ 越大，风险资产则会具有更大的投资风险，因此模糊厌恶的保险人将在风险资产上投资更少的资金。所以，$\pi^*(t)$关于 σ 是递减的函数。

图 2.6 解释了 γ_2 和 γ_3 对 $\pi^*(t)$的联合影响。可以发现，与 γ_2 相比，γ_3 对 $\pi^*(t)$的影响更为显著。这是因为 γ_2 和 γ_3 分别代表由布朗运动 $W_2(t)$和复合泊松过程 $\int_0^t\int_{-1}^{+\infty} zN_2(\mathrm{d}s,\mathrm{d}z)$ 引起的模糊性。换句话说，风险资产的价格跳跃会导致更多的模糊性。因此，与风险资产价格的连续性部分相比，跳跃部分对 $\pi^*(t)$的影响更为显著。

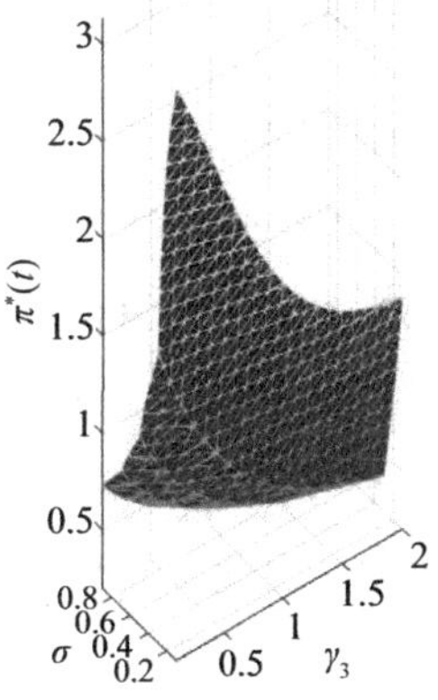

图 2.5　γ_3 和 σ 对 ROIS 的联合影响

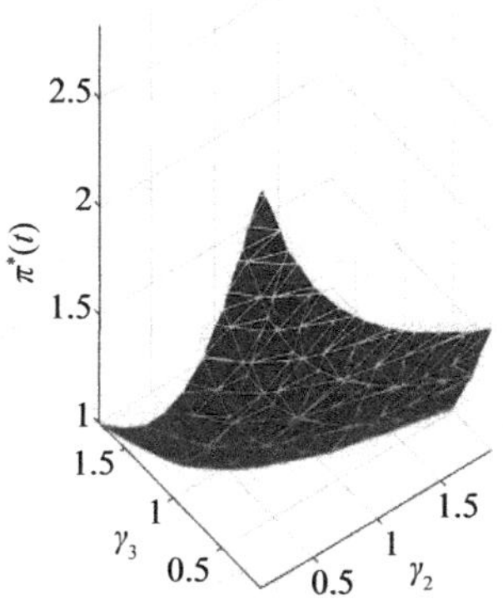

图 2.6　γ_2 和 γ_3 对 ROIS 的联合影响

图 2.7 展示了分布函数 $F_Z(z)$的参数 λ_Z 对 $\pi^*(t)$的影响。λ_Z 越大，Z_i 的期望和方差越小，也就是价格跳跃的风险越低。所以，模糊厌恶的保险人将增加在风险资产上投资的资金。

图 2.4～图 2.7 解释了模型参数对定理 2.2 中获得的 ROIS $\pi^*(t)$的影响。从图 2.4～图 2.7 中可以看出，当 γ_2 和 γ_3 较小时，它们对 $\pi^*(t)$的影响更显著。这意味着当金融市场的模糊性增强时，模型不确定性对投资行为的影响变弱。一个可能的原因是，在这种情况下，保险人在风险资产上投资的金额已经非常少了。

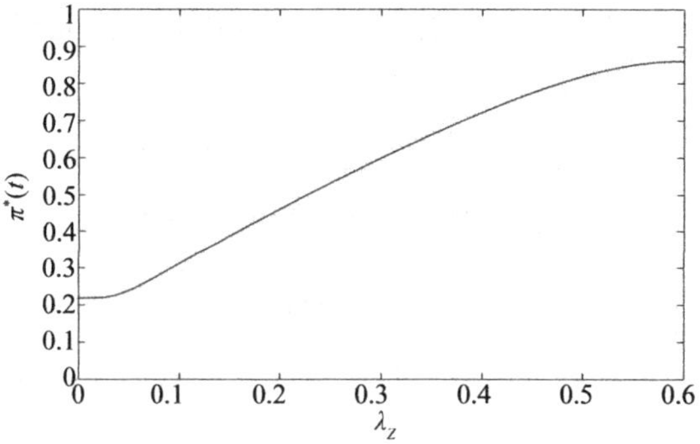

图 2.7　λ_Z 对 ROIS 的影响

三、特殊情形和一般情形下最优再保险与投资策略的比较

为了更好地理解索赔相依、价格跳跃以及模糊厌恶对最优再保险与投资策略的影响，我们把定理 2.4 ~ 定理 2.6 和定理 2.8 在四种特殊情形下获得的最优再保险 - 投资策略与一般情形，即定理 2.2 中获得的再保险 - 投资策略进行比较。首先，需要指出的是，不管是否考虑价格跳跃，这都不会影响再保险策略。所以，RORS 等于 RORSNJ。类似地，不管是否考虑索赔相依，这都不会影响投资策略。所以，ROIS 等于 ROISUC。因此，在比较再保险策略方面，只要把 RORSUC、UBORS 以及 OTCRS 与 RORS 进行比较即可；在比较投资策略方面，只要把 ROISNJ、UBOIS 以及 OTCIS 与 ROIS 进行比较即可。

我们先比较四种特殊情形下的再保险策略与一般情形下的最优再保险策略。

在表 2.2 中，我们测试了 δ 对 RORS、RORSUC、UBORS 和 OTCRS 的影响。因为 RORSUC 是在不考虑索赔相依时获得的，所以 RORSUC 在 δ 变化时是常数。从表 2.2 中可以看出，RORS、UBORS 和 OTCRS 关于 δ 都是递增的函数。由这些发现可以得到以下结论：考虑索赔相依时，对于模糊厌恶的保险人和不考虑模糊厌恶的保险人来说，他们都更倾向于通过自己的努力来抵御索赔风险。也就是说，当 δ 增加时，保险人将增加自留水平。

表 2.2　　δ 对最优再保险策略的影响

δ	0.01	0.03	0.05	0.07	0.09	0.11
RORS	1.4803	1.5956	1.7437	1.9325	2.1717	2.4734
RORSUC	1.0234	1.0234	1.0234	1.0234	1.0234	1.0234
UBORS	2.9884	3.2790	3.6412	4.0915	4.6501	5.3420
OTCRS	3.1391	3.2790	4.5707	5.5440	6.7414	8.2135

图 2.8（a）展示了 η_2 对 RORS、RORSUC、UBORS 和 OTCRS 的影响。随着 η_2 的增加，再保险的保费 c_1 将增加，因此保险人将要支付更高的再保费。所以，此时保险人将减少再保险的需求。也就是说，保险人的自留水平将增加。图 2.8（b）展示了 m 对 RORS、RORSUC 和 UBORS 的影响，以及 γ 对 OTCRS 的影响。m 和 γ 越大，保险人开展保险业务的积极性越低，因此他将保留更少的自留水平。

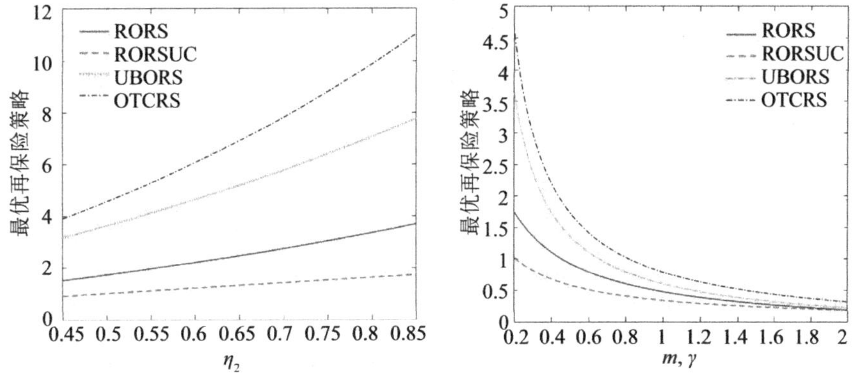

(a) η_2对最优再保险策略的影响　　(b) m和γ对最优再保险策略的影响

图 2.8　η_2、m 和 γ 对最优再保险策略的影响

表 2.2 和图 2.8 测试了模型参数对定理 2.2、定理 2.4、定理 2.6 和定理 2.8 中获得的最优再保险策略的影响。进一步分析这些结果，可以得到以下事实：

$$\text{RORSUC} < \text{RORS} = \text{RORSNJ} < \text{UBORS} < \text{OTCRS}$$

这个事实揭示了如下的保险和经济含义。

（1）与其他情形相比，在不考虑索赔相依的情形下，保险人将保持最低的自留水平。换句话说，在不考虑索赔相依的情形下，保险人更愿意寻求再保险保护。这是因为保险人在不考虑索赔相依时，对未来索赔的信息掌握得较少。

（2）RORS < UBORS 以及 RORS < OTCRS 意味着在模糊厌恶的情形下，保险人更愿意寻求再保险保护。原因是，在这种情形下，保险人开展保险业务的积极性很低。

（3）在不考虑索赔相依的情形下，再保险策略的变化率最小。δ 和 η_2 越小，m 和 γ 越大，四种再保险策略变化越慢，因此四种再保险策略之间的差距越小。出现这些现象的原因是，在这些情况下，保险人的自留水平已经很低了。

接下来，我们比较四种特殊情形下的投资策略与一般情形下的投资策略。

图 2.9 给出了 μ、σ 和 λ_2 对 ROIS、ROISNJ、UBOIS 和 OTCIS 的影响。为了更好地区分这些参数对 ROIS、ROISNJ、UBOIS 和 OTCIS 的影响，在图 2.9（a）中假设 $\lambda_Z=1$，在图 2.9（b）和图 2.9（c）中假设 $\lambda_Z=1$，$\mu=0.06$。

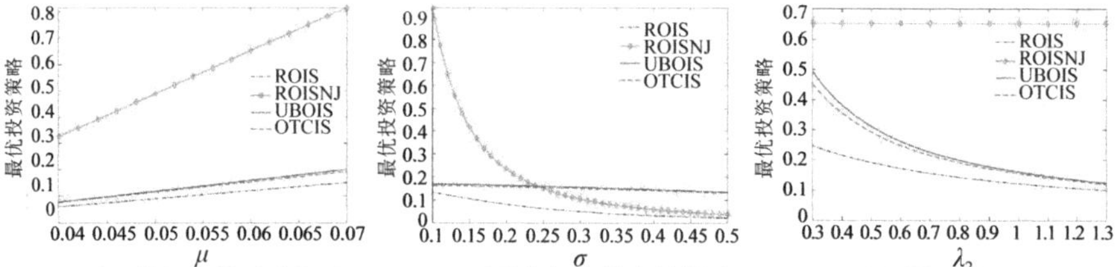

(a) μ对最优投资策略的影响　(b) σ对最优投资策略的影响　(c) λ_2对最优投资策略的影响

图 2.9　μ、σ 和 λ_2 对最优投资策略的影响

从图 2.9（a）中可以发现，ROIS、ROISNJ、UBOIS 和 OTCIS 关于 μ 都是递增的。随着 μ 的增加，与其他三种情形相比，在不考虑价格跳跃的情形下，保险人在风险资产上投资的资金最多；在一般情形下，保险人在风险资产上投资的资金最少。从图 2.9（b）中可以得到相似的结论，只是 ROIS、ROISNJ、UBOIS 和 OTCIS 关于 σ 都是递减的。

图2.9（c）说明了价格跳跃的强度λ_2对ROIS、ROISNJ、UBOIS和OTCIS的影响。价格跳跃的强度与投资风险是正相关的。所以，当λ_2增加时，除了ROISNJ是常数外，在其他三种情形下，保险人在风险资产上投资的资金都会减少。从图2.9（c）中还能发现，当λ_2较小时，λ_2对ROIS、UBOIS和OTCIS的影响更显著。这意味着当风险资产的价格发生更频繁的跳跃时，λ_2对投资活动的影响变弱。可能的原因是，在这种情况下，保险人在风险资产上投资的资金已经很少了。

图2.9（a）~图2.9（c）研究了模型参数对定理2.2、定理2.5、定理2.6和定理2.8中获得的最优投资策略的影响。这些结果共同揭示了下面的事实：

$$\text{ROISUC} = \text{ROIS} < \text{OTCIS} < \text{UBOIS} < \text{ROISNJ}$$

进一步分析这个事实，可以得出以下观察：

（1）与其他情形相比，在不考虑价格跳跃的情形下，保险人在风险资产上将投资最多的资金。其原因是，在这种情形下，风险资产的价格变化相对平稳，这表明保险人是厌恶价格跳跃的。

（2）UBOIS > ROIS以及OTCIS > ROIS揭示了保险人是模糊厌恶的。与对模型的模糊性厌恶相比，保险人更厌恶价格跳跃。

（3）可以发现UBOIS和OTCIS的差距非常小。这表明，如果不考虑模糊厌恶，投资策略在不同的目标函数下，也就是最大化期望效用和均值－方差准则，是相似的。

（4）与其他情形相比，μ和σ变化对不考虑价格跳跃的情形产生最大的变化。这是因为在其他情形下，保险人更关注价格跳跃。与μ和σ相比，λ_2变化时会导致ROIS、OTCIS和UBOIS减少得更快。这个事实进一步支撑了保险人厌恶价格跳跃的论断。

（5）与四种特殊情形相比，在一般情形下，保险人在风险资产上的投资最为谨慎。其原因是：保险人在一般情况下要同时考虑价格跳跃和模型的模糊性，因此，保险人会在无风险资产上投入更多的资金，并减少对风险资产的投资。

四、特殊情形和一般情形下最优值函数的比较

最后，我们比较一般情形与三种特殊情形下的最优值函数。一般情形下的最优值函数对应定理 2.2 中获得的值函数，三种特殊情形下的最优值函数，也就是定理 2.4（不考虑索赔相依的情形）、定理 2.5（不考虑价格跳跃的情形）和定理 2.6（不考虑模糊厌恶的情形）中获得的值函数。由于均值－方差框架在原理上与其他情形不同，我们在这里不考虑第五节中得到的最优值函数。在下面的数值实验中，设定 $x=5$ 和 $T=1$。

图 2.10（a）表明，除了不考虑索赔相依的情形，其他三种情形下最优值函数均关于 δ 是递增的。从表 2.2 中我们知道，随着 δ 的增加，保险人的自留水平将会增加。这蕴含着，此时保险人再保险的保费支出将会减少。所以，在相同的索赔风险下，最优值函数会增加。不考虑索赔相依时，外推偏差强度不会对最优值函数产生任何影响，因此这种情形下的最优值函数为常数。图 2.10（b）给出了 γ_1 对最优值函数的影响。随着 γ_1 的增加，保险人的自留水平将会减少（请查看图 2.2 和图 2.3），这蕴含着保险人的再保险的保费支出将会增加。所以，除了不考虑模糊厌恶的情形，在其他情形下最优值函数都是关于 γ_1 递减的。在不考虑模糊厌恶的情形下，模糊厌恶参数 γ_1 不会对最优值函数产生影响，因此该种情形的最优值函数为常数。

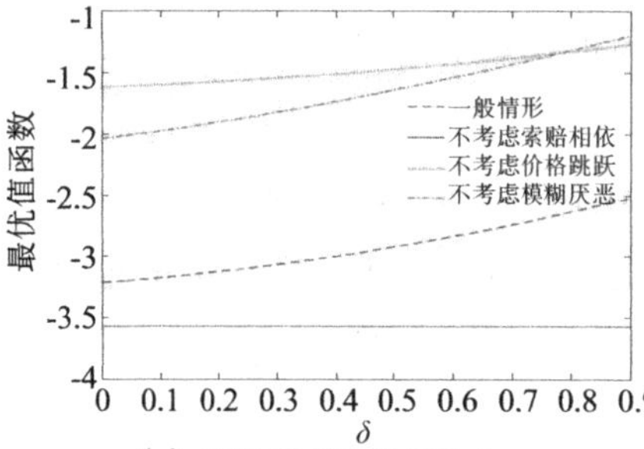

(a) δ对最优值函数的影响

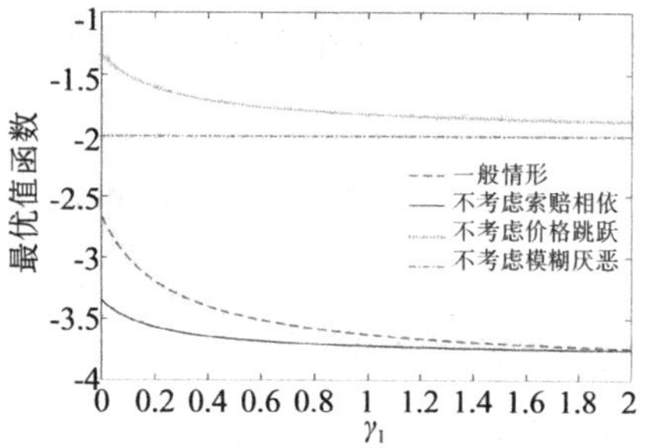

(b) γ_1对最优值函数的影响

图 2.10　δ 和 γ_1 对最优值函数的影响

进一步分析图 2.10，可以得出以下结论：

（1）与一般情形相比，在不考虑价格跳跃的情形或不考虑模糊厌恶的情

形下，最优值函数变得更大。这揭示了，考虑价格跳跃或模糊厌恶将会减少最优值函数。这并不令人吃惊。正如我们在前面探讨的，当考虑价格跳跃和模糊厌恶时，保险人再保险的保费支出将增多并且投资回报将减少。

（2）与一般情形相比，在不考虑索赔相依的情形下，最优值函数会变小。这表明考虑索赔相依可以有效地提升最优值函数。这是因为在索赔相依的情形下，保险人可以获得更多关于未来索赔的信息，从而更倾向于通过自己的努力来抵御索赔风险，因此这时再保险的保费支出将会减少。

（3）与索赔相依相比，价格跳跃或模糊厌恶对最优值函数的影响更为显著。正如我们从图 2.8 中看到的，与其他因素相比，索赔相依对再保险策略的影响最小，并且它对投资策略没有任何影响。因此，索赔相依对最优值函数的影响最小。

第三章

最优时间一致的联合再保险和投资

保险人在实际中经常使用的再保险模式有比例再保险和超额损失再保险。目前，大多数文献都是独立地研究比例再保险或超额损失再保险，很少有学者把这两种常见的再保险模式联合起来研究。因此，从同时考虑比例再保险和超额损失再保险的视角提出新的再保险模式，是很有意义的。本章在均值－方差框架下，探讨联合再保险和投资问题。

第一节　模型和假设

设$(\Omega,\mathcal{F},\{\mathcal{F}_t\}_{t\geqslant 0},P)$为赋流完备的概率空间，本章中的随机变量和过程都定义在该概率空间中，$\mathcal{F}=\{\mathcal{F}_t,t\geqslant 0\}$，$\mathcal{F}_t$是由盈余过程与资产的价格过程生成的域流。其他关于连续时间情形市场交易的假设与上一章相同。

一、保险市场

上一章，我们虽然给出了复合泊松保险模型，然而在后面求解具体问题时，其实是研究了复合泊松保险模型的逼近形式。本章基于上一章的复合泊松保险模型，开展进一步的研究。首先给出保险人的盈余过程$X(t)$，它满足如下模型：

$$dX(t) = cdt - d\Big(\sum_{j=1}^{N_1(t)} Y_j\Big) \tag{3.1}$$

这里 Y_j 表示第 i 次的索赔额，它的分布函数为 $F(y)$，满足 $F(0)=0$，相应的密度函数为$f(y)$，期望为$\mu_1 = \mathrm{E}(Y_j) < \infty$，二阶矩为$\mu_2 = \mathrm{E}(Y_j^2) < \infty$。其他关于该模型的设定与上一章完全相同，这里不再重复给出。

实际中，索赔额 Y_j 的取值是有限的。基于此考虑，假设 Y_j 的分布函数 $F(y)$满足如下特性：

$$\begin{cases} 0 \leqslant F(y) < 1 & 0 \leqslant y < N \\ F(y) = 1 & y \geqslant N \end{cases} \tag{3.2}$$

其中 $N:=\sup\{y:F(y)\leqslant 1\} < +\infty$。因为对于 $y\geqslant N$，有 $F(y)=1$，所以 $F(N)=1$，$\mathrm{P}(Y_j\leqslant N)=F(N)=1$。这条结论对于后文中求解最优再保险策略是必不可少的。

接下来，我们假设保险人通过购买再保险来转移潜在的索赔风险。不同于上一章所研究的再保险形式，本章探索一种新的再保险模式，即比例与超额损失两种再保险的联合，简称为联合再保险。为了描述这种新的再保险模式，首先给出保险人的两个决策变量。设 $a_t \in [0,1]$是保险人的决策变量，它代表比例再保险的自留水平；$b_t \in [0,N]$也是保险人的决策变量，它代表超额损失再保险的阈值，即只有当索赔额高于 b_t 时才进行超额损失再保险。本章所指的联合再保险是，在发生第 j 次索赔时，保险人自留的索赔额为：

$$Y_j(a_t,b_t) = \min\{a_t Y_j, b_t\} = a_t Y_j \wedge b_t, j=1,2,\cdots \tag{3.3}$$

剩余的索赔额 $Y_j - Y_j(a_t,b_t)$由再保险人赔付。显然，当 $a_t=1$ 时，联合再保险退化为超额损失再保险；当 $b_t=N$ 时，联合再保险退化为比例再保险。在联合再保险模式下，保险人所支付的再保险的保费按照期望值原理来确定。具体地，再保险的保费率 $c(a_t,b_t)$按照如下方式计算：

$$\begin{aligned} c(a_t,b_t) &= (1+\theta)\lambda_1\mu_1 - (1+\eta)\lambda_1 \mathrm{E}(Y_j - a_t Y_j \wedge b_t) \\ &= c_1 + (1+\eta)\lambda_1 a_t \mathrm{E}\left(Y_j \wedge \frac{b_t}{a_t}\right) \end{aligned} \tag{3.4}$$

这里 $c_1 = (\theta-\eta)\lambda_1\mu_1$，$\theta>0$ 和 $\eta>0$ 分别表示保险人和再保险人的安全负载。假设 $\eta>\theta$，即再保险比原保险贵，这个假设在保险实务中是合理的。

否则，保险人就存在套利的可能。

设 $Z_j = Y_j \wedge \frac{b_t}{a_t}$，不难得到：

$$\mathrm{E}(Z_j) = \int_0^{\frac{b_t}{a_t}} [1 - F(y)]\mathrm{d}y := \mu(a_t, b_t)$$

$$\mathrm{E}(Z_j^2) = \int_0^{\frac{b_t}{a_t}} 2y[1 - F(y)]\mathrm{d}y := \sigma^2(a_t, b_t) \tag{3.5}$$

相应地，考虑联合再保险后，保险人的盈余过程用如下微分方程来刻画：

$$\mathrm{d}X_t^{a_t, b_t} = [c_1 + (1 + \eta)\lambda_1 a_t \mu(a_t, b_t)]\mathrm{d}t - a_t \mathrm{d}\left(\sum_{j=1}^{N_1(t)} Z_j\right) \tag{3.6}$$

二、金融市场

与上一章类似，保险人可以在由两个资产组成的金融市场上进行交易，一个是价格为 $S_1(t)$ 的无风险资产，另一个是价格为 $S_2(t)$ 的风险资产。$S_1(t)$ 满足下面的方程：

$$\mathrm{d}S_1(t) = rS_1(t)\mathrm{d}t \tag{3.7}$$

其中 $r > 0$ 是利率。$S_2(t)$ 满足下面的跳 - 扩散方程：

$$\mathrm{d}S_2(t) = S_2(t)\left[\mu \mathrm{d}t + \sigma \mathrm{d}W(t) + \mathrm{d}\left(\sum_{i=1}^{N_2(t)} P_i\right)\right] \tag{3.8}$$

这里 P_i 为风险资产价格第 i 次跳跃的大小，分布函数为 $G(p)$，其期望为 $\mu_3 = \mathrm{E}(P_i) < \infty$，二阶矩为 $\mu_4 = \mathrm{E}(P_i^2) < \infty$。注意，这里与上一章对价格跳跃的要求不同，不再限制 $P_i > -1$。文献中有一些学者研究了这种价格模型，如 Kou 和 Wang、Lin 和 Yang。这里，有无限制 $P_i > -1$ 不会影响后续问题的求解。本章不限制 $P_i > -1$ 的目的在于，在数值实验中便于分析价格跳跃方向对投资决策的影响。模型（3.8）中，其他符号的意义和模型设置与上一章相同。

三、财富过程

设 π_t 是时刻 t 保险人投资在风险资产上的资金，剩余资金全部都投资在无风险资产上。在任意时刻 t，保险人选择(a_t, b_t)和 π_t 作为决策变量，记 $u(\cdot)=[a(\cdot), b(\cdot), \pi(\cdot)]$。明确了决策变量，则财富过程通过下面带跳的随机微分方程来刻画：

$$\mathrm{d}X_t^{u_t}=\pi_t\frac{\mathrm{d}S_2(t)}{S_2(t)}+(X_t^{u_t}-\pi_t)\frac{\mathrm{d}S_1(t)}{S_1(t)}+\mathrm{d}X_t^{a_t,b_t} \tag{3.9}$$

更具体的形式为：

$$\begin{aligned}\mathrm{d}X_t^{u_t} &= \left[c_1+(1+\eta)\lambda_1 a_t\mu(a_t,b_t)+rX_t^{u_t}+\pi_t(\mu-r)\right]\mathrm{d}t+\pi_t\sigma\mathrm{d}W(t)\\ &\quad -a_t\mathrm{d}\Big(\sum_{j=1}^{N_1(t)}Z_j\Big)+\pi_t\mathrm{d}\Big(\sum_{i=1}^{N_2(t)}P_i\Big)\end{aligned} \tag{3.10}$$

初始盈余为 $X_0^{u_0}=x_0$。

为了求解后文中的最优控制问题，进而得到保险人的最优再保险与投资策略，本节最后给出容许策略的定义。

定义 3.1 控制策略 $u(\cdot)=[a(\cdot), b(\cdot), \pi(\cdot)]$称为是容许策略，如果 $a(\cdot)$，$b(\cdot)$和 $\pi(\cdot)$关于域流 $\mathcal{F}_t$ 是循序可测的，且 $a(\cdot), b(\cdot)$和 $\pi(\cdot)$满足下列条件：

（1）$0\leqslant a_t\leqslant 1$；

（2）$0\leqslant b_t\leqslant N$；

（3）$\mathrm{P}\left\{\int_0^\infty \pi_t^2\mathrm{d}t<\infty\right\}=1$；

（4）带跳的随机微分方程（3.10）关于 u_t 有唯一一个强解。

所有容许策略组成的集合记作 U。

第二节 时间一致的再保险和投资问题

在均值-方差准则下，本节给出保险人的时间一致的再保险和投资问题。记 $X_T^{u_t}$ 为在策略 u_t 下的终端财富，T 为交易的终止时刻。为了简化符号，设 $E_{t,x}[\cdot]=E[\cdot|X_t^{u_t}=x]$以及$\mathrm{Var}_{t,x}[\cdot]=\mathrm{Var}[\cdot|X_t^{u_t}=x]$。

通常的均值-方差再保险和投资问题可以描述为：

$$\sup_{u_t \in U}\left\{\mathrm{E}_{0,x_0}[X_T^{u_t}]-\frac{\gamma}{2}\mathrm{Var}_{0,x_0}[X_T^{u_t}]\right\} \tag{3.11}$$

这里 $\gamma>0$ 度量了保险人的风险厌恶程度。该优化问题只在初始时刻 0 确定最优策略，随着时间的推移，它可能就不再是最优的了。我们感兴趣的是初始时间 t 动态变化的最优化问题，具体形式如下：

$$J(t,x)=\sup_{u_t \in U}J^{u_t}(t,x)=\sup_{u_t \in U}\left\{\mathrm{E}_{t,x}[X_T^{u_t}]-\frac{\gamma}{2}\mathrm{Var}_{t,x}[X_T^{u_t}]\right\} \tag{3.12}$$

由于问题（3.12）中包含条件方差，其不满足光滑性，因此 Bellman 最优性原理不成立，这也导致了该问题是时间不一致的。与 Björk 和 Murgoci 类似，本章从博弈的视角求解问题（3.12），从而得到其时间一致的策略。为此，首先给出如下均衡策略的定义。

定义 3.2 对于任意给定的容许策略 u_s、u_s^*（可能的均衡策略），初始状态 $t\in[0,T]$和实数 $\varepsilon>0$，定义下面的策略：

$$u_s^{\varepsilon}=\begin{cases}u_s, t\leqslant s<t+\varepsilon\\ u_s^*, t+\varepsilon\leqslant s\leqslant T\end{cases} \tag{3.13}$$

如果有

$$\lim_{\varepsilon\to 0}\inf\frac{J^{u_t^*}(t,x)-J^{u_t^{\varepsilon}}(t,x)}{\varepsilon}\geqslant 0 \tag{3.14}$$

则称 u_s^* 为均衡策略。它是时间一致的策略，相应的值函数记为 $V(t,x)$，即 $V(t,x)=J^{u_t^*}(t,x)=J(t,x)$。

为了求解问题（3.12），我们需要下面的验证定理。该定理的证明类似于 Björk 和 Murgoci 中的定理 7.1，这里不再证明。

定理 3.1 假设存在两个实函数 $V(t,x)$和 $h(t,x)\in C^{1,2}([0,T]\times R)$，满足下面推广的 HJB 方程（3.15）和（3.16）以及边界条件（3.17）。

（1）对于所有的$(t,x)\in[0,T]\times R$，有

$$\sup_{u_t\in U}\left\{V_t+[c_1+(1+\eta)\lambda_1 a_t\mu(a_t,b_t)+rx+\pi_t(\mu-r)]V_x+\frac{1}{2}\pi_t^2\sigma^2(V_{xx}-\gamma h_x^2)\right.$$

$$+\lambda_1 E[V(t,x-a_tZ)-V(t,x)]-\frac{\lambda_1\gamma}{2}E[(h(t,x-a_tZ)-h(t,x))^2]+\lambda_2 E[V(t,x$$

$$+\pi_t P)-V(t,x)]-\frac{\lambda_2\gamma}{2}E[(h(t,x+\pi_t P)-h(t,x))^2]\Big\}=0 \tag{3.15}$$

(2) 对于所有的$(t,x)\in[0,T]\times R$，有

$$h_t+[c_1+(1+\eta)\lambda_1 a_t^*\mu(a_t^*,b_t^*)+rx+\pi_t^*(\mu-r)]h_x+\frac{1}{2}\pi_t^{*2}\sigma^2 h_{xx}$$

$$+\lambda_1\mathrm{E}[h(t,x-a_t^*Z)-h(t,x)]+\lambda_2\mathrm{E}[h(t,x+\pi_t^*P)-h(t,x)]=0 \tag{3.16}$$

这里$u_t^*=(a_t^*,b_t^*,\pi_t^*)$为方程（3.15）中等式左端上确界内函数的最大值点。

(3) 对于所有的$x\in R$，有

$$V(T,x)=x,h(T,x)=x \tag{3.17}$$

则$u_t^*=(a_t^*,b_t^*,\pi_t^*)$是最优时间一致的再保险－投资策略，$V(t,x)=J^{u_t^*}(t,x)$是最优值函数，相应地，$h(t,x)=\mathrm{E}_{t,x}[X_T^{u_t^*}]$为终端财富的期望。

第三节　时间一致再保险和投资问题的求解

本节求解上一节针对保险人的盈余过程和风险资产的价格过程均带跳的情形下提出的均值－方差问题（3.12），目标是求得时间一致的再保险和投资策略以及相应的值函数的解析解。

首先，通过下面的引理给出推广的 HJB 方程（3.15）和方程（3.16）的解所满足的结构。

引理 3.1　在均值－方差准则下，最优值函数$V(t,x)$和终端财富的期望$h(t,x)$关于x是可分的，它们满足如下结构：

$$V(t,x)=x\mathrm{e}^{r(T-t)}+B(t),\ B(T)=0 \tag{3.18}$$

和

$$h(t,x)=x\mathrm{e}^{r(T-t)}+\tilde{B}(t),\ \tilde{B}(T)=0 \tag{3.19}$$

证明　首先，我们使用定义在$[0,T]\times[0,+\infty)$上的泊松随机测度$N_1(\cdot,\cdot)$，以及定义在$[0,T]\times(-\infty,+\infty)$上的泊松随机测度$N_2(\cdot,\cdot)$分别重

新描述复合泊松过程 $\sum_{j=1}^{N_1(t)} Z_j$ 和 $\sum_{i=1}^{N_2(t)} P_i$。具体地，

$$\sum_{j=1}^{N_1(t)} Z_j = \int_0^t \int_0^{+\infty} z N_1(\mathrm{d}s, \mathrm{d}z), \forall t \in [0, T] \tag{3.20}$$

和

$$\sum_{i=1}^{N_2(t)} P_i = \int_0^t \int_{-\infty}^{+\infty} p N_2(\mathrm{d}s, \mathrm{d}p), \forall t \in [0, T] \tag{3.21}$$

令 $\nu_1(\mathrm{d}t, \mathrm{d}z) = \lambda_1 \mathrm{d}t \mathrm{d}F(z)$ 和 $\nu_2(\mathrm{d}t, \mathrm{d}p) = \lambda_2 \mathrm{d}t \mathrm{d}G(p)$ 分别为泊松随机测度 $N_1(\mathrm{d}t, \mathrm{d}z)$ 和 $N_2(\mathrm{d}t, \mathrm{d}p)$ 的补偿过程，则可有：

$$\mathrm{E}\left[\sum_{j=1}^{N_1(t)} Z_j\right] = \int_0^t \int_0^{+\infty} z \nu_1(\mathrm{d}s, \mathrm{d}z), \forall t \in [0, T] \tag{3.22}$$

和

$$\mathrm{E}\left[\sum_{i=1}^{N_2(t)} P_i\right] = \int_0^t \int_{-\infty}^{+\infty} p \nu_2(\mathrm{d}s, \mathrm{d}p), \forall t \in [0, T] \tag{3.23}$$

因此，补偿的泊松随机测度为 $\tilde{N}_1(\mathrm{d}t, \mathrm{d}z) = N_1(\mathrm{d}t, \mathrm{d}z) - \nu_1(\mathrm{d}t, \mathrm{d}z)$ 和 $\tilde{N}_2(\mathrm{d}t, \mathrm{d}p) = N_2(\mathrm{d}t, \mathrm{d}p) - \nu_2(\mathrm{d}t, \mathrm{d}p)$。补偿的泊松随机测度与复合泊松过程 $\sum_{j=1}^{N_1(t)} Z_j$ 和 $\sum_{i=1}^{N_2(t)} P_i$ 具体的联系方式如下：

$$\begin{aligned}\int_0^t \int_0^{+\infty} z \tilde{N}_1(\mathrm{d}s, \mathrm{d}z) &= \sum_{j=1}^{N_1(t)} Z_j - \mathrm{E}\left[\sum_{j=1}^{N_1(t)} Z_j\right] \\ &= \sum_{j=1}^{N_1(t)} Z_j - \lambda_1 \mu(a, b) t, \forall t \in [0, T]\end{aligned} \tag{3.24}$$

和

$$\begin{aligned}\int_0^t \int_{-\infty}^{+\infty} p \tilde{N}_2(\mathrm{d}s, \mathrm{d}p) &= \sum_{i=1}^{N_2(t)} P_i - \mathrm{E}\left[\sum_{i=1}^{N_2(t)} P_i\right] \\ &= \sum_{i=1}^{N_2(t)} P_i - \lambda_2 \mu_3 t, \forall t \in [0, T]\end{aligned} \tag{3.25}$$

基于上述设定，使用补偿的泊松随机测度 $\tilde{N}_1(\mathrm{d}s, \mathrm{d}z)$ 和 $\tilde{N}_2(\mathrm{d}s, \mathrm{d}p)$ 可把财富过程（3.10）重新表示为：

$$\mathrm{d}X_t^{u_t} = [c_1 + \eta \lambda_1 a_t \mu(a_t, b_t) + r X_t^{u_t} + \pi_t(\mu - r) + \pi_t \lambda_2 \mu_3] \mathrm{d}t$$

$$+\pi_t\sigma \mathrm{d}W(t)-\int_0^{+\infty}a_t z\tilde{N}_1(\mathrm{d}t,\mathrm{d}z)+\int_{-\infty}^{+\infty}\pi_t p\tilde{N}_2(\mathrm{d}t,\mathrm{d}p) \tag{3.26}$$

对（3.26）应用 Itô 公式，得到：

$$\begin{aligned}\mathrm{d}(X_t^{u_t}\mathrm{e}^{r(T-t)})=&[c_1+\eta\lambda_1 a_t\mu(a_t,b_t)+\pi_t(\mu-r)+\pi_t\lambda_2\mu_3]\mathrm{e}^{r(T-t)}\mathrm{d}t\\&+\pi_t\sigma\mathrm{e}^{r(T-t)}\mathrm{d}W(t)-\int_0^{+\infty}a_t z\mathrm{e}^{r(T-t)}\tilde{N}_1(\mathrm{d}t,\mathrm{d}z)+\int_{-\infty}^{+\infty}\pi_t p\mathrm{e}^{r(T-t)}\\&\cdot\tilde{N}_2(\mathrm{d}t,\mathrm{d}p)=:H^u(t)\end{aligned} \tag{3.27}$$

对（3.27）两端同时从 t 到 T 求积分，然后分别把 $X_T^{u_t}$ 代入期望算子与目标函数，可以获得：

$$\mathrm{E}_{t,x}(X_T^{u_t})=x\mathrm{e}^{r(T-t)}+\mathrm{E}_{t,x}\left\{\int_t^T[c_1+\eta\lambda_1 a_s\mu(a_s,b_s)+\pi_s(\mu-r)+\pi_s\lambda_2\mu_3]\mathrm{e}^{r(T-s)}\mathrm{d}s\right\} \tag{3.28}$$

和

$$\begin{aligned}\mathrm{E}_{t,x}(X_T^{u_t})-\frac{\gamma}{2}\mathrm{Var}_{t,x}(X_T^{u_t})=&x\mathrm{e}^{r(T-t)}+\mathrm{E}_{t,x}\left\{\int_t^T[c_1+\eta\lambda_1 a_s\mu(a_s,b_s)\right.\\&\left.+\pi_s(\mu-r)+\pi_s\lambda_2\mu_3]\mathrm{e}^{r(T-s)}\mathrm{d}s\right\}-\frac{\gamma}{2}\mathrm{Var}_{t,x}\left[\int_t^T H^u(s)\mathrm{d}s\right]\end{aligned} \tag{3.29}$$

关于 $X_T^{u_t}$ 期望的表达式（3.28）和关于目标函数的表达式（3.29）表明，终端财富的期望和目标函数关于财富 x 是可分的，它们的具体形式分别由式（3.18）和式（3.19）给出。

根据引理 3.1，可得 $V(t,x)$ 和 $h(t,x)$ 的偏导数如下：

$$\begin{cases}V_t(t,x)=-rx\mathrm{e}^{r(T-t)}+B'(t),V_x(t,x)=\mathrm{e}^{r(T-t)},V_{xx}(t,x)=0\\h_t(t,x)=-rx\mathrm{e}^{r(T-t)}+\tilde{B}'(t),h_x(t,x)=\mathrm{e}^{r(T-t)},h_{xx}(t,x)=0\end{cases} \tag{3.30}$$

把式（3.18）、式（3.19）和式（3.30）代入式（3.15），推得：

$$B'(t)+c_1\mathrm{e}^{r(T-t)}+\sup_{\pi_t\in \mathrm{U}}\bar{g}(\pi_t)+\sup_{(a_t,b_t)\in \mathrm{U}}\bar{f}(a_t,b_t)=0 \tag{3.31}$$

其中

$$\bar{g}(\pi_t)=-\frac{1}{2}(\sigma^2+\lambda_2\mu_4)\gamma\mathrm{e}^{2r(T-t)}\pi_t^2+(\mu-r+\lambda_2\mu_3)\mathrm{e}^{r(T-t)}\pi_t \tag{3.32}$$

和

$$\bar{f}(a_t,b_t) = -\frac{1}{2}\lambda_1\gamma e^{2r(T-t)}a_t^2\int_0^{\frac{b_t}{a_t}}2y[1-F(y)]dy + \lambda_1\eta e^{r(T-t)}a_t\int_0^{\frac{b_t}{a_t}}[1-F(y)]dy \tag{3.33}$$

因为 $\bar{g}(\pi_t)$ 是关于 π_t 的凹函数，所以令 $\frac{d\bar{g}(\pi_t)}{d\pi_t}=0$，则可以得到：

$$\bar{\pi}_t = \frac{(\mu - r + \lambda_2\mu_3)e^{-r(T-t)}}{\gamma(\sigma^2+\lambda_2\mu_4)} \tag{3.34}$$

因此，$\bar{\pi}_t$ 为最优投资策略，即 $\pi_t^* = \bar{\pi}_t$。把 $\pi_t^* = \bar{\pi}_t$ 代入式（3.31），获得：

$$B'(t) + c_1 e^{r(T-t)} + \frac{(\mu - r + \lambda_2\mu_3)^2}{2\gamma(\sigma^2+\lambda_2\mu_4)} + \sup_{(a_t,b_t)\in U}\bar{f}(a_t,b_t) = 0 \tag{3.35}$$

对 $\bar{f}(a_t,b_t)$ 关于 b_t 求偏导数可得：

$$\frac{\partial\bar{f}(a_t,b_t)}{\partial b_t} = \lambda_1 e^{r(T-t)}\left[1-F\left(\frac{b_t}{a_t}\right)\right]\left[\eta - b_t\gamma e^{r(T-t)}\right] \tag{3.36}$$

为了简化表达式，引入如下三个符号：

$$\begin{cases} \bar{b}_t = \dfrac{\eta}{\gamma e^{r(T-t)}} \\ m_1(t) = \lambda_1\eta\displaystyle\int_0^{\frac{b_t}{a_t}}[1-F(y)]dy \\ m_2(t) = \dfrac{1}{2}\lambda_1\displaystyle\int_0^{\frac{b_t}{a_t}}2y[1-F(y)]dy \end{cases} \tag{3.37}$$

为了得到最优再保险策略，下面分两种情形探讨 $\bar{b}_t$。

情形Ⅰ： $0<\bar{b}_t<a_tN$

当 $0<\bar{b}_t<a_tN$ 时，不难得到：对于 $b_t\in(0,\bar{b}_t)$，有 $\frac{\partial\bar{f}(a_t,b_t)}{\partial b_t}>0$；对于 $b_t\in(\bar{b}_t,a_tN)$，有 $\frac{\partial\bar{f}(a_t,b_t)}{\partial b_t}<0$。因此，$\bar{f}(a_t,b_t)$ 的最大值点为 $\bar{b}_t$，即此时最优超额损失再保险策略为 $b_t^*=\bar{b}_t$。把 $b_t^*=\bar{b}_t$ 代入式（3.33），然后关于 a_t 求

偏导数，得到：

$$\frac{\partial \bar{f}(a_t,\bar{b}_t)}{\partial a_t} = \lambda_1\gamma e^{2r(T-t)}\int_0^{\frac{\bar{b}_t}{a_t}}[1-F(y)][-2ya_t+\bar{b}_t]\mathrm{d}y \tag{3.38}$$

引理 3.2 对任意固定的时间 t 和任意的 $0\leqslant a_t\leqslant 1$，有：

$$\int_0^{\frac{\bar{b}_t}{a_t}}[1-F(y)][-2ya_t+\bar{b}_t]\mathrm{d}y>0 \tag{3.39}$$

证明 设：

$$\hat{g}(y)=-2ya_t+\bar{b}_t,\ y\in\left[0,\frac{\bar{b}_t}{a_t}\right]$$

对于任意 $y\in\left[0,\frac{\bar{b}_t}{a_t}\right]$，有 $\hat{g}'(y)=-2a_t<0$。故 $\hat{g}(y)$ 是一个严格递减且连续的函数，它满足 $\hat{g}(0)=\bar{b}_t>0$ 和 $\hat{g}\left(\frac{\bar{b}_t}{a_t}\right)=-\bar{b}_t<0$。因此，存在唯一一个 $y_0\in\left(0,\frac{\bar{b}_t}{a_t}\right)$，使得 $\hat{g}(y_0)=0$。进而，对于 $0\leqslant y<y_0$，有 $\hat{g}(y)>0$；对于 $y_0<y\leqslant\frac{\bar{b}_t}{a_t}$，有 $\hat{g}(y)<0$。

此外，由于 $1-F(y)$ 是一个递减的函数，所以，对于 $0\leqslant y<y_0$，有 $1-F(y)>1-F(y_0)$，且对于 $y_0<y\leqslant\frac{\bar{b}_t}{a_t}$，有 $1-F(y)<1-F(y_0)$。因此，对于任意的 $0\leqslant y\leqslant\frac{\bar{b}_t}{a_t}$ 始终有，$[1-F(y)]\hat{g}(y)>[1-F(y_0)]\hat{g}(y)$ 成立。

因为 $\int_0^{\frac{\bar{b}_t}{a_t}}\hat{g}(y)\mathrm{d}y=0$，所以

$$\begin{aligned}\int_0^{\frac{\bar{b}_t}{a_t}}[1-F(y)]\hat{g}(y)\mathrm{d}y &> \int_0^{\frac{\bar{b}_t}{a_t}}[1-F(y_0)]\hat{g}(y)\mathrm{d}y\\ &=[1-F(y_0)]\int_0^{\frac{\bar{b}_t}{a_t}}\hat{g}(y)\mathrm{d}y\\ &=0\end{aligned}$$

证明完成。

根据引理 3.2 可以得到，当 $0 \leqslant a_t \leqslant 1$ 时，有

$$\int_0^{\frac{\bar{b}_t}{a_t}} [1 - F(y)][-2ya_t + \bar{b}_t]\mathrm{d}y > 0 \tag{3.40}$$

成立。因此，当 $0 \leqslant a_t \leqslant 1$ 时，可得 $\frac{\partial \bar{f}(a_t, \bar{b}_t)}{\partial a_t} > 0$。由此可得，最优比例再保险策略为 $a_t^* = 1$。把 $a_t^* = 1$ 和 $b_t^* = \bar{b}_t$ 代入式（3.35），可得：

$$B'(t) + \frac{(\mu - r + \lambda_2\mu_3)^2}{2\gamma(\sigma^2 + \lambda_2\mu_4)} + [c_1 + \lambda_1\eta m_1(t)]\mathrm{e}^{r(T-t)} - \frac{1}{2}\lambda_1\gamma m_2(t)\mathrm{e}^{2r(T-t)} = 0 \tag{3.41}$$

把 $b_t^* = \bar{b}_t$，$a_t^* = 1$，$\pi_t^* = \bar{\pi}_t$，式（3.19）、式（3.30）代入式（3.16），经过化简，得到：

$$\tilde{B}'(t) + \frac{(\mu - r + \lambda_2\mu_3)^2}{\gamma(\sigma^2 + \lambda_2\mu_4)} + [c_1 + \lambda_1\eta m_1(t)]\mathrm{e}^{r(T-t)} = 0 \tag{3.42}$$

然后，分别求解方程（3.41）和方程（3.42）得到：

$$B(t) = \int_t^T \left\{ [c_1 + \lambda_1\eta m_1(s)]\mathrm{e}^{r(T-s)} - \frac{1}{2}\lambda_1\gamma m_2(s)\mathrm{e}^{2r(T-s)} \right\}\mathrm{d}s + \frac{(\mu - r + \lambda_2\mu_3)^2}{2\gamma(\sigma^2 + \lambda_2\mu_4)}(T - t) \tag{3.43}$$

和

$$\tilde{B}(t) = \frac{(\mu - r + \lambda_2\mu_3)^2}{\gamma(\sigma^2 + \lambda_2\mu_4)}(T - t) + \int_t^T [c_1 + \lambda_1\eta m_1(s)]\mathrm{e}^{r(T-s)}\mathrm{d}s \tag{3.44}$$

基于上面的讨论，并应用定理 3.1，可以得到如下定理。

定理 3.2 当 $0 < \bar{b}_t < a_t N$ 时，问题（3.12）的最优时间一致的比例再保险策略为 $a_t^* = 1$，最优时间一致的超额损失再保险策略为：

$$b_t^* = \frac{\eta}{\gamma \mathrm{e}^{r(T-t)}} \tag{3.45}$$

最优时间一致的投资策略为：

$$\pi_t^* = \frac{\mu - r + \lambda_2\mu_3}{\gamma(\sigma^2 + \lambda_2\mu_4)\mathrm{e}^{r(T-t)}} \tag{3.46}$$

相应的最优值函数为：

$$V(t,x) = xe^{r(T-t)} + \frac{(\mu - r + \lambda_2\mu_3)^2}{2\gamma(\sigma^2 + \lambda_2\mu_4)}(T-t) + \int_t^T \left\{ [c_1 + \lambda_1\eta m_1(s)]e^{r(T-s)} - \frac{1}{2}\lambda_1\gamma m_2(s)e^{2r(T-s)} \right\} ds \quad (3.47)$$

终端财富的期望为：

$$\begin{aligned} E_{t,x}[X_T^{u^*}] &= h(t,x) \\ &= xe^{r(T-t)} + \frac{(\mu - r + \lambda_2\mu_3)^2}{\gamma(\sigma^2 + \lambda_2\mu_4)}(T-t) + \int_t^T [c_1 + \lambda_1\eta m_1(s)]e^{r(T-s)} ds \end{aligned} \quad (3.48)$$

终端财富的方差为：

$$\begin{aligned} \mathrm{Var}_{t,x}[X_T^{u^*}] &= \frac{2}{\gamma}[h(t,x) - V(t,x)] \\ &= \frac{(\mu - r + \lambda_2\mu_3)^2}{\gamma^2(\sigma^2 + \lambda_2\mu_4)}(T-t) + \int_t^T \lambda_1 m_2(s)e^{2r(T-s)} ds \end{aligned} \quad (3.49)$$

情形Ⅱ： $\bar{b}_t \geqslant a_t N$

当 $\bar{b}_t \geqslant a_t N$ 时，由式（3.36）可知，对于 $b_t \in (0, a_t N)$，有 $\frac{\partial \bar{f}(a_t, b_t)}{\partial b_t} > 0$；对于 $b_t \geqslant a_t N$，有 $\frac{\partial \bar{f}(a_t, b_t)}{\partial b_t} = 0$。这说明，当 $b_t \in (0, a_t N)$ 时，对于给定的 a_t，$\bar{f}(a_t, b_t)$ 是关于 b_t 递增的函数；当 $b_t \geqslant a_t N$ 时，$\bar{f}(a_t, b_t)$ 的取值不变。因此，$\bar{f}(a_t, b_t)$ 的最大值点为 $a_t N$。此时，最优超额损失再保险策略为 $b_t^* = a_t N$。根据前面对索赔额的分布函数的限制，可知在这种情形下发生索赔时，保险人的自留索赔额 $Y_j(a_t, b_t^*)$ 满足下面的关系：

$$Y_j(a_t, b_t^*) = \min\{a_t Y_j, b_t^*\} = a_t Y_j \wedge b_t^* = a_t Y_j \wedge a_t N = a_t Y_j \quad (3.50)$$

这里 $j = 1, 2, \cdots$。所以，在这种情形下，联合再保险问题等价于纯粹的比例再保险问题。把 $b_t^* = a_t N$ 代入式（3.35），得到：

$$B'(t) + c_1 e^{r(T-t)} + \frac{(\mu - r + \lambda_2\mu_3)^2}{2\gamma(\sigma^2 + \lambda_2\mu_4)} + \sup_{a_t \in U}\left\{ -\frac{1}{2}\lambda_1\gamma e^{2r(T-t)} a_t^2 \mu_2 + \lambda_1\eta e^{r(T-t)}(t) a_t \mu_1 \right\} = 0 \quad (3.51)$$

显然，式（3.51）中上确界内的函数关于 a_t 是凹函数，因此根据一阶最优性条件得到：

$$\bar{a}_t = \frac{\eta\mu_1}{\gamma\mu_2 e^{r(T-t)}} \tag{3.52}$$

根据 $\bar{a}_t$ 的定义，易知 $\bar{a}_t \geqslant 0$。因此，根据容许策略的定义，如果 $\bar{a}_t < 1$，则得到最优比例再保险策略为 $a_t^* = \bar{a}_t$，否则 $a_t^* = 1$。接下来，我们分别讨论 $\bar{a}_t < 1$ 和 $\bar{a}_t \geqslant 1$ 两种情形。

如果 $\bar{a}_t < 1$，把 $a_t^* = \bar{a}_t$ 代入式（3.51），得到：

$$B'(t) + c_1 e^{r(T-t)} + \frac{(\mu - r + \lambda_2\mu_3)^2}{2\gamma(\sigma^2 + \lambda_2\mu_4)} + \frac{\lambda_1\eta^2\mu_1^2}{2\gamma\mu_2} = 0 \tag{3.53}$$

把 $a_t^* = \bar{a}_t$，$b_t^* = \bar{a}_t N$，$\pi_t^* = \overline{\pi}_t$，式（3.19）代入式（3.16），化简后，得到：

$$\tilde{B}'(t) + c_1 e^{r(T-t)} + \frac{(\mu - r + \lambda_2\mu_3)^2}{\gamma(\sigma^2 + \lambda_2\mu_4)} + \frac{\lambda_1\eta^2\mu_1^2}{\gamma\mu_2} = 0 \tag{3.54}$$

通过求解常微分方程（3.53）和方程（3.54），可得：

$$B(t) = \frac{c_1}{r}\left[e^{r(T-t)} - 1\right] + \left[\frac{(\mu - r + \lambda_2\mu_3)^2}{2\gamma(\sigma^2 + \lambda_2\mu_4)} + \frac{\lambda_1\eta^2\mu_1^2}{2\gamma\mu_2}\right](T-t) \tag{3.55}$$

和

$$\tilde{B}(t) = \frac{c_1}{r}\left[e^{r(T-t)} - 1\right] + \left[\frac{(\mu - r + \lambda_2\mu_3)^2}{\gamma(\sigma^2 + \lambda_2\mu_4)} + \frac{\lambda_1\eta^2\mu_1^2}{\gamma\mu_2}\right](T-t) \tag{3.56}$$

根据上面的讨论，并应用定理3.1，则可得到以下定理。

定理3.3 当 $\bar{b} \geqslant a_t N$ 和 $0 \leqslant \bar{a}_t < 1$ 时，问题（3.12）的最优时间一致的比例再保险策略为：

$$a_t^* = \frac{\eta\mu_1}{\gamma\mu_2 e^{r(T-t)}} \tag{3.57}$$

最优时间一致的超额损失再保险策略为：

$$b_t^* = \frac{\eta\mu_1}{\gamma\mu_2 e^{r(T-t)}} N \tag{3.58}$$

最优时间一致的投资策略为：

$$\pi_t^* = \frac{\mu - r + \lambda_2\mu_3}{\gamma(\sigma^2 + \lambda_2\mu_4)\mathrm{e}^{r(T-t)}} \tag{3.59}$$

相应的最优值函数为：

$$V(t,x) = x\mathrm{e}^{r(T-t)} + \frac{c_1}{r}[\mathrm{e}^{r(T-t)} - 1] + \left[\frac{(\mu - r + \lambda_2\mu_3)^2}{2\gamma(\sigma^2 + \lambda_2\mu_4)} + \frac{\lambda_1\eta^2\mu_1^2}{2\gamma\mu_2}\right](T-t) \tag{3.60}$$

终端财富的期望为：

$$\mathrm{E}_{t,x}[X_T^{u^*}] = h(t,x) = x\mathrm{e}^{r(T-t)} + \frac{c_1}{r}[\mathrm{e}^{r(T-t)} - 1] + \left[\frac{(\mu - r + \lambda_2\mu_3)^2}{\gamma(\sigma^2 + \lambda_2\mu_4)} + \frac{\lambda_1\eta^2\mu_1^2}{\gamma\mu_2}\right](T-t) \tag{3.61}$$

终端财富的方差为：

$$\mathrm{Var}_{t,x}[X_T^{u^*}] = \frac{2}{\gamma}[h(t,x) - V(t,x)] = \left[\frac{(\mu - r + \lambda_2\mu_3)^2}{\gamma^2(\sigma^2 + \lambda_2\mu_4)} + \frac{\lambda_1\eta^2\mu_1^2}{\gamma^2\mu_2}\right](T-t) \tag{3.62}$$

与定理 3.3 相似，当 $\bar{a}_t \geqslant 1$ 时，可以得到如下结论。

定理 3.4 当 $\bar{b} \geqslant a_t N$ 和 $\bar{a}_t \geqslant 1$ 时，问题（3.12）的最优时间一致的比例再保险策略变为 $a_t^* = 1$，最优时间一致的超额损失再保险策略变为 $b_t^* = N$，最优时间一致的投资策略为：

$$\pi_t^* = \frac{\mu - r + \lambda_2\mu_3}{\gamma(\sigma^2 + \lambda_2\mu_4)\mathrm{e}^{r(T-t)}} \tag{3.63}$$

相应的最优值函数为：

$$V(t,x) = x\mathrm{e}^{r(T-t)} + \frac{c_1 + \lambda_1\mu_1\eta}{r}[\mathrm{e}^{r(T-t)} - 1] - \frac{\lambda_1\mu_2\gamma}{4r}[\mathrm{e}^{2r(T-t)} - 1] + \frac{(\mu - r + \lambda_2\mu_3)^2}{2\gamma(\sigma^2 + \lambda_2\mu_4)}(T-t) \tag{3.64}$$

终端财富的期望为：

$$\mathrm{E}_{t,x}[X_T^{u^*}] = h(t,x) = x\mathrm{e}^{r(T-t)} + \frac{c_1 + \lambda_1\mu_1\eta}{r}[\mathrm{e}^{r(T-t)} - 1] + \frac{(\mu - r + \lambda_2\mu_3)^2}{\gamma(\sigma^2 + \lambda_2\mu_4)}(T-t) \tag{3.65}$$

终端财富的方差为：

$$\mathrm{Var}_{t,x}[X_T^{u^*}]=\frac{2}{\gamma}[h(t,x)-V(t,x)]=\frac{(\mu-r+\lambda_2\mu_3)^2}{\gamma^2(\sigma^2+\lambda_2\mu_4)}(T-t)+\frac{\lambda_1\mu_2}{2r}[e^{2r(T-t)}-1] \tag{3.66}$$

本节分情形Ⅰ：$0<\bar{b}_t<a_tN$ 和情形Ⅱ：$\bar{b}_t\geqslant a_tN$ 两种情形，分别求得了最优再保险策略，从而得到了问题（3.12）的解，即定理 3.2～定理 3.4 给出的结果。根据这些结果，可得到 $\bar{b}_t$ 更具体的分类形式，进而可以得到定理 3.2～定理 3.4 成立的等价条件。具体等价条件如下：把定理 3.2 得到的最优比例再保险策略 $a_t^*=1$ 代入 a_tN，得到定理 3.2 成立的等价条件为 $0<\bar{b}_t<N$。类似地，当 $\bar{a}_t<1$ 时，$\bar{b}_t\geqslant N$ 对应于定理 3.3 成立的等价条件；当 $\bar{a}_t\geqslant 1$ 时，$\bar{b}_t\geqslant N$ 对应于定理 3.4 成立的等价条件。

根据定理 3.2～定理 3.4，可得到情形Ⅰ对应纯粹的超额损失再保险、情形Ⅱ对应纯粹的比例再保险。这说明，对于本章的研究框架，最优联合再保险要么是纯粹的超额损失再保险，要么是纯粹的比例再保险，也就是说，联合再保险不是最优的。在下一节中，我们将通过数值实验比较纯粹的超额损失再保险和纯粹的比例再保险，进而确定哪种再保险模式更好。这两种再保险模式的比较是通过比较它们对应的最优值函数来实现的。

根据定理 3.2～定理 3.4，保险人在不同的再保险模式下保持相同的最优投资策略。这是显然的，因为我们假设保险市场和金融市场是相互独立的。因此，不同的再保险模式只会影响再保险策略。

定理 3.4 是一种特殊情况。因为在定理 3.4 中 $a_t^*=1$ 且 $b_t^*=N$，这意味着保险人不采取任何形式的再保险，这种情形不是本章所关心的。因此，在下一节的数值分析中，我们不考虑定理 3.4 的情形。

第四节　数值分析与经济意义

本节探讨定理 3.2 和定理 3.3 讨论的两种情形下结果的数值分析与经济

意义。具体地，我们将解释模型参数对最优时间一致再保险与投资策略的影响，进而通过值函数来比较比例和超额损失两种再保险在本章的框架下哪种模式更好。

假设索赔额 Y_j 服从指数分布，即当 $y\geqslant 0$ 时，$f(y)=e^{-y}$，否则 $f(y)=0$。因此，$\mu_1=1$ 和 $\mu_2=2$。类似于 Kou 和 Wang、Lin 和 Yang，假设风险资产价格跳跃的大小 P_i 服从双指数分布，其密度函数为：

$$g(p)=\begin{cases}\alpha\xi_1 e^{-\xi_1 p}, & p\geqslant 0\\ \beta\xi_2 e^{\xi_2 p}, & p<0\end{cases} \tag{3.67}$$

这里 $\alpha\geqslant 0$，$\beta\geqslant 0$，满足 $\alpha+\beta=1$，它们分别代表风险资产正向跳跃和负向跳跃的概率，$\xi_1>0$ 和 $\xi_2>0$ 是双指数分布的参数。基于双指数分布，最优时间一致的投资策略可进一步表示为：

$$\pi_t^*=\frac{\mu-r+\lambda_2\left(\dfrac{\alpha}{\xi_1}-\dfrac{\beta}{\xi_2}\right)}{\gamma\left[\sigma^2+\lambda_2\left(\dfrac{2\alpha}{\xi_1^2}+\dfrac{2\beta}{\xi_2^2}\right)\right]e^{r(T-t)}} \tag{3.68}$$

在以下的数值实验中，除非特别说明，基本的模型参数由表 3.1 给出。这里模型参数的设置参考了 Liang、Guo、Li、Lin 和 Yang 等人文献中的数据，同时参考了保险公司的交易信息和证券市场中股票的价格参数，以便将模型参数设置在合理的范围内。

表 3.1　　　　基本模型参数的取值

θ	η	T	t	x	μ	σ	λ_2
0.3	0.8	10	0	10	0.06	0.25	0.1
λ_1	c_1	α	r	γ	ξ_1	ξ_2	
1	1	0.2	0.03	1.2	2	6	

一、模型参数对最优再保险策略和投资策略的影响

首先分析模型参数对再保险策略 b_t^* 和 a_t^* 的影响。

根据式（3.45），可以得到：

$$\frac{\partial b_t^*}{\partial\eta}>0,\frac{\partial b_t^*}{\partial\gamma}<0,\frac{\partial b_t^*}{\partial r}<0 \tag{3.69}$$

根据式（3.45），推得：

$$\frac{\partial a_t^*}{\partial \eta}>0,\frac{\partial a_t^*}{\partial \gamma}<0,\frac{\partial a_t^*}{\partial r}<0 \tag{3.70}$$

所以，η、γ、r 对 b_t^* 和 a_t^* 的影响趋势是一致的。η 越大，再保险的保费越高。因此，当 η 增加时，保险人会减少他的再保险需求。这样一来，保险人提高了自付索赔的门槛，并提高了索赔的自留水平。γ 是保险人的风险厌恶参数。随着 γ 的增加，保险人将购买更多的再保险以分散潜在的索赔风险。b_t^* 和 a_t^* 关于无风险资产的利率都是递减的，这是因为当发生大额索赔时，保险人可能会从无风险资产中借款，以确保其偿付能力。因此，随着借款成本变得更高，保险人将保留更低的索赔自留额。

清楚了模型参数对再保险策略的影响，接下来分析模型参数对投资策略的影响。根据式（3.68），显然有

$$\frac{\partial \pi_t^*}{\partial \mu}>0,\frac{\partial \pi_t^*}{\partial \gamma}<0,\frac{\partial \pi_t^*}{\partial \sigma}<0 \tag{3.71}$$

因此，π_t^* 关于 μ 是递增的，关于 γ 是递减的，关于 σ 是递减的。μ 代表风险资产的增值率，μ 越大，风险资产的预期回报越高，此时保险人在风险资产上会投资更多的资金；风险厌恶参数 γ 越大，保险人在风险资产投资的积极性越低，所以此时他在风险资产上会投资更少的资金；σ 是风险资产的价格波动率，σ 越大，风险资产的投资风险越高，所以此时保险人在风险资产投资更少。

其他模型参数对投资策略的影响，很难从理论方面来分析。下面，通过数值实验分析模型参数 r、λ_2、α 和 β 对投资策略 π_t^* 的影响，π_t^* 通过式（3.68）确定。

图 3.1 展示了 r 对 π_t^* 的影响，可以看到 π_t^* 关于 r 是递减的。因为 r 是无风险资产的利率，r 越大，无风险资产的投资回报越高，所以保险人将会在无风险资产上投资更多的资金。也就是说，此时保险人会减少在风险资产上投资的资金。

图 3.2 解释了价格跳跃的强度 λ_2 对 π_t^* 的影响，可以看到 π_t^* 关于 λ_2 是递减的。风险资产价格跳跃的强度与风险资产的投资风险是正相关的。所

以，当 λ_2 增加时，保险人将会减少在风险资产上投资的资金。

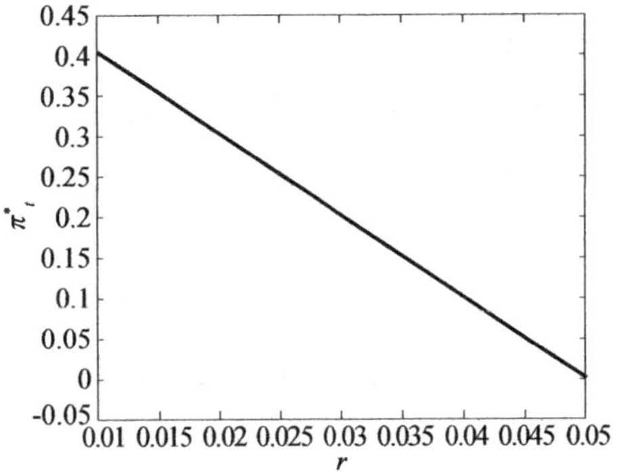

图 3.1　r 对 π_t^* 的影响

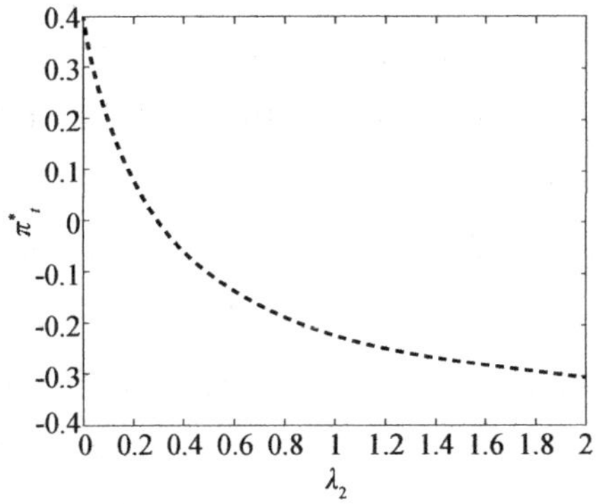

图 3.2　λ_2 对 π_t^* 的影响

图 3.3 揭示了 α 对 π_t^* 的影响，显然，π_t^* 是关于 α 递增的函数。因为 α 代表风险资产价格正向跳跃的概率，即价格上涨的概率，所以 α 越大，风险资产的预期回报越高，此时保险人在风险资产上会投资更多的资金。图 3.4 解释了 β 对 π_t^* 的影响。因为 β 代表风险资产价格向负向跳跃的概率，即价格下跌的概率。因此，图 3.4 展示了与图 3.3 相反的结果。

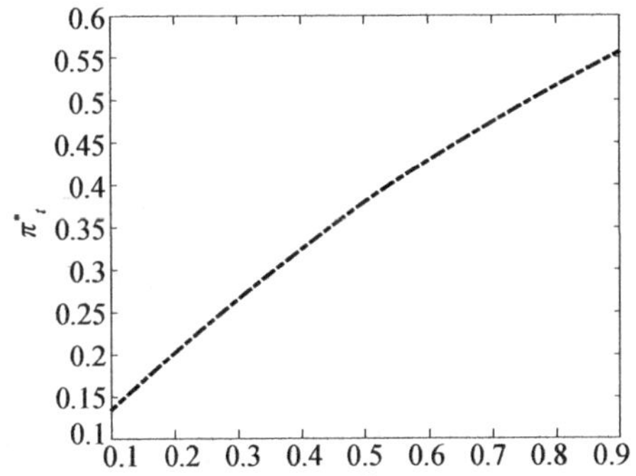

图 3.3　α 对 π_t^* 的影响

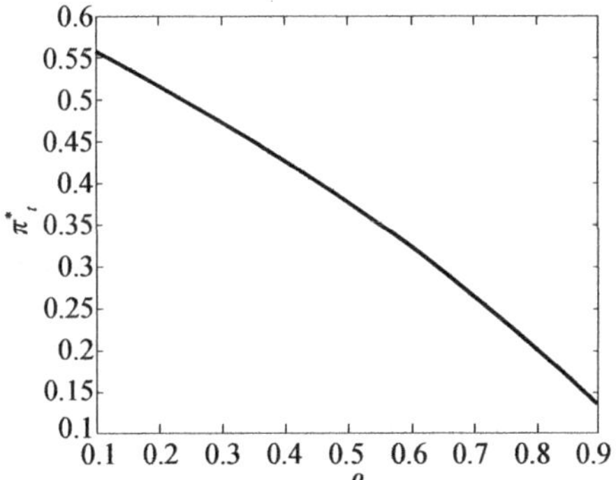

图 3.4　β 对 π_t^* 的影响

二、超额损失再保险与比例再保险的比较

本节比较超额损失再保险与比例再保险，也就是比较定理 3.2 和定理 3.3 中的两种再保险策略。这里，我们通过比较值函数 $V(t,x)$ 即 $E_{t,x}[X_T^{u^*}]$

$-\frac{\gamma}{2}\mathrm{Var}_{t,x}[X_T^{u^*}]$来比较两种再保险模式。$V(t,x)$越大，则说明保险人终端收益越高且面临的风险越小。因此，可以使用$V(t,x)$来反映哪种再保险模式更好。在图3.5～图3.10中，“情形Ⅰ”代表超额损失再保险，“情形Ⅱ”代表当$0\leqslant\bar{a}_t<1$时的比例再保险。在接下来的数值实验中，两种情形的最优值函数分别通过式（3.47）和式（3.60）计算。

图3.5展示了r在两种情形下对$V(t,x)$的影响。因为r是无风险资产的利率，r越大，无风险资产的投资回报越高。因此，保险人从无风险资产上获得的投资回报越高，并且保险人在金融市场上面临更少的投资风险，因此在两种情形下，$V(t,x)$关于r都是递增的。

图3.6分析了μ在两种情形下对$V(t,x)$的影响。因为μ是风险资产的增值率，μ越大，风险资产的预期收益越高，并且投资风险不变。所以在两种情形下，$V(t,x)$关于μ都是递增的。

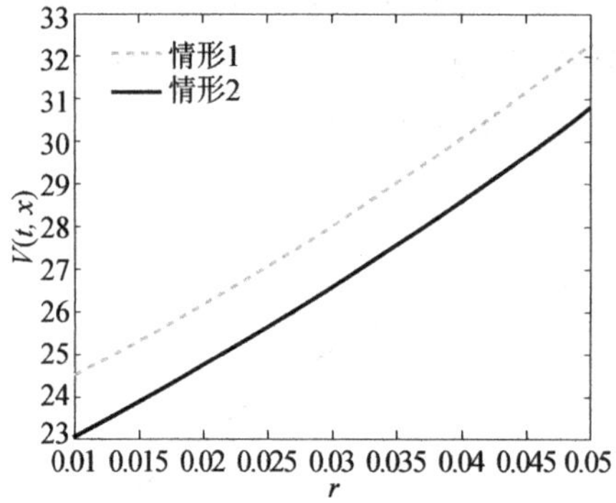

图3.5　r对$V(t,x)$的影响

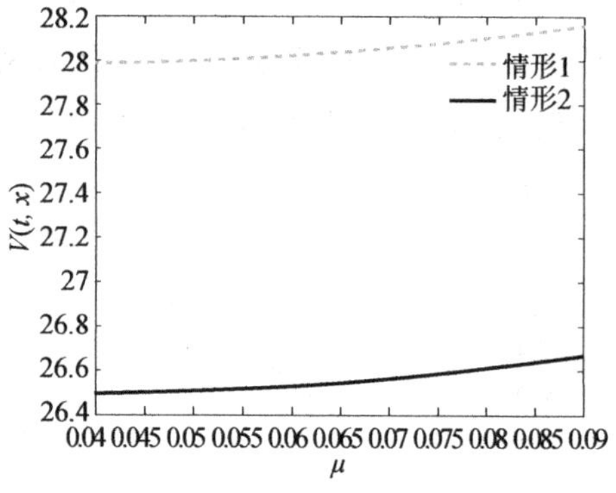

图3.6　μ对$V(t,x)$的影响

从图3.7以看到，在两种情形下，$V(t,x)$关于σ都是递减的。这是因为σ越大，风险资产的投资风险越高，投资收益又没有显著增加，所以在两种情形下，$V(t,x)$关于σ都是递减的。

图3.8给出了λ_2在两种情形下对$V(t,x)$的影响。与σ对$V(t,x)$的影响相似，λ_2越大，风险资产价格波动越大，即投资风险越高，所以在两种情形下，$V(t,x)$关于λ_2都是递减的。

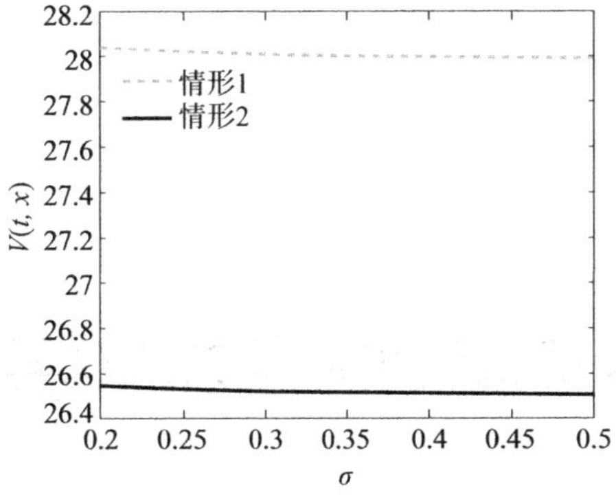

图 3.7　σ 对 $V(t,x)$ 的影响

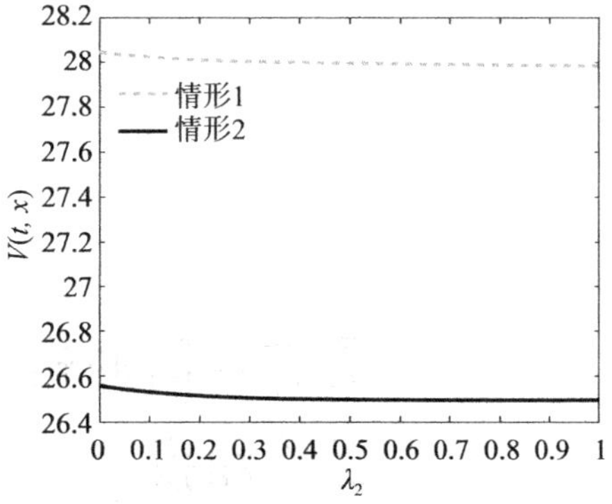

图 3.8　λ_2 对 $V(t,x)$ 的影响

图 3.9 揭示了 α 在两种情形下对 $V(t,x)$ 的影响。α 越大，风险资产的价格越高，因此风险资产的投资回报越高，所以在两种情形下，$V(t,x)$ 都是关于 α 递增的。图 3.10 给出了 β 在两种情形下对 $V(t,x)$ 的影响。β 越大，风险资产的价格越低，因此风险资产的投资回报越低，所以在两种情形下，$V(t,x)$ 都是关于 β 递减的。

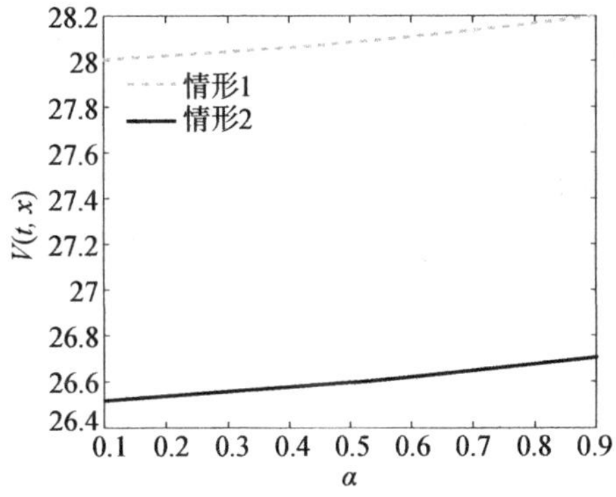

图 3.9　α 对 $V(t,x)$ 的影响

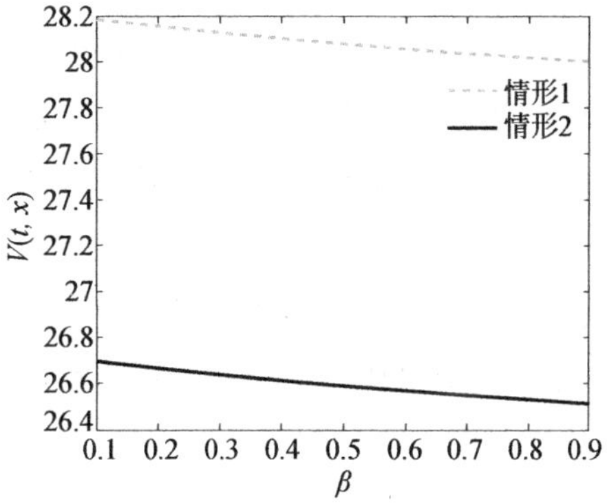

图 3.10　β 对 $V(t,x)$ 的影响

图 3.5～图 3.10 可以发现，在纯粹的超额损失再保险中，保险人比在纯粹的比例再保险中会获得更多的收益，承担更少的风险。这表明，在本章的研究框架下，超额损失再保险要优于比例再保险。

第四章 具有共同冲击和随机退出时间的最优再保险和投资

本章提出保险市场和金融市场之间一种新的市场相依模型。具体地，我们假定索赔次数和价格跳跃次数是相关的，以此来体现两个市场由共同冲击引起的相依关系，并通过索赔大小与价格跳跃大小之间的相关系数来体现两个市场之间的相互依赖程度。为了更全面地反映共同冲击对保险市场和金融市场的影响，我们还假设在保险模型和风险资产的价格过程中，分别存在额外的索赔和价格跳跃。进而，为了使所研究的问题更加符合实际，本章假设再保险和投资的终止时间都是随机的。随机退出时间同时由外生和内生随机事件引起。应用随机动态规划原理和 Lagrange 对偶技术，求得最优再保险和投资策略的解析表达式。最后，通过数值实验来探讨市场相互依赖性和随机退出时间对最优再保险和投资策略的影响。

第一节　共同冲击影响下的再保险和投资模型

为了描述共同冲击对保险市场和金融市场的影响，本节提出一种新的保险市场和金融市场之间的相互依赖机制，并构建由此产生的再保险和投资模型。设 $T>0$ 表示再保险和投资活动的原定终止时间。

由于考虑了随机退出时间，可将保险和投资过程中的不确定性分为两类：第一类是由索赔和风险资产价格的随机波动（内生随机事件）引起的；第二类是由再保险和投资活动退出时间的随机性（内生和外生随机事件）造成的。实际上，这两种不确定性可能不是独立的。为了反映这一点，并给出随机退出时间的现实描述，我们采用类似于 Blanchet - Scalliet 等人和后续研究中的建模框架，假设随机退出时间同时受内生和外生随机事件的影响。为此，设描述经济活动中不确定性的概率空间$(\Omega,\mathcal{H},\mathcal{F},P)$为一个赋流的完备概率空间，它包括上述两类不确定性和所有后文中提及的随机变量及随机过程。这里 $\mathcal{H}:=\{\mathcal{H}_t,0\leqslant t\leqslant T\}$ 和 $\mathcal{F}:=\{\mathcal{F}_t,0\leqslant t\leqslant T\}$ 关于实值概率测度 P 是右连续且是完备的。$\mathcal{F}_t$ 是盈余过程和风险资产价格到时间 t 为止产生的自然域流，而 $\mathcal{H}_t$ 是 $\mathcal{F}_t$ 的一个扩张，使得 $\mathcal{F}_T\subseteq\mathcal{H}$。$\mathcal{H}$ 包含所有关于随机退出时间的信息。关于随机退出时间的详细定义和 $\mathcal{H}$ 的具体定义将在下一节中讨论。

一、保险市场

上一章，基于复合泊松保险模型，我们研究了再保险和投资问题。本章提出一种推广的复合泊松保险模型。具体地，在不考虑再保险和投资的情形下，保险人的盈余过程 X(t)满足如下方程：

$$X(t)=\bar{c}+ct-\sum_{i=1}^{N_1(t)}Y_i-\sum_{j=1}^{N(t)}\bar{Y}_j \tag{4.1}$$

这里盈余过程的信息集由域流 $\mathcal{F}$ 控制。$\bar{c}>0$ 是初始盈余，$c>0$ 是保费收取率；$\{Y_i,i=1,2,\cdots\}$ 和 $\{\bar{Y}_j,j=1,2,\cdots\}$ 分别是独立同分布的非负随机变量序列。Y_i 是独立于共同冲击的第 i 次索赔额，$\bar{Y}_j$ 是由共同冲击引起的额外的第 j 次索赔额。$\{Y_i,i=1,2,\cdots\}$ 和 $\{\bar{Y}_j,j=1,2,\cdots\}$ 的共同随机变量分别记作 Y 和 $\bar{Y}$。Y 的分布函数为 $\bar{F}_Y^1(\cdot)$，密度函数为 $\bar{f}_Y^1(\cdot)$，而 $\bar{Y}$ 的分布函数为 $\tilde{F}_Y^1(\cdot)$，密度函数为 $\tilde{f}_Y^1(\cdot)$。Y 和 $\bar{Y}$ 的期望分别为 $\mu_{11}=\mathrm{E}(Y)<\infty$ 和 $\bar{\mu}_{11}=\mathrm{E}(\bar{Y})<\infty$，它们的二阶矩分别为 $\mu_{12}=\mathrm{E}(Y^2)<\infty$ 和 $\bar{\mu}_{12}=\mathrm{E}(\bar{Y}^2)<\infty$。$\{N_1(t),t\geqslant0\}$ 是独立于共同冲击的索赔发生次数，$\{N(t),t\geqslant0\}$ 是由共同冲击引起的

索赔发生次数。$\{N_1(t),\ t\geqslant 0\}$和$\{N(t),\ t\geqslant 0\}$是相互独立的 $\mathcal{F}$－泊松过程，强度分别为 $\lambda_1\geqslant 0$ 和 $\lambda\geqslant 0$。进而，假设$\{Y_i, i=1,2,\cdots\}$、$\{N_1(t), t\geqslant 0\}$、$\{\bar{Y}_j, j=1,2,\cdots\}$和$\{N(t), t\geqslant 0\}$是相互独立的。

注 4.1 在模型（4.1）中，额外的累积索赔额 $\sum_{j=1}^{N(t)}\bar{Y}_j$ 是由共同冲击引起的。如果不考虑这种共同冲击的影响，这一部分将消失，相应的模型（4.1）变为上一章的复合泊松模型。

为了转移索赔风险，保险人可以采用再保险。假设 $a(t)\in[0,1]$是保险人的自留水平，也就是对于每次索赔，保险人赔付 $a(t)\%$。本章关注的重点是市场相依和随机退出时间对保险人决策的影响。为了便于分析，我们考虑比例再保险。$c_1>0$ 是再保险的保费率。再保险人承担的索赔比例为 $1-a(t)$，考虑再保险后，盈余过程（4.1）变为：

$$dX^a(t) = [c-(1-a(t))c_1]dt - a(t)d\left(\sum_{i=1}^{N_1(t)}Y_i\right) - a(t)d\left(\sum_{j=1}^{N(t)}\bar{Y}_j\right) \tag{4.2}$$

这里 $X^a(t)$表示考虑再保险后，保险人的盈余过程。

二、金融市场

假设金融市场包含两个资产，一个是无风险资产，另一个是风险资产。无风险资产的价格 $B(t)$满足 $dB(t)=rB(t)dt$，这里 $r>0$ 为利率。风险资产的价格 $S(t)$满足：

$$dS(t) = S(t)\left[\mu dt + \bar{\sigma}dW(t) + d\left(\sum_{i=1}^{N_2(t)}Z_i\right) + d\left(\sum_{j=1}^{N_g(t)}\bar{Z}_j\right)\right] \tag{4.3}$$

这里风险资产价格的信息集由域流 $\mathcal{F}$ 控制。$\mu\geqslant r$ 是风险资产价格的增值率，$\bar{\sigma}>0$ 为风险资产价格的波动率，$\{W(t), t\geqslant 0\}$是标准的 $\mathcal{F}$－布朗运动。$\{Z_i, i=1,2,\cdots\}$和$\{\bar{Z}_j, j=1,2,\cdots\}$分别是独立同分布的随机变量序列。$Z_i$ 是独立于共同冲击的第 i 次价格跳跃的大小，$\bar{Z}_j$ 是由共同冲击引起的第 j 次额外的价格跳跃的大小。$\{Z_i, i=1,2,\cdots\}$和$\{\bar{Z}_j, j=1,2,\cdots\}$的共同随机变量分

别记作 Z 和 $\overline{Z}$。Z 的分布函数为 $\tilde{F}_Z^2(\cdot)$，密度函数为 $\tilde{f}_Z^2(\cdot)$，而 $\overline{Z}$ 的分布函数为 $\tilde{F}_{\overline{Z}}^2(\cdot)$，密度函数为 $\tilde{f}_{\overline{Z}}^2(\cdot)$。$Z$ 和 $\overline{Z}$ 的期望分别记作 $\mu_{21}=\mathrm{E}(Z)<\infty$ 和 $\overline{\mu}_{21}=\mathrm{E}(\overline{Z})<\infty$，它们的二阶矩分别记作 $\mu_{22}=\mathrm{E}(Z^2)<\infty$ 和 $\overline{\mu}_{22}=\mathrm{E}(\overline{Z}^2)<\infty$。$\{N_2(t),t\geqslant 0\}$ 是独立于共同冲击的价格跳跃次数，$\{N_g(t),t\geqslant 0\}$ 是由共同冲击引起的价格跳跃次数。$\{N_2(t),t\geqslant 0\}$ 和 $\{N_g(t),t\geqslant 0\}$ 是相互独立的 $\mathcal{F}$ - 泊松过程，它们的强度分别为 $\lambda_2\geqslant 0$ 和 $g(\lambda)\geqslant 0$。为了确保当不考虑共同冲击时(4.3) 中的最后一项消失，假设 $g(\Delta)=0$。与第 2 章类似，假设 $Z_i>-1$ 和 $\overline{Z}_i>-1$。进而，假设 $\{Z_i,i=1,2,\cdots\}$ 和 $\{N_2(t),t\geqslant 0\}$，$\{\overline{Z}_j,j=1,2,\cdots\}$ 和 $\{N_g(t),t\geqslant 0\}$，$\{Y_i,i=1,2,\cdots\}$ 和 $\{Z_i,i=1,2,\cdots\}$，$\{N_1(t),t\geqslant 0\}$ 和 $\{N_2(t),t\geqslant 0\}$ 是相互独立的。

为了描述共同冲击对索赔额的大小和价格跳跃的大小带来的共同影响，我们假设 $\{\overline{Y}_j,j=1,2,\cdots\}$ 和 $\{\overline{Z}_j,j=1,2,\cdots\}$ 是相关的，它们的相关系数为 ρ，$\rho\in[0,1]$。这里，要求 $\rho\geqslant 0$ 反映了共同冲击引起的索赔大小和价格跳跃的大小是正相关的这样一个事实。

注 4.2 在模型（4.3）中，$\sum_{j=1}^{N_g(t)}\overline{Z}_j$ 代表在时间区间 $[0,t]$ 上，由共同冲击引起的额外累积价格跳跃的大小。如果不考虑共同冲击的影响，这一项将消失。风险资产价格变为前两章的情形。后文中，在求解再保险和投资问题时，$\overline{Y}$ 和 $\overline{Z}$ 的相关性主要体现在 $\mathrm{E}(\overline{Y}\cdot\overline{Z})\neq\mathrm{E}(\overline{Y})\mathrm{E}(\overline{Z})$。考虑到相关系数 ρ，以及 $\overline{Y}$ 和 $\overline{Z}$ 的分布信息，则推得：

$$\mathrm{E}(\overline{Y}\cdot\overline{Z})=\mathrm{E}(\overline{Y})\mathrm{E}(\overline{Z})+\rho\sqrt{\mathrm{Var}(\overline{Y})\mathrm{Var}(\overline{Z})} \tag{4.4}$$

从上面介绍的保险市场与金融市场可以看到，当遭受到共同冲击时，两个市场变为相互依赖；否则，它们是相互独立的。这体现了这样一种事实：通常两个市场是独立运行的；然而，一些大的自然灾害或金融危机，例如，2011 年的美国“9 · 11” 事件、2008 年的全球金融危机事件、2010 年的墨西哥湾漏油事件、2019 年的新冠肺炎疫情等，不可避免地将对两个市场产生共同影响。上面提出的模型和讨论揭示了共同冲击对保险市场和金融市场带来了以下新的特征：

（1）共同冲击同时影响保险市场和金融市场，这分别由额外的累积索赔 $\sum_{j=1}^{N(t)}\overline{Y}_j$ 和额外的价格跳跃 $\sum_{j=1}^{N_g(t)}\overline{Z}_j$ 来体现。

（2）新的相互依赖机制从以下两个方面量化了保险市场和金融市场之间由共同冲击引起的相互影响。

①索赔的次数和风险资产价格跳跃的次数是相关的。索赔次数的均值为 $\mathrm{E}[N(t)]=\lambda t$，价格跳跃次数的均值为 $\mathrm{E}[N_g(t)]=g(\lambda)t$，$\lambda$ 体现了这种相关性。当 $\lambda=0$ 时，保险市场和金融市场是相互独立的。

②索赔额的大小和风险资产价格跳跃的大小是相关的。具体来说，相关系数 ρ 描述了保险市场和金融市场的相互依赖程度，ρ 越大，相互依赖程度越高。

上面提出的相互影响机制推广了 Yang 和 Liang 等人的模型。他们研究了如下的相互影响机制。截至时刻 t，累积索赔额和累积价格跳跃的大小分别满足如下模型：

$$\sum_{i=1}^{N_1(t)+N(t)} Y_i,\qquad \sum_{i=1}^{N_2(t)+N(t)} Z_i \tag{4.5}$$

这里的泊松过程 $N(t)$ 代表共同冲击，体现了保险市场和金融市场的相依性。这种相依性的设定，至少有以下三点不足。第一，受到共同冲击后，额外的索赔次数和额外的价格跳跃次数都等于同一个泊松过程 $N(t)$。第二，共同冲击对索赔额的大小和价格跳跃的大小没有任何影响。这是因为冲击前后索赔额的大小 $\{Y_i, i=1,2,\cdots\}$ 是独立同分布的随机变量序列，冲击前后价格跳跃的大小 $\{Z_i, i=1,2,\cdots\}$ 是独立同分布的随机变量序列。第三，发生共同冲击后，索赔额的大小对价格跳跃的大小没有任何影响，反之亦然。本章提出的新框架克服了这三个缺陷。

三、财富过程

为了增加财富，保险人通常会在金融市场上进行投资。假设在时刻 t，保险人在风险资产和无风险资产上投资的资金分别为 $\pi(t)$ 和 $X^u(t)-\pi(t)$。

这里 $u:=u(t)=[a(t),\pi(t)]$ 为保险人采取的再保险和投资策略，$X^u(t)$ 为考虑再保险和投资后的财富过程。进而，$X^u(t)$ 由下面带跳的随机微分方程来刻画：

$$\begin{aligned}dX^u(t) &= [rX^u(t)+c-(1-a(t))c_1+(\mu-r)\pi(t)]dt - a(t)d\left(\sum_{i=1}^{N_1(t)} Y_i\right)\\ &\quad - a(t)d\left(\sum_{j=1}^{N(t)} \bar{Y}_j\right)+\pi(t)\bar{\sigma}dW(t)+\pi(t)d\left(\sum_{i=1}^{N_2(t)} Z_i\right)+\pi(t)d\left(\sum_{j=1}^{N_g(t)} \bar{Z}_j\right)\end{aligned} \tag{4.6}$$

具有初值 $X^u(0)=x_0$。

下面，我们给出容许策略的定义。

定义 4.1 对于 $t\in[0,T]$，策略 $u(t)$ 称为是容许策略，如果它满足下面的条件：

(1) $u(t)$ 关于 $\mathcal{H}_t$ 是循序可测的；

(2) $E\left\{\int_0^T[\pi^4(t)+a^4(t)]dt\right\}<+\infty$；

(3) $a(t)\in[0,1],\forall t\in[0,T]$；

(4) 带跳的随机微分方程（4.6）关于 $u(t)$ 有唯一的强解。

记区间 $[0,T]$ 上所有容许策略组成的集合为 U。

第二节 问题的形成与最优再保险和投资策略

对于再保险和投资问题，本节构建一个具有共同冲击和随机退出时间的均值－方差型优化模型，并且求得该优化模型的最优策略，即最优再保险和投资策略。

保险人在初始时刻 0 开始其再保险和投资，确定其在时间范围 $[0,T]$ 内的最优再保险和投资策略。由于受到一些不可控的内生和外生随机事件的影响，保险人被迫在时刻 τ_1 和 τ_2 分别终止其再保险和投资活动。这里 τ_1 和 τ_2 是取正值的连续型随机变量。因为我们同时考虑了再保险和投资，所以最终

的随机退出时间为 $\tau=\tau_1\wedge\tau_2$。与 Blanchet - Scalliet 等人相似，我们并不限制 τ 是由盈余过程 $X(t)$ 和价格过程 $S(t)$ 生成的自然域流 $\mathcal{F}$ 的停时。也就是说，到时刻 t 为止所获取的 $X(t)$ 和 $S(t)$ 的所有信息并不能包含 τ 是否发生的所有信息。换句话说，存在一些时间 $t\geqslant 0$，使得事件 $\{\tau\leqslant t\}\subset\mathcal{F}_t$。正如 Blanchet - Scalliet 等人所解释的，τ 通常同时依赖于内生和外生的随机事件。

因此，为了获得包含随机退出时间 τ 所有信息的域流，我们采取与 Kharroubi 等人和 Aksamit 等人类似的域流扩张技术。具体地，对所有的 $0\leqslant t\leqslant T$，定义扩张的域流 $\mathcal{H}=(\mathcal{H}_t)_{t\in[0,T]}$ 为：

$$\mathcal{H}_t:=\bigcap_{\delta>0}\tilde{\mathcal{H}}_{t+\delta} \tag{4.7}$$

这里 $\tilde{\mathcal{H}}_s:=\mathcal{F}_s\vee\mathcal{G}_s$，$0\leqslant s\leqslant T$。$\mathcal{G}_s=\sigma(1_{\{\tau\leqslant v\}},v\in[0,s])$ 是由到时刻 s 为止的所有随机退出时间 τ 生成的域流。$1_{\{\tau\leqslant v\}}$ 为示性函数，即如果 $\tau\leqslant v$，则有 $1_{\{\tau\leqslant v\}}=1$；否则 $1_{\{\tau\leqslant v\}}=0$。显然，$\mathcal{H}_t$ 是 $\mathcal{F}_t$ 的最小右连续扩张，并且 $\mathcal{H}_t$ 包含了到时刻 t 为止所有关于 $X(t)$、$S(t)$ 和 τ 的信息。

我们的目标是寻找最优的再保险和投资策略，使在给定终端财富的均值 $\mathrm{E}[X^u(T\wedge\tau)]=l$ 时，由终端财富的方差 $\mathrm{Var}[X^u(T\wedge\tau)]$ 度量的风险达到最小；这里 l 是预先设定的目标值。具体地，考虑如下的均值 - 方差型优化问题：

$$\begin{aligned}&\inf_{u(t)\in\mathrm{U}}\mathrm{Var}[X^u(T\wedge\tau)]=E\{[X^u(T\wedge\tau)-l]^2\}\\&\text{s. t. }E[X^u(T\wedge\tau)]=l\end{aligned} \tag{4.8}$$

注意，如果在问题（4.8）中 $\tau<T$，对于 $\tau<t\leqslant T$，则可以得出 $u(t)=[a(t),\pi(t)]\equiv(1,0)$。也就是说，此时保险人不会采取任何再保险，并且不会在风险资产上投资。

因为问题（4.8）是一个凸优化问题，所以可以通过引入 Lagrange 乘子法来处理等式约束。也就是说，问题（4.8）可以通过求解下面的问题来解决（对于固定的 $\xi\in R$）：

$$\inf_{u(t)\in\mathrm{U}}\{E[(X^u(T\wedge\tau)-l)^2]+2\xi E[X^u(T\wedge\tau)-l]\} \tag{4.9}$$

根据 Lagrange 对偶理论，问题（4.8）的最优值和最优策略可以通过问题（4.9）的最优值函数关于 $\xi\in R$ 求最大值来获得。对于给定的 ξ，问题

(4.9) 和下面的问题具有完全相同的最优策略：

$$\inf_{u(t)\in u} E\left\{[X^u(T\wedge\tau)-(l-\xi)]^2\right\} \tag{4.10}$$

问题（4.10）包含随机退出时间 τ，很难求解。这是由于存在两种与问题（4.8）相关的不确定性，因而问题（4.10）也是如此。第一种是由索赔和风险资产价格的随机波动引起的，即市场风险；第二种是由再保险和投资退出时间的随机性引起的，即时间风险。进而，这两种风险通常是相互依存的。正如我们之前所解释的，随机退出时间 τ 部分地受 $X(t)$ 和 $S(t)$ 的影响。与 Blanchet - Scalliet 等人相似，我们采取下面的分解化方法来处理随机退出时间 τ。以 $\mathcal{F}_t$ 为条件，可以分离出一个只包含时间不确定性的量。因为 $\mathcal{F}_t$ 包含了到时刻 t 为止 $S(t)$ 和 $X(t)$ 的所有信息，所以记 $F(t)=P(\tau\leqslant t|\mathcal{F}_t)$ 为只包含时间不确定量的条件分布。

基于上面的讨论，并受 Blanchet - Scalliet 等人和 Bellalah 等人等文献的启发，我们对 $F(t)$ 做如下假设。

假设 4.1 $F(t)$ 在 Lebesgue 测度下是一个递增、绝对连续的过程，具有密度函数 $f(t)$，即有

$$F(t)=\int_0^t f(s)\,\mathrm{d}s, 0\leqslant t\leqslant T \tag{4.11}$$

进而，我们假设 $F(T)<1-\zeta$，这里 $\zeta>0$ 是一个常数。

注 4.3 在假设 4.1 中，条件 $F(T)<1-\zeta$ 是为了确保不会把情形 $\tau>T$ 排除在外，同时确保在下面的问题（4.12）中 $1_{\{\tau>T\}}$ 不会消失；否则，就会产生与一些实际情况不符的问题。

在假设 4.1 下，通过使用 Fubini 定理，可以推得问题（4.10）等价于下面的问题：

$$\begin{aligned}
&\inf_{u(t)\in u} E\{[X^u(T\wedge\tau)-(l-\xi)]^2\}\\
&=\inf_{u(t)\in u} E\{[1_{\{\tau\leqslant T\}}X^u(\tau)-(l-\xi)]^2+[1_{\{\tau>T\}}X^u(T)-(l-\xi)]^2\}\\
&=\inf_{u(t)\in u} E\left\{\int_0^T [X^u(t)-(l-\xi)]^2\mathrm{d}F(t)+\int_T^{+\infty}[X^u(T)-(l-\xi)]^2\mathrm{d}F(t)\right\}\\
&=\inf_{u(t)\in u} E\left\{\int_0^T f(t)[X^u(t)-(l-\xi)]^2\mathrm{d}t+[1-F(T)][X^u(T)-(l-\xi)]^2\right\}
\end{aligned} \tag{4.12}$$

为了求解（4.12）中最后一行的优化问题，首先求解一个辅助的优化问题。为此，令 $\overline{X}^u(t)=X^u(t)-(l-\xi)$ 和 $m=c+r(l-\xi)$，则随机微分方程（4.6）变为：

$$\mathrm{d}\overline{X}^u(t)=\left\{r\overline{X}^u(t)+m-[1-a(t)]c_1+(\mu-r)\pi(t)\right\}\mathrm{d}t-a(t)\mathrm{d}\left(\sum_{i=1}^{N_1(t)}Y_i\right)$$
$$-a(t)\mathrm{d}\left(\sum_{j=1}^{N(t)}\overline{Y}_j\right)+\pi(t)\bar{\sigma}\mathrm{d}W(t)+\pi(t)\mathrm{d}\left(\sum_{i=1}^{N_2(t)}Z_i\right)+\pi(t)\mathrm{d}\left(\sum_{j=1}^{N_g(t)}\overline{Z}_j\right)\tag{4.13}$$

进而，通过求解下面的辅助优化问题，则可得到优化问题（4.12）的最优解：

$$\inf_{u(t)\in u}E\left\{\int_0^T f(t)\left[\overline{X}^u(t)\right]^2\mathrm{d}t+\left[1-F(T)\right]\left[\overline{X}^u(T)\right]^2\right\}\tag{4.14}$$

为求解问题（4.14），首先定义时刻 t 的值函数 $V(t,\bar{x})$ 为：

$$V(t,\bar{x})=\inf_{u(t)\in u}E_{t,\bar{x}}\left\{\int_t^T f(s)\left[\overline{X}^u(s)\right]^2\mathrm{d}s+(1-F(T))\left[\overline{X}^u(T)\right]^2\right\}\tag{4.15}$$

这里 $\mathrm{E}_{t,\bar{x}}[\cdot]=\mathrm{E}[\cdot|\overline{X}^u(t)=\bar{x}]$。显然，如果 $t=0$，则 $V(0,\bar{x}_0)$ 就是问题（4.14）的最优值函数，其中 $\bar{x}_0=\overline{X}^u(0)$。

为了更具体地讨论共同冲击对保险市场和金融市场的定量影响，接下来分两种情形研究问题（4.15）：$g(\lambda)\leqslant\lambda$ 和 $g(\lambda)>\lambda$。情形 $g(\lambda)\leqslant\lambda$ 意味着在遭受到共同冲击之后，索赔的次数将大于价格跳跃的次数；情形 $g(\lambda)>\lambda$ 意味着在遭受到共同冲击之后，价格跳跃的次数将大于索赔的次数。在通常情况下，在遭受到共同冲击之后，索赔的次数很可能会大于价格跳跃的次数。同时，对于情形 $g(\lambda)>\lambda$，问题（4.15）的解决方案类似于 $g(\lambda)\leqslant\lambda$ 的情形。因此，为了与现实保持一致，在下文中我们将主要关注情形 $g(\lambda)\leqslant\lambda$。不过，为了使所研究的问题完整起见，我们也会给出情形 $g(\lambda)>\lambda$ 下的结果，但是不再给出具体的论证过程。

为了书写方便，下面给出随机微分方程（4.13）的无穷小生成元。如果 $g(\lambda)\leqslant\lambda$，则对于任意的 $\phi(t,\bar{x})\in C^{1,2}([0,T]\times R)$ 和 $u(t)\in\mathrm{U}$，随机微分方

程（4.13）的无穷小生成元 $\mathcal{A}^u$ 定义为：

$$\begin{aligned}\mathcal{A}^u\phi(t,\bar{x}) &= \phi_t(t,\bar{x}) + [r\bar{x}+m-(1-a(t))c_1+(\mu-r)\pi(t)]\phi_{\bar{x}}(t,\bar{x})\\&+\frac{1}{2}\pi^2(t)\bar{\sigma}^2\phi_{\bar{x}\cdot\bar{x}}(t,\bar{x})+\lambda_1E[\phi(t,\bar{x}-a(t)Y)-\phi(t,\bar{x})]\\&+\lambda_2\mathrm{E}[\phi(t,\bar{x}+\pi(t)Z)-\phi(t,\bar{x})]+(\lambda-g(\lambda))\mathrm{E}[\phi(t,\bar{x}\\&-a(t)\bar{Y})-\phi(t,\bar{x})]+g(\lambda)\mathrm{E}[\phi(t,\bar{x}-a(t)\bar{Y}+\pi(t)\bar{Z})\\&-\phi(t,\bar{x})]\end{aligned} \tag{4.16}$$

类似地，当 $g(\lambda)>\lambda$ 时，无穷小生成元 $\mathcal{B}^u$ 定义为：

$$\begin{aligned}\mathcal{B}^u\phi(t,\bar{x}) &= \phi_t(t,\bar{x}) + [r\bar{x}+m-(1-a(t))c_1+(\mu-r)\pi(t)]\phi_{\bar{x}}(t,\bar{x})\\&+\frac{1}{2}\pi^2(t)\bar{\sigma}^2\phi_{\bar{x}\cdot\bar{x}}(t,\bar{x})+\lambda_1\mathrm{E}[\phi(t,\bar{x}-a(t)Y)-\phi(t,\bar{x})]\\&+\lambda_2\mathrm{E}[\phi(t,\bar{x}+\pi(t)Z)-\phi(t,\bar{x})]+(g(\lambda)-\lambda)\mathrm{E}[\phi(t,\bar{x}+\pi(t)\bar{Z})\\&-\phi(t,\bar{x})]+\lambda\mathrm{E}[\phi(t,\bar{x}-a(t)\bar{Y}+\pi(t)\bar{Z})-\phi(t,\bar{x})]\end{aligned} \tag{4.17}$$

注 4.4 在式（4.16）中，$\mathrm{E}[\phi(t,\bar{x}-a(t)\bar{Y}+\pi(t)\bar{Z})-\phi(t,\bar{x})]$意味着，受到共同冲击后，风险资产价格跳跃次数的增加[$N_g(t)$增加] 将导致索赔次数$N(t)$的增加。在式（4.17）中，$\mathrm{E}[\phi(t,\bar{x}-a(t)\bar{Y}+\pi(t)\bar{Z})-\phi(t,\bar{x})]$意味着，受到共同冲击后，索赔次数的增加［$N(t)$增加］将导致风险资产价格的跳跃次数 $N_g(t)$的增加。换句话说，$\mathrm{E}[\phi(t,\bar{x}-a(t)\bar{Y}+\pi(t)\bar{Z})-\phi(t,\bar{x})]$反映了保险市场和金融市场在遭受共同冲击后产生的相互影响。

下面的验证定理确保了由问题（4.15）确定的再保险和投资策略是最优的。

定理 4.1 假设 $g(\lambda)\leqslant\lambda$，$\tilde{W}(t,\bar{x})\in D^{1,2}([0,T]\times R)$满足下面的方程：

$$\inf_{u(t)\in u}\left\{f(t)\bar{x}^2+\mathcal{A}^u\tilde{W}(t,\bar{x})\right\}=0 \tag{4.18}$$

且 $\tilde{W}(t,\bar{x})$满足边界条件 $\tilde{W}(T,\bar{x})=(1-F(T))\bar{x}^2$；定义

$$u^*(t)=\underset{u(t)\in u}{\operatorname{arginf}}\left\{f(t)\bar{x}^2+\mathcal{A}^u\tilde{W}(t,\bar{x})\right\} \tag{4.19}$$

和

$$f(t)\bar{x}^2+\mathcal{A}^{u^*}\tilde{W}(t,\bar{x})=0 \tag{4.20}$$

则对于任意的 $u(t)\in u$，有 $V(t,\bar{x})\geqslant\tilde{W}(t,\bar{x})$。特别地，当 $u(t)=u^*(t)$ 时，我们有 $V(t,\bar{x})=\tilde{W}(t,\bar{x})$。也就是说，由问题（4.15）定义的值函数 $V(t,\bar{x})$ 恰好等于 $\tilde{W}(t,\bar{x})$，并且 $u^*(t)$ 是问题（4.15）的最优策略。

证明 与 Guan 和 Wang 中定理 4.1 的论证相似，直接根据 Dynkin 公式可得：

$$E_{t,\bar{x}}\{\tilde{W}[T,\bar{X}^u(T)]\}=\tilde{W}(t,\bar{x})+E_{t,\bar{x}}\left\{\int_t^T\mathcal{A}^u\tilde{W}[s,\bar{X}^u(s)]\mathrm{d}s\right\}\quad(4.21)$$

对任意的 $u(t)\in u$，我们首先证明 $V(t,\bar{x})\geqslant\tilde{W}(t,\bar{x})$。

对任意的 $u(t)\in u$，由式（4.18）可得：

$$f(t)\bar{x}^2+\mathcal{A}^u\tilde{W}(t,\bar{x})\geqslant 0$$

因此，根据式（4.21）获得：

$$\mathrm{E}_{t,\bar{x}}\left\{\tilde{W}[T,\bar{X}^u(T)]+\int_t^T f(s)[\bar{X}^u(s)]^2\mathrm{d}s\right\}\geqslant\tilde{W}(t,\bar{x})\quad(4.22)$$

根据边界条件 $\tilde{W}(T,\bar{x})=(1-F(T))\bar{x}^2$，式（4.22）可重新写作：

$$\mathrm{E}_{t,\bar{x}}\left\{[1-F(T)][\bar{X}^u(T)]^2+\int_t^T f(s)[\bar{X}^u(s)]^2\mathrm{d}s\right\}\geqslant\tilde{W}(t,\bar{x}),\forall u(t)\in U$$

由于 $u(t)\in U$ 的任意性，可以推得：

$$V(t,\bar{x})\geqslant\tilde{W}(t,\bar{x})\quad(4.23)$$

下面证明，如果 $u(t)=u^*(t)$，则有 $V(t,\bar{x})=\tilde{W}(t,\bar{x})$。

联合边界条件 $\tilde{W}(T,\bar{x})=[1-F(T)]\bar{x}^2$ 和式（4.20），根据式（4.21）可获得：

$$\begin{aligned}\tilde{W}(t,\bar{x})&=\mathrm{E}_{t,\bar{x}}\left\{\tilde{W}[T,\bar{X}^{u^*}(T)]+\int_t^T f(s)[\bar{X}^{u^*}(s)]^2\mathrm{d}s\right\}\\&=\mathrm{E}_{t,\bar{x}}\left\{[1-F(T)][\bar{X}^{u^*}(T)]^2+\int_t^T f(s)[\bar{X}^{u^*}(s)]^2\mathrm{d}s\right\}\end{aligned}\quad(4.24)$$

上式蕴含着

$$\tilde{W}(t,\bar{x})\geqslant V(t,\bar{x})\quad(4.25)$$

当 $u(t)=u^*(t)$ 时，式（4.23）和式（4.25）确保了 $\tilde{W}(t,\bar{x})=V(t,\bar{x})$。所以，$u^*(t)$ 实际上就是最优策略，$\tilde{W}(t,\bar{x})$ 则是相应的最优值函数。

基于定理4.1，可以得到问题（4.15）的最优解。为此，首先引入下面的符号：

$$l_1 = c_1 - \lambda_1\mu_{11} - \lambda\bar{\mu}_{11} \quad l_2 = \mu - r + \lambda_2\mu_{21} + g(\lambda)\bar{\mu}_{21}$$

$$l_3 = \bar{\sigma}^2 + \lambda_2\mu_{22} + g(\lambda)\bar{\mu}_{22} \quad l_4 = -\frac{l_1 l_3 + l_2 g(\lambda)\mathrm{E}(\bar{Y}\cdot\bar{Z})}{l_3(\lambda\bar{\mu}_{12} + \lambda_1\mu_{12}) - [g(\lambda)\mathrm{E}(\bar{Y}\cdot\bar{Z})]^2}$$

$$l_5 = -\frac{l_2(\lambda\bar{\mu}_{12} + \lambda_1\mu_{12}) + l_1 g(\lambda)\mathrm{E}(\bar{Y}\cdot\bar{Z})}{l_3(\lambda\bar{\mu}_{12} + \lambda_1\mu_{12}) - [g(\lambda)\mathrm{E}(\bar{Y}\cdot\bar{Z})]^2}$$

$$l_6 = l_1 l_4 + \frac{1}{2}l_4^2(\lambda\bar{\mu}_{12} + \lambda_1\mu_{12}) + l_2 l_5 + \frac{1}{2}l_3 l_5^2 - l_4 l_5 g(\lambda)\mathrm{E}(\bar{Y}\cdot\bar{Z})$$

$$l_7 = -\frac{l_1 l_3 + l_2\lambda\mathrm{E}(\bar{Y}\cdot\bar{Z})}{l_3(\lambda\bar{\mu}_{12} + \lambda_1\mu_{12}) - [\lambda\mathrm{E}(\bar{Y}\cdot\bar{Z})]^2}$$

$$l_8 = -\frac{l_2(\lambda\bar{\mu}_{12} + \lambda_1\mu_{12}) + l_1\lambda\mathrm{E}(\bar{Y}\cdot\bar{Z})}{l_3(\lambda\bar{\mu}_{12} + \lambda_1\mu_{12}) - [\lambda\mathrm{E}(\bar{Y}\cdot\bar{Z})]^2}$$

$$l_9 = l_1 l_7 + \frac{1}{2}l_7^2(\lambda\bar{\mu}_{12} + \lambda_1\mu_{12}) + l_2 l_8 + \frac{1}{2}l_3 l_8^2 - l_7 l_8\lambda\mathrm{E}(\bar{Y}\cdot\bar{Z}) \tag{4.26}$$

情形 $a(t)=0$ 意味着保险人把所有的索赔都转移给再保险人。一旦发生这种情形，保险人宁愿不接受投保人的保险业务，也不愿意进行再保险，因为再保险的保费通常高于原保险的保费。因此，上述情形可能会在理论上发生，但在实际中几乎不会发生。情形 $a(t)=1$ 意味着保险人将自行承担所有索赔，不进行再保险。这种情形不是本文的研究重点。所以接下来，我们将重点讨论情形 $0<a(t)<1$。

定理4.2 如果 $g(\lambda)\leqslant\lambda$ 和 $0<l_4\left[\bar{x}+\frac{m-c_1}{r}h(t)\right]<1$，则问题（4.15）的最优解如下。

最优再保险策略为：

$$a^*(t) = l_4\left[\bar{x} + \frac{m-c_1}{r}h(t)\right] \tag{4.27}$$

最优投资策略为：

$$\pi^*(t)=l_5\left[\bar{x}+\frac{m-c_1}{r}h(t)\right] \tag{4.28}$$

最优值函数为：

$$V(t,\bar{x})=\tilde{W}(t,\bar{x})=\frac{1}{2}P(t)\bar{x}^2+Q(t)\bar{x}+M(t) \tag{4.29}$$

这里

$$\tilde{f}(t)=\int_t^T f(s)\mathrm{e}^{2(r+l_6)s}\mathrm{d}s$$

$$h(t)=\frac{[1-F(T)][\mathrm{e}^{2(r+l_6)T}-\mathrm{e}^{(r+2l_6)T+rt}]+r\int_t^T\tilde{f}(s)\mathrm{e}^{r(t-s)}\mathrm{d}s}{[1-F(T)]\mathrm{e}^{2(r+l_6)T}+\tilde{f}(t)}$$

$$\begin{cases}P(t)=2[1-F(T)]\mathrm{e}^{2(r+l_6)(T-t)}+2\int_t^T f(s)\mathrm{e}^{2(r+l_6)(s-t)}\mathrm{d}s\\ Q(t)=(m-c_1)\mathrm{e}^{-(r+2l_6)t}\int_t^T P(s)\mathrm{e}^{(r+2l_6)s}\mathrm{d}s\\ M(t)=\int_t^T\left[(m-c_1)Q(s)+l_6\frac{Q^2(s)}{P(s)}\right]\mathrm{d}s\end{cases} \tag{4.30}$$

证明 根据定理4.1，不妨假设问题（4.15）具有如下形式的解：

$$\tilde{W}(t,\bar{x})=\frac{1}{2}P(t)\bar{x}^2+Q(t)\bar{x}+M(t) \tag{4.31}$$

这里$P(t)$、$Q(t)$和$M(t)$在后文中确定，它们分别满足边界条件$P(T)=2[1-F(T)]$、$Q(T)=0$和$M(T)=0$。

根据式（4.31），容易得到：

$$\begin{cases}\tilde{W}_t(t,\bar{x})=\frac{1}{2}P'(t)\bar{x}^2+Q'(t)\bar{x}+M'(t),\ \tilde{W}_{\bar{x}}(t,\bar{x})=P(t)\bar{x}+Q(t),\ \tilde{W}_{\bar{x}\cdot\bar{x}}(t,\bar{x})=P(t)\\ E[\tilde{W}(t,\bar{x}-a(t)Y)-\tilde{W}(t,\bar{x})]=\frac{1}{2}\mu_{12}P(t)a^2(t)-[P(t)\bar{x}+Q(t)]\mu_{11}a(t)\\ E[\tilde{W}(t,\bar{x}-a(t)\bar{Y})-\tilde{W}(t,\bar{x})]=\frac{1}{2}\bar{\mu}_{12}P(t)a^2(t)-[P(t)\bar{x}+Q(t)]\bar{\mu}_{11}a(t)\\ E[\tilde{W}(t,\bar{x}+\pi(t)Z)-\tilde{W}(t,\bar{x})]=\frac{1}{2}\mu_{22}P(t)\pi^2(t)+[P(t)\bar{x}+Q(t)]\mu_{21}\pi(t)\\ E[\tilde{W}(t,\bar{x}+\pi(t)\bar{Z})-\tilde{W}(t,\bar{x})]=\frac{1}{2}\bar{\mu}_{22}P(t)\pi^2(t)+[P(t)\bar{x}+Q(t)]\bar{\mu}_{21}\pi(t)\end{cases}$$

$$\begin{cases}E[\tilde{W}(t,\bar{x}+\pi(t)\bar{Z}-a(t)\bar{Y})-\tilde{W}(t,\bar{x})]=\dfrac{1}{2}P(t)[\bar{\mu}_{22}\pi^2(t)+\bar{\mu}_{12}a^2(t)\\ -2a(t)\pi(t)E(\bar{Y}\bar{Z})])+[P(t)\bar{x}+Q(t)][\bar{\mu}_{21}\pi(t)-\bar{\mu}_{11}a(t)]\end{cases} \tag{4.32}$$

把式（4.31）、式（4.32）代入式（4.18），化简之后可得：

$$\left[\frac{1}{2}P'(t)+rP(t)+f(t)\right]\bar{x}^2+[Q'(t)+rQ(t)+(m-c_1)P(t)]\bar{x}$$
$$+M'(t)+(m-c_1)Q(t)+\inf_{u\in u}H[a(t),\pi(t)]=0 \tag{4.33}$$

这里 $H[a(t),\pi(t)]$ 由下式给出：

$$H[a(t),\pi(t)]=\frac{1}{2}(\lambda_1\mu_{12}+\lambda\bar{\mu}_{12})P(t)a^2(t)+l_1(t)[P(t)\bar{x}+Q(t)]a(t)$$
$$+\frac{1}{2}l_3P(t)\pi^2(t)+l_2[P(t)\bar{x}+Q(t)]\pi(t)-g(\lambda)P(t)\mathrm{E}(\bar{Y}\cdot\bar{Z})a(t)\pi(t) \tag{4.34}$$

对 $H[a(t),\pi(t)]$ 关于 $a(t)$ 和 $\pi(t)$ 求偏导数，推得：

$$\frac{\partial H[a(t),\pi(t)]}{\partial a(t)}=(\lambda_1\mu_{12}+\lambda\bar{\mu}_{12})P(t)a(t)+l_1[P(t)\bar{x}+Q(t)]$$
$$-g(\lambda)P(t)\mathrm{E}(\bar{Y}\cdot\bar{Z})\pi(t) \tag{4.35}$$

和

$$\frac{\partial H[a,\pi(t)]}{\partial\pi(t)}=l_3P(t)\pi(t)+l_2[P(t)\bar{x}+Q(t)]-g(\lambda)P(t)\mathrm{E}(\bar{Y}\cdot\bar{Z})a(t) \tag{4.36}$$

令 $\dfrac{\partial H[a(t),\pi(t)]}{\partial a(t)}=0$ 和 $\dfrac{\partial H[a,\pi(t)]}{\partial\pi(t)}=0$，则可得到如下关于 $a(t)$ 和 $\pi(t)$ 的方程组：

$$\begin{cases}(\lambda_1\mu_{12}+\lambda\bar{\mu}_{12})P(t)a(t)-g(\lambda)P(t)\mathrm{E}(\bar{Y}\cdot\bar{Z})\pi(t)=-l_1[P(t)\bar{x}+Q(t)]\\ -g(\lambda)P(t)\mathrm{E}(\bar{Y}\cdot\bar{Z})a(t)+l_3P(t)\pi(t)=-l_2[P(t)\bar{x}+Q(t)]\end{cases} \tag{4.37}$$

为了求解方程组（4.37），考虑其系数矩阵的行列式，具体结果为：

$$\begin{vmatrix} (\lambda_1\mu_{12}+\lambda\bar{\mu}_{12})P(t) & -g(\lambda)P(t)\mathrm{E}(\bar{Y}\cdot\bar{Z}) \\ -g(\lambda)P(t)\mathrm{E}(\bar{Y}\cdot\bar{Z}) & l_3P(t) \end{vmatrix}$$

$$=P^2(t)\left\{l_3(\lambda_1\mu_{12}+\lambda\bar{\mu}_{12})-[g(\lambda)\mathrm{E}(\bar{Y}\cdot\bar{Z})]^2\right\}$$

$$=P^2(t)\left\{(\bar{\sigma}^2+\lambda_2\mu_{22}+g(\lambda)\bar{\mu}_{22})(\lambda_1\mu_{12}+\lambda\bar{\mu}_{12})-[g(\lambda)\mathrm{E}(\bar{Y}\cdot\bar{Z})]^2\right\}$$

$$>P^2(t)[g(\lambda)]^2\left\{\mathrm{E}(\bar{Y}^2)\mathrm{E}(\bar{Z}^2)-[\mathrm{E}(\bar{Y}\cdot\bar{Z})]^2\right\}\geqslant 0$$

因此，方程组（4.36）有唯一的解：

$$\tilde{a}(t)=l_4\left[\bar{x}+\frac{Q(t)}{P(t)}\right],\pi^*(t)=l_5\left[\bar{x}+\frac{Q(t)}{P(t)}\right] \tag{4.38}$$

下面，我们证明$[\tilde{a}(t),\pi^*(t)]$的确是$H[a(t),\pi(t)]$的最小值点。

根据式（4.34）和式（4.35），有

$$\begin{cases} \dfrac{\partial H^2[a(t),\pi(t)]}{\partial[a(t)]^2}\bigg|_{[\tilde{a}(t),\pi^*(t)]}=(\lambda_1\mu_{12}+\lambda\bar{\mu}_{12})P(t) \\ \dfrac{\partial H^2[a(t),\pi(t)]}{\partial a(t)\partial\pi(t)}\bigg|_{[\tilde{a}(t),\pi^*(t)]}=-g(\lambda)P(t)\mathrm{E}(\bar{Y}\cdot\bar{Z}) \\ \dfrac{\partial H^2[a(t),\pi(t)]}{\partial a(t)\partial\pi(t)}\bigg|_{[\tilde{a}(t),\pi^*(t)]}=-g(\lambda)P(t)\mathrm{E}(\bar{Y}\cdot\bar{Z}) \\ \dfrac{\partial H^2[a(t),\pi(t)]}{\partial[\pi(t)]^2}\bigg|_{[\tilde{a}(t),\pi^*(t)]}=l_3P(t) \end{cases} \tag{4.39}$$

后面我们再证明$P(t)>0$。所以，$H[a(t),\pi(t)]$的如下 Hessian 矩阵是一个正定的矩阵：

$$\begin{pmatrix} (\lambda_1\mu_{12}+\lambda\bar{\mu}_{12})P(t) & -g(\lambda)P(t)\mathrm{E}(\bar{Y}\cdot\bar{Z}) \\ -g(\lambda)P(t)\mathrm{E}(\bar{Y}\cdot\bar{Z}) & l_3P(t) \end{pmatrix} \tag{4.40}$$

因此式（4.38）给出的$[\tilde{a}(t),\pi^*(t)]$一定是$H[a(t),\pi(t)]$的全局最小值点。

如果$0<\tilde{a}(t)<1$，根据容许再保险策略的取值范围，则可得到最优再保险策略为$a^*(t)=\tilde{a}(t)$。把式（4.38）代入式（4.33），得到：

$$\left[\frac{1}{2}P'(t)+(r+l_6)P(t)+f(t)\right]\bar{x}^2+[Q'(t)+(r+2l_6)Q(t)+(m-c_1)P(t)]\bar{x}+$$
$$M'(t)+(m-c_1)Q(t)+l_6\frac{Q^2(t)}{P(t)}=0 \tag{4.41}$$

为了确保式（4.41）总是成立的，$\bar{x}^2$ 和 $\bar{x}$ 的系数以及不含 $\bar{x}$ 的项均应该等于0。据此和边界条件，可得到下列常微分方程组与相应的终端条件成立：

$$\begin{cases}\frac{1}{2}P'(t)+(r+l_6)P(t)+f(t)=0,\ P(T)=2[1-F(T)]\\ Q'(t)+(r+2l_6)Q(t)+(m-c_1)P(t)=0,\ Q(T)=0\\ M'(t)+(m-c_1)Q(t)+l_6\frac{Q^2(t)}{P(t)}=0,\ M(T)=0\end{cases} \tag{4.42}$$

求解上面的常微分方程，则可以得到 $P(t)$、$Q(t)$ 和 $M(t)$，它们由式（4.30）给出。根据式（4.30），显然有 $P(t)>0$。最终，把式（4.30）代入式（4.38），则可获得问题（4.15）的最优再保险和投资策略，它们分别由式（4.27）、式（4.28）给出。

对于任意给定的 $\pi(t)$，由式（4.34）可知 $H[a(t),\pi(t)]$ 是关于 $a(t)$ 的凸函数。如果 $\tilde{a}(t)\leqslant 0$，对于任意给定的 $\pi(t)$，由式（4.34）可得，$H[a(t),\pi(t)]$ 在区间 $[\tilde{a}(t),+\infty)$ 上关于 $a(t)$ 是递增的。这些事实和容许再保险策略的定义意味着此时最优再保险策略一定为 $a^*(t)=0$。另外，如果 $\tilde{a}(t)\geqslant 1$，对于任意给定的 $\pi(t)$，由式（4.34）可得，$H[a(t),\pi(t)]$ 在区间 $(-\infty,\tilde{a}(t)]$ 上是关于 $a(t)$ 递减的函数。根据容许再保险策略的取值范围和 $H[a(t),\pi(t)]$ 关于 $a(t)$ 的凸性，则可以推得此时最优再保险策略一定为 $a^*(t)=1$。正如前面所分析的，没有必要和意义讨论这两种情形下的最优投资策略和最优值函数。

下面，我们给出定理4.2中最优再保险和投资策略的保险与经济含义解释。由式（4.27）可以看到，l_4 和 $h(t)$ 中的 $g(\lambda)$ 代表金融市场遭受到共同冲击后，风险资产价格的波动对最优再保险策略的影响。在式（4.27）中，l_4 和 $h(t)$ 中单独的 λ 代表保险市场受到共同冲击后最优再保险策略的变化。类似地，从式（4.28）中可以看到，l_5 和 $h(t)$ 中的 $g(\lambda)$ 代表金融市场受到共同冲击后最优投资策略的变化；而 l_5 和 $h(t)$ 中单独的 λ 表示保险市场遭受到共同冲击后索赔的波动对投资策略的影响。在式（4.27）、式（4.28）中，$h(t)$中的$f(t)$表示随机退出时间对最优再保险策略和投资策略的影响。

与定理4.2的证明类似，可得情形$g(\lambda)>\lambda$之下的如下结果。详细的证明不再给出。

定理4.3 如果$g(\lambda)>\lambda$和$0<l_7\left[\bar{x}+\frac{m-c_1}{r}\bar{h}(t)\right]<1$，则问题（4.15）的最优解如下：

最优再保险策略为：

$$a^*(t)=l_7\left[\bar{x}+\frac{m-c_1}{r}\bar{h}(t)\right] \tag{4.43}$$

最优投资策略为：

$$\pi^*(t)=l_8\left[\bar{x}+\frac{m-c_1}{r}\bar{h}(t)\right] \tag{4.44}$$

最优值函数为：

$$V(t,\bar{x})=\frac{1}{2}\bar{P}(t)\bar{x}^2+\bar{Q}(t)\bar{x}+\bar{M}(t) \tag{4.45}$$

这里

$$\breve{f}(t)=\int_t^T f(s)\mathrm{e}^{2(r+l_9)s}\mathrm{d}s,$$

$$\bar{h}(t)=\frac{[1-F(T)][\mathrm{e}^{2(r+l_9)T}-\mathrm{e}^{(r+2l_9)T+rt}]+r\int_t^T\breve{f}(s)\mathrm{e}^{r(t-s)}\mathrm{d}s}{[1-F(T)]\mathrm{e}^{2(r+l_9)T}+\breve{f}(t)}$$

$$\begin{cases}\bar{P}(t)=2[1-F(T)]\mathrm{e}^{2(r+l_9)(T-t)}+2\int_t^T f(s)\mathrm{e}^{2(r+l_9)(s-t)}\mathrm{d}s\\ \bar{Q}(t)=(m-c_1)\mathrm{e}^{-(r+2l_9)t}\int_t^T\bar{P}(s)\mathrm{e}^{(r+2l_9)s}\mathrm{d}s\\ \bar{M}(t)=\int_t^T\left[(m-c_1)\bar{Q}(s)+l_9\frac{\bar{Q}^2(s)}{\bar{P}(s)}\right]\mathrm{d}s\end{cases} \tag{4.46}$$

定理4.2和定理4.3展示了相似的结果，但l_4、l_5、l_6与l_7、l_8、l_9中$\mathrm{E}(\bar{Y}\cdot\bar{Z})$的系数不同。更具体来说，对于情形$g(\lambda)\leqslant\lambda$，$\mathrm{E}(\bar{Y}\cdot\bar{Z})$的系数包含$g(\lambda)$；而对于情形$g(\lambda)>\lambda$，$g(\lambda)$变为$\lambda$。原因如下：对于情形$g(\lambda)$

$\leq\lambda$，根据泊松过程的可加性，可将 $N(t)$ 分解为 $N_3(t)+N_g(t)$。这里 $N_3(t)$ 是独立于 $N_g(t)$ 的泊松过程，强度为 $\lambda-g(\lambda)$。也就是说，在遭受到共同冲击之后，风险资产价格的跳跃必定会导致索赔发生。所以最优再保险策略和最优投资策略的相互影响部分包含了共同的 $g(\lambda)$，即 $\mathrm{E}(\overline{Y}\cdot\overline{Z})$ 的系数包含 $g(\lambda)$。但是对于情形 $g(\lambda)>\lambda$，可以把 $N_g(t)$ 分解成 $N_4(t)+N(t)$。这里 $N_4(t)$ 是独立于 $N(t)$ 的泊松过程，强度为 $g(\lambda)-\lambda$。类似于上面的分析，可以推得，在遭受到共同的冲击之后，索赔发生必定会引起风险资产价格的跳跃。所以 $E(\overline{Y}\cdot\overline{Z})$ 的系数就变成了 λ。

最终，我们确定问题（4.8）的最优解。因为

$$
\begin{aligned}
E\{[\overline{X}^u(T\wedge\tau)]^2\}&=\mathrm{E}\{[X^u(T\wedge\tau)-(l-\xi)]^2\}\\
&=\mathrm{E}\{[X^u(T\wedge\tau)-l]^2\}+2\xi\mathrm{E}[X^u(T\wedge\tau)]+\xi^2
\end{aligned}
\tag{4.47}
$$

所以，对于固定的 ξ，有

$$
\begin{aligned}
&\inf_{u(t)\in u}\{\mathrm{E}[(X^u(T\wedge\tau)-l)^2]+2\xi\mathrm{E}[X^u(T\wedge\tau)]\}\\
&\quad=\inf_{u(t)\in u}\mathrm{E}\{[\overline{X}^u(T\wedge\tau)]^2\}-\xi^2=V(0,\overline{x}_0)-\xi^2
\end{aligned}
\tag{4.48}
$$

这里

$$
\begin{aligned}
V(0,\overline{x}_0)-\xi^2=&-\xi^2[1-0.5P(0)]+\xi[P(0)(x_0-l)+Q(0)]\\
&+[0.5P(0)(x_0-l)+Q(0)](x_0-l)+M(0)
\end{aligned}
\tag{4.49}
$$

注意到 $P(0)>0$ 以及式（4.49）依赖于 ξ。如果 $0<P(0)<2$，则式（4.49）在如下的 ξ^* 处获得最大值：

$$
\xi^*=\frac{P(0)(x_0-l)+Q(0)}{2-P(0)}
\tag{4.50}
$$

否则，最大值不存在。对于前者，由（4.50）和拉格朗日对偶定理（Luenberger 定理 1），推得：

$$
\begin{aligned}
&\sup_{\xi\in R}\left\{\inf_{u(t)\in \mathrm{U}}\{\mathrm{E}[(X^u(T\wedge\tau)-l)^2]+2\xi\mathrm{E}[X^u(T\wedge\tau)]\}\right\}\\
&=V(0,\overline{x}_0)-(\xi^*)^2\\
&=\frac{[P(0)(x_0-l)+Q(0)]^2}{2[2-P(0)]}+\left[\frac{1}{2}P(0)(x_0-l)+Q(0)\right](x_0-l)+M(0)
\end{aligned}
\tag{4.51}
$$

基于上面的讨论，则可给出问题（4.8）的最优解。类似于前述讨论，我们仍把结果分成 $g(\lambda) \leqslant \lambda$ 和 $g(\lambda) > \lambda$ 两种情形。

定理 4.4 当 $g(\lambda) \leqslant \lambda$，$0 < l_4\left[x - l + \xi^* + \dfrac{c + r(l - \xi^*) - c_1}{r}h(t)\right] < 1$ 和 $0 < P(0) < 2$ 时，问题（4.8）的最优解为如下形式。最优再保险策略为：

$$a^*(t) = l_4\left[x - l + \xi^* + \frac{c + r(l - \xi^*) - c_1}{r}h(t)\right] \tag{4.52}$$

最优投资策略为：

$$\pi^*(t) = l_5\left[x - l + \xi^* + \frac{c + r(l - \xi^*) - c_1}{r}h(t)\right] \tag{4.53}$$

进而，在给定 $\mathrm{E}[X^{u^*}(T \wedge \tau)] = l$ 时，有效前沿为：

$$\mathrm{Var}[X^{u^*}(T \wedge \tau)] = \frac{[P(0)(x_0 - l) + Q(0)]^2}{2[2 - P(0)]} + \left[\frac{1}{2}P(0)(x_0 - l) + Q(0)\right](x_0 - l) + M(0) \tag{4.54}$$

定理 4.5 当 $g(\lambda) > \lambda$ 时，定义 $\bar{\xi}^* = \dfrac{\bar{P}(0)(x_0 - l) + \bar{Q}(0)}{2 - \bar{P}(0)}$。则当 $0 < \bar{P}(0) < 2$ 和 $0 < l_7\left[x - l + \bar{\xi}^* + \dfrac{c + r(l - \bar{\xi}^*) - c_1}{r}\bar{h}(t)\right] < 1$ 时，问题（4.8）的最优解为如下形式。最优再保险策略为：

$$a^*(t) = l_7\left[x - l + \bar{\xi}^* + \frac{c + r(l - \bar{\xi}^*) - c_1}{r}\bar{h}(t)\right] \tag{4.55}$$

最优投资策略为：

$$\pi^*(t) = l_8\left[x - l + \bar{\xi}^* + \frac{c + r(l - \bar{\xi}^*) - c_1}{r}\bar{h}(t)\right] \tag{4.56}$$

进而，在给定 $\mathrm{E}[X^{u^*}(T \wedge \tau)] = l$ 时，有效前沿为：

$$\mathrm{Var}[X^{u^*}(T \wedge \tau)] = \frac{[\bar{P}(0)(x_0 - l) + \bar{Q}(0)]^2}{2[2 - \bar{P}(0)]} + \left[\frac{1}{2}\bar{P}(0)(x_0 - l) + \bar{Q}(0)\right](x_0 - l) + \bar{M}(0) \tag{4.57}$$

定理4.4和定理4.5中最优策略的含义分别类似于定理4.2和定理4.3中最优策略的含义。唯一的区别在于 $\bar{x}$ 和 $\overline{m}$ 的取值。在定理4.2和定理4.3中，$\bar{x}=x-(l-\xi)$，$\overline{m}=c+r(l-\xi)$；而在定理4.4中，$\bar{x}=x-(l-\xi^*)$，$\overline{m}=c+r(l-\xi^*)$；在定理4.5中，$\bar{x}=x-(l-\bar{\xi}^*)$，$\overline{m}=c+r(l-\bar{\xi}^*)$。

第三节　数值实验

在这一部分，我们将分析索赔额的大小、价格跳跃的大小和市场相互依赖性对最优再保险和投资策略的影响。此外，我们还将分析是否考虑随机退出时间时，最优策略的相似之处与不同之处。为了避免重复，我们只报告情形 $g(\lambda)\leqslant\lambda$ 下的结果。

给定域流 $\mathcal{F}_t$ 时，设 τ_1 和 τ_2 的分布函数分别为 $F_1(t)$ 和 $F_2(t)$，即 $F_1(t)=P(\tau_1\leqslant t|\mathcal{F}_t)$ 和 $F_2(t)=P(\tau_2\leqslant t|\mathcal{F}_t)$。为了体现再保险的随机退出和投资的随机退出之间的相依性，假设给定域流 $\mathcal{F}_t$ 时，τ_1 和 τ_2 的联合分布函数满足如下的 Farlie - Gumbel - Morgenstern（FGM）copula 函数：

$$\overline{F}(t_1,t_2)=F_1(t_1)F_2(t_2)+\theta F_1(t_1)F_2(t_2)[1-F_1(t_1)][1-F_2(t_2)],\ 0\leqslant\theta\leqslant1,\tag{4.58}$$

这里 θ 体现了 τ_1 和 τ_2 之间的相依性。特别地，当 $\theta=0$ 时，τ_1 和 τ_2 是相互独立的。根据联合分布函数 $\overline{F}(t_1,t_2)$ 的定义（4.58），在给定域流 $\mathcal{F}_t$ 之下，可得随机退出时间 $\tau=\tau_1\wedge\tau_2$ 的分布函数为：

$$\begin{aligned}F(t)&=F(\tau\leqslant t|\mathcal{F}_t)\\&=P(\tau_1\wedge\tau_2\leqslant t|\mathcal{F}_t)\\&=1-P(\tau_1\wedge\tau_2>t|\mathcal{F}_t)\\&=1-P(\tau_1>t,\tau_2>t|\mathcal{F}_t)\\&=1-[1-F_1(t)-F_2(t)+\overline{F}(t,t)]\end{aligned}$$

$$=F_1(t)+F_2(t)-F_1(t)F_2(t)-\theta F_1(t)F_2(t)[1-F_1(t)][1-F_2(t)] \tag{4.59}$$

为便于实施数值实验，下面做一些技术上的假设。与 Bellalah 等人和 Huang 等人的做法类似，假设 $F_1(t)$和 $F_2(t)$分别为：

$$F_1(t)=\begin{cases}1-\mathrm{e}^{-\lambda_{\tau_1}t} & t>0\\ 0 & t\leqslant 0\end{cases}\quad F_2(t)=\begin{cases}1-\mathrm{e}^{-\lambda_{\tau_2}t} & t>0\\ 0 & t\leqslant 0\end{cases} \tag{4.60}$$

这里

$$\lambda_{\tau_i}=\frac{1}{a_{i1}b_1+a_{i2}b_2+a_{i3}b_3},0\leqslant a_{i1},a_{i2},a_{i3}\leqslant 1,a_{i1}+a_{i2}+a_{i3}=1,i=1,2 \tag{4.61}$$

$b_1=\frac{1}{t}E\left[\sum_{i=1}^{N_1(t)}Y_i+\sum_{j=1}^{N(t)}\overline{Y}_j\right]$ 表示随机退出是由索赔的波动引起的；$b_2=\overline{\sigma}+\frac{1}{t}E\left[\sum_{i=1}^{N_2(t)}Z_i+\sum_{j=1}^{N_g(t)}\overline{Z}_j\right]$ 代表随机退出是由风险资产价格的波动引起的；b_3 是一个确定的常数，代表随机退出是由外生随机事件引起的。λ_{τ_i}的设置表明平均退出时间 $\mathrm{E}(\tau_i)=a_{i1}b_1+a_{i2}b_2+a_{i3}b_3$，$i=1,2$，与索赔的波动、风险资产价格的波动和外生随机事件是成正比的。但是，考虑到再保险的随机退出时间 τ_1 可能主要受索赔的波动引起，投资的随机退出时间 τ_2 可能主要受风险资产价格的波动引起，所以在后面进行数值实验时，把权重系数 a_{11} 和 a_{22} 设置得相对较大。

假设 $g(\lambda)=\lambda q,q\in[0,1]$，索赔大小 Y 和 $\overline{Y}$ 的密度函数，以及价格跳跃大小 Z 和 $\overline{Z}$ 的密度函数分别为：

$$\bar{f}_Y^1(y)=\begin{cases}\eta_1\mathrm{e}^{-\eta_1 y} & y>0\\ 0 & y\leqslant 0\end{cases}\quad \tilde{f}_{\overline{Y}}^1(\overline{y})=\begin{cases}\overline{\eta}_1\mathrm{e}^{-\overline{\eta}_1\overline{y}} & \overline{y}>0\\ 0 & \overline{y}\leqslant 0\end{cases} \tag{4.62}$$

和

$$\bar{f}_Z^2(z)=\begin{cases}\eta_2\mathrm{e}^{-\eta_2(z+1)} & z>-1\\ 0 & z\leqslant -1\end{cases}\quad \tilde{f}_{\overline{Z}}^2(\overline{z})=\begin{cases}\overline{\eta}_2\mathrm{e}^{-\overline{\eta}_2(\overline{z}+1)} & \overline{z}>-1\\ 0 & \overline{z}\leqslant -1\end{cases} \tag{4.63}$$

在下面的数值实验中，除非另有说明，我们选择表 4.1 中列出的基本参数。这里模型参数的设置参考了 Yang、Liang 等人、Bellalah 等人文献中的数据，同时参考了保险公司的交易信息和证券市场中股票的价格参数，以便将模型参数设置在合理的范围内。

表 4.1　　模型参数的取值

a_{11}	a_{12}	a_{13}	a_{21}	a_{22}	a_{23}	b_3	η_1	η_2	$\bar{\eta}_1$	$\bar{\eta}_2$
0.7	0.2	0.1	0.2	0.7	0.1	1	0.5	0.9	0.6	0.4
T	t	θ	ρ	q	r	μ	$\bar{\sigma}$	c	c_1	x_0
12	2	0.5	0.6	0.8	0.03	0.08	0.25	1	1.1	2

一、模型参数对最优再保险策略的影响

在本节中，我们分析最优再保险策略 $a^*(t)$ 的数值结果，$a^*(t)$ 由式 (4.52) 确定。这里令 $x=8, l=9, \lambda=0.8, \lambda_1=1, \lambda_2=1.2$。

图 4.1 分别展示了当考虑随机退出时间（未做标记的曲线）和不考虑随机退出时间（标记为 NRET 的曲线）时，$\bar{\eta}_1$ 对 $a^*(t)$ 的影响。从图 4.1 中可以观察到，无论是否考虑随机退出时间，$a^*(t)$ 关于 $\bar{\eta}_1$ 都单调增加的。$\bar{\eta}_1$ 越大，意味着索赔额的平均值越小。因此，保险人将保持较高的自留水平。从图 4.1 中还可以发现，$\bar{\eta}_1$ 对 $a^*(t)$ 有显著的影响，这说明保险人对索赔额大小的变化非常敏感。

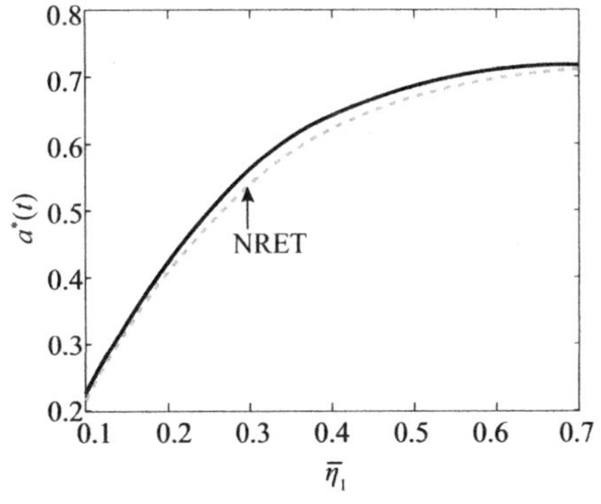

图 4.1　$\bar{\eta}_1$ 对 $a^*(t)$ 的影响

图 4.2 分别显示了考虑和不考虑随机退出时间的情况下，$\bar{\eta}_2$ 对 $a^*(t)$ 的

影响。从图 4.2 中可以看出，无论是否考虑随机退出时间，$a^*(t)$关于 $\overline{\eta}_2$ 都是单调增加的。$\overline{\eta}_2$ 越大，意味着价格波动幅度的平均值越小，即风险资产的价格风险越小。由于投资风险和索赔风险是正相关的，所以保险人将保持较高的自留水平。

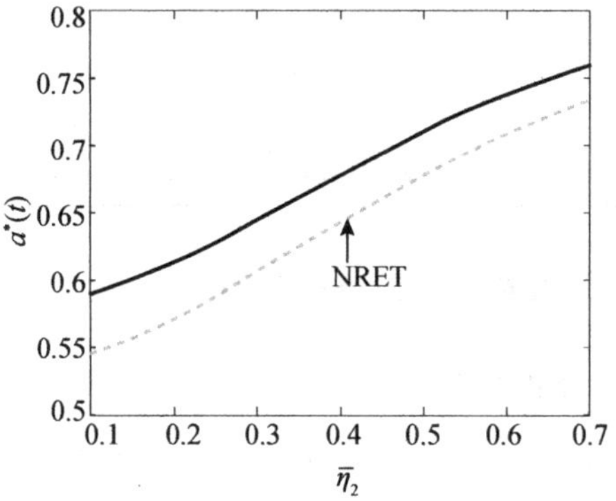

图 4.2　$\overline{\eta}_2$ 对 $a^*(t)$ 的影响

图 4.3 分别呈现了在考虑和不考虑随机退出时间的情况下，λ 对 $a^*(t)$ 的影响。λ 体现了索赔次数和价格跳跃次数之间的相互依赖性。为了展示相互依赖的影响，索赔次数的期望值和股票价格跳跃次数的期望值应该保持相等，即 $\lambda+\lambda_1=\lambda q+\lambda_2$。所以令 $\lambda_1=\lambda q+\lambda_2-\lambda$。类似的设置也将在图 4.7 中采用。$\lambda$ 越大，索赔发生次数越多且价格跳跃次数越多，这将会增强保险人的再保险意愿。因此，从图 4.3 中可以看出，无论是否考虑随机退出时间，$a^*(t)$都是关于 λ 单调递减的函数。

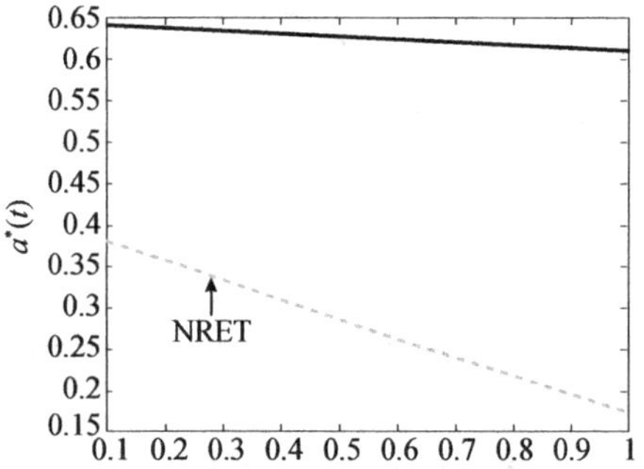

图 4.3　λ 对 $a^*(t)$ 的影响

图 4.4 分别解释了在考虑和不考虑随机退出时间的情况下，ρ 对 $a^*(t)$ 的影响。从图 4.4 中可以看出，无论是否考虑随机退出时间，$a^*(t)$ 关于 ρ 都是递减的。这里 ρ 是遭受到共同冲击之后索赔额大小和价格跳跃大小之间的相关系数。ρ 越大，意味着索赔额大小和价格跳跃大小乘积的平均值将变得越大。由于索赔风险和投资风险正相关，所以索赔风险会增加，因此，保险人会降低他的自留水平。

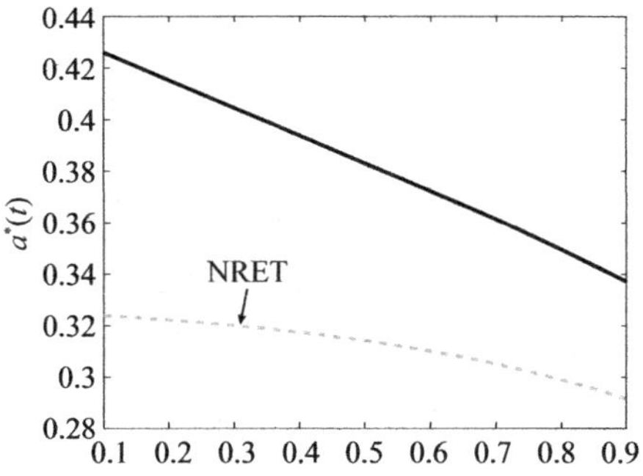

图 4.4　ρ 对 $a^*(t)$ 的影响

二、模型参数对最优投资策略的影响

在这一部分，我们考察最优投资策略 $\pi^*(t)$ 的数值结果，$\pi^*(t)$ 通过式（4.53）来确定。这里取 $x=3, l=6, \lambda=0.6, \lambda_1=0.3, \lambda_2=0.1$。

图 4.5 分别说明了在考虑和不考虑随机退出时间的情况下，$\overline{\eta}_1$ 对 $\pi^*(t)$ 的影响。正如我们对图 4.1 的解释，随着索赔均值的降低，投资风险也会降低。因此，从图 4.5 中可以看出，无论是否考虑随机退出时间，$\pi^*(t)$ 关于 $\overline{\eta}_1$ 都是递增的。

图 4.6 分别显示了在考虑和不考虑随机退出时间的情况下，$\overline{\eta}_2$ 对 $\pi^*(t)$ 的影响。$\overline{\eta}_2$ 越大，价格跳跃大小的平均值就越小。因此，从图 4.6 中可以看出，无论是否考虑随机退出时间，$\pi^*(t)$ 都是 $\overline{\eta}_2$ 的递增函数。

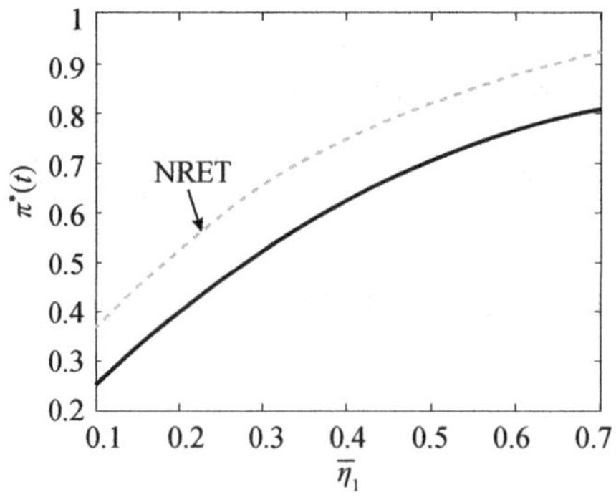

图 4.5　$\bar{\eta}_1$ 对 $\pi^*(t)$ 的影响

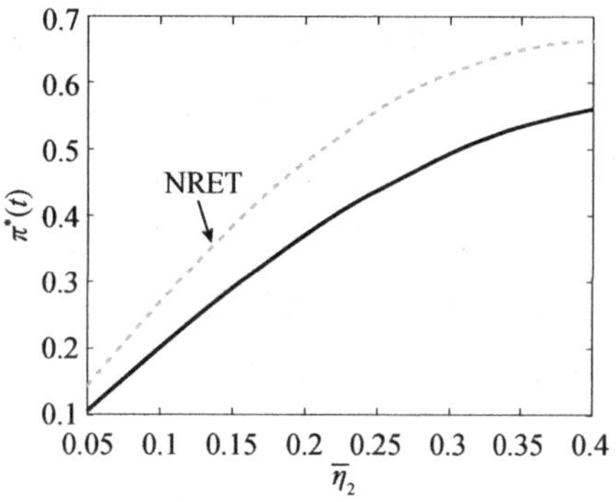

图 4.6　$\bar{\eta}_2$ 对 $\pi^*(t)$ 的影响

图 4.7 分别呈现了考虑和不考虑随机退出时间的情况下，λ 对 $\pi^*(t)$ 的影响。从图 4.7 中可以清楚地看出，无论是否考虑随机退出时间，当 λ 增大时，$\pi^*(t)$ 都在减少。正如我们对图 4.3 结果的解释，一个大的 λ 意味着投资风险将变得更大。因此，当 λ 增加时，保险人会减少他在风险资产上的投资。

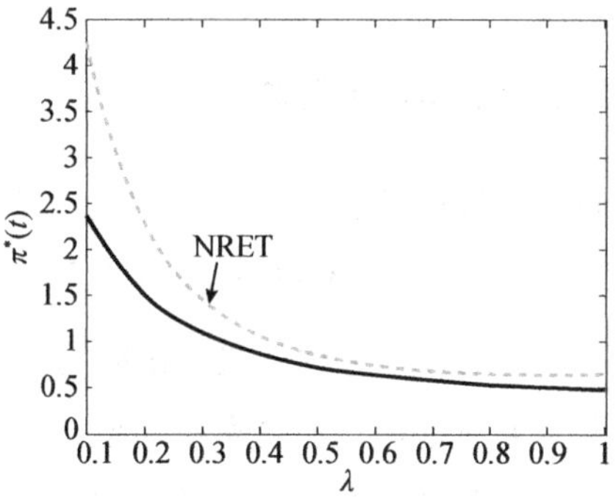

图 4.7　λ 对 $\pi^*(t)$ 的影响

图 4.8 分别展示了在考虑和不考虑随机退出时间的情况下，ρ 对 $\pi^*(t)$ 的影响。类似于图 4.4，当 ρ 增加时，投资风险会间接增加。因此，从图 4.8 中很容易看出，无论是否考虑随机退出时间，$\pi^*(t)$ 关于 ρ 都是单调递减的。

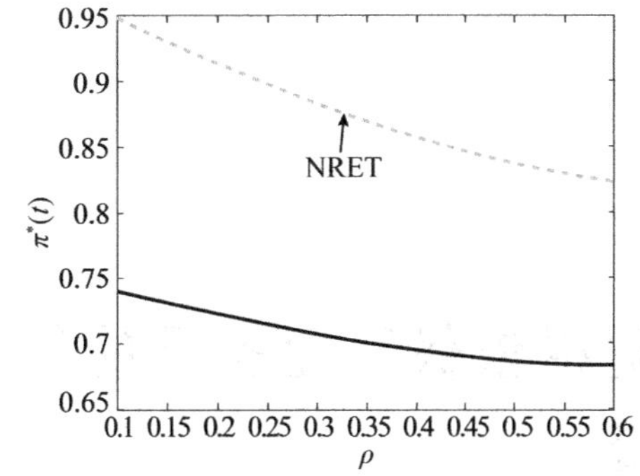

图 4.8　ρ 对 $\pi^*(t)$ 的影响

从以上的数值实验可以发现，与考虑随机退出时间的情况相比，在不考虑随机退出时间的情况下，保险人将保持较小的自留水平，并且把资金更多地投资于风险资产。原因如下：如果不考虑随机退出时间，保险人必须等到时间 T 才可终止其再保险和投资。换句话说，保险人可能会遇到更多的索赔风险。因此，当不考虑随机退出时间时，保险人更愿意寻求再保险保护；同时，增加财富的一个重要途径是进行风险资产投资。因此，当不考虑随机退出时间时，保险人会在风险资产上投资更多的资金。

第五章 多类相依保险业务下的最优再保险和投资

在实际中，一家保险公司可能同时经营多类保险业务。例如，2020 年中国平安保险公司在产险中，同时经营车险、保证保险、责任保险、意外伤害保险和企业财产保险等；在寿险中，同时经营赢越人生年金保险、尊宏人生两全保险、平安福终身寿险、玺越人生（少儿版）和玺越人生（成人版）等。然而，目前还很少有文献研究保险公司经营多种保险业务情形下的再保险和投资问题。本章将提出刻画 n 类相依保险业务的相依关系之模型，进而研究相应的最优再保险和投资问题。

第一节 模型和假设

为了使数学上更为严格，设$(\Omega,\mathcal{F},P)$是完备的概率空间，它满足通常的假设条件，也就是 $\mathcal{F}=\{\mathcal{F}_t,t\in[0,T]\}$ 右连续且该概率空间关于 P 是完备的，$T>0$ 是再保险和投资的终止时间，$\mathcal{F}_t$ 是到时刻 t 为止保险公司所获取的所有信息。本章不考虑交易费用和税收，所有资产都是无穷可分的。

一、保险模型

假设一个保险人从事 $n\geqslant 2$ 类相互依赖的保险业务，后文中称为保险业

务 $1,2,\cdots,n$。Z_{ij}（$i=1,2,\cdots,\ j=1,2,\cdots,n$）是相互独立、同分布、取正值的随机变量，它代表保险业务 j 的第 i 次理赔额。记 Z_{ij} 的通用随机变量为 Z_j，它的一阶矩和二阶矩分别记作 $E(Z_j)=\mu_{1j}$ 和 $E[(Z_j)^2]=\mu_{2j}$。基于这些设定，到时刻 t 为止，保险业务 j 的累积理赔额为：

$$Y_j(t) = \sum_{i=1}^{N_j(t)+N(t)} Z_{ij},\ j = 1,2,\cdots,n \tag{5.1}$$

这里 $N(t),N_1(t),N_2(t),\cdots,N_n(t)$ 是相互独立的泊松过程，它们的强度分别为 $\lambda,\lambda_1,\lambda_2,\cdots,\lambda_n$。由泊松过程的可加性可知，$N_j(t)+N(t)$ 是强度为 $\lambda+\lambda_j$ 的泊松过程，它代表到时刻 t 为止理赔发生的次数。另外，假设该保险人的初始盈余为 x_0，单位时间总保费收入为 c，保险业务 j 的单位时间保费收入为 $\bar{c}_j$，所以 $c = \sum_{j=1}^{n} \bar{c}_j$。为了满足净保费条件，假设 $\bar{c}_j>(\lambda+\lambda_j)\mu_{1j}$。基于这些设定，保险人在时刻 t 的盈余过程 $X(t)$ 可用下面的方程来刻画：

$$X(t) = x_0 + ct - \sum_{j=1}^{n} Y_j(t) \tag{5.2}$$

注 5.1 如果 $j=1$，也就是只考虑一类保险业务，则模型（5.2）变为经典的 Cramér – Lundberg 模型。因此，我们考虑的保险模型可以看作是Cramér – Lundberg 模型的推广。

注 5.2 n 类保险业务的相依性，通过共同的泊松过程 $N(t)$ 来刻画。模型（5.2）是带跳的，Sun 等人用几何布朗运动逼近模型（5.2），即用连续的模型来近似带跳的模型。他们这样处理存在一定的局限性，而考虑带跳的累积理赔过程更符合实际。据我们所知，本章首次研究了 n 类相依保险业务带跳的情形。

保险人为了规避理赔风险，往往会寻求一个再保险人进行再保险。假设保险人采取比例再保险，它的基本思想是：对于保险业务 j 的第 i 次理赔额 Z_{ij}，保险人支付 $a_j(t)Z_{ij}$，剩余的理赔额 $[1-a_j(t)]Z_{ij}$ 由再保险人赔付，这里 $a_j(t)\in[0,1]$ 是保险人的自留比例，称为自留额。由于再保险人为保险人赔付了理赔额 $[1-a_j(t)]Z_{ij}$，作为补偿，保险人向再保险人支付一定的费用，记为 $[1-a_j(t)]c_j$。$c_j>0$ 是完全进行再保险时，保险人向再保险人支付的费用。这里假设 $c_j > \bar{c}_j$，即对于每类业务 j，再保险要比原保险贵，这在保险实务中是有意义的，否则保险人存在套利行为。记 $a(t) = [a_1(t), a_2(t), \cdots, a_n(t)]$，则考虑再保险后，保险人在时刻 t 的盈余过程 $X^a(t)$ 满足下面的微分方程：

$$\mathrm{d}X^a(t) = \left\{c - \sum_{j=1}^{n}[1 - a_j(t)]c_j\right\}\mathrm{d}t - \mathrm{d}\left[\sum_{j=1}^{n} a_j(t)Y_j(t)\right] \tag{5.3}$$

二、金融市场

保险人除了再保险，还可以在金融市场上进行投资。金融市场由一个无风险资产和 n 个相依的风险资产组成。在时刻 t，无风险资产的价格为$B(t)$，它满足微分方程：

$$\mathrm{d}B(t) = rB(t)\mathrm{d}t \tag{5.4}$$

这里 $r>0$ 为无风险资产的利率。在时刻 t，风险资产 $i(i=1,2,\cdots,n)$，的价格为 $S_i(t)$，它满足如下的随机微分方程：

$$\mathrm{d}S_i(t) = S_i(t)[\mu_i\mathrm{d}t + \sigma_i\mathrm{d}W_i(t) + \bar{\sigma}_i\mathrm{d}\overline{W}(t)] \tag{5.5}$$

这里 $\mu_i > r$ 是风险资产的瞬时平均回报率，$\sigma_i > 0$ 和 $\bar{\sigma}_i > 0$ 是风险资产的波动率。$W_i(t)(i=1,2,\cdots,n)$ 和 $\overline{W}(t)$ 是相互独立的标准布朗运动，$\overline{W}(t)$ 诱导了 n 个风险资产之间的相依性关系。

在任意时刻 $t \geqslant 0$，记 $u(t) = [a_1(t), \cdots, a_n(t), \pi_1(t), \cdots, \pi_n(t)]$，其中 $\pi_i(t)$ 表示保险人在风险资产 i 上投资的资金，剩余资金 $X^u(t) - \sum_{i=1}^{n}\pi_i(t)$ 投资于无风险资产。$X^u(t)$ 为时刻 t 选定再保险和投资策略 $u(t)$ 后保险人的总财富。那么，考虑再保险和投资后，总财富 $X^u(t)$ 满足下面的随机微分方程：

$$\begin{aligned}\mathrm{d}X^u(t) = &\left\{rX^u(t) + \sum_{i=1}^{n}(\mu_i - r)\pi_i(t) + c - \sum_{j=1}^{n}[1 - a_j(t)]c_j\right\}\mathrm{d}t \\ &+ \sum_{i=1}^{n}\pi_i(t)\sigma_i\mathrm{d}W_i(t) + \sum_{i=1}^{n}\pi_i(t)\bar{\sigma}_i\mathrm{d}\overline{W}(t) - \mathrm{d}\left[\sum_{j=1}^{n}a_j(t)Y_j(t)\right]\end{aligned} \tag{5.6}$$

为了获得最优的再保险和投资策略，下面定义容许策略。

定义 5.1 一个策略 $u(\cdot)=[a_1(\cdot),\cdots,a_n(\cdot),\pi_1(\cdot),\cdots,\pi_n(\cdot)]$ 称为容许策略，如果 $u(\cdot)$ 关于流 $\mathcal{F}_t$ 是可料的，且对于每个 $t\geqslant 0$，过程 $u(\cdot)$ 满足条件：

(1) $0\leqslant a_j(t)\leqslant 1$，$\pi_i(t)\geqslant 0(i,j=1,2,\cdots,n)$，$\sum_{i=1}^{n}\pi_i(t)\leqslant X^u(t)$；

(2) $\sum_{i=1}^{n}\pi_i^4(t)<+\infty$；

(3) 随机微分方程（5.6）对于 $u(t)$ 有唯一的强解 $X^u(t)$；

(4) 对于任意的 $\tilde{n}\geqslant 1$，$E\left[\sup\limits_{s\in[t,T]}|X^u(s)|^{\tilde{n}}\right]<+\infty$。

我们把所有的容许策略所构成的策略集记为 U。

第二节 时间不一致的均值－方差问题

对于所考察的问题，传统的均值－方差模型如下：

$$\sup_{u\in u}\{E_{0,x}[X^u(T)]-0.5\gamma\,\mathrm{Var}_{0,x}[X^u(T)]\}\tag{5.7}$$

这里 $E_{0,x}=E[\cdot|X^u(0)=x]$，$\mathrm{Var}_{0,x}=\mathrm{Var}[\cdot|X^u(0)=x]$，$\gamma>0$ 表示保险人的风险厌恶参数。该问题只给出了最初时刻的优化目标，所以不是动态的。目标函数在将来有可能发生变化，因此需要研究当目标函数随着时间改变时的最优化问题。具体来说，本章研究如下动态的目标函数：

$$V(t,x)=\sup_{u\in u}V(t,x,u)=\sup_{u\in u}\{E_{t,x}[X^u(T)]-0.5\gamma\,\mathrm{Var}_{t,x}[X^u(T)]\}\tag{5.8}$$

这里 $(t,x)\in[0,T]\times R$，$E_{t,x}=E[\cdot|X^u(t)=x]$ 和 $\mathrm{Var}_{t,x}=\mathrm{Var}[\cdot|X^u(t)=x]$。问题（5.8）中含有方差项 $\mathrm{Var}_{t,x}[X^u(T)]$，这导致期望的迭代性不满足，因此贝尔曼（Bellman）最优性原理不成立，所以该问题是时间不一致的。Strotz 指出，时间不一致的问题有两种求解方法：一是通过预先承诺的策略来求解时间不一致的问题，该策略是时间不一致的，例如，Zhou 和 Li 使用了该方法；另一种方法是通过求解时间一致的策略来求解时间不一致的问

题，例如，Björk 和 Murgoci 使用了该方法。人们的偏好可能会随着时间的改变而改变，然而在大多数情况下，人们希望同一时刻的最优策略在不同的时间所做的决策是一致的。因此，本章通过求解时间一致的策略来求解时间不一致的问题（5.8）。时间一致策略更精确的表述是：对于某固定的时刻 s，若获得最优策略 $u(t)$ 使得问题（5.8）成立；那么到达时刻 t 时，该策略 $u(t)$ 仍是问题（5.8）的最优策略。

本文采取与 Björk 和 Murgoci 相似的做法，从博弈论的视角来寻求时间一致的再保险和投资策略。具体来说，我们把该问题视为一个非合作的博弈，在每个时刻有一个博弈者。未来时刻 t 的博弈者，可以被视为当前时刻保险人在未来时刻 t 的化身。与 Björk 和 Murgoci 的文献类似，我们给出如下均衡策略和均衡值函数的定义。

定义 5.2 对于任意的初始状态 $(t,x)\in[0,T]\times R$ 和容许策略 $u^*(t)$，选择 $\tilde{a}\in R^n_+$，$\tilde{b}\in R^n$ 和实数 $\zeta>0$，定义如下的策略：

$$u^{\zeta}(s)=\begin{cases}(\tilde{a},\tilde{b}), & t\leqslant s<t+\zeta\\ u^*(s), & t+\zeta\leqslant s\leqslant T\end{cases} \tag{5.9}$$

如果对于所有的 $\tilde{a}\in R^n_+$ 和 $\tilde{b}\in R^n$，有

$$\liminf_{\zeta\to 0}\frac{V(t,x,u^*)-V(t,x,u^{\zeta})}{\zeta}\geqslant 0 \tag{5.10}$$

则 $u^*(t)$ 称为均衡策略，相应的均衡值函数为 $V(t,x)=V(t,x,u^*)$。

Björk 和 Murgoci 证明了上述定义的均衡策略恰好等于最优时间一致的策略，通常的最优值函数恰好等于均衡值函数。所以接下来，对于均衡策略和均衡值函数，我们就分别称其为最优时间一致的策略和最优值函数。

为了求解问题（5.8），我们利用随机控制和随机动态规划技术建立如下的验证定理。类似的定理在文献中广为使用，这里证明方法类似于 Yang 文献中的定理 4.1 和 Li 等人文献中的定理 1，故不再给出证明的细节。

定理 5.1 （验证定理）假设 $V(t,x)\in D^{1,2}([0,T]\times R)$ 和 $h(t,x)\in D^{1,2}([0,T]\times R)$ 是两个实函数，它们满足如下推广的 HJB 方程：

(1) 对于任意的 $(t,x)\in[0,T]\times R$，有

$$\sup_{u(t)\in u}\left\{V_t+\left[rx+c-\sum_{j=1}^{n}(1-a_j(t))c_j+\sum_{i=1}^{n}(\mu_i-r)\pi_i(t)\right]V_x\right.$$
$$+\frac{1}{2}\left[\sum_{i=1}^{n}\pi_i^2(t)\sigma_i^2+\left(\sum_{i=1}^{n}\pi_i(t)\bar{\sigma}_i\right)^2\right](V_{xx}-\gamma h_x^2)+\sum_{j=1}^{n}\lambda_jE[V(t,x$$
$$-a_j(t)Z_j)-V(t,x)]+\lambda E\left[V\left(t,x-\sum_{j=1}^{n}a_j(t)Z_j\right)-V(t,x)\right]$$
$$-\frac{\gamma}{2}\sum_{j=1}^{n}\lambda_jE[h(t,x-a_j(t)Z_j)-h(t,x)]^2$$
$$\left.-\frac{\lambda\gamma}{2}E\left[h\left(t,x-\sum_{j=1}^{n}a_j(t)Z_j\right)-h(t,x)\right]^2\right\}=0 \tag{5.11}$$

这里 V_t 和 V_x 分别表示 $V(t,x)$ 关于 t 和 x 的一阶偏导数，V_{xx} 表示 $V(t,x)$ 关于 x 的二偏阶导数。

（2）对于任意的 $(t,x)\in[0,T]\times R$，有

$$h_t+\left[rx+c-\sum_{j=1}^{n}(1-a_j^*(t))c_j+\sum_{i=1}^{n}(\mu_i-r)\pi_i^*(t)\right]h_x+\frac{1}{2}\left[\sum_{i=1}^{n}\pi_i^{*2}(t)\sigma_i^2\right.$$
$$\left.+\left(\sum_{i=1}^{n}\pi_i^*(t)\bar{\sigma}_i\right)^2\right]h_{xx}+\sum_{j=1}^{n}\lambda_jE[h(t,x-a_j^*(t)Z_j)-h(t,x)]$$
$$+\lambda E\left[h\left(t,x-\sum_{j=1}^{n}a_j^*(t)Z_j\right)-h(t,x)\right]=0 \tag{5.12}$$

这里 h_t 和 h_x 分别表示 $h(t,x)$ 关于 t 和 x 的一阶偏导数，h_{xx} 表示 $h(t,x)$ 关于 x 的二阶偏导数，$u^*(t)$ 是式（5.11）左端 $\sup\{\cdots\}$ 内函数的最大值点。

（3）对于 $x\in R$，有

$$V(T,x)=x,h(T,x)=x \tag{5.13}$$

则 $u^*(t)=[a_1^*(t),\cdots,a_n^*(t),\pi_1^*(t),\cdots,\pi_n^*(t)]$ 是最优时间一致的策略，$V(t,x)=V(t,x,u^*)$ 是最优值函数，$h(t,x)=\mathrm{E}_{t,x}[X_T^{u_t^*}]$ 是终值财富的均值。

第三节　时间一致的再保险和投资策略

本节的目的是，通过上一节的验证定理，求得问题（5.8）的最优时间

一致的再保险和投资策略。为了得到最优时间一致的再保险和投资策略，我们首先给出以下三个引理。

引理 5.1 在均值-方差框架下，值函数 $V(t,x)$ 和终值财富的均值 $h(t,x)$ 是关于 x 的一次函数，它们有下面的形式：

$$V(t,x)=xe^{r(T-t)}+A(t),A(T)=0 \tag{5.14}$$

和

$$h(t,x)=xe^{r(T-t)}+\bar{A}(t),\bar{A}(T)=0 \tag{5.15}$$

$A(t)$ 和 $\bar{A}(t)$ 是关于时间 t 确定的函数。

该引理的证明类似于第 3 章中的引理 3.1，这里不再给出证明。

引理 5.2 令 $\Phi_n=\sum_{j=1}^{n}\frac{\lambda\mu_{1j}^2}{(\lambda+\lambda_j)\mu_{2j}-\lambda\mu_{1j}^2}$，则下面的方程组

$$(\lambda+\lambda_j)\mu_{2j}a_j(t)+\lambda\mu_{1j}\sum_{i\neq j}\mu_{1i}a_i(t)=[c_j-(\lambda+\lambda_j)\mu_{1j}]\frac{e^{-r(T-t)}}{\gamma},\quad j=1,2,\cdots,n \tag{5.16}$$

有唯一解 $\hat{a}_j(t)$，它满足下式：

$$\hat{a}_j(t)=\Delta_j\frac{e^{-r(T-t)}}{\gamma},j=1,2,\cdots,n \tag{5.17}$$

这里 Δ_j 定义为：

$$\Delta_j=\frac{c_j-(\lambda+\lambda_j)\mu_{1j}}{(\lambda+\lambda_j)\mu_{2j}-\lambda\mu_{1j}^2}-\frac{\lambda\mu_{1j}}{[(\lambda+\lambda_j)\mu_{2j}-\lambda\mu_{1j}^2](1+\Phi_n)}\times\sum_{j=1}^{n}\frac{\mu_{1j}[c_j-(\lambda+\lambda_j)\mu_{1j}]}{(\lambda+\lambda_j)\mu_{2j}-\lambda\mu_{1j}^2} \tag{5.18}$$

证明 方程组（5.16）可以等价的表示为：

$$[(\lambda+\lambda_j)\mu_{2j}-\lambda\mu_{1j}^2]a_j(t)+\lambda\mu_{1j}\sum_{j=1}^{n}\mu_{1j}a_j(t)=[c_j-(\lambda+\lambda_j)\mu_{1j}]\frac{e^{-r(T-t)}}{\gamma},\quad j=1,2,\cdots,n \tag{5.19}$$

因为

$$(\lambda+\lambda_j)\mu_{2j}-\lambda\mu_{1j}^2>\lambda(\mu_{2j}-\mu_{1j}^2)=\lambda\mathrm{Var}(Z_j)>0 \tag{5.20}$$

所以，方程组（5.19）等价于：

$$a_j(t)+\frac{\lambda\mu_{1j}}{(\lambda+\lambda_j)\mu_{2j}-\lambda\mu_{1j}^2}\sum_{j=1}^{n}\mu_{1j}a_j(t)=\frac{c_j-(\lambda+\lambda_j)\mu_{1j}}{(\lambda+\lambda_j)\mu_{2j}-\lambda\mu_{1j}^2}\frac{e^{-r(T-t)}}{\gamma}$$

$$j=1,2,\cdots,n \tag{5.21}$$

对上述方程组两端同时乘以μ_{1j}，并对j从1到n求和得到：

$$(1+\Phi_n)\sum_{j=1}^{n}\mu_{1j}a_j(t)=\sum_{j=1}^{n}\frac{\mu_{1j}[c_j-(\lambda+\lambda_j)\mu_{1j}]}{(\lambda+\lambda_j)\mu_{2j}-\lambda\mu_{1j}^2}\frac{e^{-r(T-t)}}{\gamma} \tag{5.22}$$

因为$\Phi_n>0$，所以由式（5.22）得到：

$$\sum_{j=1}^{n}\mu_{1j}a_j(t)=\frac{1}{1+\Phi_n}\sum_{j=1}^{n}\frac{\mu_{1j}[c_j-(\lambda+\lambda_j)\mu_{1j}]}{(\lambda+\lambda_j)\mu_{2j}-\lambda\mu_{1j}^2}\frac{e^{-r(T-t)}}{\gamma} \tag{5.23}$$

把式（5.23）代入式（5.19），我们可得到方程组（5.16）的唯一解，它由式（5.17）给出。

引理5.3 下面的方程组

$$(\sigma_i^2+\bar{\sigma}_i^2)\pi_i(t)+\bar{\sigma}_i\sum_{j\neq i}\bar{\sigma}_j\pi_j(t)=\frac{\mu_i-r}{\gamma}e^{-r(T-t)},i=1,2,\cdots,n \tag{5.24}$$

有唯一解$\hat{\pi}_i(t)$，它满足下式：

$$\hat{\pi}_i(t)=\Gamma_i\frac{e^{-r(T-t)}}{\gamma},i=1,2,\cdots,n \tag{5.25}$$

这里Γ_i定义为：

$$\Gamma_i=\frac{\mu_i-r}{\sigma_i^2}-\frac{\bar{\sigma}_i}{\sigma_i^2\left(1+\sum_{i=1}^{n}\frac{\bar{\sigma}_i^2}{\sigma_i^2}\right)}\sum_{i=1}^{n}\frac{\bar{\sigma}_i(\mu_i-r)}{\sigma_i^2} \tag{5.26}$$

利用定理5.1和引理5.1～引理5.3，我们得以得到问题（5.8）的解。

定理5.2 对于问题（5.8），最优时间一致的再保险策略为$a_j^*(t)=(0\vee\hat{a}_j(t))\wedge 1(j=1,2,\cdots,n)$，最优时间一致的投资策略为$\pi_i^*(t)=\hat{\pi}_i(t)\vee 0$ $(i=1,2,\cdots,n)$，相应的最优值函数为：

$$V(t,x)=\frac{c-\sum_{j=1}^{n}c_j}{r}[1-e^{r(T-t)}]+\int_t^T\left\{H[a^*(s)]+G[\pi^*(s)]\right\}ds \tag{5.27}$$

这里$\hat{a}_j(t)$和$\hat{\pi}_i(t)$分别由式（5.17）和式（5.25）式给出，$H[a(t)]$和$G[\pi(t)]$分别由后文中的式（5.30）和式（5.31）给出。

证明 由引理5.1，$V(t,x)$和$h(t,x)$关于t求一阶偏导数，关于x求一阶和二阶偏导数，可以得到：

$$\begin{cases} V_t(t,x) = -rxe^{r(T-t)} + A'(t), V_x(t,x) = e^{r(T-t)}, V_{xx}(t,x) = 0 \\ h_t(t,x) = -rxe^{r(T-t)} + \overline{A}'(t), h_x(t,x) = e^{r(T-t)}, h_{xx}(t,x) = 0 \end{cases} \tag{5.28}$$

把式（5.14）、式（5.15）、式（5.28）代入式（5.11），化简后得到：

$$A'(t) + \left(c - \sum_{j=1}^{n} c_j\right)e^{r(T-t)} + \sup_{a(t)\in u} H[a(t)] + \sup_{\pi(t)\in u} G[\pi(t)] = 0 \tag{5.29}$$

这里

$$H[a(t)] = e^{r(T-t)}\sum_{j=1}^{n} c_j a_j(t) - e^{r(T-t)}\sum_{j=1}^{n}(\lambda + \lambda_j)\mu_{1j}a_j(t) - \frac{\gamma}{2}e^{2r(T-t)} \times \sum_{j=1}^{n}(\lambda + \lambda_j)\mu_{2j}a_j^2(t) - \frac{\lambda\gamma}{2}e^{2r(T-t)}\sum_{j=1}^{n}\left[\mu_{1j}a_j(t)\sum_{i\neq j}\mu_{1i}a_i(t)\right] \tag{5.30}$$

$$G[\pi(t)] = e^{r(T-t)}\sum_{i=1}^{n}(\mu_i - r)\pi_i(t) - \frac{\gamma}{2}e^{2r(T-t)}\left[\sum_{i=1}^{n}\pi_i^2(t)\sigma_i^2 + \left(\sum_{i=1}^{n}\pi_i(t)\bar{\sigma}_i\right)^2\right] \tag{5.31}$$

对式（5.30）和式（5.31）关于$a_j(t)$和$\pi_i(t)$分别求偏导数可得方程（5.16）和方程（5.24）。由引理5.2～引理5.3可知，$H[a(t)]$和$G[\pi(t)]$的最大值点分别为$\hat{a}(t)=[\hat{a}_1(t),\hat{a}_2(t),\cdots,\hat{a}_n(t)]$和$\hat{\pi}(t)=[\hat{\pi}_1(t),\hat{\pi}_2(t),\cdots,\hat{\pi}_n(t)]$。因为$H[a(t)]$和$G[\pi(t)]$分别是关于$a(t)$和$\pi(t)$的凸函数，所以结合定义5.1，问题（5.8）的最优时间一致的再保险策略为$a_j^*(t)=(0\vee\hat{a}_j(t))\wedge 1(j=1,2,\cdots,n)$，最优时间一致的投资策略为$\pi_i^*(t)=\hat{\pi}_i(t)\vee 0$ $(i=1,2,\cdots,n)$。把$a_j^*(t)$和$\pi_i^*(t)$代入方程（5.29），可得$A(t)$，进而由式（5.14）得到最优值函数满足式（5.27）。

联合引理5.2和定理5.2，我们容易得到，保险人对于保险业务j是否采取再保险，以及把多少比例的保险业务分给再保险公司的准则。

性质5.1 假设保险人经营n类保险业务，当$\Delta_j\dfrac{e^{-r(T-t)}}{\gamma}\leqslant 0$，即$\Delta_j\leqslant 0$，保险人会对保险业务$j$全部进行再保险；当$\Delta_j\dfrac{e^{-r(T-t)}}{\gamma}\geqslant 1$时，保险人不会对

保险业务 j 进行再保险；当 $0<\Delta_j\dfrac{e^{-r(T-t)}}{\gamma}<1$ 时，保险人会对保险业务 j 部分进行再保险，即把 $1-\Delta_j\dfrac{e^{-r(T-t)}}{\gamma}$ 比例的保险业务 j 分给再保险人。

联合引理 5.3 和定理 5.2，我们可以容易得到保险人是否在风险资产 i 上投资的准则。

性质 5.2 当金融市场存在 n 种风险资产时，只有当 $\Gamma_i>0$ 时，保险人才会在风险资产 i 上进行投资。

下面，我们给出模型的两种特殊情况。

如果保险人只从事一类保险业务，不妨假设只从事保险业务 1，则由定理 5.2 可以得到下面的推论 5.1。

推论 5.1 如果保险人只从事保险业务 1，则保险人最优时间一致的再保险策略为：

$$a_1^*(t)=\frac{c_1-(\lambda+\lambda_1)\mu_{11}}{(\lambda+\lambda_1)\mu_{21}\gamma}e^{-r(T-t)} \tag{5.32}$$

如果保险人只投资一个风险资产，不妨假设只投资风险资产 1，则由式 (5.24) 和定理 5.2 可以得到下面的推论 5.2。

推论 5.2 如果保险人只投资风险资产 1，则保险人最优时间一致的投资策略为：

$$\pi_1^*(t)=\frac{\mu_1-r}{\sigma_1^2+\bar{\sigma}_1^2}\frac{e^{-r(T-t)}}{\gamma} \tag{5.33}$$

第四节　敏感性分析

在本节，我们通过一些数值实验，分析模型参数对最优时间一致的再保险策略和投资策略的影响。不失一般性，假设保险人从事两类保险业务，在两个风险资产上进行投资。下文中，如果没有特殊说明，基本模型参数的取值由表 5.1 给出。

表 5.1　　　　　　　　　　基本模型参数的取值

c_1	c_2	λ_1	λ_2	λ	μ_{11}	μ_{21}	μ_{12}	μ_{22}	t
7	6	2	1.5	1	1	2	6	10	2
T	r	γ	μ_1	μ_2	σ_1	σ_2	$\bar{\sigma}_1$	$\bar{\sigma}_1$	
10	0.025	1.5	0.06	0.08	0.1	0.2	0.15	0.25	

接下来，我们首先分析模型参数对最优时间一致的再保险策略的影响。

从定理 5.2 中可以得到$\frac{\partial a_j^*(t)}{\partial t}\geqslant 0$。这表明，对于每类保险业务，随着时间的推移，保险人更愿意自己承担风险。原因可能是，随着时间的推移，保险人对每类保险业务的风险有了更清晰的认识。从定理 5.2 中还可以得到$\frac{\partial a_j^*(t)}{\partial \gamma}\leqslant 0$。$\gamma$ 是保险人的风险厌恶参数，随着风险厌恶程度的增加，保险人再保险的意愿增强。

下面通过数值实验来分别分析理赔发生次数的强度 λ_1 和 λ_2 对最优时间一致的再保险策略 $a_1^*(t)$ 和 $a_2^*(t)$ 的影响。

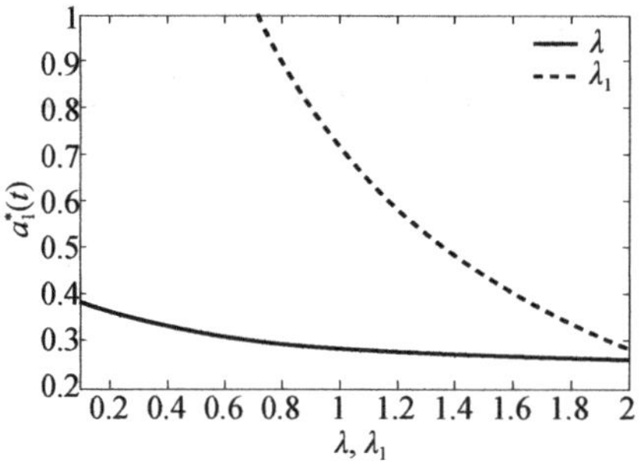

图 5.1　λ 和 λ_1 对 $a_1^*(t)$

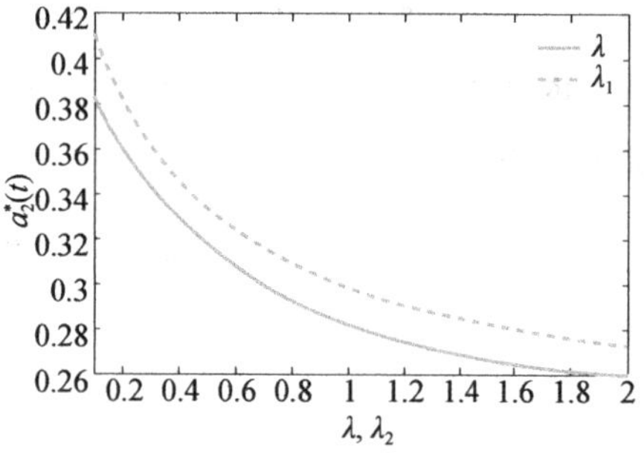

图 5.2　λ 和 λ_2 对 $a_2^*(t)$

图 5.1 展示了 λ 和 λ_1 对 $a_1^*(t)$的影响，图 5.2 给出了 λ 和 λ_2 对 $a_2^*(t)$的影响。从图 5.1 中可以看出，$a_1^*(t)$是关于 λ 和 λ_1 单调递减的函数。随着 λ_1 或 λ 的增加，保险人在保险业务 1 上面临的理赔次数增多，自然地它希望寻求再保险人转移保险业务 1 的理赔风险。相似地，从图 5.2 中可以看出，$a_2^*(t)$关于 λ 和 λ_2 是单调递减的函数。

进一步分析图 5.1 和图 5.2，我们可以看出，与 λ_1 和 λ_2 相比，当 λ 增加时，保险人将保留更少的自留额。这是因为，λ 代表保险业务 1 和保险业务 2 的相依性，随着 λ 的增大，两种保险业务理赔发生的次数都增加。因此，当 λ 增加时，保险人将保留更少的自留额，此时保险人更希望通过再保险来转移理赔风险。从性质 5.1 中我们知道，当 λ、λ_1 和 λ_2 变化时，如果 $\Delta_1\leqslant 0$（或 $\Delta_2\leqslant 0$），保险人会把保险业务 1（或保险业务 2）全部转移给再保险人；如果 $\Delta_1\dfrac{e^{-r(T-t)}}{\gamma}\geqslant 1$（或 $\Delta_2\dfrac{e^{-r(T-t)}}{\gamma}\geqslant 1$），保险人会把保险业务 1（或保险业务 2）全部留给自己，而不采取再保险。

下面，分析风险资产的价格参数对最优时间一致的投资策略的影响。

图 5.3 给出了风险资产 1 的瞬时平均回报率 μ_1 对投资策略 $\pi_1^*(t)$ 和 $\pi_2^*(t)$ 的影响，图 5.4 给出了风险资产 2 的瞬时平均回报率 μ_2 对投资策略 $\pi_1^*(t)$ 和 $\pi_2^*(t)$ 的影响。从图 5.3 中我们发现，$\pi_1^*(t)$ 关于 μ_1 是单调递增的函数，$\pi_2^*(t)$ 关于 μ_1 是单调递减的函数。随着 μ_1 的增加，风险资产 1 的平均收益增加，风险资产 2 的收益不变。因此，保险人为了增加收益，将逐渐减少在风险资产 2 上的投资资金，增加在风险资产 1 上的投资资金。图 5.4 解释了相似的经济现象。

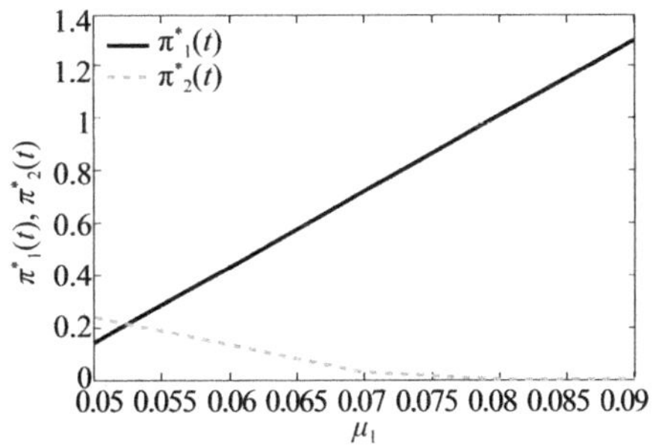

图 5.3 μ_1 对 $\pi_1^*(t)$ 和 $\pi_2^*(t)$ 的影响

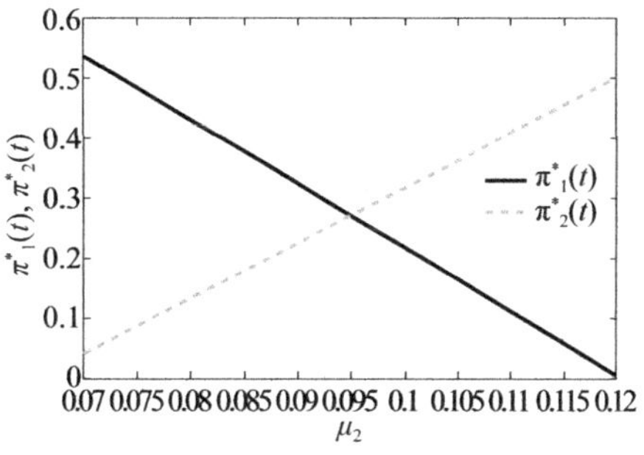

图 5.4 μ_2 对 $\pi_1^*(t)$ 和 $\pi_2^*(t)$ 的影响

最终，图 5.5 解释了风险资产 1 的波动 σ_1 对 $\pi_1^*(t)$ 和 $\pi_2^*(t)$ 的影响，图 5.6 解释了风险资产 2 的波动率 σ_2 对 $\pi_1^*(t)$ 和 $\pi_2^*(t)$ 的影响。从图 5.5 中可以看出，随着 σ_1 的增加，保险人将减少在风险资产 1 上的投资资金，增加在风险资产 2 上的投资资金。这是因为，随着 σ_1 的增加，风险资产 1

的投资风险增加，而风险资产 2 的投资风险不变，保险人为了规避风险，将逐渐转移到在风险资产 2 上进行投资。图 5.6 阐述了相似的经济意义。

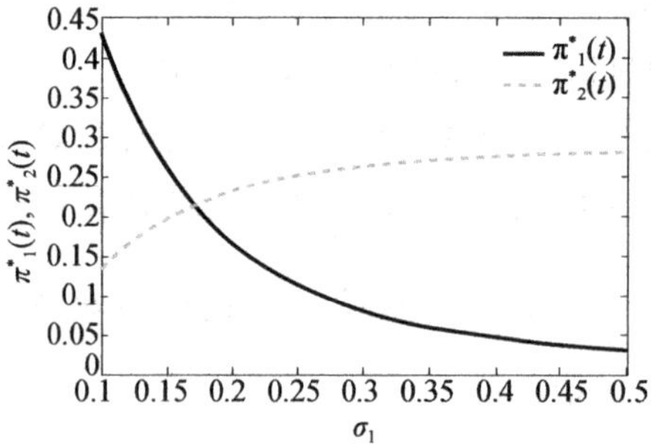

图 5.5　σ_1 对 $\pi_1^*(t)$ 和 $\pi_2^*(t)$ 的影响

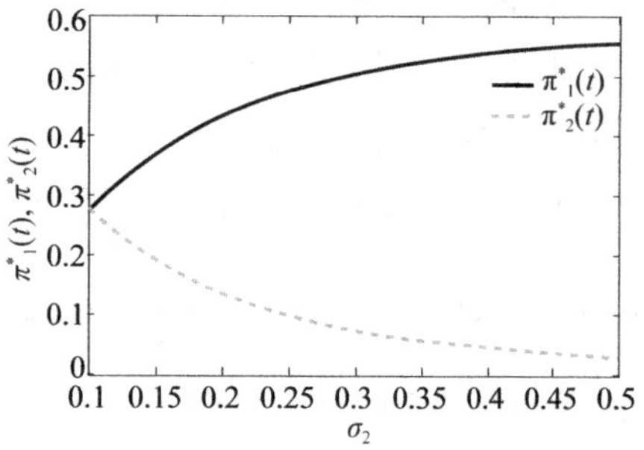

图 5.6　σ_2 对 $\pi_1^*(t)$ 和 $\pi_2^*(t)$ 的影响

进一步分析图 5.3～图 5.6，我们会看到，当只有一个风险资产的平均回报率增加时，保险人会逐渐把资金集中投资在这个风险资产上；当只有一个风险资产的波动率增加时，保险人会逐渐把资金集中投资在其他风险资产上。而同时，根据性质 5.2，我们可以判断保险人是否在某个风险资产上进行投资。

第六章 考虑通货膨胀影响的最优再保险和投资

改革开放以来，特别是进入 21 世纪，中国经济得到了快速发展。从 2009 年开始，中国的 GDP 总量已经跃居世界第二位。随着经济的发展，一方面国民的收入有了很大的提升，另一方面，通货膨胀也愈加突出。最近有一些学者开始关注通货膨胀影响下的投资问题。目前，在通货膨胀影响下研究再保险和投资问题的文献还不多。本章在通货膨胀影响下，基于两类保险业务研究最优再保险和投资问题。我们将导出通货膨胀率满足的随机微分方程，得到剔除通货膨胀影响的风险资产价格模型；在均值－方差准则下，得到时间一致策略的解析解，并系统分析通货膨胀等模型特征对最优策略的影响。

第一节 保险－金融模型

本节将对下文中要用到的连续时间保险和金融数理模型加以介绍。文中的 $N_1(t)$、$N_2(t)$ 和 $N(t)$ 是三个相互独立的齐次泊松过程，它们的强度分别是 $\boldsymbol{\lambda}_1$、$\boldsymbol{\lambda}_2$ 和 $\boldsymbol{\lambda}$。$(\Omega,\mathcal{F},P)$ 是一个完备的赋流概率空间，这里 P 是实值概率，域流 $\mathcal{F}:=\{\mathcal{F}_t,t\in[0,T]\}$。概率空间 $(\Omega,\mathcal{F},P)$ 满足通常的条件，也就是该概

率空间关于 $\mathcal{F}$ 是右连续的，关于 P 是完备的；T 是投资的终止时刻，满足 $T<\infty$。假设概率空间 $(\Omega,\mathcal{F},P)$ 包含下文中提到的所有随机变量和随机过程所蕴含的信息。在金融市场上进行投资时，不考虑交易费用和税收，所有资产都是无限可分的，并允许连续交易。下面首先给出再保险模型，然后给出金融市场模型，最后给出财富过程模型。

一、再保险模型

本章考虑的风险模型为 $X(t)=x_0+ct-S(t)$。这里 $x_0\geqslant 0$ 表示保险人的初始财富；$c>0$ 表示单位时间的保费收入；$S(t)$ 表示到时刻 t 为止的累计理赔额。类似于 Bai 等人、Liang 和 Yuen 等的文献，本章考虑两种理赔相依的保险业务，独立同分布的序列 $\{X_i,\ i=1,2,\cdots\}$ 为第一类业务的理赔额，独立同分布的序列 $\{Y_i,\ i=1,2,\cdots\}$ 为第二类业务的理赔额。X_i 的共同分布函数为 $F(x)$，Y_i 的共同分布函数为 $G(y)$。记 $\mu_{11}=E(X)$，$\mu_{21}=E(Y)$，$\mu_{12}=E(X^2)$，$\mu_{22}=E(Y^2)$。因此，两类保险业务对应的累积理赔额分别为 $S_1(t)=\sum_{i=1}^{K_1(t)}X_i$ 和 $S_2(t)=\sum_{i=1}^{K_2(t)}Y_i$。这里 $K_1(t)=N_1(t)+N(t)$，$K_2(t)=N_2(t)+N(t)$，$S(t)=S_1(t)+S_2(t)$。可见，两种保险业务的相依性是通过共同的泊松过程 $N(t)$ 体现的。为了便于讨论最优再保险策略，假设 λ_1、λ_2、λ 和理赔额的一阶矩、二阶矩满足下面的关系：

$$
\begin{aligned}
&(\lambda_1+\lambda)(\lambda_2+\lambda)\mu_{11}\mu_{22}-\lambda(\lambda_2+\lambda)\mu_{11}\mu_{21}^2>0\\
&(\lambda_1+\lambda)(\lambda_2+\lambda)\mu_{12}\mu_{21}-\lambda(\lambda_2+\lambda)\mu_{21}\mu_{11}^2>0
\end{aligned}
\tag{6.1}
$$

保险人为了减少风险经常进行再保险，常见的再保险有比例再保险和超额损失再保险。这里考虑的再保险方式是比例再保险，再保险水平为 $1-q_1(t)$ 和 $1-q_2(t)$，其中 $q_1(t)$ 、$q_2(t)$ 称为保险人的自留额。当 $0\leqslant q_1(t)\leqslant 1$ 且 $0\leqslant q_2(t)\leqslant 1$ 时，表示保险人采取了再保险；当 $q_1(t)>1$，$q_2(t)>1$ 时，则表示保险人购买了新业务。设 θ 为再保险人的安全负载，再保险的保费按照期望值原理计算，因此再保费为：

$$
\xi(q_1,q_2)=[1-q_1(t)]a_1+[1-q_2(t)]a_2 \tag{6.2}
$$

这里 $a_1=(1+\theta)(\lambda_1+\lambda)\mu_{11}$，$a_2=(1+\theta)(\lambda_2+\lambda)\mu_{21}$。采取比例再保

险后，保险人的盈余 $X_t^{q_1,q_2}$ 变为：

$$dX_t^{q_1,q_2}=[c-\xi(q_1,q_2)]dt-q_1(t)dS_1(t)-q_2(t)dS_2(t) \tag{6.3}$$

二、金融市场模型

金融市场由一个无风险资产和一个风险资产构成。无风险资产的价格为 $B(t)$，满足微分方程 $dB(t)=rB(t)dt$，这里 $r>0$ 表示利率。风险资产的价格 $P(t)$ 满足随机微分方程 $dP(t)=P(t)[\mu dt+\sigma dW_1(t)]$。这里 $\mu(\mu>r)$ 为常数，表示风险资产的平均收益率；$\sigma>0$ 也是常数，表示风险资产的波动率；$W_1(t)$ 是一维标准布朗运动。

最近，有一些学者研究了通货膨胀对投资的影响。因此，本章也考虑通货膨胀对投资的影响。与丁传明和邹捷中类似，假设通货膨胀率是随机的，且时刻 t 的价格为 $L(t)$ 满足如下的随机微分方程：

$$dL(t)=L(t)[\upsilon dt+\eta dW_2(t)] \tag{6.4}$$

其中常数 υ 和 η 分别表示通货膨胀率的预期增长率和预期波动率，$W_2(t)$ 是一维标准布朗运动。为了更好地反映通货膨胀对投资的影响，这里 $W_1(t)$ 和 $W_2(t)$ 应该具有相关关系，设它们的相关系数为 ρ。

投资中考虑通货膨胀的影响方式有很多，这里，我们采用下面的方式考虑通货膨胀对投资的影响：先依据通货膨胀对风险资产的价格进行折算，折算后的风险资产价格作为新的风险资产价格；然后，投资者在折算后的风险资产上进行投资。丁传明和邹捷中也采取了类似的方法。设折算后风险资产的价格为 $P_1(t)=\dfrac{P(t)}{L(t)}$。对 $P_1(t)=\dfrac{P(t)}{L(t)}$ 应用 Itô 公式，得到 $P_1(t)$ 满足如下的随机微分方程：

$$dP_1(t)=P_1(t)[(\mu+\eta^2-\upsilon-\rho\sigma\eta)dt+\sigma dW_1(t)-\eta dW_2(t)] \tag{6.5}$$

三、财富过程模型

根据上面的再保险模型和金融市场模型，本节导出财富过程模型。设 $u(t)$ 为时刻 t 在风险资产上投资的金额，则在无风险资产上投资的金额为 $X_t^\pi-u(t)$。这里 X_t^π 为进行投资和再保险后保险人的财富，$\pi(t)=[q_1(t)$,

$q_2(t),u(t)]$。在任意时刻 t，选择 $\pi(t)$ 为控制变量，则考虑再保险和投资后，财富过程满足下面的随机微分方程：

$$\mathrm{d}X_t^{\pi}=u(t)\frac{\mathrm{d}P_1(t)}{P_1(t)}+[X_t^{\pi}-u(t)]\frac{\mathrm{d}B(t)}{B(t)}+\mathrm{d}X_t^{q_1,q_2} \tag{6.6}$$

即

$$\begin{aligned}\mathrm{d}X_t^{\pi}=&[c-\xi(q_1,q_2)+rX_t^{\pi}+(\mu+\eta^2-\upsilon-\rho\sigma\eta-r)u(t)]\mathrm{d}t\\&+u(t)[\sigma\mathrm{d}W_1(t)-\eta\mathrm{d}W_2(t)]-q_1(t)\mathrm{d}S_1(t)-q_2(t)\mathrm{d}S_2(t)\end{aligned} \tag{6.7}$$

在寻找最优再保险和投资前，需要给出容许策略之定义。

定义 6.1 再保险和投资策略 $\pi(t)=[q_1(t),q_2(t),u(t)]$ 称为容许策略，如果满足下列条件：

(1) $q_1(t)$、$q_2(t)$ 和 $u(t)$ 关于 $\mathcal{F}_t$ 是循序可测的，且它们是右连续的，且左极限存在；

(2) $q_i(t)\geqslant 0$，满足 $\int_0^T q_i(t)\mathrm{d}t<\infty, i=1,2$；

(3) $\int_0^T u(t)\mathrm{d}t<\infty$；

(4) 随机微分方程（6.7）关于策略 $\pi(t)$ 有唯一的强解。

所有容许的再保险和投资策略记为 Π。

第二节 时间一致的再保险和投资策略选择问题

在最优投资以及最优再保险和投资问题中，很多学者研究了如下的最优化问题：

$$\sup_{\pi\in\Pi}\left\{E_{0,x_0}[X_T^{\pi}]-\frac{\gamma}{2}\mathrm{Var}_{0,x_0}[X_T^{\pi}]\right\} \tag{6.8}$$

这里 $E_{0,x_0}[\cdot]=E[\cdot|X_0^{\pi}=x_0]$；$\gamma>0$ 为常数，表示保险人的风险厌恶程度。正如 Czichowsky 指出的一样，问题（6.8）是时间不一致的。更精确的意思是：对于某固定的初始点 $(0,x_0)$，我们求得策略 $\pi(\cdot)$ 使得问题（6.8）成

立；然而对于之后的点(s,x_s)，该策略$\pi(\cdot)$不能使问题（6.8）成立。问题（6.8）是时间不一致的原因是其包含条件方差，详细的证明可以参考 Czichowsky。

我们的目的是研究时间一致策略选择问题。时间一致的策略应满足下面三个条件：

（1）对于时间点t，保险人选择了最优策略$\pi(\cdot)$；

（2）假设对于时间点t之后的任意时间点s，保险人选择了策略$\pi(\cdot)$；

（3）则对于保险人来说，在时间点s策略$\pi(\cdot)$是他的最优选择。

上面的意思也就是，保险人在时刻s选择策略$\pi(\cdot)$，则在之后的时间仍然选择策略$\pi(\cdot)$，且策略$\pi(\cdot)$是保险人的最优选择。在现实投资活动中，今天的偏好和明天的偏好可能不同，但是在很多情况下策略的时间一致性是一个基本的要求。因此需要研究当目标函数随着时间改变时的最优化问题，得到时间一致的再保险和投资策略，对投资有很大的指导意义。与 Lin 和 Qian 等文献相似，我们定义如下的目标函数：

$$V(t,x)=\sup_{\pi\in\Pi}V(t,x,u)=\sup_{\pi\in\Pi}\left\{E_{t,x}[X_T^\pi]-\frac{\gamma}{2}\mathrm{Var}_{t,x}[X_T^\pi]\right\} \tag{6.9}$$

这里$(t,x)\in[0,T]\times R$，$[0,T]\times R=\{(t,x)|0\leqslant t\leqslant T,x\in R\}$；$E_{t,x}[\cdot]=E[\cdot|X_t^\pi=x]$；$\gamma>0$为常数，表示保险人的风险厌恶程度。

Biörk 和 Murgoci 指出时间一致的策略恰好等于均衡策略；通常的最优值函数等于均衡值函数。接下来，我们将均衡策略$\pi^*(\cdot)$和均衡值函数称为最优时间一致的策略和最优值函数。本节最后给出时间一致策略（均衡策略）的严格定义。

定义 6.2 对于任意的初始状态$(t,x)\in[0,T]\times R$和容许策略$\pi^*(t)$，定义如下的策略：

$$\pi_\varepsilon(s)=\begin{cases}(\tilde{a},\tilde{b}), & t\leqslant s<t+\varepsilon\\ \pi^*(s), & t+\varepsilon\leqslant s\leqslant T\end{cases} \tag{6.10}$$

如果对于所有的$\tilde{a}\geqslant 0$和$\tilde{b}\in \mathrm{R}$，有

$$\liminf_{\varepsilon\to 0}\frac{V(t,x,\pi^*)-V(t,x,\pi_\varepsilon)}{\varepsilon}\geqslant 0 \tag{6.11}$$

则 $\pi^*(\cdot)$ 称为时间一致策略（均衡策略），相应的均衡值函数为 $V(t,x)=V(t,x,\pi^*)$。

第三节 验证定理和时间一致策略的求解

本节求解时间一致的再保险－投资策略和最优值函数。先定义一个微分算子。对于任意的策略 $\pi\in\Pi$，任意的函数 $\varphi(t,x)\in C^{1,2}([0,T]\times R)$，微分算子定义如下：

$$\begin{aligned}\mathcal{P}^{\pi}[\varphi(t,x)]&=\varphi_t+[c-\xi(q_1,q_2)+rx+(\mu+\eta^2-v-\rho\sigma\eta-r)u(t)]\varphi_x\\&\quad+0.5(\sigma^2+\eta^2-2\rho\sigma\eta)[u(t)]^2\varphi_{xx}+\lambda_1E[\varphi(t,x-q_1X)-\varphi(t,x)]+\\&\quad\lambda_2E[\varphi(t,x-q_2Y)-\varphi(t,x)]+\lambda E[\varphi(t,x-q_1X-q_2Y)-\varphi(t,x)]\end{aligned}\tag{6.12}$$

这里 φ_t、φ_x、φ_{xx}分别表示 $\varphi(t,x)$关于 t 的一阶偏导数，和关于 x 的一阶、二阶偏导数。

下面给出验证定理。

定理 6.1（验证定理） 设 $F(t,x)$，$G(t,x)$和 $H(t,x)$定义在$[0,T]\times R$ 上，它们关于 t 连续且可微，关于 x 二阶连续且可微。如果 $F(t,x)$，$G(t,x)$ 和 $H(t,x)$满足下面的方程：

$$\sup_{\pi\in\Pi}\left\{\mathcal{P}^{\pi}[F(t,x)]-\mathcal{P}^{\pi}[0.5\gamma G^2(t,x)]+\gamma G(t,x)\mathcal{P}^{\pi}[G(t,x)]\right\}=0,$$

$$F(T,x)=x\tag{6.13}$$

$$\mathcal{P}^{\pi^*}[G(t,x)]=0,\ G(T,x)=x\tag{6.14}$$

$$\mathcal{P}^{\pi^*}[H(t,x)]=0,\ H(T,x)=x^2\tag{6.15}$$

其中

$$\pi^*(t)=\underset{\pi\in\Pi}{\operatorname{argsup}}\left\{\mathcal{P}^{\pi}[F(t,x)]-\mathcal{P}^{\pi}[0.5\gamma G^2(t,x)]+\gamma G(t,x)\mathcal{P}^{\pi}[G(t,x)]\right\}\tag{6.16}$$

则

$$V(t,x)=F(t,x),G(t,x)=E_{t,x}[X_T^{\pi^*}],H(t,x)=\mathrm{E}_{t,x}[X_T^{\pi^*}]^2 \tag{6.17}$$

且 $\pi^*(t)$ 为时间一致的最优再保险－投资策略。

证明 本定理的证明是标准的，可参考 Björk 和 Murgoci。

下面通过定理 6.1，得到最优的时间一致再保险和投资策略，以及最优值函数的显式解。为了后面书写方面，首先定义一些记号。

$$l_1=\frac{[(\lambda_1+\lambda)(\lambda_2+\lambda)\mu_{11}\mu_{22}-\lambda(\lambda_2+\lambda)\mu_{11}\mu_{21}^2]\theta}{(\lambda_1+\lambda)(\lambda_2+\lambda)\mu_{12}\mu_{22}-\lambda^2\mu_{11}^2\mu_{21}^2} \tag{6.18}$$

$$l_2=\frac{[(\lambda_1+\lambda)(\lambda_2+\lambda)\mu_{12}\mu_{21}-\lambda(\lambda_1+\lambda)\mu_{21}\mu_{11}^2]\theta}{(\lambda_1+\lambda)(\lambda_2+\lambda)\mu_{12}\mu_{22}-\lambda^2\mu_{11}^2\mu_{21}^2} \tag{6.19}$$

$$\begin{aligned}l_3=&-\frac{(\mu+\eta^2-\upsilon-\rho\sigma\eta-r)^2}{2\gamma(\sigma^2+\eta^2-2\rho\sigma\eta)}+l_1a_1+l_2a_2-\frac{\gamma}{2}(\lambda_1+\lambda)\mu_{12}l_1^2\\&-(\lambda_1+\lambda)\mu_{11}l_1-\frac{\gamma}{2}(\lambda_2+\lambda)\mu_{22}l_2^2-(\lambda_2+\lambda)\mu_{21}l_2-\lambda\gamma\mu_{11}\mu_{21}l_1l_2\end{aligned} \tag{6.20}$$

$$l_4=-\frac{(\mu+\eta^2-\upsilon-\rho\sigma\eta-r)^2}{\gamma(\sigma^2+\eta^2-2\rho\sigma\eta)}+l_1a_1+l_2a_2-(\lambda_1+\lambda)\mu_{11}l_1-(\lambda_2+\lambda)\mu_{21}l_2 \tag{6.21}$$

为了证明下面的定理 6.2，给出如下的引理 6.1。

引理 6.1 设 $\mathcal{A}(q_1,q_2)$ 满足下式：

$$\begin{aligned}\mathcal{A}(q_1,q_2)=&-\xi(q_1,q_2)A(t)-0.5\lambda_1\gamma m^2(t)q_1^2(t)\mu_{12}-\lambda_1A(t)q_1(t)\mu_{11}\\&-0.5\lambda_2\gamma m^2(t)q_2^2(t)\mu_{22}-\lambda_2A(t)q_2(t)\mu_{21}-0.5\lambda\gamma m^2(t)[q_1^2(t)\mu_{12}\\&+q_2^2(t)\mu_{22}+2q_1(t)q_2(t)\mu_{11}\mu_{21}]-\lambda A(t)q_1(t)\mu_{11}\\&-\lambda A(t)q_2(t)\mu_{21}\end{aligned} \tag{6.22}$$

则 $[\hat{q}_1(t),\hat{q}_2(t)]$ 为 $\mathcal{A}(q_1,q_2)$ 的最大值点。

证明 $\mathcal{A}(q_1,q_2)$ 关于 q_1,q_2 求二阶偏导数，得到

$$A=\frac{\partial^2\mathcal{A}(q_1,q_2)}{\partial q_1^2}=-(\lambda_1+\lambda)\gamma m^2(t)\mu_{12}<0$$

$$B=\frac{\partial^2\mathcal{A}(q_1,q_2)}{\partial q_1\partial q_2}=-\lambda\gamma m^2(t)\mu_{11}\mu_{21}$$

$$C=\frac{\partial^2\mathcal{A}(q_1,q_2)}{\partial q_2^2}=-(\lambda_2+\lambda)\gamma m^2(t)\mu_{22} \tag{6.23}$$

所以 $AC-B^2=m^4(t)\gamma^2[(\lambda_1+\lambda)(\lambda_2+\lambda)\mu_{12}\mu_{22}-\lambda^2\mu_{11}^2\mu_{21}^2]$。根据柯西－施瓦兹不等式容易得到，$AC-B^2>0$，又 $A<0$，所以 $[\hat{q}_1(t),\hat{q}_2(t)]$ 为 $\mathcal{A}(q_1,q_2)$ 的极大值点。因为极值点唯一，所以 $[\hat{q}_1(t),\hat{q}_2(t)]$ 为 $\mathcal{A}(q_1,q_2)$ 的最大值点。

定理 6.2 关于财富过程（6.7），最优的时间一致的投资策略为：

$$u^*(t)=\frac{(\mu+\eta^2-\upsilon-\rho\sigma\eta-r)}{\gamma(\sigma^2+\eta^2-2\rho\sigma\eta)}e^{-r(T-t)} \tag{6.24}$$

最优的时间一致的再保险策略为：

$$q_1^*(t)=\frac{[(\lambda_1+\lambda)(\lambda_2+\lambda)\mu_{11}\mu_{22}-\lambda(\lambda_2+\lambda)\mu_{11}\mu_{21}^2]\theta}{(\lambda_1+\lambda)(\lambda_2+\lambda)\mu_{12}\mu_{22}-\lambda^2\mu_{11}^2\mu_{21}^2}\frac{1}{\gamma e^{r(T-t)}}$$

$$q_2^*(t)=\frac{[(\lambda_1+\lambda)(\lambda_2+\lambda)\mu_{12}\mu_{21}-\lambda(\lambda_1+\lambda)\mu_{21}\mu_{11}^2]\theta}{(\lambda_1+\lambda)(\lambda_2+\lambda)\mu_{12}\mu_{22}-\lambda^2\mu_{11}^2\mu_{21}^2}\frac{1}{\gamma e^{r(T-t)}} \tag{6.25}$$

最优值函数为：

$$F(t,x)=xe^{r(T-t)}+\frac{B(t)}{\gamma} \tag{6.26}$$

在最优策略和终止时刻 T 下，财富过程的方差为：

$$\mathrm{Var}_{t,x}[X_T^{\pi^*}]=\frac{2[n(t)-B(t)]}{\gamma^2} \tag{6.27}$$

这里 $B(t)$ 和 $n(t)$ 分别满足后文的式（6.46）、式（6.47）。

证明 本定理的证明分两步。第一步，证明最优值函数满足式（6.26）。这里使用的方法如下：与 Björk 和 Murgoci 类似，构造 $F(t,x)$ 和 $G(t,x)$ 分别满足下面的式（6.31）、式（6.32），然后把 $F(t,x)$ 和 $G(t,x)$ 的表达式代入式（6.12）、式（6.13），并结合引理 6.1 则可完成第一步证明。第二步，证明最优时间一致的投资策略满足式（6.24），最优时间一致的再保险策略满足式（6.25）。

第一步 根据式（6.9）和定理 6.1，容易得到下式：

$$\begin{aligned}F(t,x)&=V(t,x)=E_{t,x}[X_T^{\pi^*}]-0.5\gamma\left\{E_{t,x}^2[X_T^{\pi^*}]-(E_{t,x}[X_T^{\pi^*}])^2\right\}\\&=G(t,x)-0.5\gamma[H(t,x)-G^2(t,x)]\end{aligned} \tag{6.28}$$

上式变形，得

$$H(t,x)=G^2(t,x)+0.5\gamma[G(t,x)-F(t,x)] \tag{6.29}$$

结合微分算子式（6.12）和式（6.29），下面给出式（6.13）更明确的形式：

$$\begin{aligned}\sup_{\pi\in\Pi}\Big\{&F_t+[c-\xi(q_1,q_2)+rx+(\mu+\eta^2-\upsilon-\rho\sigma\eta-r)u(t)]F_x\\&+0.5u^2(t)(\sigma^2+\eta^2-2\rho\sigma\eta)[F_{xx}-\gamma G_x^2]+\lambda_1(1+\gamma G)\mathrm{E}[G(t,x-q_1X)\\&-G(t,x)]+\lambda_2(1+\gamma G)\mathrm{E}[G(t,x-q_2Y)-G(t,x)]+\lambda(1+\gamma G)\mathrm{E}[G(t,x\\&-q_1X-q_2Y)-G(t,x)]-0.5\lambda_1\gamma\mathrm{E}[H(t,x-q_1X)-H(t,x)]-0.5\lambda_2\gamma\\&\times\mathrm{E}[H(t,x-q_2Y)-H(t,x)]-0.5\lambda\gamma\mathrm{E}[H(t,x-q_1X-q_2Y)-H(t,x)]\Big\}\\&=0\end{aligned} \tag{6.30}$$

综合考虑盈余过程的结构和边界条件 $F(T,x)=x$ 和 $G(T,x)=x$，与 Lin 和 Qian 类似，构造 $F(t,x)$ 和 $G(t,x)$ 的形式如下：

$$F(t,x)=A(t)x+\frac{B(t)}{\gamma},\ A(T)=1,\ B(T)=0 \tag{6.31}$$

$$G(t,x)=m(t)x+\frac{n(t)}{\gamma},\ m(T)=1,\ n(T)=0 \tag{6.32}$$

对 $F(t,x)$、$G(t,x)$ 分别求偏导数，得到：

$$\begin{aligned}&F_t(t,x)=A'(t)x+\frac{B'(t)}{\gamma},\ F_x(t,x)=A(t),\ F_{xx}(t,x)=0\\&G_t(t,x)=m'(t)x+\frac{n'(t)}{\gamma},\ G_x(t,x)=m(t),\ G_{xx}(t,x)=0\end{aligned} \tag{6.33}$$

把 $F(t,x)$、$G(t,x)$ 的表达式和式（6.29），以及上面的各个偏导数，代入式（6.30）化简后得：

$$\sup_{\pi\in\Pi}\left[A'(t)+\frac{B(t)}{\gamma}+(c+rx)A(t)+\mathcal{A}(q_1,q_2)+\mathcal{B}(u)\right]=0 \tag{6.34}$$

其中 $\mathcal{A}(q_1,q_2)$ 满足前面的式（6.22），$\mathcal{B}(u)$ 定义如下：

$$\mathcal{B}(u)=(\mu+\eta^2-\upsilon-\rho\sigma\eta-r)u(t)A(t)-0.5u^2(t)m^2(t)(\sigma^2+\eta^2-2\rho\sigma\eta)\gamma \tag{6.35}$$

$\mathcal{A}(q_1,q_2)$ 关于 q_1,q_2 分别求偏导数，得到：

$$\frac{\partial\mathcal{A}(q_1,q_2)}{\partial q_1}=-(\lambda_1+\lambda)\gamma m^2(t)\mu_{12}q_1(t)-\lambda\gamma m^2(t)\mu_{11}\mu_{21}q_2(t)+\theta(\lambda_1+\lambda)\mu_{11}A(t)$$

$$\frac{\partial \mathcal{A}(q_1,q_2)}{\partial q_2}=-(\lambda_2+\lambda)\gamma m^2(t)\mu_{22}q_2(t)-\lambda\gamma m^2(t)\mu_{11}\mu_{21}q_1(t)+\theta(\lambda_2+\lambda)\mu_{21}A(t) \tag{6.36}$$

令两个偏导数为0，得到：

$$\hat{q}_1(t)=l_1\frac{A(t)}{\gamma m^2(t)},\ \hat{q}_2(t)=l_2\frac{A(t)}{\gamma m^2(t)} \tag{6.37}$$

对 $\mathcal{B}(u)$求导数，并令导数为0得到：

$$u^*(t)=\frac{(\mu+\eta^2-\upsilon-\rho\sigma\eta-r)A(t)}{\gamma m^2(t)(\sigma^2+\eta^2-2\rho\sigma\eta)} \tag{6.38}$$

把 $u^*(t)$和 $\hat{q}_1(t)$、$\hat{q}_2(t)$代入式（6.34），整理化简后，得到：

$$[A'(t)+rA(t)]x+\frac{B'(t)}{\gamma}+(c-a_1-a_2)A(t)+\frac{l_3A^2(t)}{m^2(t)}=0 \tag{6.39}$$

根据式（6.39），可以得到：

$$A'(t)+rA(t)=0,A(T)=1 \tag{6.40}$$

$$\frac{B'(t)}{\gamma}+(c-a_1-a_2)A(t)+\frac{l_3A^2(t)}{m^2(t)}=0,\ B(T)=0 \tag{6.41}$$

把 $u^*(t)$和 $\hat{q}_1(t)$、$\hat{q}_2(t)$代入式（6.14），整理化简后，得到：

$$[m'(t)+rm(t)]x+\frac{n'(t)}{\gamma}+(c-a_1-a_2)m(t)+\frac{l_4A(t)}{m(t)}=0 \tag{6.42}$$

根据式（6.42），可以得到：

$$m'(t)+rm(t)=0,m(T)=1 \tag{6.43}$$

$$\frac{n'(t)}{\gamma}+(c-a_1-a_2)m(t)+\frac{l_4A(t)}{m(t)}=0,n(T)=0 \tag{6.44}$$

先求解式（6.40）和式（6.43），得到：

$$A(t)=m(t)=\mathrm{e}^{r(T-t)} \tag{6.45}$$

将式（6.45）分别代入式（6.41）和式（6.44）中，得到：

$$B(t)=\frac{\gamma(c-a_1-a_2)}{r}[\mathrm{e}^{r(T-t)}-1]+(T-t)l_3 \tag{6.46}$$

$$n(t)=\frac{\gamma(c-a_1-a_2)}{r}[\mathrm{e}^{r(T-t)}-1]+(T-t)l_4 \tag{6.47}$$

所以最优值函数 $F(t,x)$为：

$$F(t,x)=A(t)x+\frac{B(t)}{\gamma}=\mathrm{e}^{r(T-t)}x+\frac{B(t)}{\gamma} \tag{6.48}$$

财富过程的方差为：

$$\begin{aligned}\mathrm{Var}_{t,x}[X_T^{\pi^*}]&=\frac{2}{\gamma}[F(t,x)-\mathrm{E}_{t,x}(X_T^{\pi^*})]\\&=\frac{2}{\gamma}[F(t,x)-G(t,x)]=\frac{2[n(t)-B(t)]}{\gamma^2}\end{aligned} \tag{6.49}$$

第二步 把式（6.45）代入式（6.37）可得式（6.25）；由于式（6.1）的限制，所以 $q_1^*(t)>0$，$q_2^*(t)>0$。因此 $q_1^*(t)$，$q_2^*(t)$为最优策略。由式（6.45）可知：

$$u^*=\frac{(\mu+\eta^2-\upsilon-\rho\sigma\eta-r)A(t)}{\gamma m^2(t)(\sigma^2+\eta^2-2\rho\sigma\eta)}=\frac{\mu+\eta^2-\upsilon-\rho\sigma\eta-r}{\gamma(\sigma^2+\eta^2-2\rho\sigma\eta)}\mathrm{e}^{-r(T-t)} \tag{6.50}$$

第四节　数值计算

本节通过一些数值计算，分析模型参数变化对最优投资策略和最优再保险策略的影响，同时分析通货膨胀因素对投资的影响。

一、模型参数对最优投资策略的影响

先分析通货膨胀因素对最优投资策略的影响。根据式（6.4），通货膨胀率价格 $L(t)$满足的随机微分方程中，含有两个参数 υ 和 η。金融市场和通货膨胀则通过相关系数 ρ 联系在一起。下面，我们通过三个例子来分析通货膨胀参数 υ、η 和 ρ 对最优投资策略的影响。

例 6.1 设 $\mu=0.05,\rho=0.1,\sigma=0.2,r=0.02,T=10,t=5,\gamma=0.1,\eta=0.2,\upsilon\in[0.02,\ 0.05]$。根据式（6.24）计算最优投资策略 $u^*(t)$，图 6.1 给出了 υ 对投资策略 $u^*(t)$的影响。

从图 6.1 中可以看到，最优投资策略是关于 υ 单调递减的函数。υ 表示通货膨胀率的预期增长率，随着通货膨胀率预期增长率的增大，保险人会把更多的资金投资在无风险资产上，以此增加财富。

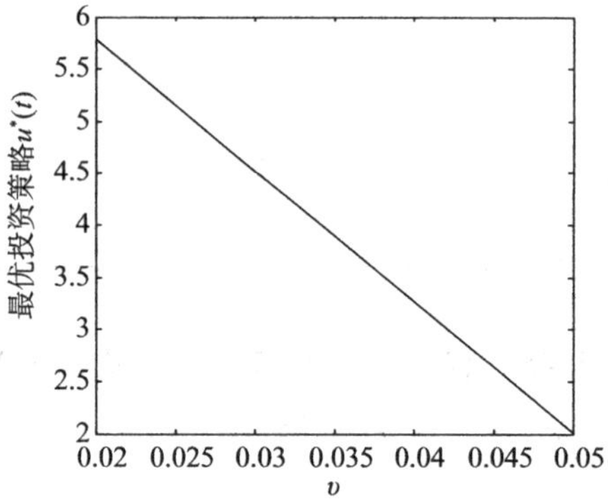

图 6.1　$\boldsymbol{v}$ 对最优投资策略的影响

例 6.2　设 $\mu=0.05, v=0.02, \rho=0.1, \sigma=0.2, r=0.02, T=10, t=5, \gamma=0.1, \eta\in[0.1, 0.5]$。根据式（6.24）计算最优投资策略 $u^*(t)$，图 6.2 给出了 η 对投资策略 $u^*(t)$ 的影响。

从图 6.2 中可以看到，最优投资策略是关于 η 单调递增的函数。η 表示通货膨胀率的波动率，随着通货膨胀率的波动率的增加，保险人会把更多的资金投资到风险资产上。

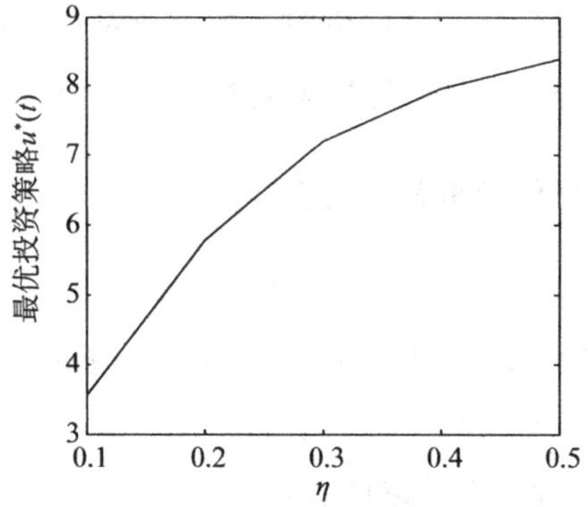

图 6.2　$\boldsymbol{\eta}$ 对最优投资策略的影响

例 6.3　设 $\mu=0.05$，$v=0.02$，$r=0.02$，$\sigma=0.2$，$T=10$，$t=5$，$\gamma=0.1$，$\eta=0.2$，$\rho\in[-0.5, 0.5]$。根据式(6.24)计算最优投资策略 $u^*(t)$，图 6.3 给出了 ρ 对投资策略 $u^*(t)$ 的影响。

从图 6.3 中可以看到，最优投资策略是关于 ρ 单调递增的函数。ρ 表示风险资产和通货膨胀之间的相关系数，随着风险资产和通货膨胀之间的相关系增大，保险人会把更多的资金投资到风险资产上，以此对冲通货膨胀带来的资金贬值。

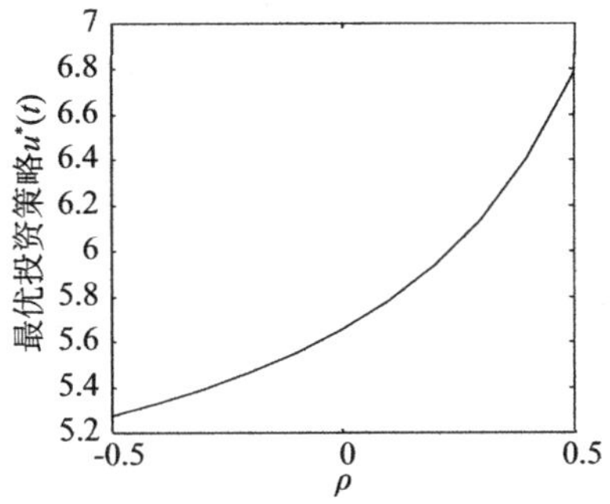

图 6.3 ρ 对最优投资策略的影响

下面分析金融市场其他参数对最优投资策略的影响。

例 6.4 设 $\mu=0.05$，$\eta=0.2$，$\upsilon=0.02$，$\rho=0.1$，$\sigma=0.2$，$T=10$，$t=5$，$\gamma=0.1$，$r\in[0.02, 0.05]$。根据式（6.24）计算最优投资策略 $u^*(t)$，图 6.4 给出了 r 对投资策略 $u^*(t)$的影响。

从图 6.4 中可以看到，最优投资策略是关于 r 单调递减的函数。r 表示无风险资产的期望收益率，随着 r 的增大，投资者会把更多的资金投资到无风险资产上，而不会冒风险进行投资。

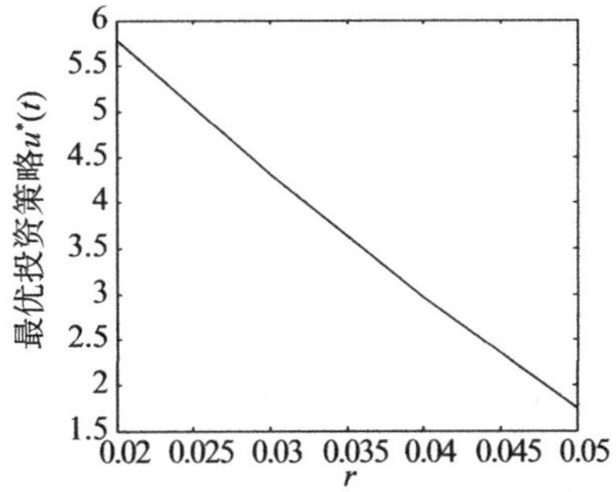

图 6.4 r 对最优投资策略的影响

例 6.5 设 $\mu=0.05$，$\rho=0.1$，$\upsilon=0.02$，$r=0.02$，$T=10$，$t=5$，$\gamma=$

0.1，$\eta=0.2$，$\sigma\in[0.2, 0.5]$。根据式（6.24）计算最优投资策略 $u^*(t)$，图 6.5 给出了 σ 对投资策略 $u^*(t)$的影响。

从图 6.5 中可以看到，最优投资策略是关于 σ 单调递减的函数。σ 表示风险资产的波动率，随着风险资产的波动率增大，在风险资产上投资的不确定因素增大。因此，保险人会减少在风险资产上投资的金额。

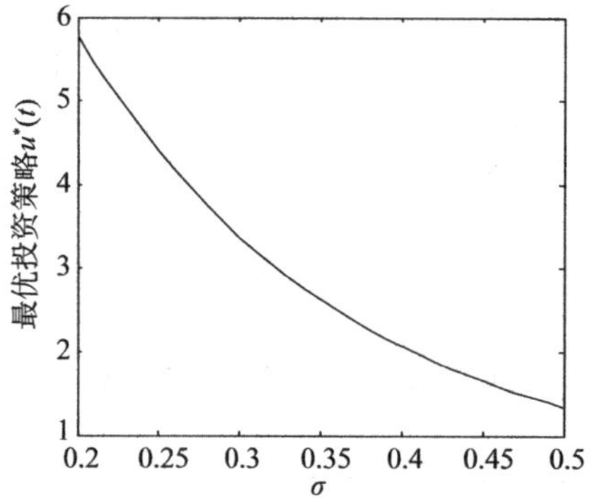

图 6.5　σ 对最优投资策略的影响

例 6.6　设 $\mu=0.05$，$v=0.02$，$\rho=0.1$，$\sigma=0.2$，$r=0.02$，$T=10$，$t=5$，$\eta=0.2$，$\gamma\in[0.1, 0.5]$。根据式（6.24）计算最优投资策略 $u^*(t)$，图 6.6 给出了 γ 对投资策略 $u^*(t)$的影响。

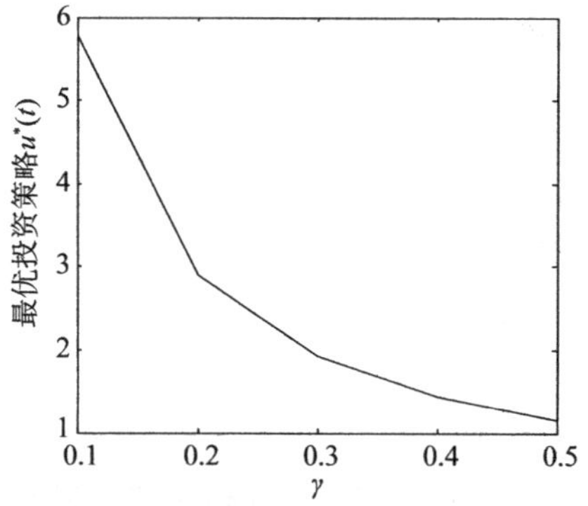

图 6.6　γ 对最优投资策略的影响

从图 6.6 中可以看到，最优投资策略是关于 γ 单调递减的函数。γ 表示保险人的风险厌恶参数，随着风险厌恶参数的增大，保险人会减少在风险资产上投资的金额。

例 6.7 设 $\mu=0.05$，$v=0.02$，$\rho=0.1$，$\sigma=0.2$，$r=0.02$，$T=10$，$\gamma=0.1$，$\eta=0.2$，$t\in[5,9]$。根据式（6.24）计算最优投资策略 $u^*(t)$，图 6.7 给出了 t 对投资策略 $u^*(t)$ 的影响。

从图 6.7 中可以看到，最优投资策略是关于 t 单调递增的函数。这表明，在投资的终止时刻快来临时，保险人为了增加收入，会把更多的资金投资到风险资产上。

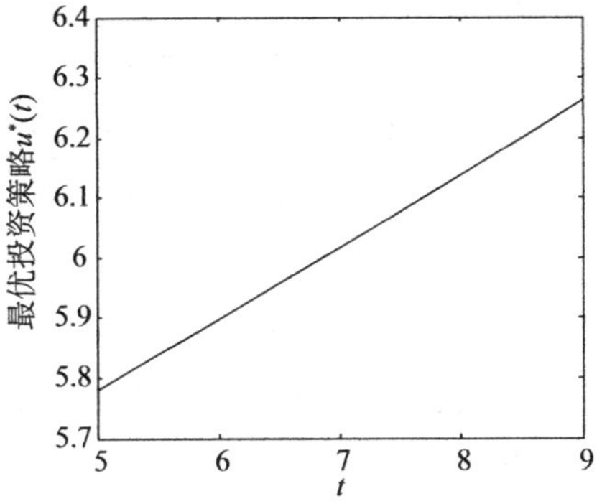

图 6.7　t 对最优投资策略的影响

例 6.8 设 $\eta=0.2$，$v=0.02$，$\rho=0.1$，$\sigma=0.2$，$r=0.02$，$T=10$，$t=5$，$\gamma=0.1$，$\mu\in[0.05,0.09]$。根据式（6.24）计算最优的投资策略 $u^*(t)$，图 6.8 给出了 μ 对投资策略 $u^*(t)$ 的影响。

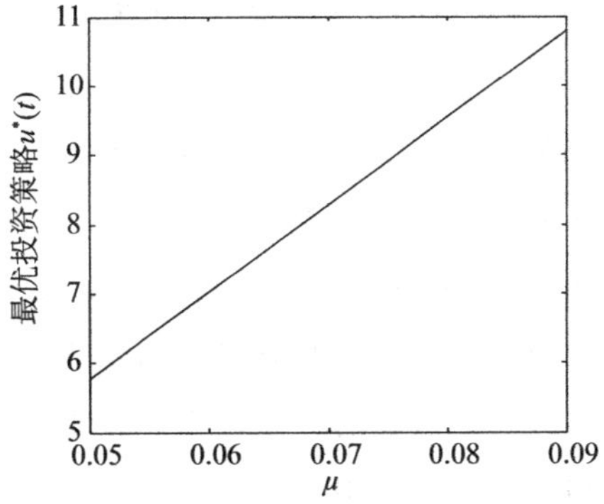

图 6.8　μ 对最优投资策略的影响

从图 6.8 中可以看到，最优投资策略是关于 μ 单调递增的函数。μ 表示风险资产的期望收益率，随着风险资产的期望收益增大，保险人在风险资产上投资将获得更大的收益。因此，保险人会增加在风险资产上投资的金额。

二、模型参数对最优再保险策略的影响

本节分析模型参数对最优再保险策略的影响。

首先，将式（6.25）关于 r 求偏导数，得到：

$$\frac{\partial q_1^*(t)}{\partial r}=-\frac{[(\lambda_1+\lambda)(\lambda_2+\lambda)\mu_{11}\mu_{22}-\lambda(\lambda_2+\lambda)\mu_{11}\mu_{21}^2]\theta}{(\lambda_1+\lambda)(\lambda_2+\lambda)\mu_{12}\mu_{22}-\lambda^2\mu_{11}^2\mu_{21}^2}\frac{T-t}{\gamma e^{r(T-t)}}<0$$
$$\frac{\partial q_2^*(t)}{\partial r}=-\frac{[(\lambda_1+\lambda)(\lambda_2+\lambda)\mu_{12}\mu_{21}-\lambda(\lambda_2+\lambda)\mu_{21}\mu_{11}^2]\theta}{(\lambda_1+\lambda)(\lambda_2+\lambda)\mu_{12}\mu_{22}-\lambda^2\mu_{11}^2\mu_{21}^2}\frac{T-t}{\gamma e^{r(T-t)}}<0 \tag{6.51}$$

可见，最优再保险策略是关于 r 单调递减的函数。这是因为，r 是无风险资产的利率，随着 r 的增大，无风险资产的期望收入将增大，保险人将从投资中获得更大的收入。因此，为了减少自身所承担的风险，保险人会减少自身的保留额，把更多风险转移到再保险者身上。

对式（6.25）中之再保险策略关于 t 求偏导数，得到：

$$\frac{\partial q_1^*(t)}{\partial t}=\frac{[(\lambda_1+\lambda)(\lambda_2+\lambda)\mu_{11}\mu_{22}-\lambda(\lambda_2+\lambda)\mu_{11}\mu_{21}^2]\theta}{(\lambda_1+\lambda)(\lambda_2+\lambda)\mu_{12}\mu_{22}-\lambda^2\mu_{11}^2\mu_{21}^2}\frac{r}{\gamma e^{r(T-t)}}>0$$
$$\frac{\partial q_2^*(t)}{\partial t}=\frac{[(\lambda_1+\lambda)(\lambda_2+\lambda)\mu_{12}\mu_{21}-\lambda(\lambda_2+\lambda)\mu_{21}\mu_{11}^2]\theta}{(\lambda_1+\lambda)(\lambda_2+\lambda)\mu_{12}\mu_{22}-\lambda^2\mu_{11}^2\mu_{21}^2}\frac{r}{\gamma e^{r(T-t)}}>0 \tag{6.52}$$

可见，最优再保险策略是关于 t 单调递增的函数。这说明，随着投资终止时刻的来临，保险人会保留更多的保险业务。

最优再保险策略 $q_1^*(t)$、$q_2^*(t)$ 中都含有 λ_1、λ_2、λ 以及两种理赔额的一阶矩、二阶矩，这说明了两种保险业务之间的相依性。下面讨论这种相依性对最优再保险策略的影响。假设两种保险业务的理赔额的分布分别为：

$$F(x)=\begin{cases}1-e^{-x}, & x>0\\ 0, & x\leqslant 0\end{cases}\quad G(y)=\begin{cases}1-e^{-2y}, & y>0\\ 0, & y\leqslant 0\end{cases} \tag{6.53}$$

所以 $\mu_{11}=1$,$\mu_{12}=2$, $\mu_{21}=0.5$,$\mu_{22}=0.5$。

例 6.9 设 $\lambda_1=3$， $\lambda_2=4$， $r=0.05$， $T=10$， $t=5$， $\theta=1$， $\lambda\in[2,8]$。图 6.9 (a) 给出了 λ 对再保险策略 $q_1^*(t)$、$q_2^*(t)$的影响。设 $\lambda=4$， $\lambda_2=3$， $r=0.05$， $T=10$， $t=5$， $\theta=1$， $\lambda_1\in[2,8]$。图 6.9 (b) 给出了 λ_1 对再保险策略 $q_1^*(t)$、$q_2^*(t)$的影响。设 $\lambda_1=3$， $\lambda=4$， $r=0.05$， $T=10$， $t=5$，$\theta=1$， $\lambda_2\in[2,8]$。图 6.9 (c) 给出了 λ_2 对再保险策略 $q_1^*(t)$、$q_2^*(t)$的影响。

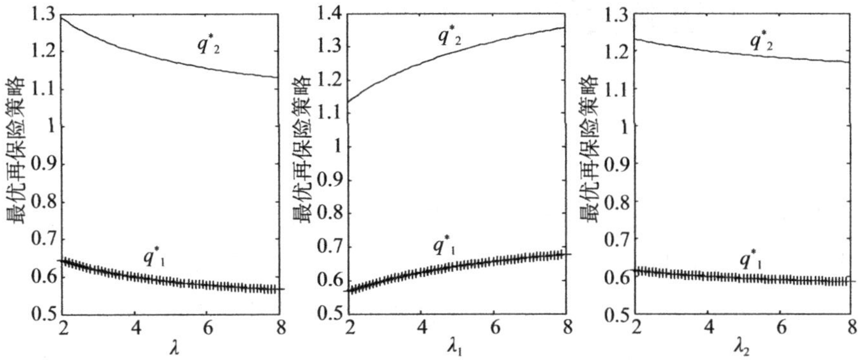

(a) λ对再保险策略$q_1^*(t)$、$q^*_2(t)$的影响

(b) λ_1对再保险策略$q_1^*(t)$、$q^*_2(t)$的影响

(c) λ_2对再保险策略$q_1^*(t)$、$q^*_2(t)$的影响

图 6.9 λ_i 对最优再保险策略的影响

从图 6.9 中可以看出，最优再保险策略关于参数 λ 和 λ_2 是单调递减的函数，而关于 λ_1 是单调递增的函数。这里 λ、λ_1 和 λ_2 代表预期的理赔次数。随着预期理赔次数的增加，在两种相关的理赔业务中，保险人采取的再保险策略相反。

第七章

Poisson – Geometric 模型下的最优再保险和投资

Poisson – Geometric 风险模型是近年来发展起来的一个新风险模型，它是经典 Cramér – Lundberg 风险模型的推广。在 Cramér – Lundberg 风险模型中，风险事件与赔付事件是等价的，而且描述理赔次数的是 Poisson 过程。在保险公司推出免赔额制度和无赔款折扣等制度后，风险事件就不一定是赔付事件，理赔次数过程就不再是 Poisson 过程。Poisson – Geometric 过程作为 Poisson 过程的推广，可以用来描述风险事件与赔付事件不等价的情形。据我们所知，目前在 Poisson – Geometric 风险模型下，还没有学者研究时间一致的再保险和投资问题。因此，本章将在 Poisson – Geometric 风险模型下研究时间一致的再保险和投资问题。大多数学者在考虑再保险时，一般采用期望值原理计算，而本章按照方差原理计算再保险的保费。方差原理是期望值原理的推广，方差原理不但含有理赔额的期望，还含有理赔额的二阶矩。本章在考虑投资时，假设风险资产价格满足带跳的随机微分方程。应用随机控制理论，我们求得时间一致的再保险和投资策略，以及最优值函数的显式解，分析结果的经济意义及模型参数对最优策略的影响。

第一节 保险-金融模型与研究目标

一、保险模型

为了引入保险模型，首先定义一个理赔发生次数满足的 Poisson - Geometric 过程。

定义 7.1 （Poisson - Geometric 分布） 设常数 $\lambda_1>0$ 和 $0\leqslant l\leqslant 1$，$t\geqslant 0$，若随机变量 X 的概率母函数为 $G(t)=e^{\frac{\lambda(t-1)}{1-\rho t}}$，则称 X 服从 Poisson - Geometric 分布，记为 $X\sim PG(\lambda,\rho)$。

定义 7.2 （Poisson - Geometric 过程） 若计数过程 $\{N(t),t\geqslant 0\}$ 满足下列条件，则称 $\{N(t),t\geqslant 0\}$ 是参数为 λ_1 和 l 的 Poisson - Geometric 过程：

（1）$N(0)=0$ （2）$N(t)$ 具有独立平稳增量；（3）对 $t\geqslant 0$，有 $N(t)\sim PG(\lambda_1 t,l)$。

注 7.1 （1）由 Poisson - Geometric 过程的定义知：

$$E[N(t)]=\frac{\lambda_1 t}{1-l},\quad \mathrm{Var}[N(t)]=\frac{\lambda_1(1+lt)}{(1-l)^2} \tag{7.1}$$

（2）当 $l=0$ 时，Poisson - Geometric 过程退化为 Poisson 过程，所以 Poisson - Geometric 过程可看作 Poisson 过程的推广。

注 7.2 （1）若 $\{N(t),t\geqslant 0\}$ 是 Poisson 过程，即 $l=0$，则 $E[N(t)]=\mathrm{Var}[N(t)]=\lambda_1 t$，$\lambda_1$ 代表了保单的平均风险暴露。当风险事件与理赔事件一致时，λ_1 也是平均理赔频率。因此，当每一次风险事件发生都理赔且每一次理赔确实反映一次风险事件时，理赔次数可以用 Poisson 过程描述。（2）如果保险人附加一些理赔条件（如免赔额或 NCD 理赔条件），理赔事件就不等同于风险事件了，这时就不能用 Poisson 过程描述理赔次数。对于 Poisson - Geometric 过程，当 $l\neq 0$ 时，$E[N(t)]\neq \mathrm{Var}[N(t)]$，因此可以用 Poisson - Geometric 过程描述理赔事件不等同于风险事件的情形。

基于上述定义的 Poisson - Geometric 过程，下面在 Cramér - Lundberg 经典风险模型的基础上，给出 Poisson - Geometric 风险模型。设 $X(t)$ 为时刻 t 保险人的财富，它满足微分方程 $\mathrm{d}X(t)=c\mathrm{d}t-\mathrm{d}S(t)$。其中 $c>0$ 是保险人单位时间的保费收入；$S(t)=\sum_{i=1}^{N_1(t)}Y_k$，这里 Y_k 表示第 k 次理赔额，$\{Y_k,k=1,2,\cdots\}$ 是一列相互独立且具有相同分布、取值为正值的随机变量序列，它们的共同分布为 $F(y)$，密度函数为 $f(y)$。Y_k 具有一阶矩 $\mu_{11}=E(Y_k)<\infty$ 和二阶矩 $\mu_{12}=E(Y_k)^2<\infty$。$\{N_1(t),t\geqslant 0\}$ 是 Poisson - Geometric 过程，代表到时刻 t 为止保险人理赔发生的次数，它具有参数 $\lambda_1>0$ 和 $0\leqslant l\leqslant 1$。这里假设 $\{Y_k,k=1,2,\cdots\}$ 和 $\{N_1(t),t\geqslant 0\}$ 相互独立。

再保险是保险人规避风险的常用方式，再保险主要有比例再保险和超额损失再保险两种形式，这里考虑比例再保险。设比例再保险的水平为 $a(t)$，满足 $a(t)\geqslant 0$。当 $a(t)\in[0,1]$ 时，表示保险人进行再保险；当 $a(t)>1$ 时，表示保险人采取了新业务，或者理解为保险人接受了新的分保，这时保险人充当了再保险人的角色。大多数文献在考虑再保险的保费计算方式时使用期望值原理，然而期望值原理只包含理赔的一阶矩（期望）而不包含理赔的其他信息。方差原理是计算再保险保费的另一种方式，它不但包含理赔的一阶矩（期望），而且包含理赔的二阶矩。方差原理是期望值原理的一种推广。基于此考虑，本文使用方差原理计算再保险的保费，即再保险的保费为：

$$\frac{[1-a(t)]\lambda_1\mu_{11}}{1-l}+\frac{\alpha[1-a(t)]^2\lambda_1\mu_{12}}{1-l} \tag{7.2}$$

其中 $\alpha>0$ 为一常数。考虑比例再保险后，保险人的财富过程满足下面的随机微分方程：

$$\mathrm{d}X(t,a)=\left[c-\frac{[1-a(t)]\lambda_1\mu_{11}}{1-l}-\frac{\alpha\lambda_1\mu_{12}[1-a(t)]^2}{1-l}\right]\mathrm{d}t-a(t)\mathrm{d}S(t) \tag{7.3}$$

二、金融市场

在金融市场上投资是保险人增加收入的一种重要方式，下面给出本章用到的金融市场。金融市场由一个无风险资产（如债券、银行存款等）和一个风险资产（如股票等）组成。无风险资产的价格为 $B(t)$，满足微分方程 $dB(t)=rB(t)dt$，其中 $r>0$ 表示利率。在现实金融活动中，由于受到一些不确定因素（如金融危机、政府宏观调控、通货膨胀、负债等）的影响，风险资产的价格会发生一些剧烈的跳动。因此，本文假设风险资产价格满足带跳的随机微分方程，即风险资产的价格 $P(t)$ 满足下面的方程：

$$dP(t) = P(t)\left[\mu dt + \sigma dW(t) + \int_R zN_2(ds,dz)\right] \tag{7.4}$$

其中常数 $\mu>0$ 表示风险资产的平均收益率；$\sigma>0$ 也是常数，表示风险资产的波动率；$\{W(t),t\geqslant 0\}$ 是一标准布朗运动，代表不确定的收益或损失；$\int_0^t\int_R zN_2(ds,dz)$ 是一个复合泊松过程，代表风险资产价格会发生的不连续的、剧烈的跳动，它满足下式：

$$\int_0^t\int_R zN_2(ds,dz) = \sum_{k=1}^{N_2(t)} Z_k \tag{7.5}$$

其中 $\{N_2(t),t\geqslant 0\}$ 是参数为 $\lambda_2>0$ 的泊松过程；$\{Z_k,k=1,2,\cdots\}$ 为一列独立同分布的随机变量序列，共同分布为 $G(z)$，密度函数为 $g(z)$。Z_k 的一阶矩、二阶矩存在，分别为 $\mu_{21}=E(Z_k)<\infty$，$\mu_{22}=E(Z_k)^2<\infty$。由于保险人从风险资产上获得的平均收益一般要大于从无风险资产上获得的平均收益，因此假设 $\mu\geqslant r$。另外还假设 $\{Y_k,k=1,2,\cdots\}$，$\{N_1(t),t\geqslant 0\}$，$\{Z_k,k=1,2,\cdots\}$ 和 $\{N_2(t),t\geqslant 0\}$ 相互独立。

三、财富过程

保险人在有限的时间区间 $[0,T]$ 内进行再保险来减少风险，同时考虑在金融市场上进行投资来增加财富。设 $\pi(t)$ 是时刻 t 保险人在风险资产上投资的资金，剩余的资金全部投资在无风险资产上。在时刻 t 保险人选取再保险策略 $a(t)$ 和投资策略 $\pi(t)$ 作为控制变量，记 $u(t)=[a(t),\pi(t)]$。同时考虑比例再保险和投资后，保险人的财富过程为 $X(t,u)$，满足如下的随机微分方程：

$$\mathrm{d}X(t,u)=\mathrm{d}X(t,a)+\pi(t)\frac{\mathrm{d}P(t)}{P(t)}+[X(t,u)-\pi(t)]\frac{\mathrm{d}B(t)}{B(t)} \quad (7.6)$$

也就是

$$\mathrm{d}X(t,u)=\left[c-\frac{(1-a(t))\lambda_1\mu_{11}}{1-l}-\frac{\alpha\lambda_1\mu_{12}(1-a(t))^2}{1-l}+(\mu-r)\pi(t)+rX(t,u)\right]\mathrm{d}t$$

$$-a(t)\mathrm{d}S(t)+\pi(t)\sigma\mathrm{d}W(t)+\pi(t)\int_R zN_2(\mathrm{d}s,\mathrm{d}z) \quad (7.7)$$

$$X(0,u)=x_0$$

设 $\{\mathcal{F}_t\}$ 是由 Poisson - Geometric 过程 $N_1(t)$、Poisson 过程 $N_2(t)$ 和布朗运动 $W(t)$ 生成的右连续且完备的域流，它对应的完备概率空间为 $(\Omega,\mathcal{F}_t,P)$，其中 Ω 为样本空间，P 为概率测度。

定义 7.3（容许策略）：再保险和投资策略 $u(t)=[a(t),\pi(t)]$ 称为容许策略，如果它满足如下条件：

（1）$a(t)$ 和 $\pi(t)$ 关于流 $\mathcal{F}_t$ 是循序可测的，且是右连续的左极限存在；

（2）$a(t)\geqslant 0$，且满足 $\int_0^T [a(t)]^2\mathrm{d}t<\infty$；

(3) $\int_0^T [\pi(t)]^2 dt<\infty$。

所有的容许再保险和投资策略记为 U。

四、决策目标

在以往基于再保险和投资的最优策略研究中，大多数学者研究了下面的最优化问题：

$$\sup_{u\in \mathrm{U}}\{E_{0,x_0}[X(T,u)]-0.5\gamma\,\mathrm{Var}_{0,x_0}[X(T,u)]\} \quad (7.8)$$

其中 $E_{0,x_0}[\cdot]=E[\cdot|X(0,u)=x_0]$；$\gamma>0$ 为常数，表示保险人的风险厌恶程度。Zeng 和 Li 指出问题（7.8）是时间不一致的，也就是在不同的时间，保险人选择的最优策略是不同的。问题（7.8）时间不一致的原因是其包含了条件方差，详细的证明读者可以参考文献 Zeng 和 Li，这里不再进一步阐述。

人们的偏好可能会随着时间的改变而改变，然而大多数情况下人们希望最优策略在不同的时间是一致的。时间一致策略更精确的表述是：对于某固定的起始点$(0,x_0)$，若求得最优策略$u(\cdot)$使得问题（7.8）成立；那么对于之后的点(s,x_s)，该策略$u(\cdot)$仍是问题（7.8）的最优策略。

与其他一些文献如 Zeng 和 Li 等类似，本章研究如下的目标函数：

$$V(t,x)=\sup_{u\in U}V(t,x,u)=\sup_{u\in U}\left\{E_{t,x}[X(T,u)]-0.5\gamma\,\mathrm{Var}_{t,x}[X(T,u)]\right\}\tag{7.9}$$

这里$(t,x)\in T\times R$，$E_{t,x}[\cdot]=E[\cdot|X(t,u)=x]$；$\gamma>0$为常数，表示保险人的风险厌恶程度。下面给出均衡策略的定义。

定义 7.4（均衡策略）：对于任意的状态$(t,x)\in[0,T]\times R$和容许策略$u^*(t)$，选择三个任意实数$\tilde{a}>0$，$\tilde{b}>0$和$\varepsilon>0$，定义如下的策略：

$$u^{\varepsilon}(s)=\begin{cases}(\tilde{a},\tilde{b}), & t\leqslant s<t+\varepsilon\\ u^*(s), & t+\varepsilon\leqslant s\leqslant T\end{cases}\tag{7.10}$$

若对于所有的$\tilde{a}\geqslant 0$和$\tilde{b}\in R$，有：

$$\liminf_{\varepsilon\to 0}\frac{V(t,x,u^*)-V(t,x,u^{\varepsilon})}{\varepsilon}\geqslant 0\tag{7.11}$$

则称$u^*(s)$为均衡策略，对应的均衡值函数为$V(t,x)=V(t,x,u^*)$。

Zeng 和 Li 证明了，上述定义的均衡策略是时间一致的策略，通常的最优值函数等于均衡值函数。所以接下来，对于均衡策略$u^*(\cdot)$和均衡值函数，我们就分别称其为最优时间一致的策略和最优值函数。

第二节　时间一致最优策略的求解

对于财富过程（7.7），本节利用随机控制理论求解时间一致的最优策略和最优值函数。与 Björk 和 Murgoci 的定理 2.1 类似，我们给出如下的检验定理。

定理 7.1（检验定理）：设$F(t,x)$，$G(t,x)$，$H(t,x)$定义在$[0,T]\times R$上，它们关于t连续可微，关于x二阶连续、可微；也就是$F(t,x)$，$G(t,x)$，$H(t,x)\in C^{1,2}([0,T]\times R)$。若$F(t,x)$，$G(t,x)$，$H(t,x)$满足如下的 HJB 方程：

$$\sup_{u\in U}\left\{F_t(t,x)+\left[c-\frac{(1-a(t))\lambda_1\mu_{11}}{1-l}-\frac{\alpha(1-a(t))^2\lambda_1\mu_{12}}{1-l}+(\mu-r)\pi(t)+rx\right]\right.$$
$$\times F_x+0.5\pi^2(t)\sigma^2[F_{xx}(t,x)-\gamma G_x^2(t,x)]+\lambda_1[1+\gamma G(t,x)]$$
$$\times\int_0^{+\infty}[G(t,x-a(t)y)-G(t,x)]f(y)\mathrm{d}y-0.5\lambda_1\gamma\int_0^{+\infty}[H(t,x-a(t)y)$$
$$-H(t,x)]f(y)dy+\lambda_2(1+\gamma G)\int_0^{+\infty}[G(t,x+\pi(t)z)-G(t,x)]g(z)\mathrm{d}z$$
$$\left.-0.5\lambda_2\gamma\int_0^{+\infty}[H(t,x+\pi(t)z)-H(t,x)]g(z)\mathrm{d}z\right\}=0 \tag{7.12}$$

$$F(T,x)=x \tag{7.13}$$

$$G_t(t,x)+\left[c-\frac{(1-a^*(t))\lambda_1\mu_{11}}{1-l}-\frac{\alpha(1-a^*(t))^2\lambda_1\mu_{12}}{1-l}+(\mu-r)\pi^*(t)+rx\right]$$
$$\times F_x(t,x)+0.5[\pi^*(t)]^2\sigma^2G_{xx}(t,x)+\lambda_1\int_0^{+\infty}[G(t,x-a^*(t)y)-G(t,x)]$$
$$\times f(y)\mathrm{d}y+\lambda_2\int_0^{+\infty}[G(t,x+\pi^*(t)z)-G(t,x)]g(z)\mathrm{d}z=0 \tag{7.14}$$

$$G(T,x)=x \tag{7.15}$$

$$H_t(t,x)+\left[c-\frac{[1-a^*(t)]\lambda_1\mu_{11}}{1-l}-\frac{\alpha[1-a^*(t)]^2\lambda_1\mu_{12}}{1-l}+(\mu-r)\pi^*(t)+rx\right]$$
$$\times H_x(t,x)+0.5[\pi^*(t)]^2\sigma^2H_{xx}(t,x)+\lambda_1\int_0^{+\infty}[H(t,x-a^*(t)y)-H(t,x)]$$
$$\times f(y)\mathrm{d}y+\lambda_2\int_0^{+\infty}[H(t,x+\pi^*(t)z)-H(t,x)]g(z)\mathrm{d}z=0$$
$$\tag{7.16}$$

$$H(T,x)=x^2 \tag{7.17}$$

其中

$$u^*(t)=[a^*(t),\pi^*(t)]=\underset{u\in \mathrm{U}}{\operatorname{argsup}}\left\{F_t(t,x)+\left[c-\frac{[1-a(t)]\lambda_1\mu_{11}}{1-l}\right.\right.$$
$$\left.-\frac{\alpha(1-a(t))^2\lambda_1\mu_{12}}{1-l}+(\mu-r)\pi(t)+rx\right]F_x(t,x)+0.5\pi^2(t)\sigma^2$$
$$\times[F_{xx}(t,x)-\gamma G_x^2(t,x)]+\lambda_1[1+\gamma G(t,x)]\int_0^{+\infty}[G(t,x-a(t)y)$$

$$- G(t,x)]f(y)\mathrm{d}y - 0.5\lambda_1\gamma\int_0^{+\infty}[H(t,x-a(t)y) - H(t,x)]f(y)\mathrm{d}y$$

$$+ \lambda_2(1+\gamma G)\int_0^{+\infty}[G(t,x+\pi(t)z) - G(t,x)]g(z)\mathrm{d}z - 0.5\lambda_2\gamma$$

$$\times\int_0^{+\infty}[H(t,x+\pi(t)z) - H(t,x)]g(z)dz\Big\} = 0 \tag{7.18}$$

则

$$V(t,x) = F(t,x), G(t,x) = E_{t,x}[X(T,u^*)], H(t,x) = E_{t,x}[X^2(T,u^*)] \tag{7.19}$$

$u^*(t) = [a^*(t), \pi^*(t)]$就是时间一致的最优策略。

本定理的证明可以参考很多文献中相似证明，如 Björk 和 Murgoci 中的定理2.1等，因此这里不再给出证明。

由式（7.9）和定理7.1，可得：

$$\begin{aligned}F(t,x) &= V(t,x)\\ &= E_{t,x}[X(T,u^*)] - 0.5\gamma\left\{E_{t,x}^2[X(T,u^*)] - (E_{t,x}[X(T,u^*)])^2\right\}\\ &= G(t,x) - 0.5\gamma[H(t,x) - G^2(t,x)]\end{aligned} \tag{7.20}$$

因此

$$H(t,x) = G^2(t,x) + \frac{2}{\gamma}[G(t,x) - F(t,x)] \tag{7.21}$$

综合考虑财富过程满足的方差和边界条件式（7.13）、式（7.15），设$F(t,x)$和$G(t,x)$分别满足如下式子：

$$F(t,x) = A(t)x + \frac{B(t)}{\gamma},\ A(T) = 1, B(T) = 0 \tag{7.22}$$

$$G(t,x) = m(t)x + \frac{n(t)}{\gamma},\ m(T) = 1, n(T) = 0 \tag{7.23}$$

则可得$F(t,x)$、$G(t,x)$的偏导数如下：

$$F_t(t,x) = A'(t)x + \frac{B'(t)}{\gamma}, F_x(t,x) = A(t), F_{xx}(t,x) = 0$$

$$G_t(t,x) = m'(t)x + \frac{n'(t)}{\gamma}, G_x(t,x) = m(t), G_{xx}(t,x) = 0 \tag{7.24}$$

把式（7.21）~式（7.23）以及上面的各偏导数，代入式（7.12）化简后得：

$$\sup_{u\in U}\left\{A'(t)x+\frac{B'(t)}{\gamma}+\left[c-\frac{\lambda_1\mu_{11}}{1-l}-\frac{\alpha\lambda_1\mu_{12}}{1-l}+rx\right]A(t)\right.$$
$$-a^2(t)\left[\frac{\alpha\lambda_1\mu_{12}A(t)}{1-l}+\frac{\lambda_1\gamma m^2(t)\mu_{12}}{2}\right]+a(t)\left[\frac{\lambda_1\mu_{11}}{1-l}+\frac{2\alpha\lambda_1\mu_{12}}{1-l}-\lambda_1\mu_{11}\right]A(t)$$
$$\left.-0.5m^2(t)\gamma\pi^2(t)(\sigma^2+\lambda_2\mu_{22})+\pi(t)A(t)(\mu-r+\lambda_2\mu_{21})\right\}=0 \tag{7.25}$$

由一阶最优性条件，式（7.25）等号左端内部的表达式关于 $a(t)$ 和 $\pi(t)$ 求偏导数，并令其等于0，则可得到最优再保险－投资策略满足下式：

$$2a^*(t)\left[\frac{\alpha\lambda_1\mu_{12}A(t)}{1-l}+\frac{\lambda_1\gamma m^2(t)\mu_{12}}{2}\right]=\left[\frac{\lambda_1\mu_{11}}{1-l}+\frac{2\alpha\lambda_1\mu_{12}}{1-l}-\lambda_1\mu_{11}\right]A(t)$$
$$m^2(t)\gamma(\sigma^2+\lambda_2\mu_{22})\pi^*(t)=A(t)(\mu-r+\lambda_2\mu_{21}) \tag{7.26}$$

由以上两式，得到：

$$a^*(t)=\frac{(2\alpha\mu_{12}+\mu_{11}l)A(t)}{2\alpha\mu_{12}A(t)+\gamma\mu_{12}(1-l)m^2(t)} \tag{7.27}$$

$$\pi^*(t)=\frac{A(t)(\mu-r+\lambda_2\mu_{21})}{m^2(t)\gamma(\sigma^2+\lambda_2\mu_{22})} \tag{7.28}$$

把式（7.27）、式（7.28）分别代入式（7.25）、式（7.14），可得：

$$[A'(t)+rA(t)]x+\frac{B'(t)}{\gamma}+\left[c-\frac{\lambda_1\mu_{11}}{1-l}+\frac{\alpha\lambda_1\mu_{12}}{1-l}\right]A(t)$$
$$+\frac{(1-l)\left[\frac{\lambda_1\mu_{11}}{1-l}+\frac{2\alpha\lambda_1\mu_{12}}{1-l}-\lambda_1\mu_{11}\right]^2A^2(t)}{4\lambda_1\alpha\mu_{12}A(t)+2\lambda_1\gamma\mu_{12}(1-l)m^2(t)}+\frac{A^2(t)(\mu-r+\lambda_2\mu_{21})^2}{2m^2(t)\gamma(\sigma^2+\lambda_2\mu_{22})}=0 \tag{7.29}$$

$$[m'(t)+rm(t)]x+\frac{n'(t)}{\gamma}+\frac{A(t)(\mu-r+\lambda_2\mu_{21})^2}{m(t)\gamma(\sigma^2+\lambda_2\mu_{22})}+cm(t)-\frac{\lambda_1\mu_{11}}{1-l}$$
$$\times\frac{m(t)[\gamma\mu_{12}(1-l)m^2(t)-\mu_{11}lA(t)]}{2\alpha\mu_{12}A(t)+\gamma\mu_{12}(1-l)m^2(t)}+\frac{\alpha m(t)\lambda_1\mu_{12}}{1-l}\left[\frac{\gamma\mu_{12}(1-l)m^2(t)-\mu_{11}lA(t)}{2\alpha\mu_{12}A(t)+\gamma\mu_{12}(1-l)m^2(t)}\right]^2$$
$$=0 \tag{7.30}$$

因此，为求解式（7.29）、式（7.30），只需求解下列常微分方程：

$$A'(t)+rA(t)=0,\ A(T)=1 \tag{7.31}$$

$$\frac{B'(t)}{\gamma}+\left[c-\frac{\lambda_1\mu_{11}}{1-l}+\frac{\alpha\lambda_1\mu_{12}}{1-l}\right]A(t)+\frac{A^2(t)(\mu-r+\lambda_2\mu_{21})^2}{2m^2(t)\gamma(\sigma^2+\lambda_2\mu_{22})}$$
$$+\frac{(1-l)\left[\frac{\lambda_1\mu_{11}}{1-l}+\frac{2\alpha\lambda_1\mu_{12}}{1-l}-\lambda_1\mu_{11}\right]^2A^2(t)}{4\lambda_1\alpha\mu_{12}A(t)+2\lambda_1\gamma\mu_{12}(1-l)m^2(t)}+\frac{A^2(t)(\mu-r+\lambda_2\mu_{21})^2}{2m^2(t)\gamma(\sigma^2+\lambda_2\mu_{22})}=0,B(T)=0 \tag{7.32}$$

以及

$$m'(t)+rm(t)=0,\ m(T)=1 \tag{7.33}$$

$$\frac{n'(t)}{\gamma}+\frac{A(t)(\mu-r+\lambda_2\mu_{21})^2}{m(t)\gamma(\sigma^2+\lambda_2\mu_{22})}+cm(t)-\frac{\lambda_1\mu_{11}}{1-l}\frac{m(t)[\gamma\mu_{12}(1-l)m^2(t)-\mu_{11}lA(t)]}{2\alpha\mu_{12}A(t)+\gamma\mu_{12}(1-l)m^2(t)}$$
$$+\frac{\alpha m(t)\lambda_1\mu_{12}}{1-l}\left[\frac{\gamma\mu_{12}(1-l)m^2(t)-\mu_{11}lA(t)}{2\alpha\mu_{12}A(t)+\gamma\mu_{12}(1-l)m^2(t)}\right]^2=0,n(T)=0 \tag{7.34}$$

求解式（7.31）、式（7.33），得 $A(t)=m(t)=e^{r(T-t)}$。

将把 $A(t)$ 和 $m(t)$ 代入式（7.32）和式（7.34），求得 $B(t)$ 和 $n(t)$ 如下：

$$B(t)=\frac{\gamma}{r}[e^{r(T-t)}-1]\left[c-\frac{\lambda_1\mu_{11}}{1-l}+\frac{\alpha\lambda_1\mu_{12}}{1-l}\right]+\frac{(\mu-r+\lambda_2\mu_{21})^2}{2(\sigma^2+\lambda_2\mu_{22})}(T-t)$$
$$+\frac{\gamma(1-l)\left[\frac{\lambda_1\mu_{11}}{1-l}+\frac{2\lambda_1\mu_{12}\alpha}{1-l}-\lambda_1\mu_{11}\right]^2}{2r\lambda_1\gamma\mu_{12}(1-l)}\ln\frac{4\alpha\lambda_1\mu_{12}+2\lambda_1\gamma\mu_{12}(1-l)e^{r(T-t)}}{4\alpha\lambda_1\mu_{12}+2\lambda_1\gamma\mu_{12}(1-l)} \tag{7.35}$$

$$n(t)=\frac{\gamma}{r}(\mu-r+c+\lambda_2\mu_{21})[e^{r(T-t)}-1]+\frac{\lambda_1\gamma\mu_{11}}{1-l}[e^{r(T-t)}-1]+\frac{\mu_{11}l+2\alpha\mu_{12}}{\mu_{12}(1-l)}$$
$$\times\ln\frac{2\alpha\mu_{12}+\gamma\mu_{12}(1-l)}{2\alpha\mu_{12}+\gamma\mu_{12}(1-l)e^{r(T-t)}}+\frac{\alpha\gamma\lambda_1\mu_{12}}{r(1-l)}\left\{[e^{r(T-t)}-1]+\frac{2(\mu_{11}l+2\alpha\mu_{12})}{\gamma\mu_{12}(1-l)}\right.$$
$$\times\ln\frac{2\alpha\mu_{12}+\gamma\mu_{12}(1-l)}{2\alpha\mu_{12}+\gamma\mu_{12}(1-l)e^{r(T-t)}}+(\mu_{11}l+2\alpha\mu_{12})^2\left(\frac{1}{\gamma\mu_{12}(1-l)+2\alpha\mu_{12}}\right.$$
$$\left.\left.-\frac{1}{2\alpha\mu_{12}+\gamma\mu_{12}(1-l)e^{r(T-t)}}\right)\right\} \tag{7.36}$$

基于上述讨论，可得下面的定理。

定理 7.2：对于财富过程（7.7），最优的时间一致的再保险策略为：

$$a^*(t)=\frac{2\alpha\mu_{12}+\mu_{11}l}{2\alpha\mu_{12}+\gamma\mu_{12}(1-l)e^{r(T-t)}} \tag{7.37}$$

最优的时间一致的投资策略为：

$$\pi^*(t)=\frac{\mu-r+\lambda_2\mu_{21}}{\gamma(\sigma^2+\lambda_2\mu_{22})e^{r(T-t)}} \tag{7.38}$$

均衡值函数为：

$$F(t,x)=xe^{r(T-t)}+\frac{B(t)}{\gamma} \tag{7.39}$$

在最优策略下，终止时刻 T 时财富过程的方差为：

$$\mathrm{Var}_{t,x}[X(T,u^*)]=\frac{2[n(t)-B(t)]}{\gamma^2} \tag{7.40}$$

这里 $B(t)$ 和 $n(t)$ 分别满足式（7.35）、式（7.36）。

注 7.3：从定理 7.2 可得：

$$E_{t,x}[X(T,u^*)]=e^{r(T-t)}+\frac{B(t)}{\gamma}+0.5\gamma\,\mathrm{Var}_{t,x}[X(T,u^*)] \tag{7.41}$$

该式给出了风险和收益的关系。当投资者面临风险 $\mathrm{Var}_{t,x}[X(T,u^*)]$，获得的收益满足上式。

注 7.4：从定理 7.2 可以看到，最优再保险策略不依赖于风险资产价格模型中的参数；最优投资策略不依赖于保险市场中的参数。这是因为，我们假设再保险市场和风险资产市场是相互独立的。

第三节　经济意义及敏感性分析

本节分析上一节中得到的结果的经济意义，并通过数值算例分析模型参数对最优再保险和投资策略的影响。

一、最优再保险策略

最优再保险策略 $a^*(t)=\dfrac{2\alpha\mu_{12}+\mu_{11}l}{2\alpha\mu_{12}+\gamma\mu_{12}(1-l)e^{r(T-t)}}$ 关于 γ 求偏导数，得到：

$$\frac{\partial a^*(t)}{\partial\gamma}=-\frac{(2\alpha\mu_{12}+\mu_{11}l)\mu_{12}(1-l)e^{r(T-t)}}{[2\alpha\mu_{12}+\gamma\mu_{12}(1-l)e^{r(T-t)}]^2}<0 \tag{7.42}$$

可见，最优再保险策略 $a^*(t)$ 是关于参数 γ 单调递减的函数。γ 代表保险人的风险厌恶程度，保险实务中保险人一般是厌恶风险的，因此随着风险的增大，保险人自然会把风险转移给再保险者。

最优再保险策略 $a^*(t)=\dfrac{2\alpha\mu_{12}+\mu_{11}l}{2\alpha\mu_{12}+\gamma\mu_{12}(1-l)e^{r(T-t)}}$ 关于 r 求偏导数，有

$$\frac{\partial a^*(t)}{\partial r}=-\frac{(2\alpha\mu_{12}+\mu_{11}l)\gamma\mu_{12}(1-l)(T-t)e^{r(T-t)}}{[2\alpha\mu_{12}+\gamma\mu_{12}(1-l)e^{r(T-t)}]^2}<0 \tag{7.43}$$

因此，最优再保险策略 $a^*(t)$ 关于 r 单调递减，这是符合实际的。因为 r 为无风险资产的利率，当无风险资产的利率增加时，保险人将从金融市场上获得更多的收益。也就是说，保险人在每次理赔中希望承担更小的风险，把风险转移给再保险者。

接下来通过数值算例，分析参数 α 和 l 对最优再保险策略的影响。假设理赔额服从参数为 1 的指数分布，即 $f(y)=e^{-y}$，$y\geqslant 0$；则 $\mu_{11}=1$，$\mu_{12}=2$。因此，最优再保险策略为：

$$a^*(t)=\frac{4\alpha+l}{4\alpha+2\gamma(1-l)e^{r(T-t)}} \tag{7.44}$$

例 7.1 设 $t=2$，$r=0.05$，$l=0.2$，$\gamma=0.05$，$T=4$，6，8，10，$\alpha\in[0.02,0.08]$。图 7.1 给出了 α 和 T 对最优再保险策略的影响。

从图 7.1 中可以看到，最优再保险策略关于 α 单调增加，关于 T 单调递减。随着 α 的增加，再保险的保费增加，故保险人的再保险自留比例增大；随着投资终止时刻的延长，保险人将减少再保险的自留比例。

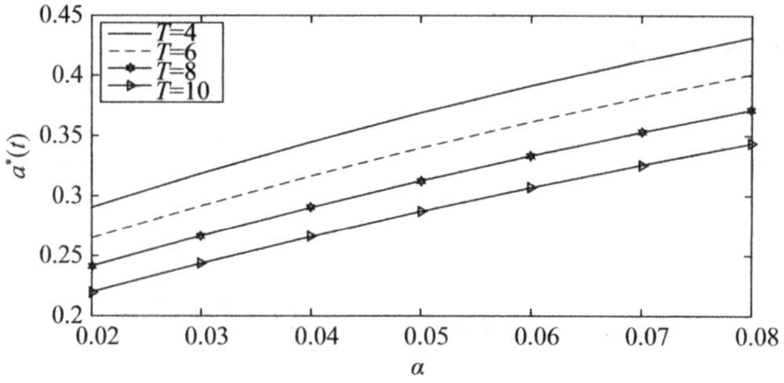

图 7.1　α 和 T 对最优再保险策略的影响

例 7.2　设 $T=8$，$r=0.05$，$\alpha=0.06$，$\gamma=0.05$，$t=1$，3，5，7，$l\in[0,0.8]$。图 7.2 展示了 l 和 t 对最优再保险策略的影响。

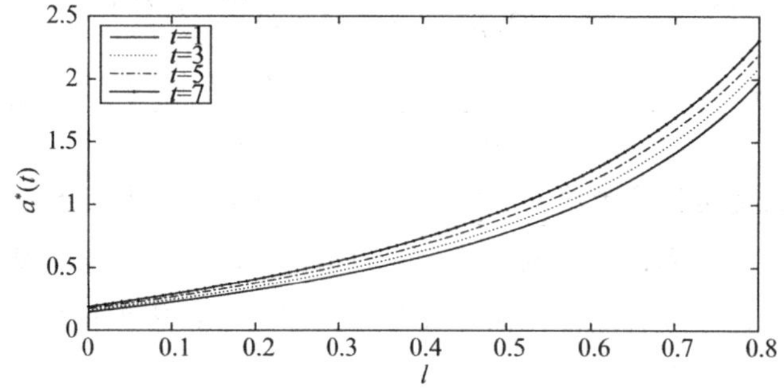

图 7.2　l 和 t 对最优再保险策略的影响

从图 7.2 中可以看出，最优再保险策略关于参数 l 和 t 是单调增加的。当 $l=0$，即 Poisson – Geometric 风险模型变为经典 Cramér – Lundberg 风险模型时，再保险的自留比例最小；随着投资终止时刻的到来，保险人会增加再保险的自留比例。

二、最优投资策略

最优投资策略 $\pi^*(t)=\dfrac{\mu-r+\lambda_2\mu_{21}}{\gamma(\sigma^2+\lambda_2\mu_{22})e^{r(T-t)}}$关于 μ 求偏导数，有

$$\frac{\partial\pi^*(t)}{\partial\mu}=\frac{1}{\gamma(\sigma^2+\lambda_2\mu_{22})e^{r(T-t)}}>0 \tag{7.45}$$

从上式可以看出，最优投资策略 $\pi^*(t)$ 关于 μ 单调递增。这里 μ 是风险资产的平均收益率，平均收益率增加，保险人自然会把更多的财富投资于风险资产。

最优投资策略 $\pi^*(t)=\dfrac{\mu-r+\lambda_2\mu_{21}}{\gamma(\sigma^2+\lambda_2\mu_{22})\mathrm{e}^{r(T-t)}}$ 关于 γ 求偏导数，得到：

$$\frac{\partial\pi^*(t)}{\partial\gamma}=-\frac{\mu-r+\lambda_2\mu_{21}}{\gamma^2(\sigma^2+\lambda_2\mu_{22})\mathrm{e}^{r(T-t)}}<0 \tag{7.46}$$

因此，最优投资策略 $\pi^*(t)$ 关于 γ 单调递减，这是符合实际的。γ 是风险厌恶参数，保险人一般都是厌恶风险的，随着风险的增大，保险人自然会把更多的资金投资到无风险资产中。

最优投资策略 $\pi^*(t)=\dfrac{\mu-r+\lambda_2\mu_{21}}{\gamma(\sigma^2+\lambda_2\mu_{22})\mathrm{e}^{r(T-t)}}$ 关于 σ 求偏导数，有

$$\frac{\partial\pi^*(t)}{\partial\sigma}=-\frac{2\sigma(\mu-r+\lambda_2\mu_{21})}{\gamma\,(\sigma^2+\lambda_2\mu_{22})^2\mathrm{e}^{r(T-t)}}<0 \tag{7.47}$$

从上式中可以得出最优投资策略 $\pi^*(t)$ 关于 σ 单调递减。σ 表示风险资产的波动率，波动率变大说明风险增大，保险人会把更多的资金投资到无风险资产中。

下面通过算例分析，考察其他模型参数对最优投资策略的影响。因为风险资产在发生价格跳跃时，可以向正的方向跳跃，也可以向负的方向跳跃，因此设 Z_k 的共同密度函数 $g(z)$ 为双指数分布，即：

$$g(z)=\begin{cases}p\eta_1\mathrm{e}^{-z\eta_1}, & z\geqslant 0\\ q\eta_2\mathrm{e}^{z\eta_2}, & z<0\end{cases} \tag{7.48}$$

这里 $p\geqslant0,q\geqslant0$ 分别表示风险资产向上跳跃和向下跳跃的概率，满足 $p+q=1,\eta_1>0$，$\eta_2>0$。可得 $\mu_{21}=\dfrac{p}{\eta_1}-\dfrac{q}{\eta_2}$，$\mu_{22}=\dfrac{2p}{(\eta_1)^2}+\dfrac{2q}{(\eta_2)^2}$。因此，最优投资策略变为：

$$\pi^*(t)=\frac{(\mu-r)(\eta_1)^2(\eta_2)^2+\lambda_2[p\eta_1(\eta_2)^2-q(\eta_1)^2\eta_2]}{\gamma\left\{\sigma^2(\eta_1)^2(\eta_2)^2+\lambda_2[2p(\eta_2)^2+2q(\eta_1)^2]\right\}\mathrm{e}^{r(T-t)}} \tag{7.49}$$

例 7.3　设 $T=6,r=0.05,\mu=0.1,\eta_1=1,\eta_2=2,\lambda_2=0.3,\sigma=0.2,\gamma=0.05$，

$t=1,3,5,7, p\in[0.3,0.8]$。图 7.3 展示了 p 和 t 对最优投资策略的影响。

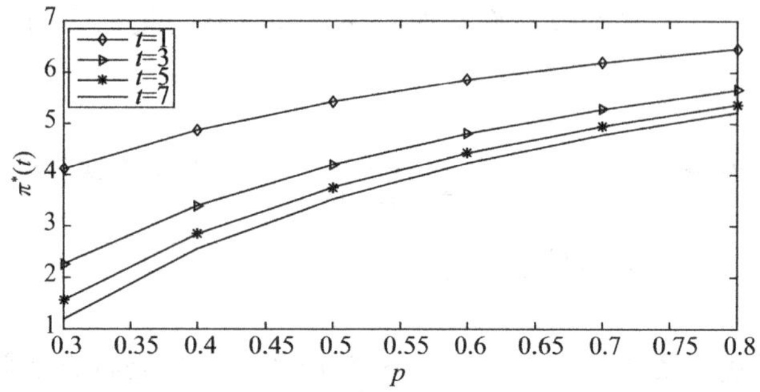

图 7.3　p 和 t 对最优投资策略的影响

从图 7.3 中可以看出，最优投资策略关于参数 p 单调递增，关于 t 单调递减。p 代表风险资产向正向跳跃的概率，p 越大说明从风险资产获得的期望收益会增加。因此，在风险资产上投资的资金会增加。t 代表投资时刻，随着投资时刻接近投资的终止时刻，保险人将减少在风险资产上投资的资金。

例 7.4　设 $T=4$，$t=2$，$r=0.05$，$\mu=0.1$，$\eta_1=1$，$\eta_2=2$，$\sigma=0.2$，$\gamma=0.05$，$p=0.4$，$q=0.6$，$r\in[0.01.0.09]$，λ_2 取 4 个值分别为 0.2，0.4，0.6，0.8。图 7.4 给出了 r 和 λ_2 对最优投资策略的影响。

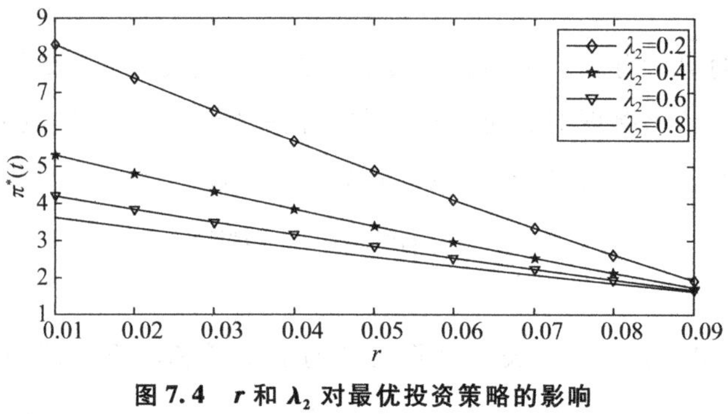

图 7.4　r 和 λ_2 对最优投资策略的影响

从图 7.4 中可以看出，最优投资策略关于 r 和 λ_2 都是单调递减的。r 表示无风险资产的利率，随着无风险资产利率的增加，保险人在无风险资产上的收益会增加。因此，在风险资产上投资的资金会减少。λ_2 代表单位时间内风险资产跳跃的次数，λ_2 越大说明风险资产的风险越大，风险增大，保险人将减少在风险资产上投资的资金。

第八章

基于相对业绩的最优再保险和投资

近年来，有很多学者把相对业绩应用到两个保险人的再保险和投资问题中，进而用相对业绩来量化两个保险人之间的竞争。据我们所知，目前还没有学者量化保险人与再保险人之间的竞争。在签订再保险合同后，保险人会时刻关注再保险人从再保险合同中获得的利润。如果再保险人从再保险合同中的获利超过保险人，保险人就可能会要求调整再保险合同，以此减少再保险人的获利。这表明，保险人与再保险人在签订再保险合同时是竞争的。基于此考虑，本章利用相对业绩量化了保险人与再保险人之间的竞争，进而研究相对应的再保险和投资问题。

第一节　基于竞争的再保险和投资模型设定

为了使数学上更为严格，设$(\Omega,\mathcal{F},P)$是完备的概率空间，它满足通常的假设条件，也就是$\mathcal{F}:=\{\mathcal{F}_t,t\in[0,T]\}$是右连续，且该概率空间关于$P$是完备的；$T>0$是再保险和投资的终止时间。$\mathcal{F}_t$表示到时刻$t$为止保险人获取的所有信息，它是由复合泊松过程$Y(t)$，$n+1$个相互独立的标准布朗运动$\widetilde{W}_i(t),i=1,2,\cdots,n$，和$\overline{W}(t)$生成的最小$\sigma$-代数，即$\mathcal{F}_t=\sigma[Y(t),\widetilde{W}_1(t),\cdots,\widetilde{W}_n(t),\overline{W}(t)]$。这里不考虑交易费用和税收，所有资产都是无限可分的。

不考虑再保险和投资时，保险人的盈余过程满足经典的复合泊松风险模型：

$$dX_1(t)=c\,dt-dY(t) \tag{8.1}$$

其中 $c>0$ 是保险人单位时间的保费收入，$Y(t)=\sum_{k=1}^{N(t)}Y_k$，$Y_k$ 为第 k 次的理赔额，$\{Y_k,k=1,2,\cdots\}$ 是一列独立同分布的取（严格）正值的随机变量序列，记其均值为$\bar{\mu}_1=E(Y_k)$，二阶矩为$\bar{\mu}_2=E[(Y_k)^2]$。$\{N(t),t\geqslant 0\}$ 是强度为$\lambda>0$的泊松过程，表示到时刻 t 为止，总的理赔发生次数。因此，复合泊松过程 $Y(t)$ 表示到时刻 t 为止累计发生的理赔额，$X_1(t)$ 表示时刻 t 时保险人的盈余。此外，假设$\{Y_k,k=1,2,\cdots\}$和$\{N(t),t\geqslant 0\}$是相互独立的。

在实际中，保险人经常通过与再保险人签订再保险合同来分散理赔风险。假设在再保险合同中，保险人采取比例再保险，时刻 t 保险人的比例再保险水平为 $a(t)\in[0,1]$。也就是说，在每次发生理赔时，保险人自己赔付的比例为 $a(t)$，剩下的 $1-a(t)$ 由再保险人赔付。作为补偿，保险人支付部分保费即再保费给再保险人。设 c_1 为保险人完全再保险时，即保险人的自留比例 $a(t)$ 为 0 时，保险人单位时间缴纳的再保费。在一般情况下，因为每次发生理赔时，再保险人只赔付 $1-a(t)$ 倍的理赔额，所以，我们设保险人缴纳的再保费为$(1-a(t))c_1$。为了满足净保费原理，这里假设 $c_1\geqslant\lambda\bar{\mu}_1$。签订再保险合同后，保险人的净利润 $X_1^a(t)$ 满足如下微分方程：

$$dX_1^a(t)=[c-(1-a(t))c_1]dt-d[a(t)Y(t)] \tag{8.2}$$

再保险人从该再保险合同中获得的净利润 $X_2^a(t)$ 满足如下微分方程：

$$dX_2^a(t)=(1-a(t))c_1dt-d[(1-a(t))Y(t)] \tag{8.3}$$

在保险实务中，保险人在签订再保险合同后，不但关心自己的净利润 $X_1^a(t)$，同时更关心再保险人在该再保险合同中获得的净利润 $X_2^a(t)$。实际中，再保险人的利润一般会大于 $X_2^a(t)$。因为再保险人除了与该保险人签订再保险合同而获利外，可能还会和其他保险人签订再保险合同，还可能会在金融市场上投资。但是，对于该保险人来说，它可能最关心的是再保险人的利润 $X_2^a(t)$。因为该保险人的决策只会影响到 $X_2^a(t)$，不会影响到再保险人的其他利润。如果 $X_1^a(t)>X_2^a(t)$，保险人将会继续履行该再保险合同；如果

$X_1^a(t) < X_2^a(t)$，保险人则可能会考虑修正再保险合同，即提高自己支付理赔的比例，从而降低再保险人从保险合同中的获利。因此，在签订再保险合同后，保险人会时刻关注 $X_1^a(t)$ 与 $X_2^a(t)$ 的大小。这表明，保险人和再保险人的竞争主要来自再保险合同的制定。保险人之间的竞争和这里研究的保险人与再保险人之间的竞争是不同的。如果考虑的是保险人之间的竞争，比如参考有关文献的工作，从比较多个保险人投资后的财富入手引入相对业绩则更合理。因为保险人与再保险人的竞争主要来自再保险合同的制定，同时我们关心的是引入相对业绩，即量化保险人与再保险人之间的竞争后，保险人如何修正再保险决策，所以在接下来引入相对业绩时，我们将从比较保险人和再保险人签订再保险合同后的盈余 $X_1^a(t)$ 和 $X_2^a(t)$ 入手，而不是从他们在金融市场上投资后的财富入手。基于此考虑，保险人应考虑如下的相对财富盈余 $X^a(t)$：

$$X^a(t) := (1-\tau)X_1^a(t) + \tau[X_1^a(t) - X_2^a(t)] = X_1^a(t) - \tau X_2^a(t) \tag{8.4}$$

这里 $\tau \in [0,1]$ 是相对业绩参数。当 $\tau = 0$ 时，$X^a(t) = X_1^a(t)$，表明保险人不关心再保险人从再保险合同中获得的利润；当 $\tau = 1$ 时，$X^a(t) = X_1^a(t) - X_2^a(t)$，表明保险人不关心自己的利润，只关心获得的利润是否超过再保险人所获得的利润。在一般情形下，$\tau \in (0,1)$，即保险人不但关心自己的利润，还关心获得的利润是否超过再保险人所获得的利润。

结合式（8.2）、式（8.3），我们可得相对财富盈余 $X^a(t)$ 满足如下微分方程：

$$\begin{aligned} dX^a(t) &= [c - (1-a(t))c_1]dt - d[a(t)Y(t)] - \tau(1-a(t))c_1 dt \\ &\quad - d[(1-a(t))Y(t)] \\ &= [c - (1-a(t))c_1(1+\tau)]dt + d\Big\{[\tau - (1+\tau)a(t)]Y(t)\Big\} \end{aligned} \tag{8.5}$$

实际中，保险人除了签订再保险合同来分散理赔风险外，通常还会通过在金融市场上投资来增加财富。因为我们已经用相对业绩来体现保险人与再保险人在签订再保险合同时的竞争关系，所以保险人关心的是其相对财富盈余 $X^a(t)$ 如何增值。保险人一般会在多个风险资产上投资，以此来分散投资带来的风险。所以，本章假设金融市场由一个无风险资产和 n 个风险资产组成，

并且 n 个风险资产之间具有相互依赖关系。在时刻 t，无风险资产的价格为 $B(t)$，它满足微分方程 $\mathrm{d}B(t)=rB(t)\mathrm{d}t$，这里 $r>0$ 为无风险资产的利率。在时刻 t，风险资产 i （$i=1,2,\cdots,n$） 的价格为 $S_i(t)$，它满足如下随机微分方程：

$$\mathrm{d}S_i(t)=S_i(t)\left[\mu_i\mathrm{d}t+\sigma_i\mathrm{d}\widetilde{W}_i(t)+\bar{\sigma}_i\mathrm{d}\overline{W}(t)\right] \tag{8.6}$$

这里 $\mu_i\geqslant r$ 是风险资产的瞬时平均回报率，$\sigma_i>0$ 和 $\bar{\sigma}_i>0$ 是风险资产价格的波动率。$\widetilde{W}_i(t)$ （$i=1,2,\cdots,n$） 和 $\overline{W}(t)$ 是相互独立的标准布朗运动，$\overline{W}(t)$ 诱导了 n 个风险资产价格之间的相互依赖关系。$\bar{\sigma}_i$ 体现了风险资产 i 赋于相依关系的权重，当 $\bar{\sigma}_i=0$ 时，风险资产 i 的价格与其他风险资产的价格是相互独立的。

在任意时刻 $t\geqslant 0$，记 $u(t)=[a(t),\pi_1(t),\cdots,\pi_n(t)]$，其中 $\pi_i(t)$ 表示保险人在风险资产 i 上投资的资金。保险人的投资不同于一般的金融投资，他要求具有更高的安全性。因为保险人主要拿着客户的保费在进行投资，他要为客户负责。因此，我们不允许保险人卖空资产，即要求 $\pi_i(t)\geqslant 0, i=1,2,\cdots,n$。如果后文中求得的某个 $\pi_i(t)<0$，则保险人不会在这个风险资产上投资。策略 $u(t)$ 选定后，设保险人的总财富为 $X^u(t)$，则在无风险资产上投资的资金为 $X^u(t)-\sum\limits_{i=1}^{n}\pi_i(t)$。签订再保险合同并投资金融资产后，保险人的总财富 $X^u(t)$ 满足下面的随机微分方程：

$$\begin{aligned}\mathrm{d}X^u(t)&=\mathrm{d}X^a(t)+\sum_{i=1}^{n}\pi_i(t)\frac{\mathrm{d}S_i(t)}{S_i(t)}+\left[X^u(t)-\sum_{i=1}^{n}\pi_i(t)\right]\frac{\mathrm{d}B(t)}{B(t)}\\&=\left[rX^u(t)+c-(1-a(t))c_1(1+\tau)+\sum_{i=1}^{n}(\mu_i-r)\pi_i(t)\right]\mathrm{d}t\\&\quad+\sum_{i=1}^{n}\pi_i(t)\sigma_i\mathrm{d}\widetilde{W}_i(t)+\sum_{i=1}^{n}\pi_i(t)\bar{\sigma}_i\mathrm{d}\overline{W}(t)\\&\quad+\mathrm{d}\left\{[\tau-(1+\tau)a(t)]Y(t)\right\}\end{aligned} \tag{8.7}$$

在进一步讨论之前，先定义容许的再保险和投资策略集。

定义 8.1 一个策略 $u(\cdot)=[a(\cdot),\pi_1(\cdot),\cdots,\pi_n(\cdot)]$ 称为容许策略，如果 $u(\cdot)$ 关于域流 $\mathcal{F}_t$ 是可料的，且对每个 $t\geqslant 0$ 过程 $u(\cdot)$ 满足条件：

(1) $E\left\{\int_0^T\left[a^2(t)+\sum_{i=1}^{n}\pi_i^2(t)\right]dt\right\}<\infty$;

(2) $a(t)\in[0,1]$, $\pi_i(t)\geqslant 0, i=1,2,\cdots,n$;

(3) 随机微分方程（8.7）关于 $u(t)$ 有唯一强解。

所有容许策略的集合记为 U。

第二节　均值-方差问题与验证定理

本章考虑如下目标函数

$$V(t,x)=\sup_{u\in U}V(t,x,u)=\sup_{u\in U}\left\{E_{t,x}[X^u(T)]-0.5\gamma\,\mathrm{Var}_{t,x}[X^u(T)]\right\}\tag{8.8}$$

这里 $(t,x)\in[0,T]\times R, E_{t,x}[\cdot]=E[\cdot\mid X^u(t)=x], \mathrm{Var}_{t,x}[\cdot]=\mathrm{Var}[\cdot\mid X^u(t)=x]$，$\gamma>0$ 表示保险人的风险厌恶参数。$V(t,x)$ 为最优值函数。该问题是时间不一致的，时间不一致的意思是，当前时刻 t_0 保险人为未来时刻 t 所做的最优再保险和投资策略 $u(t)$，在到达时刻 t 时，保险人可能不会遵守策略 $u(t)$。也就是说，在时刻 t 时，保险人不再认为策略 $u(t)$ 是最优的了。问题（8.8）是时间不一致的原因是，它包含了条件方差。人们的偏好可能会随着时间的改变而改变，然而大多数情况下人们希望关于某一时刻的最优策略而言，在不同的时间所做的决策是一致的。时间一致策略更精确的表述是：对于某固定的时刻 $s<t$，若获得最优策略 $u(t)$ 使得问题（8.8）成立；那么到达时刻 t 时，该策略 $u(t)$ 仍是问题（8.8）的最优策略。

类似于文献 Björk 和 Murgoci，这里从博弈论的视角来求解时间一致的再保险和投资策略。具体来说，我们把问题（8.8）视为一个非合作的博弈，在每个时刻都有一个博弈者。未来时刻 t 的博弈者，可以被视为当前时刻保险人在未来时刻 t 的化身。与 Björk 和 Murgoci 相似，我们给出如下均衡策略和均衡值函数的定义。

定义 8.2　对于任意的初始状态 $(t,x)\in[0,T]\times R$ 和容许策略 $u^*(t)$，

选择 $\zeta>0$，定义如下的策略：

$$u^{\zeta}(s)=\begin{cases}u(s), & \text{当 } t\leqslant s<t+\zeta\\ u^{*}(s), & \text{当 } t+\zeta\leqslant s\leqslant T\end{cases}\tag{8.9}$$

如果

$$\liminf_{\zeta\to 0}\frac{V(t,x,u^{*})-V(t,x,u^{\zeta})}{\zeta}\geqslant 0\tag{8.10}$$

则 $u^{*}(t)$ 称为均衡策略，相应的均衡值函数为 $V(t,x)=V(t,x,u^{*})$。

Björk 和 Murgoci 证明了上述定义的均衡策略是时间一致的最优策略，均衡值函数是最优值函数。所以接下来，对于均衡策略和均衡值函数，我们就分别称其为时间一致的最优策略和最优值函数。

为了求解问题（8.8），我们先利用随机控制理论建立如下验证定理。

定理 8.1（验证定理）假设 $W(t,x)$ 关于 t 和 x 的一阶偏导数 $W_t(t,x)$、$W_x(t,x)$，以及关于 x 的二阶偏导数 $W_{xx}(t,x)$ 都存在且连续，$h(t,x)$ 关于 t 和 x 的一阶偏导数 $h_t(t,x)$、$h_x(t,x)$，以及关于 x 的二阶偏导数 $h_{xx}(t,x)$ 都存在且连续，即 $W(t,x)$，$h(t,x)\in C^{1,2}([0,T]\times R)$，且它们满足如下推广的 HJB 方程。

（1）对于任意的 $(t,x)\in[0,T]\times R$，有

$$\begin{aligned}\sup_{u(t)\in U}\Big\{&W_t+\Big[rx+c-(1-a(t))c_1(1+\tau)+\sum_{i=1}^{n}(\mu_i-r)\pi_i(t)\Big]W_x\\&+\frac{1}{2}\Big[\sum_{i=1}^{n}\pi_i^2(t)\sigma_i^2+\Big(\sum_{i=1}^{n}\pi_i(t)\bar{\sigma}_i\Big)^2\Big](W_{xx}-\gamma h_x^2)\\&+\lambda E[W(t,x+[\tau-a(t)(1+\tau)]Y)-W(t,x)]\\&-\frac{\lambda\gamma}{2}E([h(t,x+[\tau-a(t)(1+\tau)]Y)-h(t,x)]^2)\Big\}=0\end{aligned}\tag{8.11}$$

（2）对于任意的 $(t,x)\in[0,T]\times R$，有

$$\begin{aligned}&h_t+\Big[rx+c-(1-a^{*}(t))c_1(1+\tau)+\sum_{i=1}^{n}(\mu_i-r)\pi_i^{*}(t)\Big]h_x+\frac{1}{2}\Big[\sum_{i=1}^{n}\pi_i^{*2}(t)\sigma_i^2\\&+\Big(\sum_{i=1}^{n}\pi_i^{*}(t)\bar{\sigma}_i\Big)^2\Big]h_{xx}+\lambda E[h(t,x+[\tau-a^{*}(t)(1+\tau)]Y)-h(t,x)]=0\end{aligned}\tag{8.12}$$

这里 $u^{*}(t)=[a^{*}(t),\pi_1^{*}(t),\cdots,\pi_n^{*}(t)]$ 是式（8.11）左端上确界内函

数的最大值点。

(3) 对于 $x \in R$，有

$$W(T,x)=x,h(T,x)=x \tag{8.13}$$

则 $u^*(t)=[a^*(t),\pi_1^*(t),\cdots,\pi_n^*(t)]$ 是时间一致的最优策略，$W(t,x)=V(t,x)=V(t,x,u^*)$ 是最优值函数，$h(t,x)=E_{t,x}[X^{u^*}(T)]$ 是终止财富的均值。

该定理的证明，类似于 Björk 和 Murgoci 中的定理 4.1，这里我们不再证明。

第三节　辅助结果

为了根据验证定理 8.1 得到时间一致的最优再保险－投资策略和最优值函数的显式解，本节给出两个辅助结果。

引理 8.1　$W(t,x)$ 和 $h(t,x)$ 在均值－方差框架下，关于 x 是可分的，即它们具有下面的形式：

$$W(t,x)=xe^{r(T-t)}+A(t),A(T)=0 \tag{8.14}$$

$$h(t,x)=xe^{r(T-t)}+\overline{A}(t),\overline{A}(T)=0 \tag{8.15}$$

该引理的证明类似于第 3 章中的引理 3.1，这里不再给出证明。

引理 8.2　对 $i=1,2,\cdots,n$，下列方程组

$$(\sigma_i^2+\overline{\sigma}_i^{\,2})\pi_i(t)+\overline{\sigma}_i\sum_{j\neq i}\overline{\sigma}_j\pi_j(t)=\frac{\mu_i-r}{\gamma}e^{-r(T-t)} \tag{8.16}$$

有如下的唯一解 $\hat{\pi}_i(t)$：

$$\hat{\pi}_i(t)=\Delta_i\frac{e^{-r(T-t)}}{\gamma},i=1,2,\cdots,n \tag{8.17}$$

其中

$$\Delta_i=\frac{\mu_i-r}{\sigma_i^2}-\frac{\overline{\sigma}_i}{\sigma_i^2\left(1+\sum_{i=1}^{n}\frac{\overline{\sigma}_i^{\,2}}{\sigma_i^2}\right)}\sum_{i=1}^{n}\frac{\overline{\sigma}_i(\mu_i-r)}{\sigma_i^2} \tag{8.18}$$

证明 方程组（8.16）可以重新表示为：

$$\pi_i(t)+\frac{\bar{\sigma}_i}{\sigma_i^2}\sum_{i=1}^{n}\bar{\sigma}_i\pi_i(t)=\frac{\mu_i-r}{\gamma\sigma_i^2}\mathrm{e}^{-r(T-t)},i=1,2,\cdots,n \tag{8.19}$$

对式（8.19）两端同时乘以 $\bar{\sigma}_i$，并从 $i=1$ 到 n 求和，则可以得到：

$$\sum_{i=1}^{n}\bar{\sigma}_i\pi_i(t)=\frac{\mathrm{e}^{-r(T-t)}}{\gamma}\sum_{i=1}^{n}\frac{\bar{\sigma}_i(\mu_i-r)}{\sigma_i^2}\left(1+\sum_{i=1}^{n}\frac{\bar{\sigma}_i^2}{\sigma_i^2}\right)^{-1} \tag{8.20}$$

将式（8.20）代入式（8.19），即可证得方程组（8.16）的唯一解 $\hat{\pi}_i(t)$ 满足式（8.17）。

第四节 最优再保险和投资策略

有了上一节的两个辅助结果，本节将通过求解推广的 HJB 方程（8.11）来确定问题（8.8）的时间一致的最优再保险－投资策略和最优值函数的显式解。

定理 8.2 对于问题（8.8），时间一致的最优再保险策略 $a^*(t)$ 为：

$$a^*(t)=\begin{cases}\dfrac{\tau}{1+\tau}+\dfrac{c_1-\lambda\bar{\mu}_1}{\lambda\bar{\mu}_2\gamma(1+\tau)}, & \text{当 } 0\leqslant t<T+\dfrac{1}{r}\ln\dfrac{\lambda\bar{\mu}_2\gamma}{c_1-\lambda\bar{\mu}_1}\text{ 时}\\ 1, & \text{当 } t\geqslant T+\dfrac{1}{r}\ln\dfrac{\lambda\bar{\mu}_2\gamma}{c_1-\lambda\bar{\mu}_1}\text{ 时}\end{cases} \tag{8.21}$$

时间一致的最优投资策略 $\pi_i^*(t)(i=1,2,\cdots,n)$ 为：

$$\pi_i^*(t)=\begin{cases}\Delta_i\dfrac{\mathrm{e}^{-r(T-t)}}{\gamma}, & \text{当 } \Delta_i>0\text{ 时}\\ 0, & \text{当 } \Delta_i\leqslant 0\text{ 时}\end{cases} \tag{8.22}$$

这里的 Δ_i 由式（8.18）定义。最优值函数分为以下两种情形。

（1）当 $0\leqslant t<T+\dfrac{1}{r}\ln\dfrac{\lambda\bar{\mu}_2\gamma}{c_1-\lambda\bar{\mu}_1}$ 时，最优值函数为：

$$V(t,x)=W(t,x)=x\mathrm{e}^{r(T-t)}+\frac{c-c_1}{r}[\mathrm{e}^{r(T-t)}-1]+\left\{\frac{1}{2}\frac{(c_1-\lambda\bar{\mu}_1)^2}{\lambda\bar{\mu}_2\gamma}\right.$$

$$+\frac{1}{\gamma}\sum_{i=1}^{n}(\mu_i-r)\Delta_i\mathrm{I}_{\{\Delta_i>0\}}-\frac{1}{2\gamma}\Big[\sum_{i=1}^{n}\Delta_i^2\sigma_i^2\mathrm{I}_{\{\Delta_i>0\}}+\Big(\sum_{i=1}^{n}\Delta_i^2\bar{\sigma}_i\mathrm{I}_{\{\Delta_i>0\}}\Big)^2\Big]\Big\}$$
$$\times(T-t) \tag{8.23}$$

(2) 当 $t\geqslant T+\frac{1}{r}\ln\frac{\lambda\bar{\mu}_2\gamma}{c_1-\lambda\bar{\mu}_1}$ 时，最优值函数

$$V(t,x)=W(t,x)=xe^{r(T-t)}+\frac{c-\lambda\bar{\mu}_1}{r}[e^{r(T-t)}-1]-\frac{\lambda\gamma\bar{\mu}_2}{4r}[e^{2r(T-t)}-1]$$
$$+\Big\{\frac{1}{\gamma}\sum_{i=1}^{n}(\mu_i-r)\Delta_i\mathrm{I}_{\{\Delta_i>0\}}-\frac{1}{2\gamma}\Big[\sum_{i=1}^{n}\Delta_i^2\sigma_i^2\mathrm{I}_{\{\Delta_i>0\}}+\Big(\sum_{i=1}^{n}\Delta_i^2\bar{\sigma}_i\mathrm{I}_{\{\Delta_i>0\}}\Big)^2\Big]\Big\}$$
$$\times(T-t) \tag{8.24}$$

这里

$$\mathrm{I}_{\{\Delta_i>0\}}=\begin{cases}1,\text{当 }\Delta_i>0\text{ 时}\\0,\text{当 }\Delta_i\leqslant 0\text{ 时}\end{cases} \tag{8.25}$$

证 由式（8.14）、式（8.15），我们可以得到：

$$\begin{cases}W_t(t,x)=-rxe^{r(T-t)}+A'(t),W_x(t,x)=e^{r(T-t)},W_{xx}(t,x)=0\\h_t(t,x)=-rxe^{r(T-t)}+\bar{A}'(t),h_x(t,x)=e^{r(T-t)},h_{xx}(t,x)=0\\E[W(t,x+[\tau-a(t)(1+\tau)]Y)-W(t,x)]=[\tau-a(t)(1+\tau)]\bar{\mu}_1e^{r(T-t)}\\E[h(t,x+[\tau-a(t)(1+\tau)]Y)-h(t,x)]^2=[\tau-a(t)(1+\tau)]^2\bar{\mu}_2e^{2r(T-t)}\end{cases} \tag{8.26}$$

把式（8.26）代入式（8.11），化简后有：

$$A'(t)+[c-c_1(1+\tau)+\lambda\bar{\mu}_1\tau]e^{r(T-t)}+\sup_{a(t)\in[0,1]}G_1[a(t)]+\sup_{\pi(t)\geqslant 0}G_2[\pi(t)]=0 \tag{8.27}$$

其中

$$G_1[a(t)]=a(t)(1+\tau)(c_1-\lambda\bar{\mu}_1)e^{r(T-t)}-\frac{\lambda\gamma\bar{\mu}_2}{2}[\tau-a(t)(1+\tau)]^2e^{2r(T-t)} \tag{8.28}$$

$$G_2[\pi(t)]=\sum_{i=1}^{n}(\mu_i-r)\pi_i(t)e^{r(T-t)}-\frac{\gamma}{2}e^{2r(T-t)}\Big[\sum_{i=1}^{n}\pi_i^2(t)\sigma_i^2+\Big(\sum_{i=1}^{n}\pi_i(t)\bar{\sigma}_i\Big)^2\Big]$$

$$= \sum_{i=1}^{n}(\mu_i - r)\pi_i(t)e^{r(T-t)} - \frac{\gamma}{2}e^{2r(T-t)}\Big[\sum_{i=1}^{n}\pi_i^2(t)\sigma_i^2 + \sum_{i=1}^{n}\pi_i^2(t)\bar{\sigma}_i^2 + \sum_{i=1}^{n}\Big(\pi_i(t)\bar{\sigma}_i\sum_{j\neq i}\pi_j(t)\bar{\sigma}_j\Big)\Big] \tag{8.29}$$

令$\frac{dG_1[a(t)]}{da(t)}=0$，则可得到：

$$\hat{a}(t) = \frac{\tau}{1+\tau} + \frac{c_1 - \lambda\bar{\mu}_1}{\lambda\bar{\mu}_2\gamma(1+\tau)}e^{-r(T-t)} \tag{8.30}$$

显然，我们有 $\hat{a}(t)\geqslant 0$。因此，当 $\hat{a}(t)<1$ 时，即 $0\leqslant t<T+\frac{1}{r}\ln\frac{\lambda\bar{\mu}_2\gamma}{c_1-\lambda\bar{\mu}_1}$时，时间一致的最优再保险策略为 $\hat{a}(t)$。当 $\hat{a}(t)\geqslant 1$，即 $t\geqslant T+\frac{1}{r}\times\ln\frac{\lambda\bar{\mu}_2\gamma}{c_1-\lambda\bar{\mu}_1}$时，因 $G_1[a(t)]$在$[0,1]$上是关于 $a(t)$的增函数，因此 $G_1[a(t)]$在 $a(t)=1$ 处取得最大值，即在该种情况下，时间一致的最优再保险策略为 1。

令$\frac{\partial G_2[\pi(t)]}{\partial\pi_i(t)}=0$，$i=1,2,\cdots,n$，则可以得到 $\pi_i(t)$满足式（8.16）。因此，当 $\hat{\pi}_i(t)>0$ 时，时间一致的最优投资策略为 $\hat{\pi}_i(t)$。当 $\hat{\pi}_i(t)\leqslant 0$ 时，因为 $G_2[\pi(t)]$在$[0,+\infty)$上是单调递减的函数，因此 $G_2[\pi(t)]$在 $\pi_i(t)=0$ 处取得最大值，即在该种情况下，时间一致的最优投资策略为 0。

将 $a^*(t)$和 $\pi_i^*(t)$，$i=1,2,\cdots,n$，代入式（8.27）可求得 $A(t)$。根据式（8.14），进而可以求得最优值函数。证明完成。

注 8.1 把 $a^*(t)$和 $\pi_i^*(t)$，$i=1,2,\cdots,n$，代入式（8.12）并结合式（8.15），我们可以求得终止财富的均值 $h(t,x)$的表达式。近而，根据式（8.8）可求得终止财富的方差为：

$$\mathrm{Var}_{t,x}[X^{u^*}(T)] = \frac{2}{\gamma}[h(t,x) - W(t,x)] \tag{8.31}$$

这里我们不再给出 $h(t,x)$和$\mathrm{Var}_{t,x}[X^{u^*}(T)]$的具体表达式，读者可以根据需要自己求出。

式（8.21）给出了当考虑相对业绩时，保险人的时间一致的最优再保险策略。当 $a^*(t)=1$ 时，表示保险人不签订再保险合同；当 $a^*(t)\neq 1$ 时，表示保险人签订再保险合同。在签订再保险合同时，如果不考虑相对业绩，即 $\tau=0$，则时间一致的最优再保险策略变为：

$$\tilde{a}^*(t)=\frac{c_1-\lambda\bar{\mu}_1}{\lambda\bar{\mu}_2\gamma}e^{-r(T-t)} \tag{8.32}$$

结合式（8.21）、式（8.32），保险人在签订再保险合同时，我们有

$$a^*(t)=\frac{\tau}{1+\tau}+\frac{1}{1+\tau}\tilde{a}^*(t) \tag{8.33}$$

在保险实务中，若保险人考虑了相对业绩，则可以根据式（8.33）修正他的再保险策略。在下一节，我们将再具体地分析；考虑相对业绩，即 τ，对时间一致最优再保险策略的影响。

式（8.22）给出了保险人时间一致的最优投资策略。通过定理 8.2，我们可以得到保险人是否在某一个具体风险资产上投资的准则。

推论 8.1 当 $\Delta_i>0$ 时，保险人投资于风险资产 i；当 $\Delta_i\leqslant 0$ 时，保险人不在风险资产 i 上投资。

通过推论 8.1 给出的投资准则，我们可以得出：本章考虑的投资方式包含文献中所谓的分散化投资与集中化投资。也就是说，如果存在唯一的 $i\in\{1,2,\cdots,n\}$，使 $\Delta_i>0$，则保险人集中投资于风险资产 i；如果存在 j_1，j_2，…，j_k，$1<k\leqslant n$，使 $\Delta_{j_1}>0,\Delta_{j_2}>0,\cdots,\Delta_{j_k}>0$，则保险人分散化投资于风险资产 j_1，j_2，…，j_k。Δ_i 的取值完全由金融市场决定，而不受保险人决策的影响。这说明，保险人是否在某个风险资产上投资，完全由风险资产的价格因素决定，保险人的自身因素（由 γ、时间 T 和时间 t 等体现）只会影响在某个风险资产上投资额的多少。

进一步分析 Δ_i，我们可以看出 Δ_i 由以下两部分组成：

$$\frac{\mu_i-r}{\sigma_i^2},\ -\frac{\bar{\sigma}_i}{\sigma_i^2\left(1+\sum\limits_{i=1}^{n}\frac{\bar{\sigma}_i^2}{\sigma_i^2}\right)}\sum_{i=1}^{n}\frac{\bar{\sigma}_i(\mu_i-r)}{\sigma_i^2} \tag{8.34}$$

第一部分是风险资产 i 的夏普比率（Sharpe Ratio），夏普比率越大，保险人在风险资产 i 上投资的资金越多。第二部分是由于考虑了风险资产价格

之间的相依性引起的。如果风险资产 i 的价格与其他风险资产的价格是相互独立的，即 $\bar{\sigma}_i=0$，则第二部分消失。在下一节，我们将再具体分析 $\bar{\sigma}_i=0$ 对投资策略的影响。

从上述讨论可以看到，Δ_i 对保险人来说非常重要。在实际中，我们可以基于风险资产的价格参数和无风险资产的利率 r 来估计 Δ_i。无风险资产的利率 r，比如银行存款，较容易获取。同时，我们可以根据风险资产的历史价格，估计风险资产现在的价格，进而得到现在的价格参数。此外，还可以使用一些方法，比如 Barberis 等人提出的外推偏差法，利用风险资产历史的价格来估计将来的价格，进而得到将来的价格参数。

第五节　经济意义分析

本节，我们通过理论分析和数值实验来考察模型参数对时间一致的最优再保险策略和投资策略的影响，进而揭示上一节理论结果背后蕴含的经济意义，从而为实际中保险人签订再保险合同及投资理财提供理论支撑。

一、时间一致的最优再保险策略

本节，我们研究模型参数对时间一致的最优再保险策略的影响。根据式(8.21)，通过简单的计算，我们得到：

$$\frac{\partial a^*(t)}{\partial c_1}>0,\frac{\partial a^*(t)}{\partial \gamma}<0,\frac{\partial a^*(t)}{\partial t}>0 \tag{8.35}$$

这表明，时间一致的最优再保险策略 $a^*(t)$ 关于 c_1、γ 和 t 分别是递增、递减和递增的函数。注意 $a^*(t)$ 为保险人的自留额。c_1 为完全再保险时的再保费，随着 c_1 的增加，再保费增加，因此保险人购买再保险的意愿降低；γ 为保险人的风险厌恶参数，γ 越大，保险人越害怕风险，因此当 γ 增大时，保险人购买再保险的意愿增强；$a^*(t)$ 关于时间 t 是递增的说明，随着再保险的进行，保险人对理赔风险有着更清晰的认识，从而他希望通过自身努力来抵御风险。进而从式（8.21）可知，当 $t \geqslant T + \frac{1}{r}\ln\frac{\lambda\bar{\mu}_2\gamma}{c_1 - \lambda\bar{\mu}_1}$ 时，保险人不再进行再保险，完全由自己来抵御风险。

接下来，我们通过数值实验来分析 τ 和 λ 对 $a^*(t)$ 的影响。模型参数的取值为 $c_1 = 5, \bar{\mu}_1 = 1, \bar{\mu}_2 = 2, r = 0.03, t = 2, T = 10, \gamma = 1.5, \tau = 0.5, \lambda = 2$。

图 8.1 给出了 τ 对 $a^*(t)$ 的影响，这里 $\tau \in [0.1, 0.9]$。从图 8.1 中可以看到，$a^*(t)$ 关于 τ 是递增的。我们知道，τ 代表相对业绩参数。τ 越大，保险人越关心自己的利润 $X_1^a(t)$ 是否超过再保险人从再保险合同中获得的利润 $X_2^a(t)$；而再保险是要分保费给再保险人的，即再保险会使 $X_1^a(t)$ 减少。因此，保险人为了确保 $X_1^a(t) > X_2^a(t)$，在 τ 增大时，会降低其再保险的意愿。

图 8.2 给出了 λ 对 $a^*(t)$ 的影响，这里 $\lambda \in [1, 5]$。从图 8.2 中可以看到，$a^*(t)$ 是关于 λ 递减的函数，λ 代表盈余过程跳的强度。因此，λ 越大，保险市场面临的风险越大。所以，当 λ 增大时，保险人为了规避风险会减少自留额，即增加购买再保险的比例。

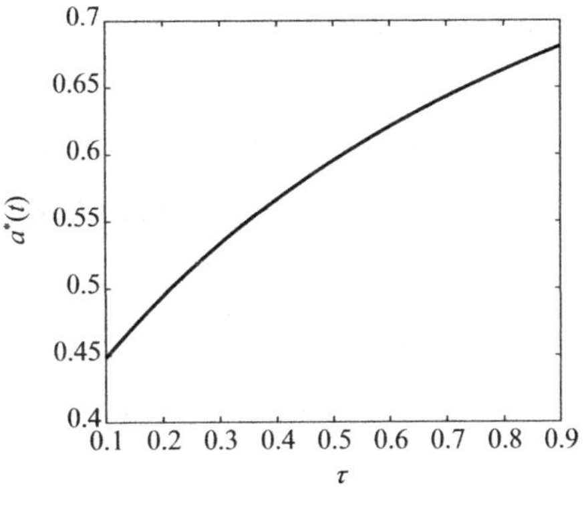

图 8.1　τ 对 $a^*(t)$ 的影响

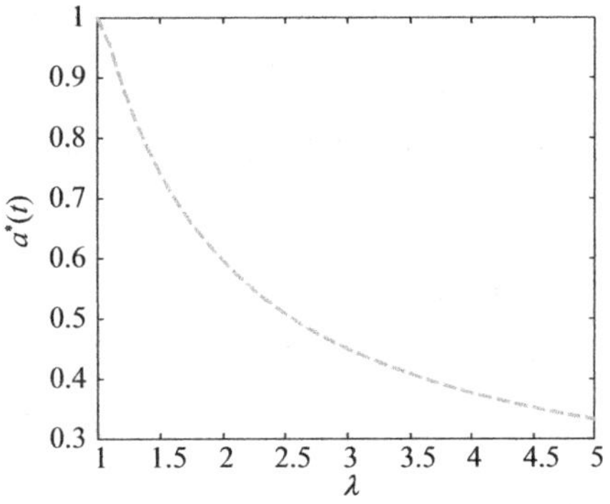

图 8.2　λ 对 $a^*(t)$ 的影响

图 8.3 进一步分析了 τ 和 λ 对 $a^*(t)$ 的联合影响。从图 8.3 中可以看到，与 τ 相比，λ 对 $a^*(t)$ 的影响更显著。这表明，当保险市场面临很大风险时，保险人不会计较在签订再保险合同中自己的损失，仍会把更多的风险转移给再保险人。此时，保险人要支付更多的保费给再保险人。

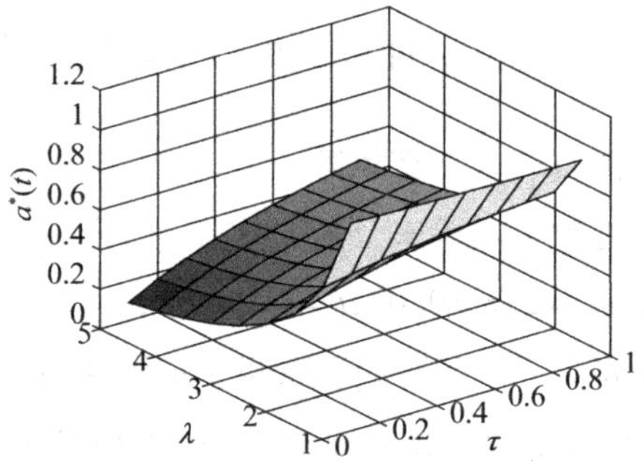

图 8.3　τ 和 λ 对 $a^*(t)$ 的联合影响

二、时间一致的最优投资策略

本节，我们探讨模型参数对时间一致的最优投资策略 $\pi_i^*(t)$ 的影响。从式（8.22）中我们容易得到：

$$\frac{\partial \pi_i^*(t)}{\partial \gamma} \leqslant 0, \frac{\partial \pi_i^*(t)}{\partial t} \geqslant 0 \tag{8.36}$$

可见，$\pi_i^*(t)$ 关于 γ 是递减的函数，关于 t 是递增的函数。从上一节分析我们知道，γ 是保险人的风险厌恶参数。因此，随着 γ 的增大，保险人会减少在风险资产上的投资额。同时，随着时间的推移，保险人对每个风险资产的风险有了更好的了解，对金融风险的把控能力增强，因此会增加在风险资产上的投资。

下面，我们通过数值实验来分析其他金融市场模型参数对 $\pi_i^*(t)$ 的影响。不失一般性，假设金融市场含有一个无风险资产和两个风险资产。基本模型参数设定如下：

$r=0.03, t=2, T=10, \gamma=1.5, \mu_1=0.06, \mu_2=0.08, \sigma_1=0.1, \sigma_2=0.2, \bar{\sigma}_1=0.15, \bar{\sigma}_2=0.25$. 这里，我们只分析模型参数对 $\pi_1^*(t)$ 的影响；类似地，可以分析模型参数对 $\pi_2^*(t)$ 的影响。

图 8.4 给出了 r 对 $\pi_1^*(t)$ 的影响，这里 $r \in [0.02, 0.05]$。可以看到，$\pi_1^*(t)$ 关于 r 是递减的。这是因为，作为无风险资产的利率，随着 r 的增加，保险人会增加在无风险资产上的投资，减少在风险资产上的投资。

图 8.5 展示了 μ_1 对 $\pi_1^*(t)$ 的影响，这里 $\mu_1 \in [0.05, 0.09]$，μ_1 是风险资产 1 的瞬时平均回报率。随着 μ_1 的增加，保险人会在风险资产 1 上获得更大的利润。因此，$\pi_1^*(t)$ 是 μ_1 的递增函数。

图 8.6 给出了 μ_2 对 $\pi_1^*(t)$ 的影响，这里 $\mu_2 \in [0.05, 0.09]$，μ_2 是风险资产 2 的瞬时平均回报率。随着 μ_2 的增加，保险人可以在风险资产 2 上获得更大的利润。因此，保险人会把在风险资产 1 上投资的资金转投到风险资产 2 上。所以，$\pi_1^*(t)$ 是 μ_2 的递减函数。

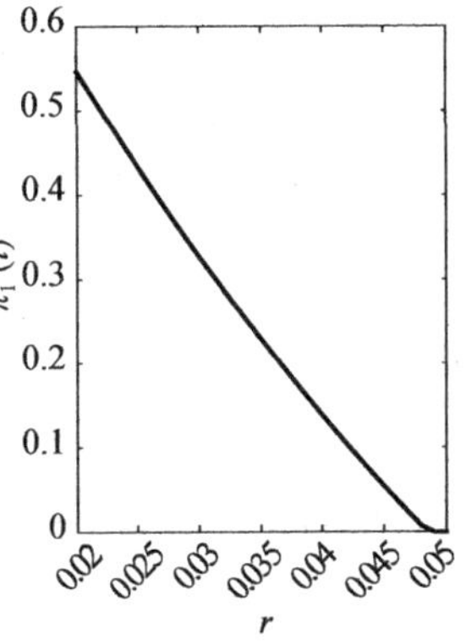

图 8.4　r 对 $\pi_1^*(t)$ 的影响

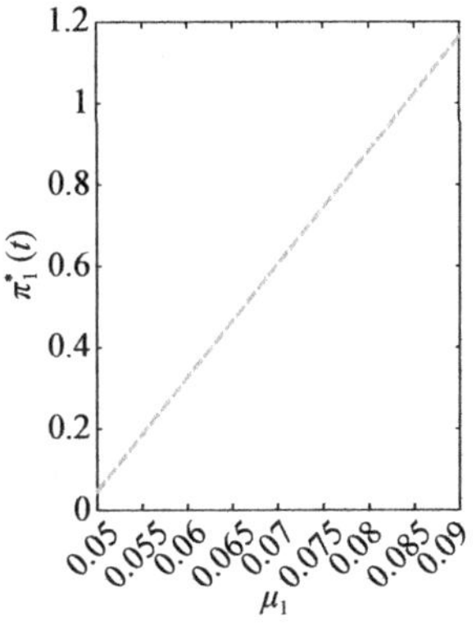

图 8.5　μ_1 对 $\pi_1^*(t)$ 的影响

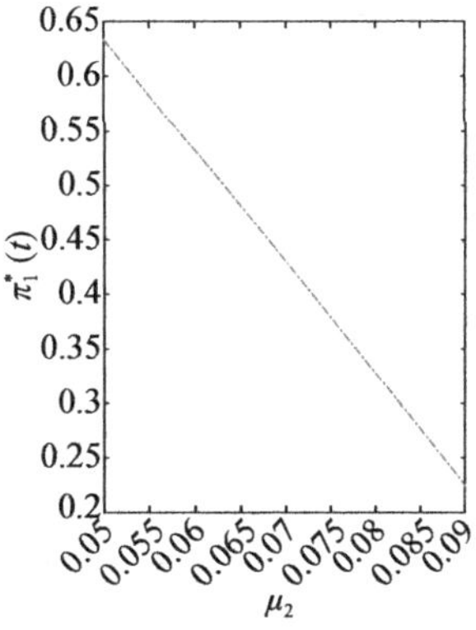

图 8.6　μ_2 对 $\pi_1^*(t)$ 的影响

图 8.7 给出了 σ_1 和 $\bar{\sigma}_1$ 对 $\pi_1^*(t)$ 的影响，这里 $\sigma_1, \bar{\sigma}_1 \in [0.1, 0.5]$，$\sigma_1$ 和 $\bar{\sigma}_1$ 都是风险资产 1 的价格波动率。随着 σ_1 和 $\bar{\sigma}_1$ 的增加，风险资产 1 的投资风险会增大。因此，$\pi_1^*(t)$ 是 σ_1 和 $\bar{\sigma}_1$ 的递减函数。进一步分析图 8.7，我们看到与 σ_1 相比，$\bar{\sigma}_1$ 对 $\pi_1^*(t)$ 的影响更显著。这是因为 $\bar{\sigma}_1$ 代表了风险资产 1 的价格和风险资产 2 的价格之间的相依性，$\bar{\sigma}_1 > 0$ 说明风险资产 1 和风险资产 2 的价格是正相关的。当 $\bar{\sigma}_1$ 增大时，两个风险资产的投资风险都会增大。此时，保险人可能预计到，证券市场会出现大的投资风险，所以他会快速减少在风险资产 1 上投资的资金。

图 8.8 给出了 σ_2 和 $\bar{\sigma}_2$ 对 $\pi_1^*(t)$ 的影响，这里 $\sigma_1 = 0.3$，$\sigma_2 = 0.5$，$\mu_1 = 0.034$，$\mu_2 = 0.038$，其他模型参数的设置与前面相同。σ_2 和 $\bar{\sigma}_2$ 都是风险资产 2 的价格波动率。随着 σ_2 的增加，风险资产 2 的投资风险会增大，从而保

险人会把在风险资产 2 上投资的资金转投到风险资产 1 上。所以，$\pi_1^*(t)$是 σ_2 的递增函数。从图 8.8 中我们还可以看到，$\pi_1^*(t)$关于 $\bar{\sigma}_2$ 是递减的。这是因为 $\bar{\sigma}_2$ 不但是风险资产 2 的价格波动率，还体现了风险资产 1 和风险资产 2 价格的相依性。$\bar{\sigma}_2>0$ 说明风险资产 1 和风险资产 2 的价格是正相关的。随着 $\bar{\sigma}_2$ 的增大，风险资产 2 的投资风险将增大，因此风险资产 1 的投资风险也会增大。所以，$\pi_1^*(t)$是关于 $\bar{\sigma}_2$ 递减的。

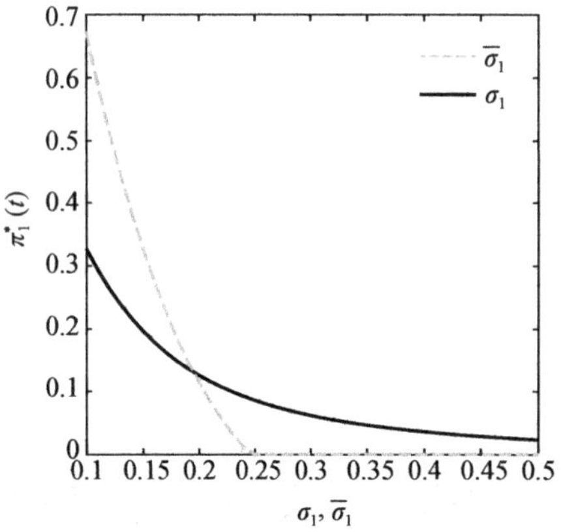

图 8.7 σ_1 和 $\bar{\sigma}_1$ 对 $\pi_1^*(t)$的影响

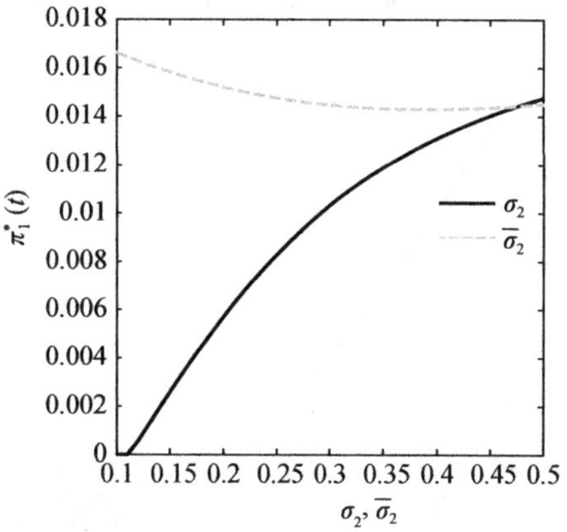

图 8.8 σ_2 和 $\bar{\sigma}_2$ 对 $\pi_1^*(t)$的影响

第九章

最优索赔风险分担下的再保险价格和投资

上一章，我们采用相对业绩量化了保险人和再保险人之间的竞争，进而从兼顾他们双方共同利益的角度研究了最优再保险和投资问题。尽管如此，我们还是假设再保费取预先指定的常数。这不能反映再保险人动态调整再保费的重要事实。本章设计再保险价格的普适性定价区间，它不依赖于任何保费原理。与上一章相似，本章也考虑保险人与再保险人之间的竞争，保险人和再保险人的目标都是最大化终端财富的均值，同时最小化其方差。利用随机最优控制技术，我们解析地导出最优时间一致的投资策略，并得到最优再保险合同，即最优索赔风险分担策略和最优再保险价格。最后，通过数值实验考察模型参数对最优再保险合同和最优时间一致投资策略的影响。

第一节 问题的形成

假设本章所有随机过程都定义于完备的赋流概率空间$(\Omega,\mathcal{F},\{\mathcal{F}_t\},P)$，这里$T>0$是交易的终止时间，$P$是实值概率测度，$\mathcal{F}:=\{\mathcal{F}_t,t\in[0,T]\}$是一个域流，$\mathcal{F}_t$表示到时刻$t$为止保险人和再保险人所获取的所有已知信息，时刻$t$的任意决策都依赖于这个信息流。

一、再保险合同和投资模式

设 $p(t)>0$ 和 $q(t)>0$ 是一致有界的确定性函数，分别代表保险人索赔过程 $L(t)$ 的均值和波动。也就是说，索赔过程 $L(t)$ 满足以下随机微分方程：

$$dL(t)=p(t)dt+q(t)dW(t) \tag{9.1}$$

这里 $W(t)$ 是一维标准布朗运动。文献中经常使用式（9.1）来描述索赔过程，例如 Grandell 和 Bensoussan 等人。为了确保在任何时间，式（9.1）发生负索赔额的概率足够小，假设对于任何给定的 $t\in[0,T]$，比率 $\frac{p(t)}{q(t)}$ 足够大，比如参考文献中的做法可以假设 $\frac{p(t)}{q(t)}>3$。

假设保险人的保费 $c(t)$ 是依照期望值保费原则确定的，即 $c(t)=(1+\theta)p(t)$，其中 $\theta>0$ 为保险人的安全负载。为了降低索赔风险，保险人可以考虑与再保险人签订再保险合同。再保险合同包括两个基本要素：索赔风险分担策略和再保险价格，它们分别由保险人和再保险人确定。假设保险人采用的索赔风险分担模式遵循比例再保险，更具体地说，假设 $a(t)\in[0,1]$ 表示保险人在时间 t 时的自留水平。基本思想是：每次发生索赔时，保险人支付索赔额的 $100a(t)\%$，再保险人支付剩余的 $100[1-a(t)]\%$。由于再保险人支付每笔索赔费用的 $100[1-a(t)]\%$，保险人需要将再保费 $[1-a(t)]\times b(t)$ 转移给再保险人作为补偿，其中 $b(t)$ 称为时间 t 时的再保险价格。因此，$a(t)$ 由保险人决定，$b(t)$ 由再保险人决定。考虑到保险人和再保险人之间的讨价还价，再保险人需要动态调整再保险价格 $b(t)$，我们假设 $b(t)\in[\underline{b}(t),\bar{b}(t)]$。这里 $\underline{b}(t)$ 和 $\bar{b}(t)$ 分别是最低和最高的再保险价格。它们不依赖于特定的再保费原理。这个设置与 Chen 和 Shen 的设置不同。约束 $b(t)\leqslant\bar{b}(t)$ 意味着再保险人不能将再保险价格随意设置为他想要的那样高。原因是：如果再保险价格定得太高，保险人很可能不会购买再保险。考虑到保险人的利益，我们设定 $\bar{b}(t)$ 为 $a(t)=1$ 时对应的再保险价格。另外，再保险价格不能定得太低。否则，再保险人可能不承保索赔风险。基于这些考虑，我们将 $b_1(t)$ 设置为 $a(t)=0$ 时对应的再保险价格，那么 $\underline{b}(t)=b_1(t)\vee$

$c(t)$。这里 $b_1(t)\vee c(t)$代表 $b_1(t)$和 $c(t)$中较大的一个。约束 $b(t)\geqslant c(t)$意味着再保险价格应该不小于原保险价格 $c(t)$，这在精算实践中是很自然的，否则将存在套利行为。$\underline{b}(t)$和 $\overline{b}(t)$的具体值将在下一节中确定。

考虑到索赔风险分担策略和再保险价格，保险人和再保险人的盈余过程 $X_1(t)$和 $X_2(t)$分别满足以下随机微分方程：

$$\begin{aligned} dX_1(t) &= \left\{c(t)-[1-a(t)]b(t)\right\}dt-a(t)dL(t) \\ &= \left\{\theta p(t)-(1-a(t))[b(t)-p(t)]\right\}dt-a(t)q(t)dW(t) \end{aligned} \quad (9.2)$$

和

$$\begin{aligned} dX_2(t) &= [1-a(t)]b(t)dt-[(1-a(t)]dL(t) \\ &= [1-a(t)][b(t)-p(t)]dt-[1-a(t)]q(t)dW(t) \end{aligned} \quad (9.3)$$

对于保险人和再保险人来说，假设金融市场上有两种资产可供投资：无风险资产和风险资产。保险人和再保险人在相同的无风险资产上进行投资，但是他们在不同的风险资产上进行投资。无风险资产的价格过程 $P(t)$由 $dP(t)=rP(t)dt$ 确定，这里 $r>0$ 是利率。保险人可投资的风险资产 1 的价格过程 $S_1(t)$可描述为：

$$dS_1(t)=S_1(t)[\mu_1 dt+\sigma_1 dW_1(t)] \quad (9.4)$$

再保险人可投资的风险资产 2 的价格过程 $S_2(t)$可描述为：

$$dS_2(t)=S_2(t)[\mu_2 dt+\sigma_2 dW_2(t)] \quad (9.5)$$

其中 μ_i 和 σ_i，$i=1,2$，分别是风险资产 i 的增值率和波动率。$W_1(t)$和 $W_2(t)$是两个标准布朗运动，相关系数为 ρ，$\rho\in[-1,1]$，它们与 $W(t)$相互独立。对于 $i=1,2$，假设 $\mu_i\geqslant r$ 和 $\sigma_i>0$。

设 $\pi_1(t)$和 $\pi_2(t)$分别表示在时间 t 时保险人投资于风险资产 1 和再保险人投资于风险资产 2 的金额。那么，$[a(t),\pi_1(t)]$包含了保险人的索赔风险分担策略和投资策略，$[b(t),\pi_2(t)]$包含了再保险价格和再保险人的投资策略。设 $u_1(t):=[a(t),\pi_1(t)]$和 $u_2(t):=[b(t),\pi_2(t)]$，则保险人的财富过程 $X_1^{u_1}(t)$和再保险人的财富过程 $X_2^{u_2}(t)$可以分别描述为：

$$dX_1^{u_1}(t)=\left\{rX_1^{u_1}(t)+(\mu_1-r)\pi_1(t)+\theta p(t)-(1-a(t)[b(t)-p(t)]\right\}dt$$

$$-a(t)q(t)\mathrm{d}W(t)+\pi_1(t)\sigma_1\mathrm{d}W_1(t) \tag{9.6}$$

和

$$\mathrm{d}X_2^{u_2}(t)=\left\{rX_2^{u_2}(t)+(\mu_2-r)\pi_2(t)+(1-a(t)[b(t)-p(t)]\right\}\mathrm{d}t$$
$$-(1-a(t))q(t)\mathrm{d}W(t)+\pi_2(t)\sigma_2\mathrm{d}W_2(t) \tag{9.7}$$

二、竞争下的再保险合同和投资

从式（9.6）和式（9.7）可以清楚地看出，保险人和再保险人都十分关心再保费$[1-a(t)]b(t)$。保险人希望$[1-a(t)]b(t)$尽可能小，而再保险人希望$[1-a(t)]b(t)$尽可能大。保险人和再保险人通过谈判共同确定$[1-a(t)]\times b(t)$的值。为了量化这种博弈，与上一章相似，我们采用下述相对业绩模型：

$$(1-\tau_i)X_i^{u_i}(t)+\tau_i[X_i^{u_i}(t)-X_j^{u_j}(t)],i\neq j,i,j\in\{1,2\} \tag{9.8}$$

这里$\tau_1\in[0,1)$和$\tau_2\in[0,1)$体现了保险人和再保险人之间的竞争程度，并度量他们对另一方表现的敏感性。大的τ_1和τ_2意味着他们更看重对方的业绩，更在意自己相对财富的增加。当$\tau_i=0$时，他们只关心自己的财富。

设

$$Y^{u_1,u_2}(t):=(1-\tau_1)X_1^{u_1}(t)+\tau_1[X_1^{u_1}(t)-X_2^{u_2}(t)] \tag{9.9}$$

和

$$Z^{u_1,u_2}(t):=(1-\tau_2)X_2^{u_2}(t)+\tau_2[X_2^{u_2}(t)-X_1^{u_1}(t)] \tag{9.10}$$

分别是保险人和再保险人的相对财富过程。则$Y^{u_1,u_2}(t)$和$Z^{u_1,u_2}(t)$可以描述为：

$$\mathrm{d}Y^{u_1,u_2}(t)=\Big\{rY^{u_1,u_2}(t)+(\mu_1-r)\pi_1(t)-\tau_1(\mu_2-r)\pi_2(t)+\theta p(t)$$
$$-(1+\tau_1)[1-a(t)][b(t)-p(t)]\Big\}\mathrm{d}t-[(1+\tau_1)a(t)-\tau_1]$$
$$\times q(t)\mathrm{d}W(t)+\pi_1(t)\sigma_1\mathrm{d}W_1(t)-\tau_1\pi_2(t)\sigma_2\mathrm{d}W_2(t) \tag{9.11}$$

和

$$\mathrm{d}Z^{u_1,u_2}(t)=\Big\{rZ^{u_1,u_2}(t)+(\mu_2-r)\pi_2(t)-\tau_2(\mu_1-r)\pi_1(t)+(1+\tau_2)$$
$$\times[1-a(t)][b(t)-p(t)]-\tau_2\theta p(t)\Big\}\mathrm{d}t-[1-(1+\tau_2)a(t)]$$

$$\times q(t)\mathrm{d}W(t)+\pi_2(t)\sigma_2\mathrm{d}W_2(t)-\tau_2\pi_1(t)\sigma_1\mathrm{d}W_1(t) \quad (9.12)$$

设 $Y^{u_1,u_2}(0)=y_0$ 和 $Z^{u_1,u_2}(0)=z_0$。

接下来，我们定义容许策略集。

定义 9.1 对于任何给定的 $t\in[0,T]$，称策略 $\{u_1(t)\}_{t\in[0,T]}$ 和 $\{u_2(t)\}_{t\in[0,T]}$ 是容许策略，如果它们满足下列条件

(1) $a(t)\in[0,1]$，$b(t)\in[\underline{b}(t),\bar{b}(t)]$，$\pi_1(t)$ 和 $\pi_2(t)$ 关于域流 $\{\mathcal{F}_t\}_{t\in[0,T]}$ 是循序可测的，且满足 $E\left\{\int_0^T[\pi_1^4(t)+\pi_2^4(t)]\mathrm{d}t\right\}<\infty$；

(2) 在策略 $u_1(t)$ 和 $u_2(t)$ 下，随机微分方程（9.11）和方程（9.12）分别具有唯一的强解 $Y^{u_1,u_2}(t)$ 和 $Z^{u_1,u_2}(t)$。

保险人的所有容许策略 $u_1(t)$ 和再保险人的所有容许策略 $u_2(t)$ 所构成的策略集分别用 $\mathcal{A}_I$ 和 $\mathcal{A}_R$ 表示。

三、时间一致的均值方差型再保险合同和投资问题

定义 $J_1(t,y;u_1,u_2)$ 和 $J_2(t,z;u_1,u_2)$ 分别为：

$$J_1(t,y;u_1,u_2):=E_{t,y}[Y^{u_1,u_2}(T)]-0.5\gamma_1\,\mathrm{Var}_{t,y}[Y^{u_1,u_2}(T)] \quad (9.13)$$

和

$$J_2(t,z;u_1,u_2):=E_{t,z}[Z^{u_1,u_2}(T)]-0.5\gamma_2\,\mathrm{Var}_{t,z}[Z^{u_1,u_2}(T)] \quad (9.14)$$

这里 γ_1 和 γ_2 分别是保险人和再保险人的风险厌恶参数；$E_{t,y}[\cdot]=E[\cdot\mid Y^{u_1,u_2}(t)=y]$，$\mathrm{Var}_{t,y}[\cdot]=\mathrm{Var}[\cdot\mid Y^{u_1,u_2}(t)=y]$，$E_{t,z}[\cdot]=E[\cdot\mid Z^{u_1,u_2}(t)=z]$，$\mathrm{Var}_{t,z}[\cdot]=\mathrm{Var}[\cdot\mid Z^{u_1,u_2}(t)=z]$。

保险人和再保险人的目标可以描述如下。

对于任意给定的 $u_2(t)\in\mathcal{A}_R$，保险人的目标是寻找策略 $\bar{u}_1^*(t):=[\bar{a}^*(t),\bar{\pi}_1^*(t)]\in A_I$，使得：

$$J_1(t,y;\bar{u}_1^*,u_2):=\max_{u_1\in \mathrm{A}_I}J_1(t,y;u_1,u_2) \quad (9.15)$$

这里 $\bar{a}^*(t)=\xi_1^*[t,b(t)]$ 和 $\bar{\pi}_1^*(t)=\xi_2^*[t,\pi_2(t)]$ 是保险人的最优响应策略。对于保险人选择的策略 $\bar{u}_1^*(t)\in\mathcal{A}_I$，再保险人的目标是选择最优策略 $u_2^*(t)\in\mathcal{A}_R$，使得：

$$J_2(t,z;\bar{u}_1^*,u_2^*):=\max_{u_2\in\mathcal{A}_R}J_2(t,z;\bar{u}_1^*,u_2) \tag{9.16}$$

$[u_1^*(t),u_2^*(t)]$为问题（9.15）和问题（9.16）的最优策略。保险人的最优值函数是 $\bar{J}_1(t,y):=J_1(t,u_1^*,u_2^*)$，再保险人的最优值函数是 $\bar{J}_2(t,z):=J_2(t,z;\bar{u}_1^*,u_2^*)$，这里 $u_1^*(t)=[a^*(t),\pi_1^*(t)]=\{\xi_1^*[t,b^*(t)],\xi_2^*[t,\pi_2^*(t)]\},u_2^*(t)=[b^*(t),\pi_2^*(t)]$。

从问题（9.15）和问题（9.16）可以看出，最优策略的确定过程遵循了逆向递归的思想。按照如下三个步骤进行求解。第一步：对于再保险人任何给定的再保险价格 $b(t)\in\mathcal{A}_R$，保险人观察到再保险价格为 $b(t)$，并假设再保险人的投资策略是 $\pi_2(t)$。然后，保险人选择他的最优索赔风险分担策略 $\xi_1^*(t,b(t))\in\mathcal{A}_I$ 和投资策略 $\xi_2^*[t,\pi_2(t)]\in\mathcal{A}_I$ 以最大化 $J_1(t,y;u_1,u_2)$，作为对 $b(t)$ 和 $\pi_2(t)$ 的回应。第二步：再保险人知道保险人将执行索赔风险分担策略 $\xi_1^*[t,b(t)]$ 和投资策略 $\xi_2^*[t,\pi_2(t)]$，然后他选择再保险价格 $b(t)\in\mathcal{A}_R$ 和投资策略 $\pi_2(t)\in\mathcal{A}_R$ 最大化 $J_2(t,z;\xi_1^*[t,b(t)],\xi_2^*[t,\pi_2(t)],[b(t),\pi_2(t)])=J_2(t,z;\bar{u}_1^*,u_2)$。第三步：保险人根据再保险人的最优再保险价格 $b^*(t)$ 和投资策略 $\pi_2^*(t)$ 调整其索赔风险分担策略和投资策略，形成该种博弈的最优策略。$[a^*(t),b^*(t)]=[\xi_1^*(t,b^*(t)),b^*(t)]$ 为保险人和再保险人通过博弈形成的最优再保险合同，即最优索赔风险分担策略 $\xi_1^*[t,b^*(t)]$ 和最优再保险价格 $b^*(t)$。这种博弈在文献中通常被称为 Stackelberg 博弈。

上述关于最优策略确定过程的解释意味着保险人和再保险人的地位是不平等的。再保险人是领导者，保险人是追随者。这是因为再保险人首先宣布他的策略 $u_2(t)$，然后保险人观察（或假设）再保险人的策略是 $u_2(t)$，并选择他的最优响应策略 $\xi_1^*[t,b(t)]\in\mathcal{A}_I$ 和 $\xi_2^*[t,\pi_2(t)]\in\mathcal{A}_I$。

众所周知，在许多情况下，最优策略的时间一致性已经成为理性决策的基本要求。决策者在时间 t 时会考虑，从 $t+\Delta t$ 开始，他会遵循在时间 $t+\Delta t$ 时的最优策略。也就是说，在时间 t 得出的最优策略，应该与在时间 $t+\Delta t$ 得出的最优策略是一致的。这是时间一致策略的基本含义。然而，问题（9.15）和问题（9.16）在贝尔曼（Bellman）最优性原理不成立的意义下被证明是时间不一致的。原因是问题（9.15）和问题（9.16）的目标函数中包含条件方差项。在第二节和第三节中，我们将在博弈论的框架下重新阐述该问题，以期找到时间一致的策略。

在接下来的三节中，我们将依次得到保险人的最优响应策略 $\bar{u}_1^*(t)$、再保险人的最优时间一致策略 $u_2^*(t)$、最优再保险合同$[a^*(t),b^*(t)]$，最后得到保险人的最优时间一致的投资策略。

第二节 保险人的最优响应策略

给定再保险人的策略 $u_2(t)\in\mathcal{A}_R$，本节求出保险人的最优响应索赔风险分担和投资策略。为了获得时间一致的策略，我们首先为保险人定义如下的均衡策略和均衡值函数。

定义 9.2 考虑一个容许策略 $\bar{u}_1^*(s)\in\mathcal{A}_I$（一个候选的均衡策略）。对于任意给定的 $u_2(s)\in\mathcal{A}_R$，$u_1(s)\in\mathcal{A}_I$ 和实数 $\varepsilon>0$，我们定义下面的策略：

$$u_1^{\varepsilon}(s)=\begin{cases}u_1(s),t\leqslant s<t+\varepsilon\\ \bar{u}_1^*(s),t+\varepsilon\leqslant s\leqslant T\end{cases}\tag{9.17}$$

如果

$$\liminf_{\varepsilon\to 0}\frac{J_1(t,y;\bar{u}_1^*,u_2)-J_1(t,y;u_1^{\varepsilon},u_2)}{\varepsilon}\geqslant 0\tag{9.18}$$

则 $\bar{u}_1^*(s)$是均衡策略，相应的均衡值函数为 $J_1(t,y;\bar{u}_1^*,u_2)$。

根据 Björk 等人的研究，我们知道由定义 9.2 给出的均衡策略是时间一致的。此后，均衡策略和均衡值函数分别被称为最优时间一致的策略和最优值函数。

对任意的 $\phi(t,y)\in C^{1,2}([0,T]\times R)$，相对财富过程（9.11）的无穷小生成元 $\mathcal{B}^{u_1,u_2}$定义为：

$$\mathcal{B}^{u_1,u_2}\phi(t,y)=\phi_t(t,y)+\Big\{ry+(\mu_1-r)\pi_1(t)-\tau_1(\mu_2-r)\pi_2(t)+\theta p(t)$$
$$-(1+\tau_1)[1-a(t)][b(t)-p(t)]\Big\}\phi_y(t,y)+0.5\Big\{q^2(t)$$

$$\times[(1+\tau_1)a(t)-\tau_1]^2+\pi_1^2(t)\sigma_1^2+\tau_1^2\pi_2^2(t)\sigma_2^2-2\tau_1\rho\sigma_1\sigma_2$$
$$\times\pi_1(t)\pi_2(t)\Big\}\phi_{yy}(t,y) \tag{9.19}$$

与第 2 章中定理 2.3 证明值函数的性质相似，我们能容易得到如下引理。

引理 9.1 对于任意固定的容许策略 $u_1(t)\in\mathcal{A}_I$ 和 $u_2(t)\in\mathcal{A}_R$，我们有：

$$E_{t,y}\left[\sup_{s\in[t,T]}|Y^{u_1,u_2}(s)|^4\right]<+\infty,\ \forall(t,y)\in[0,T]\times R \tag{9.20}$$

为了建立问题（9.15）的验证定理，我们需要下面的引理 9.2。

引理 9.2 对于任意的 $V(t,y)\in D^{1,2}([0,T]\times R),(t,y)\in[0,T]\times R$, $u_1(t)\in\mathcal{A}_I$ 和 $u_2(t)\in\mathcal{A}_R$，下列积分是鞅：

$$\begin{cases}M_1(t,y)=\int_t^T V_y[s,Y^{u_1,u_2}(s)][(1+\tau_1)a(s)-\tau_1]q(s)\mathrm{d}W(s)\\ M_2(t,y)=\int_t^T V_y[s,Y^{u_1,u_2}(s)]\pi_1(s)\sigma_1\mathrm{d}W_1(s)\\ M_3(t,y)=\int_t^T V_y[s,Y^{u_1,u_2}(s)]\tau_1\pi_2(s)\sigma_2\mathrm{d}W_2(s)\end{cases} \tag{9.21}$$

这里 $V_y[s,Y^{u_1,u_2}(s)]$代表 $V[s,Y^{u_1,u_2}(s)]$关于第二个变量的偏导数。

证明 我们首先证明 $M_3(t,y)$是一个鞅。根据容许策略的定义和引理 9.1，我们有：

$$E_{t,y}\left[\int_t^T\left|\pi_2(s)\right|^4ds\right]<+\infty,E_{t,y}\left(\sup_{s\in[t,T]}\left|Y^{u_1,u_2}(s)\right|^4\right)<+\infty \tag{9.22}$$

因为 $V(t,y)\in D^{1,2}([0,T]\times R)$，所以存在 $\kappa>0$，使：

$$|V_y(t,y)|\leqslant\kappa(1+|y|) \tag{9.23}$$

根据式（9.22）、式（9.23），我们有：

$$\begin{aligned}&E_{t,y}\left\{\int_t^T|V_y[s,Y^{u_1,u_2}(s)]\tau_1\sigma_2\pi_2(s)|^2\mathrm{d}s\right\}\\ &\leqslant E_{t,y}\left\{\int_t^T\{V_y^4[s,Y^{u_1,u_2}(s)]+\tau_1^4\sigma_2^4\pi_2^4(s)\}\mathrm{d}s\right\}\\ &\leqslant E_{t,y}\left\{\int_t^T[\kappa^4(1+|Y^{u_1,u_2}(s)|)^4+\tau_1^4\sigma_2^4\pi_2^4(s)]\mathrm{d}s\right\}\\ &\leqslant E_{t,y}\left\{\int_t^T[8\kappa^4(1+|Y^{u_1,u_2}(s)|^4)+\tau_1^4\sigma_2^4\pi_2^4(s)]\mathrm{d}s\right\}<+\infty\end{aligned} \tag{9.24}$$

由于 $M_3(t,y)$ 中的所有随机过程都是 $(\Omega,\mathcal{F},\{\mathcal{F}_t\},P)$ 中的适应过程，$\mathcal{F}$ 包括了时间区间 $[0,T]$ 中的所有可用信息，根据 Øksendal 中的推论 3.2.6，我们可以得到 $M_3(t,y)$ 是鞅。同样，我们可以证明 $M_1(t,y)$ 和 $M_2(t,y)$ 是鞅。

现在，我们可以给出下面的验证定理。

定理 9.1 对于问题（9.15），任意的 $(t,y)\in[0,T]\times R$ 和 $u_2(t)\in\mathcal{A}_R$，如果存在两个实函数 $V(t,y)$ 和 $h(t,y)\in D^{1,2}([0,T]\times R)$，使得下面推广的 HJB 方程成立：

$$\sup_{u_1\in\mathcal{A}_I}\left\{\mathcal{B}^{u_1,u_2}V(t,y)-0.5\gamma_1\mathcal{B}^{u_1,u_2}h^2(t,y)+\gamma_1h(t,y)\mathcal{B}^{u_1,u_2}h(t,y)\right\}=0 \tag{9.25}$$

$$\mathcal{B}^{\bar{u}_1^*,u_2}h(t,y)=0 \tag{9.26}$$

且满足边界条件 $V(T,y)=y$ 和 $h(T,y)=y$，这里

$$\begin{aligned}\bar{u}_1^*(t)&=[\bar{a}^*(t),\bar{\pi}_1^*(t)]=\left\{\xi_1^*[b(t)],\xi_2^*[\pi_2(t)]\right\}\\&=\arg\sup_{u_1\in\mathrm{A}_I}\{\mathcal{B}^{u_1,u_2}V(t,y)-0.5\gamma_1\mathcal{B}^{u_1,u_2}h^2(t,y)+\gamma_1h(t,y)\mathcal{B}^{u_1,u_2}h(t,y)\}\end{aligned} \tag{9.27}$$

则 $\bar{u}_1^*(t)$ 是最优时间一致的策略，$V(t,y)=J_1(t,y;\bar{u}_1^*,u_2)$ 是最优值函数，$h(t,y)=E_{t,y}[Y^{\bar{u}_1^*,u_2}(T)]$ 是终端财富的期望。

证明：证明由两步组成：首先，我们证明 $V(t,y)=J_1(t,y;\bar{u}_1^*,u_2)$ 和 $h(t,y)=E_{t,y}\{h[T,Y^{\bar{u}_1^*,u_2}(T)]\}$，即 $V(t,y)$ 是最优值函数，$h(t,y)$ 是终端财富的期望值。其次，我们证明 $\bar{u}_1^*(t)$ 确实是最优时间一致的策略。

第一步 通过对 $V(t,y)$ 使用 Itô 公式，并利用 $\mathcal{B}^{\bar{u}_1^*,u_2}$ 的表达式，我们得到：

$$\begin{aligned}V[T,Y^{\bar{u}_1^*,u_2}(T)]&=V(t,y)+\int_t^T\mathcal{B}^{\bar{u}_1^*,u_2}V[s,Y^{\bar{u}_1^*,u_2}(s)]\mathrm{d}s-\int_t^TV_y[s,Y^{\bar{u}_1^*,u_2}(s)]\\&\quad\times[(1+\tau_1)\bar{a}^*(s)-\tau_1]q(s)\mathrm{d}W(s)+\int_t^TV_y[s,Y^{\bar{u}_1^*,u_2}(s)]\\&\quad\times\bar{\pi}_1^*(s)\sigma_1\mathrm{d}W_1(s)-\int_t^TV_y[s,Y^{\bar{u}_1^*,u_2}(s)]\pi_2(s)\tau_1\sigma_2\mathrm{d}W_2(s)\end{aligned} \tag{9.28}$$

利用引理 3.2，通过在式（9.28）的两端取条件期望，则可得：

$$E_{t,y}\{V[T,Y^{\bar{u}_1^*,u_2}(T)]\} = V(t,y) + E_{t,y}\left[\int_t^T \mathcal{B}^{\bar{u}_1^*,u_2}V(s,Y^{\bar{u}_1^*,u_2}(s))\mathrm{d}s\right] \tag{9.29}$$

类似地，通过对 $h(t,y)$ 使用 Itô 公式，经过一些简化后，我们得到：

$$E_{t,y}\{h[T,Y^{\bar{u}_1^*,u_2}(T)]\} = h(t,y) + E_{t,y}\left[\int_t^T \mathcal{B}^{\bar{u}_1^*,u_2}h(s,Y^{\bar{u}_1^*,u_2}(s))\mathrm{d}s\right] \tag{9.30}$$

注意到 $\mathcal{B}^{\bar{u}_1^*,u_2}h(t,y)=0$，从式（9.30）可以得到：

$$h(t,y)=E_{t,y}\{h[T,Y^{\bar{u}_1^*,u_2}(T)]\}=E_{t,y}[Y^{\bar{u}_1^*,u_2}(T)] \tag{9.31}$$

从式（9.25）可以获得：

$$\mathcal{B}^{\bar{u}_1^*,u_2}V(t,y)=0.5\gamma_1\mathcal{B}^{\bar{u}_1^*,u_2}h^2(t,y) \tag{9.32}$$

联合式（9.29）、式（9.32），我们有：

$$V(t,y) = E_{t,y}\{V[T,Y^{\bar{u}_1^*,u_2}(T)]\} - 0.5\gamma_1E_{t,y}\left\{\int_t^T B^{\bar{u}_1^*,u_2}h^2[s,Y^{\bar{u}_1^*,u_2}(s)]\mathrm{d}s\right\} \tag{9.33}$$

与式（9.29）、式（9.30）相似，对 $h^2(t,y)$ 应用 Itô 公式，可得：

$$E_{t,y}\left[\int_t^T B^{\bar{u}_1^*,u_2}h^2(s,Y^{\bar{u}_1^*,u_2}(s))ds\right] = E_{t,y}\{h^2[T,Y^{\bar{u}_1^*,u_2}(T)]\} - h^2(t,y) \tag{9.34}$$

将式（9.34）代入式（9.33）得：

$$V(t,y)=E_{t,y}\{V[T,Y^{\bar{u}_1^*,u_2}(T)]\}-0.5\gamma_1\{E_{t,y}[h^2(T,Y^{\bar{u}_1^*,u_2}(T))]-h^2(t,y)\} \tag{9.35}$$

根据边界条件 $V[T,Y^{\bar{u}_1^*,u_2}(T)]=h[T,Y^{\bar{u}_1^*,u_2}(T)]=Y^{\bar{u}_1^*,u_2}(T)$ 和式（9.31），式（9.35）可以重新写作：

$$\begin{aligned}V(t,y)&=E_{t,y}[Y^{\bar{u}_1^*,u_2}(T)]-0.5\gamma_1\{E_{t,y}[(Y^{\bar{u}_1^*,u_2}(T))^2]-[E_{t,y}(Y^{\bar{u}_1^*,u_2}(T))]^2\}\\&=E_{t,y}[Y^{\bar{u}_1^*,u_2}(T)]-0.5\gamma_1\mathrm{Var}_{t,y}[Y^{\bar{u}_1^*,u_2}(T)]=J_1(t,y;\bar{u}_1^*,u_2)\end{aligned} \tag{9.36}$$

第二步 为了便于下面的证明，我们引入一些符号。

由式（9.13）定义的 $J_1(t,y;u_1,u_2)$ 可以重新写作：

$$J_1(t,y;u_1,u_2)=E_{t,y}[Y^{u_1,u_2}(T)]-0.5\gamma_1\mathrm{Var}_{t,y}[Y^{u_1,u_2}(T)]$$

$$=E_{t,y}[F(Y^{u_1,u_2}(T))]+G[E_{t,y}(Y^{u_1,u_2}(T))] \tag{9.37}$$

这里 $F(y):=y-0.5\gamma_1 y^2$，$G(y):=0.5\gamma_1 y^2$。$\bar{f}(t,y)$，$(G\diamond h)(t,y)$和$\mathcal{H}^{u_1,u_2}h(t,y)$定义为：

$$\begin{cases}\bar{f}(t,y)=E_{t,y}\{F[Y^{u_1,u_2}(T)]\}\\(G\diamond h)(t,y)=G[h(t,y)]=0.5\gamma_1 h^2(t,y)\\\mathcal{H}^{u_1,u_2}h(t,y)=G'[h(t,y)]\mathcal{B}^{u_1,u_2}h(t,y)=\gamma_1 h(t,y)\mathcal{B}^{u_1,u_2}h(t,y)\end{cases} \tag{9.38}$$

根据式（9.38），式（9.25）变为：

$$\sup_{u_1\in\mathcal{A}_I}\left\{\mathcal{B}^{u_1,u_2}V(t,y)-\mathcal{B}^{u_1,u_2}(G\diamond h)(t,y)+\mathcal{H}^{u_1,u_2}h(t,y)\right\}=0 \tag{9.39}$$

由式（9.39），我们有：

$$\mathcal{B}^{u_1,u_2}V(t,y)-\mathcal{B}^{u_1,u_2}(G\diamond h)(t,y)+\mathcal{H}^{u_1,u_2}h(t,y)\leqslant 0 \tag{9.40}$$

对任意 $\varepsilon>0$，将上述不等式离散化，我们得到：

$$\begin{aligned}&E_{t,y}[V(t+\varepsilon,Y^{u_1,u_2}(t+\varepsilon))]-V(t,y)-E_{t,y}[G(h(t+\varepsilon,Y^{u_1,u_2}(t+\varepsilon)))]\\&\quad+G[h(t,y)]+G(E_{t,y}[h(t+\varepsilon,Y^{u_1,u_2}(t+\varepsilon))])-G[h(t,y)]\leqslant o(\varepsilon)\end{aligned} \tag{9.41}$$

式（9.41）等价于：

$$\begin{aligned}J_1(t,y;\bar{u}_1^*,u_2)=V(t,y)\geqslant &E_{t,y}[V(t+\varepsilon,Y^{u_1,u_2}(t+\varepsilon))]-E_{t,y}[G(h(t+\varepsilon,\\&Y^{u_1,u_2}(t+\varepsilon)))]+G(E_{t,y}[h(t+\varepsilon,Y^{u_1,u_2}(t+\varepsilon))])\\&+o(\varepsilon)\end{aligned} \tag{9.42}$$

另外，对于任意的容许策略 $u_1(t)\in\mathcal{A}_I$，我们可以构造一个如定义 9.2 中的控制策略 $u_1^{\varepsilon}(t)$。在时间点 t 和 $t+\varepsilon$ 应用该策略，我们获得：

$$\begin{aligned}J_1(t,y;u_1^{\varepsilon},u_2)=&E_{t,y}[J_1(t+\varepsilon,Y^{u_1^{\varepsilon},u_2}(t+\varepsilon);u_1^{\varepsilon},u_2)]-\Big\{E_{t,y}[\bar{f}^{u_1^{\varepsilon},u_2}(t+\varepsilon,\\&Y^{u_1^{\varepsilon},u_2}(t+\varepsilon))]-E_{t,y}[\bar{f}^{u_1^{\varepsilon},u_2}(t+\varepsilon,Y^{u_1^{\varepsilon},u_2}(t+\varepsilon))]\Big\}\\&-\Big\{E_{t,y}[G(h^{u_1^{\varepsilon},u_2}(t+\varepsilon,Y^{u_1^{\varepsilon},u_2}(t+\varepsilon)))]-G[E_{t,y}(h^{u_1^{\varepsilon},u_2}(t\\&+\varepsilon,Y^{u_1^{\varepsilon},u_2}(t+\varepsilon)))]\Big\}\end{aligned} \tag{9.43}$$

这里

$$\bar{f}^{u_1^{\varepsilon},u_2}(t,y)=E_{t,y}\{F[Y^{u_1^{\varepsilon},u_2}(T)]\},h^{u_1^{\varepsilon},u_2}(t,y)=E_{t,y}[Y^{u_1^{\varepsilon},u_2}(T)] \quad (9.44)$$

因为在$[t,t+\varepsilon)$上有 $u_1^{\varepsilon}(t)=u_1(t)$，所以通过连续性可得 $Y^{u_1,u_2}(t+\varepsilon)=Y^{u_1^{\varepsilon},u_2}(t+\varepsilon)$；因为在$[t+\varepsilon,T]$上有 $u_1^{\varepsilon}(t)=\bar{u}_1^*(t)$，所以我们有：

$$J_1[t+\varepsilon,Y^{u_1^{\varepsilon},u_2}(t+\varepsilon);u_1^{\varepsilon},u_2]=V[t+\varepsilon,Y^{u_1,u_2}(t+\varepsilon)] \quad (9.45)$$

$$h^{u_1^{\varepsilon},u_2}[t+\varepsilon,Y^{u_1^{\varepsilon},u_2}(t+\varepsilon)]=h[t+\varepsilon,Y^{u_1,u_2}(t+\varepsilon)] \quad (9.46)$$

进而，我们推得：

$$J_1(t,y;u_1^{\varepsilon},u_2)=E_{t,y}[V(t+\varepsilon,Y^{u_1,u_2}(t+\varepsilon))]-E_{t,y}[G(h(t+\varepsilon,Y^{u_1,u_2}(t+\varepsilon)))]+G[E_{t,y}(h(t+\varepsilon,Y^{u_1,u_2}(t+\varepsilon)))] \quad (9.47)$$

由式（9.43）、式（9.47），我们可知 $J_1(t,y;\bar{u}_1^*,u_2)-J_1(t,y;u_1^{\varepsilon},u_2)\geqslant o(\varepsilon)$，所以

$$\liminf_{\varepsilon\to 0}\frac{J_1(t,y;\bar{u}_1^*,u_2)-J_1(t,y;u_1^{\varepsilon},u_2)}{\varepsilon}\geqslant 0 \quad (9.48)$$

基于定理 9.1，我们有下面的结论。

定理 9.2 对于任何固定的 $u_2(t)\in\mathcal{A}_R$，保险人的最优响应索赔风险分担策略是 $\xi_1^*[t,b(t)]=[0\vee a^0(t,b(t))]\wedge 1$，其中 $a^0[t,b(t)]$由下式给出：

$$a^0[t,b(t)]=\frac{\tau_1}{1+\tau_1}+\frac{b(t)-p(t)}{q^2(t)\gamma_1(1+\tau_1)}e^{-r(T-t)} \quad (9.49)$$

保险人的最优响应投资策略由下式给出：

$$\xi_2^*[t,\pi_2(t)]=\frac{\rho\sigma_2\tau_1}{\sigma_1}\pi_2(t)+\frac{\mu_1-r}{\sigma_1^2\gamma_1}e^{-r(T-t)} \quad (9.50)$$

证明 首先，推广的 HJB 方程（9.25）可以重新写作：

$$\sup_{u_1\in\mathcal{A}_I}\Big\{V_t+\Big[ry+\theta p(t)-(1+\tau_1)(1-a(t))[b(t)-p(t)]+(\mu_1-r)\times\pi_1(t)-\tau_1(\mu_2-r)\pi_2(t)\Big]V_y+0.5(V_{yy}-\gamma_1h_y^2)\Big\{q^2(t)\times[(1+\tau_1)a(t)-\tau_1]^2+\pi_1^2(t)\sigma_1^2-2\rho\sigma_1\sigma_2\tau_1\pi_1(t)\pi_2(t)+\tau_1^2\sigma_2^2\pi_2^2(t)\Big\}\Big\}=0 \quad (9.51)$$

类似于第 3 章中的引理 3.1，我们分别构造式（9.51）、式（9.26）具有如下形式的解：

$$\begin{cases} V(t,y)=ye^{r(T-t)}+A_1(t), A_1(T)=0 \\ h(t,y)=ye^{r(T-t)}+\overline{A}_1(t), \overline{A}_1(T)=0 \end{cases} \tag{9.52}$$

其中 $A_1(t)$ 和 $\overline{A}_1(t)$ 是 t 的确定性函数。

然后，$V(t,y)$ 和 $h(t,y)$ 的偏导数由下式给出：

$$\begin{cases} V_t(t,y)=-rye^{r(T-t)}+A_1'(t), V_y(t,y)=e^{r(T-t)}, V_{yy}(t,y)=0 \\ h_t(t,y)=-rye^{r(T-t)}+\overline{A}'_1(t), h_y(t,y)=e^{r(T-t)}, h_{yy}(t,y)=0 \end{cases} \tag{9.53}$$

把式（9.52）、式（9.53）代入式（9.51），我们有：

$$A'_1(t)+\theta p(t)e^{r(T-t)}+\sup_{a(t)\in\mathcal{A}_I} f_1[t,a(t)]+\sup_{\pi_1(t)\in\mathcal{A}_I} f_2[t,\pi_1(t)]=0 \tag{9.54}$$

其中

$$\begin{aligned} f_1[t,a(t)] &= -(1+\tau_1)(1-a(t))[b(t)-p(t)]e^{r(T-t)} \\ &\quad -0.5\gamma_1 e^{2r(T-t)}q^2(t)[(1+\tau_1)a(t)-\tau_1]^2 \\ f_2[t,\pi_1(t)] &= [(\mu_1-r)\pi_1(t)-\tau_1(\mu_2-r)\pi_2(t)]e^{r(T-t)}-0.5\gamma_1 e^{2r(T-t)} \\ &\quad \times[\pi_1^2(t)\sigma_1^2-2\rho\sigma_1\sigma_2\tau_1\pi_1(t)\pi_2(t)+\tau_1^2\sigma_2^2\pi_2^2(t)] \end{aligned} \tag{9.55}$$

令 $\dfrac{df_1[t,a(t)]}{da(t)}=0$，我们得到函数 $f_1[t,a(t)]$ 的最大值点由式（9.49）给出。

令 $\dfrac{df_2[t,\pi_1(t)]}{d\pi_1(t)}=0$，我们得到函数 $f_2[t,\pi_1(t)]$ 的最大值点由式（9.50）给出。

进而，基于定理 9.1，保险人的最优时间一致的响应索赔风险分担策略为 $\xi_1^*[t,b(t)]=[0\vee a^0(t,b(t))]\wedge 1$，这里 $a^0[t,b(t)]$ 由式（9.49）给出，最优时间一致的响应投资策略为 $\xi_2^*[t,\pi_2(t)]$，它由式（9.50）给出。

由定理 9.2，我们可以推导出最高和最低的再保险价格，在下面的命题中给出。

命题 9.1 最高和最低的再保险价格分别由下式给出：

$$\overline{b}(t)=p(t)+\gamma_1 q^2(t)e^{r(T-t)} \tag{9.56}$$

和

$$\underline{b}(t)=(1+\theta)p(t) \tag{9.57}$$

证明 通过求解 $\xi_1^*[t,b(t)]=a^0[t,b(t)]=1$，我们得到最高的再保险价格，由式（9.56）给出。通过求解 $\xi_1^*[t,b(t)]=a^0[t,b(t)]=0$，我们得到 $b_1(t)=p(t)-\tau_1\gamma_1 q^2(t)e^{r(t-t)}\leqslant p(t)$。因此，最低再保险价格 $\underline{b}(t)$ 为 $(1+\theta)p(t)$。

注 9.1 如果 $b(t)\geqslant\bar{b}(t)$，那么显然有 $b(t)=\bar{b}(t)$。这意味着再保险价格不能定得太高，否则，保险人不会购买再保险。另外，如果 $b(t)\leqslant\underline{b}(t)$，那么显然我们必须有 $b(t)=\underline{b}(t)$。因为较高的再保险价格对再保险人来说更好，如果再保险价格太低，再保险人将不签订再保险合同。简而言之，再保险价格区间 $[\underline{b}(t),\bar{b}(t)]$ 考虑了保险人和再保险人双方的利益。从命题 9.1 中可以看出，最低再保险价格实际上是由期望值保费原理决定的，最高再保险价格取决于方差保费原理。用这种方法确定的再保险价格区间推广了 Chen 和 Shen 的方法。

下面，我们分别分析相关模型参数对索赔风险分担策略 $a^0[t,b(t)]$、最高再保险价格 $\bar{b}(t)$ 和最低再保险价格 $\underline{b}(t)$ 的影响。

从式（9.49）中我们可以推导出 $\dfrac{\partial a^0[t,b(t)]}{\partial p(t)}<0$。这里 $p(t)$ 表示索赔风险的平均值。随着索赔风险的增加，保险人更愿意寻求再保险人来分担索赔风险。因此，$a^0[t,b(t)]$ 关于 $p(t)$ 是递减的。在这种情况下，从保险人的角度来看，他更愿意签订再保险合同。

进一步分析式（9.49），我们可以导出 $\dfrac{\partial a^0[t,b(t)]}{\partial b(t)}>0$。这是因为，当再保险价格 $b(t)$ 上涨时，保险人不愿意寻求再保险保护，更希望通过自己的努力来抵御索赔风险。

从式（9.56）、式（9.57）中可以清楚地看出 $\dfrac{\partial\bar{b}(t)}{\partial p(t)}>0$ 和 $\dfrac{\partial\underline{b}(t)}{\partial p(t)}>0$。因此 $\bar{b}(t)$ 和 $\underline{b}(t)$ 是关于 $p(t)$ 的单调递增函数。从上面的分析中，我们知道

$p(t)$越大，$a^0[t,b(t)]$就越小。也就是说，随着$p(t)$的增加，保险人将更多的索赔风险转移给了再保险人。因为再保险人承担了更多的索赔风险，自然希望提高最高和最低的再保险价格。

第三节　再保险人时间一致的策略

当再保险人知道保险人会执行策略$\bar{u}_1^*(t)$时，他将得到自己的最优时间一致的再保险价格和投资策略。类似于上一节，我们首先给出再保险人如下的均衡策略和均衡值函数。

定义 9.3　考虑一个策略$u_2^*(s)\in\mathcal{A}_R$（候选的均衡策略）。对于任何固定策略$u_2(s)\in\mathcal{A}_R$和实数$\varepsilon>0$，我们定义以下策略：

$$u_2^{\varepsilon}(s)=\begin{cases}u_2(s),t\leqslant s<t+\varepsilon\\ u_2^*(s),t+\varepsilon\leqslant s\leqslant T\end{cases}\tag{9.58}$$

对于定理 9.2 给出的$\bar{u}_1^*(t)=\{\xi_1^*[t,b(t)],\xi_2^*[t,\pi(t)]\}$，如果

$$\liminf_{\varepsilon\to0}\frac{J_2(t,z;\bar{u}_1^*,u_2^*)-J_2(t,z;\bar{u}_1^*,u_2^{\varepsilon})}{\varepsilon}\geqslant0\tag{9.59}$$

那么$u_2^*(t)$称为再保险人的均衡策略，$J_2(t,z;\bar{u}_1^*,u_2^*)$是相应的均衡值函数。

类似于保险人的情形，再保险人的均衡策略和均衡值函数分别称为最优时间一致的策略和最优值函数。

假设保险人选择策略$\bar{u}_1^*(t)$，对于任何$\bar{\phi}(t,z)\in C^{1,2}([0,T]\times R)$，相对财富过程（9.12）的通常无穷小生成元$\mathcal{C}^{\bar{u}_1^*,u_2}$定义为：

$$\begin{aligned}\mathcal{C}^{\bar{u}_1^*,u_2}\bar{\phi}(t,z)=\bar{\phi}_t(t,z)+\Big\{&rz+(\mu_2-r)\pi_2(t)-\tau_2(\mu_1-r)\xi_2^*[t,\pi_2(t)]\\&-\tau_2\theta p(t)+(1+\tau_2)(1-\xi_1^*(t,b(t))[(b(t)-p(t)]\Big\}\bar{\phi}_z(t,z)\\&+0.5\bar{\phi}_{zz}(t,z)\Big\{\pi_2^2(t)\sigma_2^2+q^2(t)[1-(1+\tau_2)\xi_1^*(t,b(t))]^2\end{aligned}$$

$$+\tau_2^2\sigma_1^2\xi_2^{*2}[t,\pi_2(t)]-2\rho\tau_2\sigma_1\sigma_2\xi_2^*[t,\pi_2(t)]\pi_2(t)\Big\} \quad (9.60)$$

与引理9.1、引理9.2和定理9.1类似，我们有下面的引理9.3、引理9.4和定理9.3。

引理9.3 给定保险人的最优响应策略 $\bar{u}_1^*(t)$，对于任意的容许策略 $u_2(t)\in\mathcal{A}_R$，我们有：

$$\mathrm{E}_{t,z}\left[\sup_{s\in[t,T]}\left|Z^{\bar{u}_1^*,u_2}(s)\right|^4\right]<+\infty,\ \forall(t,z)\in[0,T]\times R \quad (9.61)$$

引理9.4 对于由定理9.2给出的 $\bar{u}_1^*(t)=\{\xi_1^*[t,b(t)],\xi_2^*[t,\pi(t)]\}$ 和任何固定的 $u_2(t)\in\mathcal{A}_R$，如果 $\bar{V}(t,z)\in D^{1,2}([0,T]\times R)$，那么对于任何固定的 $(t,z)\in[0,T]\times R$，下列积分是鞅：

$$\begin{cases}M_4(t,z)=\int_t^T\bar{V}_z[s,Z^{\bar{u}_1^*,u_2}(s)][1-(1+\tau_2)\xi_1^*(s,b)]q(s)\mathrm{d}W(s)\\M_5(t,z)=\int_t^T\bar{V}_z[s,Z^{\bar{u}_1^*,u_2}(s)]\xi_2^*(s,\pi_2)\sigma_1\tau_2\mathrm{d}W_1(s)\\M_6(t,z)=\int_t^T\bar{V}_z[s,Z^{\bar{u}_1^*,u_2}(s)]\pi_2(s)\sigma_2\mathrm{d}W_2(s)\end{cases} \quad (9.62)$$

这里 $\bar{V}_z[s,Z^{\bar{u}_1^*,u_2}(s)]$ 代表 $\bar{V}[s,Z^{\bar{u}_1^*,u_2}(s)]$ 关于第二个变量的偏导数。

定理9.3 对于问题（9.16）和定理9.2给出的 $\bar{u}_1^*(t)$，如果存在两个实函数 $\bar{V}(t,z)$ 和 $\bar{h}(t,z)\in D^{1,2}([0,T]\times R)$，使：

$$\sup_{u_2\in\mathcal{A}_R}\left\{\mathcal{C}^{\bar{u}_1^*,u_2}\bar{V}(t,z)-0.5\gamma_2\mathcal{C}^{\bar{u}_1^*,u_2}\bar{h}^2(t,z)+\gamma_2\bar{h}(t,z)\mathcal{C}^{\bar{u}_1^*,u_2}\bar{h}(t,z)\right\}=0 \quad (9.63)$$

$$\mathcal{C}^{\bar{u}_1^*,u_2^*}\bar{h}(t,z)=0 \quad (9.64)$$

它们分别满足边界条件 $\bar{V}(T,z)=z$ 和 $\bar{h}(T,z)=z$，这里

$$\bar{u}_2^*(t)=\arg\sup_{u_2\in\mathcal{A}_R}\{\mathcal{C}^{\bar{u}_1^*,u_2}\bar{V}(t,z)-0.5\gamma_2\mathcal{C}^{\bar{u}_1^*,u_2}\bar{h}^2(t,z)+\gamma_2\bar{h}(t,z)\mathcal{C}^{\bar{u}_1^*,u_2}\bar{h}(t,z)\} \quad (9.65)$$

则 $\bar{u}_2^*$ 是最优时间一致的策略，$\bar{V}(t,z)=J_2(t,z;\bar{u}_1^*,u_2^*)$ 是最优值函数，$\bar{h}(t,z)=E_{t,z}[Y^{\bar{u}_1^*,u_2^*}(T)]$ 是终端财富的均值。

基于引理 9.3、引理 9.4 和定理 9.3，我们可以得到问题（9.16）的解。具体地，我们有下面的定理。

定理 9.4 给定保险人的最优响应策略$\{a^0[t,b(t)],\xi_2^*[t,\pi_2(t)]\}$，再保险人的最优时间一致的再保险价格是 $b^*(t)=[(1+\theta)p(t)]\vee b^0(t)$，其中 $b^0(t)$由下式给出：

$$b^0(t)=p(t)+\frac{[\gamma_1(1+\tau_1)+\gamma_2(1-\tau_1\tau_2)]\gamma_1 q^2(t)}{2\gamma_1(1+\tau_1)+\gamma_2(1+\tau_2)}e^{r(T-t)} \tag{9.66}$$

再保险人的最优时间一致的投资策略由下式给出：

$$\pi_2^*(t)=\left[\frac{\mu_2-r-\frac{\rho\tau_1\tau_2\sigma_2(\mu_1-r)}{\sigma_1}}{\gamma_2\sigma_2^2}+\frac{\rho\tau_2(1-\tau_1\tau_2)(\mu_1-r)}{\gamma_1\sigma_1\sigma_2}\right]\times\frac{e^{-r(T-t)}}{1+\rho^2\tau_1\tau_2(\tau_1\tau_2-2)} \tag{9.67}$$

最优值函数由下式给出：

$$\overline{V}(t,z)=ze^{r(T-t)}-\frac{\tau_2(\mu_1-r)^2}{\sigma_1^2\gamma_1}(T-t)+\int_t^T\Big\{f_3[s,b^*(s)]+f_4[s,\pi_2^*(s)]-\tau_2\theta p(s)e^{r(T-s)}\Big\}ds \tag{9.68}$$

其中：

$$f_3[t,b(t)]=(1+\tau_2)(b(t)-p(t))\left[\frac{e^{r(T-t)}}{1+\tau_1}-\frac{b(t)-p(t)}{q^2(t)\gamma_1(1+\tau_1)}\right]-0.5\gamma_2q^2(t)e^{2r(T-t)}\left[1-\frac{\tau_1(1+\tau_2)}{1+\tau_1}-\frac{(b(t)-p(t))(1+\tau_2)}{q^2(t)\gamma_1(1+\tau_1)}e^{-r(T-t)}\right]^2 \tag{9.69}$$

$$\begin{aligned}f_4[t,\pi_2(t)]=&\left[\mu_2-r-\frac{\rho\tau_1\tau_2\sigma_2(\mu_1-r)}{\sigma_1}\right]\pi_2(t)e^{r(T-t)}-0.5\gamma_2e^{2r(T-t)}\\&\times\left\{\sigma_2^2\pi_2^2(t)+\tau_2^2\sigma_1^2\left[\frac{\rho\sigma_2\tau_1}{\sigma_1}\pi_2(t)+\frac{(\mu_1-r)e^{-r(T-t)}}{\sigma_1^2\gamma_1}\right]^2\right.\\&\left.-2\rho\sigma_1\sigma_2\tau_2\pi_2(t)\left[\frac{\rho\sigma_2\tau_1}{\sigma_1}\pi_2(t)+\frac{(\mu_1-r)e^{-r(T-t)}}{\sigma_1^2\gamma_1}\right]\right\}\end{aligned} \tag{9.70}$$

证明 当$\xi_1^*[t,b(t)]=a^0[t,b(t)]$时，推广的 HJB 方程（9.63）可以改

写为：

$$\sup_{u_2\in\mathcal{A}_R}\Big\{\overline{V}_t(t,z)+\Big[rz+(\mu_2-r)\pi_2(t)-\tau_2(\mu_1-r)\xi_2^*(t,\pi_2(t))-\tau_2\theta p(t)+(1+\tau_2)(1-a^0(t,b(t))(b(t)-p(t))\Big]\overline{V}_z(t,z)+0.5[\overline{V}_{zz}(t,z)-\gamma_2\overline{h}_z^2(t,z)][\pi_2^2(t)\sigma_2^2+q^2(t)(1-(1+\tau_2)a^0(t,b))^2-2\rho\tau_2\sigma_1\sigma_2\cdot\xi_2^*(t,\pi_2(t))\pi_2(t)+\tau_2^2\sigma_1^2\xi_2^*(t,\pi_2(t))]\Big\}=0 \tag{9.71}$$

类似于式（9.52），我们分别构造具有以下形式的 $\overline{V}(t,z)$ 和 $\overline{h}(t,z)$：

$$\overline{V}(t,z)=ze^{r(T-t)}+A_2(t),\overline{h}(t,z)=ze^{r(T-t)}+\overline{A}_2(t) \tag{9.72}$$

把式（9.49）、式（9.50）和式（9.72）代入式（9.71），化简后得到：

$$A'_2(t)-\tau_2\theta p(t)e^{r(T-t)}-\frac{\tau_2\ (\mu_1-r)^2}{\sigma_1^2\gamma_1}+\sup_{b(t)\in\mathcal{A}_R}f_3[t,b(t)]+\sup_{\pi_2(t)\in\mathcal{A}_R}f_4[t,\pi_2(t)]=0 \tag{9.73}$$

这里 $f_3[t,b(t)]$ 和 $f_4[t,\pi_2(t)]$ 分别由式（9.69）、式（9.70）给出。

令 $\frac{df_3[t,b(t)]}{db(t)}=0$，我们得到 $b^0(t)$ 由式（9.66）给出，进而根据定理 9.3 知，最优时间一致的再保险价格是 $b^*(t)=[(1+\theta)p(t)]\vee b^0(t)$。

注意到 $\tau_1\in[0,1)$ 和 $\tau_2\in[0,1)$，我们得出结论：

$$0<\frac{\gamma_1(1+\tau_1)+\gamma_2(1-\tau_1\tau_2)}{2\gamma_1(1+\tau_1)+\gamma_2(1+\tau_2)}<1 \tag{9.74}$$

因此，最优时间一致的再保险价格为 $b^*(t)=\underline{b}(t)\vee b^0(t)$。

令 $\frac{df_4[t,\pi_2(t)]}{d\pi_2(t)}=0$，同时根据定理 9.3，我们得到再保险人的最优时间一致投资策略由式（9.67）给出。

通过把 $b^*(t)$ 和 $\pi_2^*(t)$ 代入式（9.73），可得 $A_2(t)$。进而，通过式（9.72）可以得到 $\overline{V}(t,z)$。

注 9.2 由命题 9.1 可知：当 $\xi_1^*[t,b(t)]=1$ 时，再保险价格为 $\overline{b}(t)$；当 $\xi_1^*[t,b(t)]=0$ 时，再保险价格为 $\underline{b}(t)$。这两种情形在实际中很少发生。因此，我们在定理 9.4 中没有具体论证这两种极端情况。

第四节　最优再保险合同和保险人的最优时间一致的投资策略

有了上两节的结果，我们现在可以确定最优再保险合同和保险人的最优时间一致的投资策略。

定理 9.5　最优再保险合同可以分为如下两种情形：

情形Ⅰ：当

$$\frac{[\gamma_1(1+\tau_1)+\gamma_2(1-\tau_1\tau_2)]\gamma_1 q^2(t)}{2\gamma_1(1+\tau_1)+\gamma_2(1+\tau_2)}e^{r(T-t)}\geqslant\theta p(t) \tag{9.75}$$

时，最优再保险合同为：

$$\begin{cases} a^*(t)=\dfrac{1}{1+\tau_1}\left[\tau_1+\dfrac{\gamma_1(1+\tau_1)+\gamma_2(1-\tau_1\tau_2)}{2\gamma_1(1+\tau_1)+\gamma_2(1+\tau_2)}\right] & (9.76) \\ b^*(t)=p(t)+\dfrac{[\gamma_1(1+\tau_1)+\gamma_2(1-\tau_1\tau_2)]\gamma_1 q^2(t)}{2\gamma_1(1+\tau_1)+\gamma_2(1+\tau_2)}e^{r(T-t)} & (9.77) \end{cases}$$

情形Ⅱ：当

$$\frac{[\gamma_1(1+\tau_1)+\gamma_2(1-\tau_1\tau_2)]\gamma_1 q^2(t)}{2\gamma_1(1+\tau_1)+\gamma_2(1+\tau_2)}e^{r(T-t)}<\theta p(t) \tag{9.78}$$

时，最优再保险合同为：

$$\begin{cases} a^*(t)=\dfrac{1}{1+\tau_1}\left[\tau_1+\dfrac{\theta p(t)}{q^2(t)\gamma_1}e^{-r(T-t)}\right] & (9.79) \\ b^*(t)=(1+\theta)p(t) & (9.80) \end{cases}$$

证明　当

$$\frac{[\gamma_1(1+\tau_1)+\gamma_2(1-\tau_1\tau_2)]\gamma_1 q^2(t)}{2\gamma_1(1+\tau_1)+\gamma_2(1+\tau_2)}e^{r(T-t)}\geqslant\theta p(t) \tag{9.81}$$

时，从定理 9.4 中可知，最优时间一致的再保险价格由式（9.77）给出。把式（9.77）代入式（9.49），并注意到

$$0<\frac{\gamma_1(1+\tau_1)+\gamma_2(1-\tau_1\tau_2)}{2\gamma_1(1+\tau_1)+\gamma_2(1+\tau_2)}<1 \tag{9.82}$$

则可得最优时间一致的索赔风险分担策略由式（9.76）给出。

当

$$\frac{[\gamma_1(1+\tau_1)+\gamma_2(1-\tau_1\tau_2)]\gamma_1 q^2(t)}{2\gamma_1(1+\tau_1)+\gamma_2(1+\tau_2)}e^{r(T-t)}<\theta p(t) \tag{9.83}$$

时，由定理9.4可得最优时间一致的再保险价格为 $b^*(t)=(1+\theta)p(t)$。而由命题9.1，我们知道 $\theta p(t)<q^2(t)\gamma_1 e^{r(T-t)}$。由此，将 $b^*(t)=(1+\theta)p(t)$ 代入式（9.49），则可知最优时间一致的索赔风险分担策略由式（9.79）给出。

下面，我们首先分析情形Ⅰ下所得最优再保险合同的经济含义。从式（9.49）可以看到，如果 $p(t)$、$q(t)$ 和 $b(t)$ 均为给定的常数，则保险人的索赔风险分担策略 $a^0[t,b(t)]$ 将随着时间的推移而增加。这表明：保险人的再保险需求，以及再保险人的利润将随着时间的推移而减少。这种情况只发生在完全再保险市场中，即再保险人只是价格接受者。在本章的框架中，再保险人拥有一定的议价能力。为了获得高额利润，他将动态地降低再保险价格，而不是被动地接受保险人分配的递减的保险份额。因此，保险人总是保留相等比例的保险风险，它仅取决于保险人和再保险人的风险厌恶系数以及他们的相对绩效参数。

现在，我们分析情形Ⅱ下的最优再保险合同。在这种情况下，再保险价格等于最低再保险价格。因此，保险人不需要讨价还价，从而最优索赔风险分担策略（9.79）显示了与式（9.49）类似的形式。

将再保险人的最优时间一致的投资策略（9.67）代入式（9.50），可得保险人的最优时间一致投资策略为

$$\pi_1^*(t)=\left\{\frac{\mu_1-r}{\sigma_1^2\gamma_1}+\left[\frac{\rho\tau_1\left(\mu_2-r-\dfrac{\rho\tau_1\tau_2\sigma_2(\mu_1-r)}{\sigma_1}\right)}{\gamma_2\sigma_1\sigma_2}\right.\right.$$
$$\left.\left.+\frac{\rho^2\tau_1\tau_2(1-\tau_1\tau_2)(\mu_1-r)}{\gamma_1\sigma_1^2}\right]\frac{1}{1+\rho^2\tau_1\tau_2(\tau_1\tau_2-2)}\right\}e^{-r(T-t)} \tag{9.84}$$

当 $\rho=0$ 时，我们从式（9.67）、式（9.84）得到：

$$\pi_i^*(t)=\frac{\mu_i-r}{\sigma_i^2\gamma_i}e^{-r(t)},i=1,2 \tag{9.85}$$

也就是说，当两种风险资产的价格不相关时，保险人和再保险人的最优

投资策略之间不存在相互影响。

把式（9.67）、式（9.76）~式（9.80）代入式（9.54），我们可以得到 $A_1(t)$。然后，我们可以根据式（9.52）推导出保险人的最优值函数。由于表达式相当复杂，推导也很烦琐，这里我们省略保险人的最优值函数。

第五节　数值实验

本节通过一系列数值实验来考察模型参数对最优再保险合同和最优时间一致投资策略的影响。我们选择中国平安保险公司作为保险人，慕尼黑再保险公司作为再保险人。基于中国平安保险公司财产保险业务从 2010 年 1 月至 2020 年 12 月的月度理赔数据，我们确定其理赔月度均值和方差分别为 6732.99 万元人民币和 11626.32 万元人民币。假设中国平安保险公司和慕尼黑再保险公司都投资美国股票市场，投资期限为 $T=12$ 个月。我们以美国联邦基金利率为无风险利率，使用 NASDAQ 100 指数和 S&P 500 指数从 2006 年 3 月 1 日至 2021 年 10 月 1 日的数据来确定风险资产的收益率和波动率。此外，一些参数，如 τ_1、τ_2、γ_1 和 γ_2，反映了中国平安保险公司和慕尼黑再保险公司的主观行为，很难获得关于这些参数的真实数据。因此，我们通过参考 Gu 等人、Chen 和 Shen 和 Bensoussan 等人的相关研究来设定它们的初始值，然后考察它们对结果的影响。具体而言，基本参数设置见表 9.1。

表 9.1　　基本模型参数的取值

τ_1	τ_2	p	q^2	γ_1	γ_2	T	t	r	μ_1	μ_2	σ_1	σ_2	ρ
0.4	0.6	6732.99	11626.32	50	20	12	6	0.018	0.05	0.06	0.3	0.1	0.5

一、模型参数对最优再保险合同的影响

由于定理 9.5 中的情形Ⅱ是一种极端情形，我们将只考虑其中的情形Ⅰ。在确定再保险合同的博弈过程中，保险人的目标是降低再保费，而再保

险人的目标是提高再保费。因此，我们还将分析模型参数对最优再保费$[1-a^*(t)]b^*(t)$的影响。这里$a^*(t)$通过式（9.76）来确定，$b^*(t)$通过式（9.77）来确定。

图9.1显示了τ_1对最优再保险合同的影响。我们可以看到，$a^*(t)$、$b^*(t)$和$[1-a^*(t)]b^*(t)$关于τ_1分别是递增、递减和递减的。我们知道，τ_1越大，意味着保险人（中国平安保险公司）变得更关心它的相对财富。虽然购买再保险可以降低风险，但代价是昂贵的，因为保险人需要向再保险人（慕尼黑保险公司）支付再保费$[1-a^*(t)]b^*(t)$以获得再保险保护。与再保险人相比，这将减少他的财富。在这种情况下，保险人倾向于减少他在再保险上的支出。因此，保险人增加再保险的自留水平$a^*(t)$以减少再保费。从再保险人的角度来看，他意识到保险人会降低他的再保险意愿，因此再保险人适当降低再保险价格以期与保险人签订再保险合同。因为这个博弈是由保险人发起的，保险人处于主动地位，再保险人处于被动地位，最终将导致再保费$[1-a^*(t)]b^*(t)$下降。这一发现与现实世界的情况是一致的。例如，根据中国平安保险公司2016年的年报，2016年中国保险和再保险市场运行总体良好，但竞争日趋激烈。为在竞争中占据有利地位，中国平安保险公司的再保费由2015年的191.2亿元人民币下降至2016年的157.15亿元人民币。

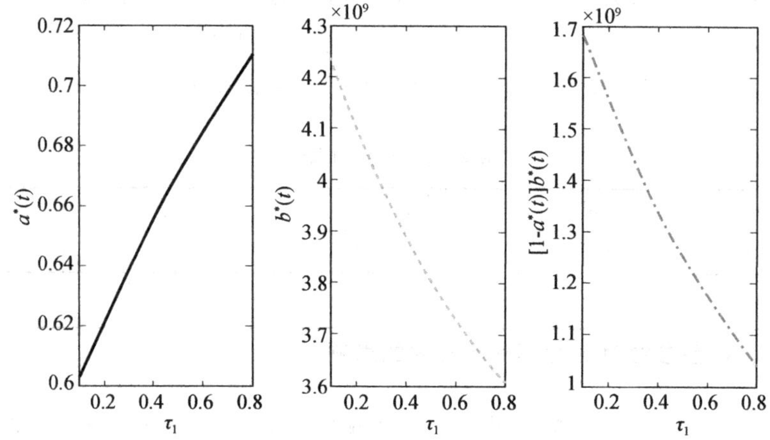

图9.1　τ_1对最优再保险合同的影响

图 9.2 展示了 τ_2 对最优再保险合同的影响。从图 9.2 中，我们发现 $a^*(t)$、$b^*(t)$和$[1-a^*(t)]b^*(t)$关于 τ_2 分别是递减、递减和递增的。与图 9.1 类似，我们可以解释这些现象。τ_2 越大，意味着再保险人更关心他的相对财富；然后，从再保险人的角度来看，再保险人想增加再保费$[1-a^*(t)]b^*(t)$。我们从式（9.49）中知道，再保险价格的增加必然导致保险人的自留水平 $a(t)$增加，即保险人购买再保险的意愿降低。因此，再保费可能会减少。这样一来，再保险人将适当降低再保险价格，吸引保险人增加其再保险意愿。最终，我们从图 9.2 中看到，博弈的结果是：保险人增加再保费$[1-a^*(t)]b^*(t)$。这个观察结果也与真实世界的情况一致。例如，根据慕尼黑再保险公司 2020 年的年报，中国再保险业务的竞争非常激烈。为在竞争中占据有利地位，慕尼黑再保险公司降低了它的再保险价格，这使得中国平安保险公司的再保费从 2019 年的 159.28 亿元人民币增加到 2020 年的 167.14 亿元人民币。

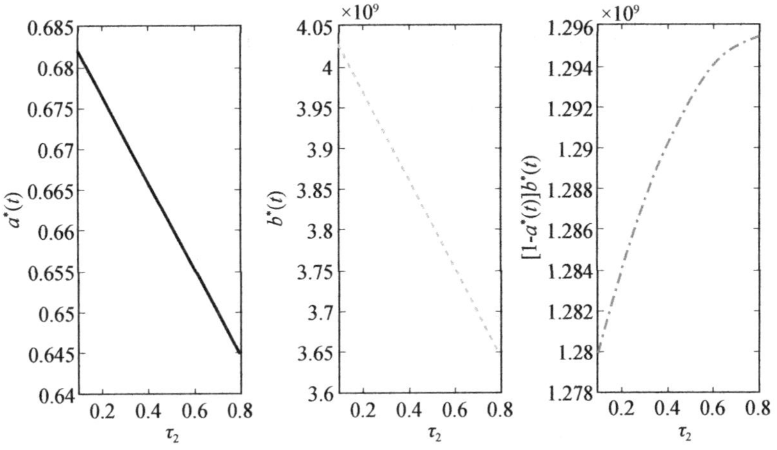

图 9.2　τ_2 对最优再保险合同的影响

图 9.3 进一步测试了 τ_1 和 τ_2 对最优再保险合同的联合影响。从图 9.3 中可以看出，$a^*(t)$对 τ_1 比对 τ_2 更敏感，而 $b^*(t)$对 τ_2 比对 τ_1 更敏感。这些事实表明，保险人和再保险人对他们自己的相对业绩参数更加敏感。从图 9.3 中我们还可以看出，$[1-a^*(t)]b^*(t)$对 τ_1 比对 τ_2 更敏感。这是因为

保险人是再保费的支付者，而再保险人是再保费的接受者。

图 9.4 给出了 γ_1 和 γ_2 对最优再保险合同的影响。从图 9.4 中我们发现，$a^*(t)$、$b^*(t)$和$[1-a^*(t)]b^*(t)$关于 γ_1 分别是递减、递增和递增的。γ_1 代表保险人的风险厌恶参数。随着 γ_1 的增加，保险人将购买更多的再保险来分散潜在的风险；意识到保险人会转移更多的风险，再保险人将提高再保险价格 $b^*(t)$。由于保险人希望签订再保险合同，博弈的最终结果是再保费$[1-a^*(t)]b^*(t)$的增加。

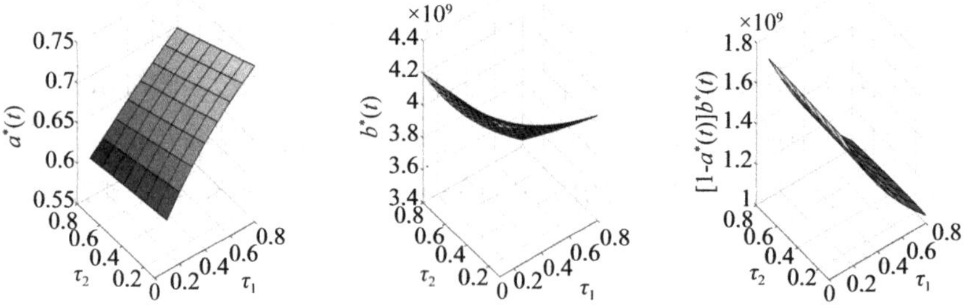

图 9.3　τ_1 和 τ_2 对最优再保险合同的联合影响

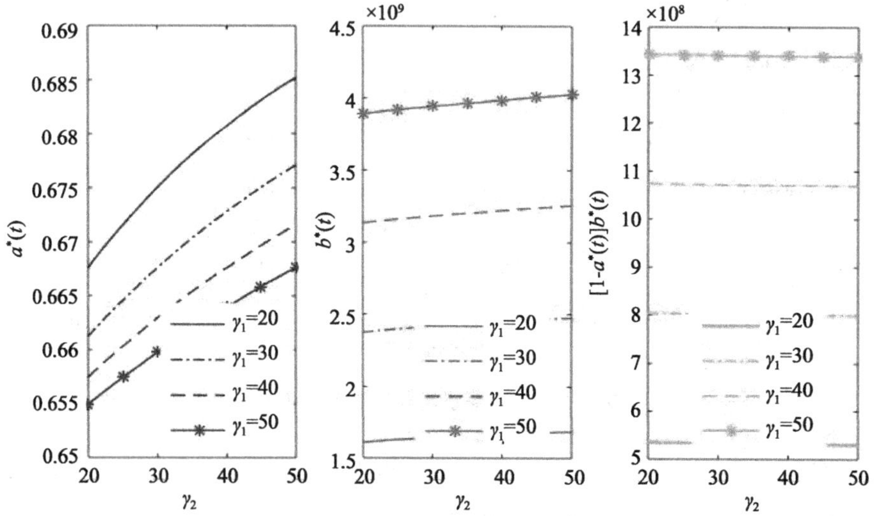

图 9.4　γ_1 和 γ_2 对最优再保险合同的影响

从图 9.4 中，我们还发现 $a^*(t)$、$b^*(t)$和$[1-a^*(t)]b^*(t)$关于 γ_2 分

别是递增、递增和递减的。随着 γ_2 的增加，再保险人希望降低其遭受的风险。一种直接的方法就是提高再保险价格，以增加保险人承担的风险。意识到再保险人会提高再保险价格，保险人提高自留水平以降低其再保险意愿。因此，博弈的结果是再保费减少。

图 9.5 进一步展示出了 γ_1 和 γ_2 对最优再保险合同的联合影响。从图 9.5 中，我们可以看出，$a^*(t)$ 对 γ_2 比对 γ_1 更加敏感，而 $b^*(t)$ 对 γ_1 比对 γ_2 更敏感。这表明保险人和再保险人对对方的风险厌恶参数更加敏感。这是因为对方的风险厌恶参数对应的是再保费的不确定性。从图 9.5 中我们还可以看出，$[1-a^*(t)]b^*(t)$ 对 γ_1 比对 γ_2 更敏感。类似于图 9.3 中的解释，这是因为保险人是再保费的支付者，而再保险人是再保费的接收者。

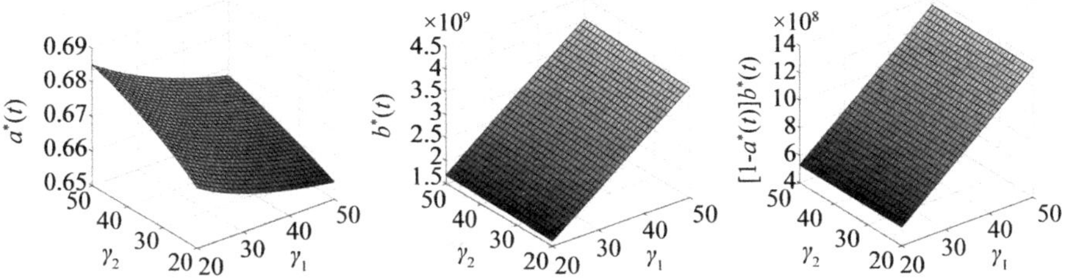

图 9.5　γ_1 和 γ_2 对最优再保险合同的联合影响

二、模型参数对最优时间一致投资策略的影响

在这一部分中，我们考察模型参数对最优时间一致投资策略 $\pi_1^*(t)$ 和 $\pi_2^*(t)$ 的影响，它们分别通过式（9.84）、式（9.67）来确定。为了更好地展示数值结果，本节将保险人的风险厌恶参数调整为 $\gamma_1=10$。

图 9.6 解释了 τ_1 和 τ_2 对最优时间一致投资策略 $\pi_1^*(t)$ 和 $\pi_2^*(t)$ 的影响。我们发现，$\pi_1^*(t)$ 和 $\pi_2^*(t)$ 关于 τ_1 和 τ_2 都是单调递增的。在竞争环境下，保险人和再保险人都会希望比竞争对手表现得更好。投资风险资产具有增加财富的巨大潜力，因此保险人和再保险人都会增加对风险资产的投资。这些发现反映了现实中会发生的一些现象。例如，根据中国平安保险公司 2020 年的年报，其 2020 年的投资额比 2019 年增加了 16.6%。同样，慕尼黑再保险公司的投资额同比增长了 3%。

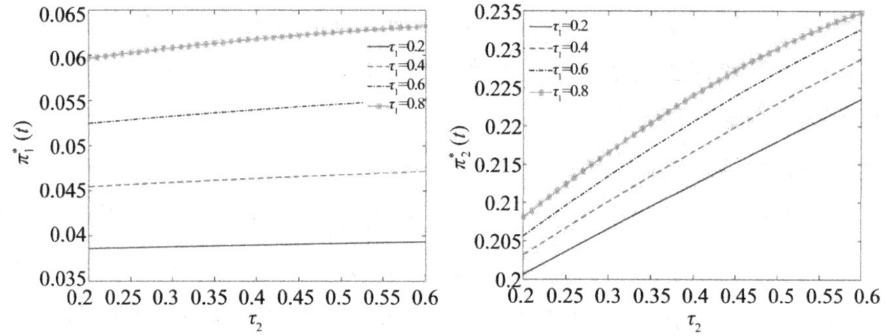

图 9.6 τ_1 和 τ_2 对最优时间一致投资策略的影响

图 9.7 进一步解释了 τ_1 和 τ_2 对最优时间一致投资策略 $\pi_1^*(t)$ 和 $\pi_2^*(t)$ 的联合影响。从图 9.7 中我们可以看到，$\pi_1^*(t)$ 和 $\pi_2^*(t)$ 分别关于 τ_1 和 τ_2 更敏感。类似于我们对图 9.3 的解释，保险人或再保险人对他自己的相对业绩参数更加敏感。

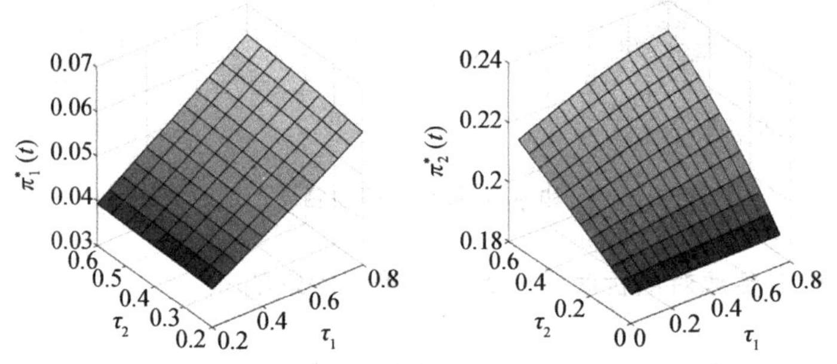

图 9.7 τ_1 和 τ_2 对最优时间一致投资策略的联合影响

在 $\rho=0.5$ 和 $\rho=-0.5$ 两种情况下，图 9.8 分别给出了 μ_1 对 $\pi_1^*(t)$ 和 $\pi_2^*(t)$ 的影响。这里 $\rho=0.5$ 和 $\rho=-0.5$ 分别代表风险资产 1 和风险资产 2 的价格是正相关的和负相关的。从图 9.8 中我们可以看到，随着 μ_1 的增加，保险人会增加对风险资产 1 的投资。μ_1 是风险资产 1 的收益率，风险资产 1 的预期收益越大，保险人就越希望投资于风险资产 1。图 9.8 左右两幅图展示了 μ_1 对 $\pi_2^*(t)$ 具有相反的影响。具体地说，我们发现：当风险资产 1 和风险资产 2 的价格为正（负）相关时，$\pi_2^*(t)$ 关于 μ_1 是递增的（递减的）。当两种风险资产为正（负）相关时，风险资产 1 的预期收益越大，风险资产

2 的预期收益就越大（越小），因此再保险人希望将更多（更少）资金投资于风险资产 2。这些结果与真实的情况是一致的。例如，一个投资者从 NASDAQ 100 指数中选择汽车行业的股票。根据新能源汽车 Li 的财务报告，其股价在 2020 年上涨了 150.70%。特斯拉与 Li 的业务是正相关的，它在 2020 年的股价上涨了 743.44%。然而，与 Li 和特斯拉的业务负相关的挪威邮轮公司，其股价在 2020 年暴跌近 60%。

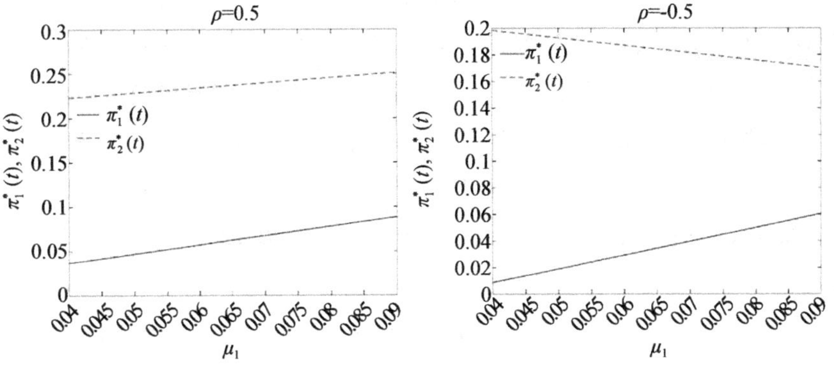

图 9.8　μ_1 对最优时间一致投资策略的影响

图 9.9 分别在 $\rho=0.5$ 和 $\rho=-0.5$ 两种情况下，解释了 μ_2 对 $\pi_1^*(t)$ 和 $\pi_2^*(t)$ 的影响。从图 9.9 中可以看到，$\pi_2^*(t)$ 关于 μ_2 是单调递增的；当风险资产 1 和风险资产 2 是正相关（负相关）时，$\pi_1^*(t)$ 关于 μ_2 是单调递增的（递减的）。这些结论与我们从图 9.8 中观察到的现象相似。

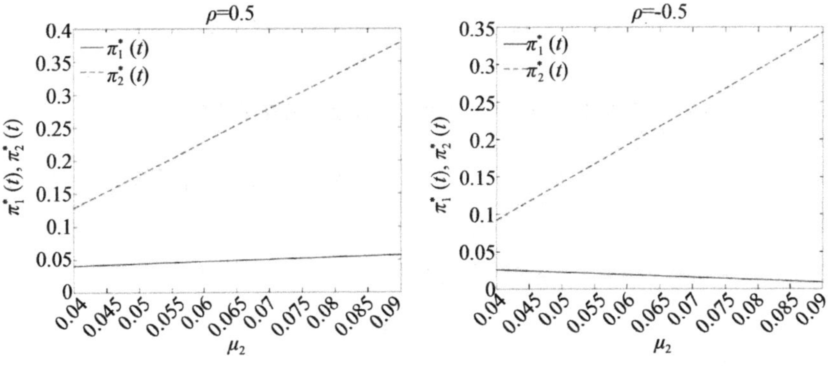

图 9.9　μ_2 对最优时间一致投资策略的影响

图 9.10 进一步测试了在 $\rho=0.5$ 和 $\rho=-0.5$ 两种情况下，风险资产 1 的价格波动率 σ_1 对 $\pi_1^*(t)$和 $\pi_2^*(t)$的影响。从图 9.10 中我们可以看到，随着 σ_1 的增加，保险人减少了对风险资产 1 的投资。σ_1 代表风险资产 1 价格的波动率，随着 σ_1 的增加，风险资产 1 的投资风险将增大。因此保险人逐渐减少其对风险资产 1 的投资。图 9.10 左右两幅图显示了 σ_1 对 $\pi_2^*(t)$具有相反的影响。具体地说，我们发现：当风险资产 1 和风险资产 2 的价格为正（负）相关时，风险资产 1 的风险越高，风险资产 2 的风险越高（越低），因此再保险人希望将更少（更多）资金投资于风险资产 2。这些发现也反映了我们平时在现实中看到的情况。例如，我们从 S&P 500 指数成分股中选择股票。根据邮轮巨头 Carnival 的财务报告，由于受 2020 年新冠肺炎疫情的影响，其股价暴跌近 60%，净亏损 102.36 亿美元。能源巨头 ExxonMobil 的业务与 Carnival 正相关，其股价暴跌近 40%，净亏损 1200 亿美元。然而，新能源汽车 NIO、TSLA 和 XPEV 的业务与 Carnival 和 ExxonMobil 的业务负相关，其股价在 2020 年分别上涨了 1112.44%、743.44% 和 101.84%。

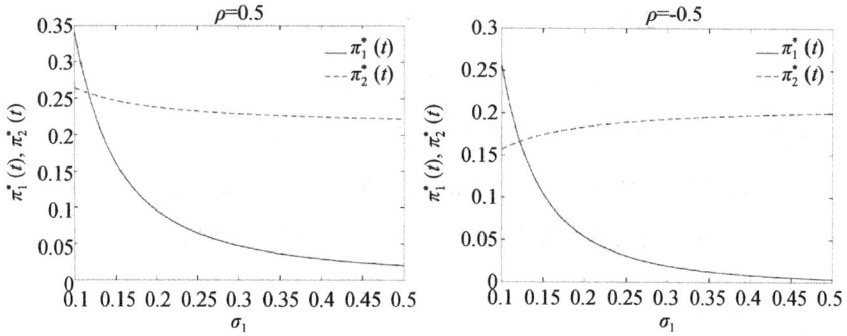

图 9.10　σ_1 对最优时间一致投资策略的影响

图 9.11 分别在 $\rho=0.5$ 和 $\rho=-0.5$ 两种情况下，分析了风险资产 2 的价格波动率 σ_2 对 $\pi_1^*(t)$和 $\pi_2^*(t)$的影响。从图 9.11 中我们可以看到，$\pi_2^*(t)$关于 σ_2 是单调递减的；当风险资产 1 和风险资产 2 的价格为正（负）相关时，$\pi_1^*(t)$关于 σ_2 是单调递减（递增）的。这些现象与我们在图 9.10 中解释的原因相似。

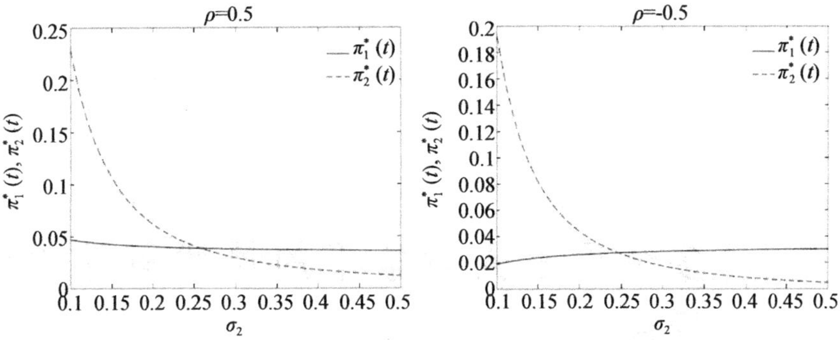

图 9.11　σ_2 对最优时间一致投资策略的影响

第十章 多个保险人竞争下的最优再保险和投资

前面几章，我们相继探讨了一个保险人以及一个保险人和一个再保险人等情形下的几类再保险和投资问题。目前，极少有文献在连续时间框架下研究多个保险人的再保险和投资问题。因此，本章将研究 n 个保险人在竞争情形下的再保险和投资问题，提出 n 个保险人之间一种新的相互影响机制，系统分析该相互影响机制对再保险和投资策略的影响。此外，本章还将提出一种一般的投资模式，它囊括文献中经常采用的集中化投资和分散化投资模式，从理论和数值上详细分析保险人在何时会采取分散化或集中化的投资模式。本章的研究结果有助于指导实际中多个竞争保险人之间如何制定合理的再保险和投资决策。

第一节　新的相互影响机制

设$(\Omega,\mathcal{F},\{\mathcal{F}_t\},P)$是一个完备的概率空间，并且满足通常的假设条件，即 $\mathcal{F}:=\{\mathcal{F}_t,t\in[0,T]\}$是右连续的，并且该概率空间关于概率测度 P 是完备的。这里 $T>0$ 是再保险和投资活动的终止时刻。对任意的 $t\in[0,T]$，$\mathcal{F}_t$ 表示到时刻 t 为止保险人所获取的所有已知信息，它是由盈余过程和风险资产的价格过程等生成的域流。

对于 $n\geqslant 2$ 个保险人，本节提出一种新的相互影响机制。每个保险人可以在金融市场和保险市场进行交易，交易时不考虑交易费用和税收。在给出具体的模型之前，首先给出 $n+1$ 个相互独立的布朗运动 $\{\overline{W}(t),t\geqslant 0\}$、$\{W_i(t),t\geqslant 0\}$，$i\in\{1,2,\cdots,n\}$，以及 $2n+2$ 个相互独立的泊松过程 $\{N_i(t),t\geqslant 0\}$、$\{N(t),t\geqslant 0\}$，$\{L_i(t),t\geqslant 0\}$ 和 $\{L(t),t\geqslant 0\}$，$i\in\{1,2,\cdots,n\}$。这些泊松过程的强度分别为 $\lambda_i>0$，$\lambda>0$，$l_i>0$ 以及 $l>0$。其中 $\{N_i(t),t\geqslant 0\}$ 和 $\{L_i(t),t\geqslant 0\}$ 分别代表到时刻 t 为止第 i 个风险资产的价格跳跃的次数，以及第 i 个盈余过程中索赔发生的次数；泊松过程 $\{N(t),t\geqslant 0\}$ 和 $\{L(t),t\geqslant 0\}$ 则分别表示 n 个风险资产的价格和 n 个盈余过程所受到的共同冲击的次数。

一、金融市场

设金融市场由一个无风险资产和 n 个具有多重相依关系的风险资产构成。为了符号上的简化，这里我们假设风险资产的个数等于保险人的个数。风险资产的个数也可以不等于保险人的个数，这不会影响后文中的结果。例如，在数值实验中，我们将考虑两个保险人在三个风险资产上投资的情形。后文中，我们称 n 个风险资产为风险资产 $1,2,\cdots,n$。无风险资产的价格过程 $P(t)$ 满足微分方程 $\mathrm{d}P(t)=rP(t)\mathrm{d}t$，这里 $r>0$ 是利率。第 i 个风险资产的价格过程 $S_i(t)$ 由如下的跳－扩散过程来驱动：

$$\mathrm{d}S_i(t)=S_i(t)\left[\mu_i\mathrm{d}t+\sigma_i\mathrm{d}W_i(t)+\overline{\sigma}_i\mathrm{d}\overline{W}(t)+\mathrm{d}\left(\sum_{k=1}^{K_i(t)}Z_{ik}\right)\right] \tag{10.1}$$

其中 $\mu_i>r$ 是风险资产 i 的增值率，$\sigma_i>0$ 和 $\overline{\sigma}_i>0$ 是风险资产 i 分别受到独有随机事件和金融市场共同随机事件影响的波动率。布朗运动 $\{\overline{W}(t),t\geqslant 0\}$ 诱导了 n 个风险资产价格之间的相依关系，它反映了 n 个风险资产的价格在连续部分的相依性。Z_{ik} 是第 k 次价格跳跃的大小，$\{Z_{ik},k=1,2,\cdots\}$ 形成了一列独立、同分布的随机变量序列，它们的取值范围为 $(-1,+\infty)$。记 $\{Z_{ik},k=1,2,\cdots\}$ 的共同随机变量为 Z_i，相应的分布函数为 $F_{Z_i}(z_i)$，密度函数为 $f_{Z_i}(z_i)$。Z_i 具有有限的均值 $\mu_{i1}=E(Z_i)$ 和有限的二阶矩 $\mu_{i2}=E[(Z_i)^2]$。$\{K_i(t)=N(t)+N_i(t),t\geqslant 0\}$ 是一个计数过程，表示到时刻 t 为

止风险资产 i 价格跳跃的总次数。因为 $\{N_i(t), t\geqslant 0\}$ 和 $\{N(t), t\geqslant 0\}$ 是相互独立的泊松过程，分别具有强度 λ_i 和 λ，所以由泊松过程的可加性知，$\{K_i(t), t\geqslant 0\}$ 是一个具有强度为 $\lambda_i+\lambda$ 的泊松过程。因此，复合泊松过程 $\sum_{k=1}^{K_i(t)} Z_{ik}$ 表示在时间区间 $[0,t]$ 内累计跳跃的大小。从数学的角度来看，其可以更精确地表示为：

$$\sum_{k=1}^{K_i(t)} Z_{ik}:=\int_0^t\int_{D_i} z_i N_i(\mathrm{d}s,\mathrm{d}z_i)+\int_0^t\underbrace{\int\cdots\int_D}_{n} z_i N(\mathrm{d}s,\mathrm{d}z_1,\cdots,\mathrm{d}z_n) \quad (10.2)$$

这里 $D_i:=\{z_i \mid z_i>-1\}$ 和 $D:=\{(z_1,\cdots,z_n)\mid z_1>-1,\cdots,z_n>-1\}$ 是可测集，$N_i(\mathrm{d}t,\mathrm{d}z_i)$ 和 $N(\mathrm{d}t,\mathrm{d}z_1,\cdots,\mathrm{d}z_n)$ 是相互独立的泊松随机测度。设 $\nu_i(\mathrm{d}t,\mathrm{d}z_i)$ 和 $\nu(\mathrm{d}t,\mathrm{d}z_1,\cdots,\mathrm{d}z_n)$ 分别是泊松随机测度 $N_i(\mathrm{d}t,\mathrm{d}z_i)$ 和 $N(\mathrm{d}t,\mathrm{d}z_1,\cdots,\mathrm{d}z_n)$ 的补偿过程，则可以得到：

$$\begin{cases}\tilde{N}_i(\mathrm{d}t,\mathrm{d}z_i)=N_i(\mathrm{d}t,\mathrm{d}z_i)-\nu_i(\mathrm{d}t,\mathrm{d}z_i)\\ \tilde{N}(\mathrm{d}t,\mathrm{d}z_1,\cdots,\mathrm{d}z_n)=N(\mathrm{d}t,\mathrm{d}z_1,\cdots,\mathrm{d}z_n)-\nu(\mathrm{d}t,\mathrm{d}z_1,\cdots,\mathrm{d}z_n)\end{cases} \quad (10.3)$$

其中 $\tilde{N}_i(\mathrm{d}t,\mathrm{d}z_i)$ 和 $\tilde{N}(\mathrm{d}t,\mathrm{d}z_1,\cdots,\mathrm{d}z_n)$ 分别是 $N_i(\mathrm{d}t,\mathrm{d}z_i)$ 和 $N(\mathrm{d}t,\mathrm{d}z_1,\cdots,\mathrm{d}z_n)$ 的补偿泊松随机测度。类似于 Bi 和 Guo 和 Mudzimbabwe 等大多数文献，为了便于展示模型，除了在定理 10.1 的证明中使用泊松随机测度外，我们将在下文中直接采用 $\sum_{k=1}^{K_i(t)} Z_{ik}$。

由上述讨论可知，泊松过程 $K_1(t)$，$K_2(t)$，$\cdots$，和 $K_n(t)$ 在下列意义下是相关的：

$$K_1(t)=N_1(t)+N(t), K_2(t)=N_2(t)+N(t),\cdots,K_n(t)=N_n(t)+N(t) \quad (10.4)$$

由金融市场的定义可以得到，n 个风险资产价格的相依性是由于共同的布朗运动 $\overline{W}(t)$ 和共同的泊松过程 $N(t)$ 引起的。也就是说，对于 n 个风险资产的价格，本章同时考虑了连续部分和跳跃部分两方面的相依性。据我们所知，还没有文献研究多个保险人在上述定义的金融市场中进行投资的问题。目前关于两个保险人投资问题的研究，大都假设保险人在一个无风险资产和一个风险资产组成的金融市场中进行投资，而且风险资产的价格满足扩散过程，例如，Bensoussan 等人、Siu 等人、Chen 等人从事了这方面的研究。我们只在 Hu 和 Wang 的文献中发现，作者研究了两个保险人在两个风险资产上进行投资。但是，他们假设风险资产的价格过程满足扩散过程。在下文中，我们研究 n 个保险人在上述定义的金融市场中进行投资的问题。

二、保险市场

保险市场上存在 n 个具有相依关系的保险人，命名为保险人 $1,2,\cdots,n$。第 i 个保险人的盈余过程 $\{X_i(t),t\geqslant 0\}$ 定义如下：

$$\mathrm{d}X_i(t) = p_i\mathrm{d}t - \mathrm{d}\Big(\sum_{k=1}^{G_i(t)} Y_{ik}\Big) \tag{10.5}$$

其中 $p_i>0$ 是保费率，Y_{ik} 是第 k 次索赔的大小，$\{Y_{ik},k=1,2,\cdots\}$ 形成一列独立、同分布的非负随机变量序列，它们拥有一个共同的分布。记 $\{Y_{ik},k=1,2,\cdots\}$ 的共同随机变量为 Y_i，共同的分布函数是 $F_{Y_i}(y_i)$，相应的密度函数是 $f_{Y_i}(y_i)$。实际中，Y_i 必定是有限的，故假设 Y_i 具有有限的均值 $\bar{\mu}_{i1}=E(Y_i)$ 和有限的二阶矩 $\bar{\mu}_{12}=E[(Y_i)^2]$。$\{G_i(t)=L(t)+L_i(t),t\geqslant 0\}$ 是一个计数过程，表示到时刻 t 为止索赔发生的次数。因为 $\{L_i(t),t\geqslant 0\}$ 和 $\{L(t),t\geqslant 0\}$ 是相互独立的泊松过程，分别具有强度 l_i 和 l，所以根据泊松过程的可加性知，$\{G_i(t),t\geqslant 0\}$ 是一个具有强度为 l_i+l 的泊松过程。复合泊松过程 $\sum_{k=1}^{G_i(t)} Y_{ik}$ 代表时间区间 $[0,t]$ 内累计发生的索赔额，其可以从数学角度更严格地表示为：

$$\sum_{k=1}^{G_i(t)} Y_{ik} := \int_0^t\int_{\tilde{D}_i} y_i L_i(\mathrm{d}s,\mathrm{d}y_i) + \int_0^t \underbrace{\int\cdots\int_{\tilde{D}}}_{n} y_i L(\mathrm{d}s,\mathrm{d}y_1,\cdots,\mathrm{d}y_n) \tag{10.6}$$

这里 $\tilde{D}_i:=\{y_i \mid y_i\geqslant 0\}$ 和 $\tilde{D}:=\{(y_1,\cdots,y_n)\mid y_1\geqslant 0,\cdots,y_n\geqslant 0\}$ 是两个可测集，$L_i(\mathrm{d}t,\mathrm{d}y_i)$ 和 $L(\mathrm{d}t,\mathrm{d}y_1,\cdots,\mathrm{d}y_n)$ 是相互独立的泊松随机测度。记 $\bar{\nu}_i(\mathrm{d}t,\mathrm{d}y_i)$ 和 $\bar{\nu}(\mathrm{d}t,\mathrm{d}y_1,\cdots,\mathrm{d}y_n)$ 分别是 $L_i(\mathrm{d}t,\mathrm{d}y_i)$ 和 $L(\mathrm{d}t,\mathrm{d}y_1,\cdots,\mathrm{d}y_n)$ 的补偿过程，则有：

$$\begin{cases}\tilde{L}_i(\mathrm{d}t,\mathrm{d}y_i)=L_i(\mathrm{d}t,\mathrm{d}y_i)-\bar{\nu}_i(\mathrm{d}t,\mathrm{d}y_i)\\ \tilde{L}(\mathrm{d}t,\mathrm{d}y_1,\cdots,\mathrm{d}y_n)=L(\mathrm{d}t,\mathrm{d}y_1,\cdots,\mathrm{d}y_n)-\bar{\nu}(\mathrm{d}t,\mathrm{d}y_1,\cdots,\mathrm{d}y_n)\end{cases} \tag{10.7}$$

其中 $\tilde{L}_i(\mathrm{d}t,\mathrm{d}y_i)$和 $\tilde{L}(\mathrm{d}t,\mathrm{d}y_1,\cdots,\mathrm{d}y_n)$分别是 $L_i(\mathrm{d}t,\mathrm{d}y_i)$和 $L(\mathrm{d}t,\mathrm{d}y_1,\cdots,\mathrm{d}y_n)$的补偿泊松随机测度。与 Bäuerle 和 Wang 等人的文献类似，为了便于论述，与在金融市场上的做法相似，除了在定理 10.1 的证明中使用泊松随机测度外，我们将在下文中直接采用 $\sum_{k=1}^{G_i(t)} Y_{ik}$。

从上述分析可得出，泊松过程 $L_1(t),L_2(t),\cdots,L_n(t)$，在下面这种意义下是相关的：

$$G_1(t)=L_1(t)+L(t),G_2(t)=L_2(t)+L(t),\cdots,G_n(t)=L_n(t)+L(t) \tag{10.8}$$

所以，n 个保险人的相依性是通过共同泊松过程 $L(t)$来体现的。因此，本章提出的模型（10.5）是第 2 章中模型（2.1）的推广。当 $L(t)=0$ 时，它则变为模型（2.1）。Deng 等人和 Chen 等人研究了两个保险人具有相依的问题，但是他们用几何布朗运动作为跳过程的逼近，也就是说，他们研究的模型实际上是没有跳的。上面给出的模型（10.5）推广了 Siu 等人的模型，他们只考虑了两个保险人。同时，Siu 等人的研究框架是最大化终端财富的期望指数效用，本章研究的框架是时间一致的均值 - 方差准则。当价格和盈余过程中带有跳时，时间一致的均值 - 方差框架和最大化期望指数效用框架具有显著不同的再保险和投资策略。在时间一致的均值 - 方差框架下，研究带跳的模型更困难。在期望效用框架下，可以直接应用动态规划方法得到最优策略。然而，在时间一致的均值 - 方差框架下，由于方差不满足期望的迭代性，Bellman 最优性原理不满足，我们不能直接使用动态规划方法。这将带来显著的困难。本章必须寻找其他方法，比如博弈的方法。另外，当价格和盈余过程中带有跳时，在时间一致的均值 - 方差框架下，可以获得策略的解析解，如 Yang 和 Zeng 等人等文献；但是，在期望效用框架下，我们只能得到策略满足的方程，如 Liang 等人、Lin 和 Yang 等文献。

与前面几章的假设相似，这里也假设$\{N_i(t),t\geq 0\}$，$\{Z_{ik},k=1,2,\cdots\}$，$\{N(t),t\geq 0\}$，$\{L_i(t),t\geq 0\}$，$\{Y_{ik},k=1,2,\cdots\}$和$\{L(t),t\geq 0\}$是相互独立的。

本章继续研究比例再保险。设 $a_i(t)\in[0,1]$ 为保险人 i 的自留水平，c_i 是再保险人的保费率。为了满足净保费条件，本章假设 $c_i>(l+l_i)\overline{\mu}_{i1}$；否则保险人存在套利行为。因为再保险人为保险人承担了索赔额的 $[1-a_i(t)]\%$，所以保险人 i 需要向再保险人缴纳再保费，其单位时间缴纳的再保费为 $[1-a_i(t)]c_i$。考虑再保险后，保险人 i 的盈余过程 $X_i^{a_i}(t)$ 满足如下微分方程：

$$\mathrm{d}X_i^{a_i}(t) = \Big[p_i-(1-a_i(t))c_i\Big]\mathrm{d}t-\mathrm{d}\Big(\sum_{k=1}^{G_i(t)}a_i(t)Y_{ik}\Big) \tag{10.9}$$

三、财富过程

为了增加财富，保险人通常可以在金融市场上进行投资。设 $\pi_{i1}(t)$，$\pi_{i2}(t)$，…，$\pi_{in}(t)$ 为时刻 t 保险人 i 在风险资产 $1,2,\cdots,n$ 上的投资额，剩余资金投资在无风险资产上。本文假设 $\pi_{ij}(t)\geqslant 0$，$i,j\in\{1,2,\cdots,n\}$。也就是说，我们不允许卖空风险资产。在实际应用中，不允许卖空风险资产可以使所建立的模型更加符合实际。卖空风险资产是一种投机行为，它会给投资者带来很大的风险或恐慌。在中国等很多新生证券市场上，是不允许卖空风险资产的；在发达的证券市场上，也会时不时地禁止卖空风险资产。例如，在 2008 年的全球金融危机期间，德国、法国和意大利等国家的证券市场临时禁止卖空风险资产。Hong 和 Stein 指出，卖空可能导致市场塌陷。与通常的投资问题相比，保险人的投资对安全性要求更高，因为他是拿着投保人的保费来进行投资的，保险人要为投保人负责。因此，禁止卖空风险资产使保险人的投资问题更加具有现实意义。对于我们提出的模型，$\pi_{ij}(t)\leqslant 0$ 意味着保险人 i 实际上没有在风险资产 j 上进行投资。在任意时刻 t，保险人 i 可以选择自留水平以及在风险资产上的投资额作为决策变量，记作 $u_i(t)$，即 $u_i(t)=[a_i(t),\pi_{i1}(t),\pi_{i2}(t),\cdots,\pi_{in}(t)]$。对应于每个策略 $u_i(t)$，保险人 i 的财富过程 $X_i^{u_i}(t)$ 由如下带跳的随机微分程方程刻画：

$$\begin{aligned}\mathrm{d}X_i^{u_i}(t) &= \Big\{rX_i^{u_i}(t)+p_i-[1-a_i(t)]c_i+\sum_{j=1}^{n}(\mu_j-r)\pi_{ij}(t)\Big\}\mathrm{d}t\\ &\quad -\mathrm{d}\Big[\sum_{k=1}^{G_i(t)}a_i(t)Y_{ik}\Big]+\sum_{j=1}^{n}\pi_{ij}(t)\sigma_j\mathrm{d}W_j(t)+\sum_{j=1}^{n}\pi_{ij}(t)\bar{\sigma}_j\mathrm{d}\overline{W}(t)\end{aligned}$$

$$+\mathrm{d}\left[\sum_{j=1}^{n}\sum_{k=1}^{K_j(t)}\pi_{ij}(t)Z_{jk}\right] \tag{10.10}$$

财富过程（10.10）描述了一种相当普适的投资方式，它包含如下两种典型的投资模式：

（1）对于给定的某 k 个风险资产，$1<k\leqslant n$，如果有 $\pi_{ij_1}(t)>0$，$\pi_{ij_2}(t)>0,\cdots,\pi_{ij_k}(t)>0$，则保险人 i 在这 k 个风险资产上采取分散化的投资。这种投资模式在保险或再保险的文献中很少被研究。我们只发现 Hu 和 Wang 研究了两个保险人在两个风险资产上的投资，他们考虑的投资模式是模型中 $k=2$ 的特殊情形。特别地，当 $k=n$ 时，保险人采取完全分散化的投资模式。

（2）如果只有唯一一个风险资产 $j'\in\{1,2,\cdots,n\}$，使 $\pi_{ij'}(t)>0$，则保险人 i 只在风险资产 j' 上进行投资，即保险人 i 采取集中化的投资模式。这种投资模式经常在文献中被研究，例如 Bensoussan 等人、Siu 等人和 Deng 等人。

对于式（10.10）中的任意 $i,j\in\{1,2,\cdots,n\}$，本章只要求 $\pi_{ij}(t)\geqslant 0$。至于是 $\pi_{ij}(t)>0$ 或 $\pi_{ij}(t)=0$ 完全由金融市场和研究的再保险和投资决策问题所决定。在第三节，我们将得到 $\pi_{ij}(t)>0$ 或 $\pi_{ij}(t)=0$ 的判断准则。通过该准则，保险人可以精准地确定是否在特定风险资产上进行投资。进而，我们从理论和数值上系统地分析风险资产的价格参数如何变化会导致集中化或分散化的投资模式发生。当然，如果对所有的 $j=1,2,\cdots,n$，有 $\pi_{ij}(t)=0$，则保险人 i 将只在无风险资产上投资。这种极端情形在我们的一般投资模式下没有意义，后文中不考虑这种情形。

为了获得最优的再保险和投资策略，下面给出容许策略的定义。

定义 10.1 如果策略 $u_i(t)$ 满足下面的 4 个条件，则称其为容许策略。

（1）$u_i(t)$ 关于域流 $\{\mathcal{F}_t\}_{t\in[0,T]}$ 是循序可测的；

（2）$\forall t\in[0,T]$，$a_i(t)\in[0,1]$ 和 $\pi_{ij}(t)\geqslant 0$，$j=1,2,\cdots,n$；

（3）$E\left\{\int_0^T\left[\sum_{j=1}^{n}\sum_{i=1}^{n}\pi_{ij}^4(t)+\sum_{i=1}^{n}a_i^2(t)\right]\mathrm{d}t\right\}<+\infty$；

（4）在策略 $u_i(t)$ 下，随机微分方程（10.10）有唯一的强解。

保险人 i 的所有容许再保险和投资策略组成的集合记作 U_i。

四、n 个保险人之间的竞争

在竞争的经济环境中，保险人倾向于把他们自己的业绩与其他保险人的业绩进行比较。不失一般性，我们假设每个保险人都能观察到其他保险人的业绩。这种假设的合理性有两个方面的原因。一方面，每个保险人可以通过每日的交易信息和定期的投资报告来获取其他保险人的业绩信息；另一方面，随着人工智能技术、大数据技术以及网络爬虫技术等的快速发展，每个保险人都可以利用这些新技术及时地收集和分析其他保险人的业绩。每个保险人都关心他的终端财富和其他保险人终端财富之间的差异，并试图超过竞争对手的业绩。受 Espinosa 和 Touzi 的启发，我们用相对业绩量化 $n\geqslant 2$ 个保险人之间的竞争。Espinosa 和 Touzi 定义了 n 个投资者基于相对业绩的竞争，进而研究了相应的投资问题。本章首次研究了 n 个保险人在竞争下的再保险和投资问题。我们研究的问题与 Espinosa 和 Touzi 有着显著的不同，具体有以下几点差别：(1) 我们的问题中涉及保费收入和索赔支出，这导致所考虑的问题是非自融资的，他们的问题是自融资的；(2) 研究目标不同，我们的目标是均值－方差框架，他们的是期望效用框架；(3) 决策变量不同，我们有再保险与投资两类决策变量，他们只有投资策略一类决策变量；(4) 后文中会看到，研究结果有着显著区别。

我们考虑的具体的竞争方式是：每个保险人通过与 $n-1$ 个竞争对手的平均财富进行比较来定义自己的相对业绩。保险人 i 把 $n-1$ 个竞争对手的平均财富定义如下：

$$\overline{X}_i^{(u_m)_{m\neq i}}(t):=\frac{1}{n-1}\sum_{m=1,m\neq i}^{n}X_m^{u_m}(t)=\frac{1}{n-1}\sum_{m\neq i}X_m^{u_m}(t) \qquad (10.11)$$

这里 $(u_m)_{m\neq i}:=[u_1(t),u_2(t),\cdots,u_{i-1}(t),u_{i+1}(t),\cdots,u_n(t)]$，除非另有说明，否则 $i\neq m\in\{1,2,\cdots,n\}$。

保险人 i 的相对财富过程 $\hat{X}_i^{u_i,(u_m)_{m\neq i}}(t)$ 定义如下：

$$\begin{aligned}\hat{X}_i^{u_i,(u_m)_{m\neq i}}(t)&=(1-\tau_i)X_i^{u_i}(t)+\tau_i[X_i^{u_i}(t)-\overline{X}_i^{(u_m)_{m\neq i}}(t)]\\&=X_i^{u_i}(t)-\tau_i\overline{X}_i^{(u_m)_{m\neq i}}(t)=X_i^{u_i}(t)-\frac{\tau_i}{n-1}\sum_{m\neq i}X_m^{u_m}(t)\end{aligned} \qquad (10.12)$$

这里参数 $\tau_i \in [0,1)$ 体现了保险人 i 对其他保险人业绩的相对关注程度，并衡量了其对竞争对手平均业绩的敏感度。从保险人 i 的视角来看，考虑 $n-1$ 个竞争者的平均业绩比简单地考虑某一个保险人 $m(m \neq i)$ 的业绩更合理和重要。也就是说，与研究两个保险人之间的竞争相比，研究 n 个保险人之间的竞争，至少有如下三点优势。

(1) 与剩余 $n-2$ 个保险人相比，保险人 m 的业绩可能好或者差。如果保险人 m 的业绩差，保险人 i 的业绩超过保险人 m 的业绩，并不能说明保险人 i 的业绩好。这对于公平和全面的竞争没有意义。相反，考虑 $n-1$ 个竞争者的平均业绩更能体现其竞争对手的业绩水平。如果保险人 i 的业绩超过了 $n-1$ 个竞争对手的平均业绩，我们可以认为保险人 i 的业绩不会差。因此，考虑 n 个保险人的竞争比考虑两个保险人的竞争更合理。

(2) 只考虑保险人 m 的业绩，不能很好地体现保险人 i 的再保险和投资策略的提升，因为保险人 i 只能与保险人 m 相比较。考虑 $n-1$ 个竞争者的平均业绩，则能更好地体现每个保险人的再保险和投资策略的提升。

(3) 根据前面第二部分中关于模型的设定，我们知道 $X_i^{u_i}(t)$ 和 $X_m^{u_m}(t)$ $(i \neq m)$ 受到共同泊松过程 $G(t)$ 的影响。当只考虑两个保险人 i 和 m 的竞争时，则 $G(t)$ 只能视为这两个保险人之间的共同因素；然而，如果考虑多个保险人，$G(t)$ 则可被视为保险市场中同时影响大量保险人的一个共同因素。所以，式（10.12）能更好地体现保险市场中共同因素对多个保险人的影响。

由式（10.12）不难看出，大的 τ_i 意味着保险人 i 将会把更多的权重赋予相对业绩，更关注自己的相对业绩水平。在模型（10.12）中，τ_i 是一个关键的参数，它反映了 n 个保险人之间的竞争程度。特别地，当 $\tau_i = 0$ 时，模型（10.12）退化为单个保险人情形。在实际中，可以根据保险人 i 和其他竞争对手的再保险比例、索赔的一阶矩和二阶矩、保费、索赔强度以及风险厌恶等模型参数来确定 τ_i 的具体取值。τ_i 的具体计算公式将在后文中给出。

联合方程（10.10）和方程（10.12），则可知在一般投资框架下，保险人 i 的相对财富过程 $\hat{X}_i^{u_i,(u_m)_{m \neq i}}(t)$ 可以统一表示为：

$$
\begin{aligned}
\mathrm{d}\hat{X}_i^{u_i,(u_m)_{m\neq i}}(t) = \Big[& r\hat{X}_i^{u_i,(u_m)_{m\neq i}}(t) + (p_i - c_i) - \frac{\tau_i}{n-1}\sum_{m\neq i}(p_m - c_m) + a_i(t)c_i \\
& - \frac{\tau_i}{n-1}\sum_{m\neq i} a_m(t)c_m + \sum_{j=1}^{n}\big[(\mu_j - r)f(\pi_{ij}(t),\pi_{mj}(t))\big]\Big]\mathrm{d}t \\
& + \sum_{j=1}^{n}\Big\{\sigma_j f[\pi_{ij}(t),\pi_{mj}(t)]\mathrm{d}W_j(t)\Big\} + \Big\{\sum_{j=1}^{n}\bar{\sigma}_j f[\pi_{ij}(t),\pi_{mj}(t)]\Big\} \\
& \times \mathrm{d}\overline{W}(t) + \mathrm{d}\Big\{\sum_{j=1}^{n}\sum_{k=1}^{K_j(t)} f[\pi_{ij}(t),\pi_{mj}(t)]Z_{jk}\Big\} - \mathrm{d}\Big[\sum_{k=1}^{G_i(t)} a_i(t)Y_{ik}\Big] \\
& + \frac{\tau_i}{n-1}\mathrm{d}\Big[\sum_{m\neq i}\sum_{k=1}^{G_m(t)} a_m(t)Y_{mk}\Big] \qquad (10.13)
\end{aligned}
$$

这里$f[\pi_{ij}(t),\pi_{mj}(t)] := \pi_{ij}(t) - \frac{\tau_i}{n-1}\sum_{m\neq i}\pi_{mj}(t)$。

总之，对于 n 个保险人和 n 个风险资产，本节提出了一个一般的投资模式和一个新的相互影响机制，它们的具体特征总结如下：

（1）一般投资模式囊括了文献中典型的集中化与分散化投资模式；

（2）新的相互影响机制有赖于金融市场，即 n 个风险资产的共同布朗运动$\overline{W}(t)$和共同泊松过程 $N(t)$；

（3）新的相互影响机制有赖于保险市场，即 n 个盈余过程的共同泊松过程 $G(t)$；

（4）新的相互影响机制有赖于 n 个保险人之间的竞争，由相对业绩参数 τ_i 来体现。

第二节 均衡再保险和投资问题

本节，对于 n 个竞争的保险人，在新的相互影响机制和均值－方差框架下，提出时间一致的均衡再保险和投资问题。对于任意$(t,\hat{x}_i)\in[0,T]\times R$，保险人 i 的目标是依据如下最优化问题选择一个容许的再保险和投资策略$u_i(t)$：

$$\sup_{u_i \in U_i} J_i^{u_i,(u_m)_{m\neq i}}(t,\hat{x}_i) = \sup_{u_i \in U_i}\left\{E_{t,\hat{x}_i}[\hat{X}_i^{u_i,(u_m)_{m\neq i}}(T)] - \frac{\gamma_i}{2}\mathrm{Var}_{t,\hat{x}_i}[\hat{X}_i^{u_i,(u_m)_{m\neq i}}(T)]\right\} \tag{10.14}$$

这里 $E_{t,\hat{x}_i}(\cdot) = E[\cdot \mid \hat{X}_i^{u_i,(u_m)_{m\neq i}}(t) = \hat{x}_i]$，$\mathrm{Var}_{t,\hat{x}_i}(\cdot) = \mathrm{Var}[\cdot \mid \hat{X}_i^{u_i,(u_m)_{m\neq i}}(t) = \hat{x}_i]$，$\gamma_i$ 是保险人 i 预先设置的风险厌恶参数。

在问题（10.14）中，保险人 i 必须与自己以及其他保险人同时进行博弈。与自己的博弈是因为均值-差问题（10.14）是时间不一致的，当下的自己与未来的自己博弈，是为了让未来的自己遵从当前为未来制定的最优策略；与其他保险人的博弈源于对相对业绩的关注，每个保险人都会考虑其他保险人的行为，以使自己的业绩超过竞争对手的平均业绩。

保险人 i 通过与其他保险人博弈试图以如下方式获得一个均衡再保险和投资策略。对于任意给定的保险人 m（$m\neq i, i\in\{1,2,\cdots,n\}$）的再保险和投资策略 $u_m(t)$，保险人 i 将寻找他的最优回复策略 $\bar{u}_i^*(t)$。当所有保险人都找到了自己的最优回复策略，则形成了 n 个保险人的一个均衡策略，记作 $[\bar{u}_1^*(t), \bar{u}_2^*(t), \cdots, \bar{u}_n^*(t)]$。

保险人 i 通过与自己博弈试图获得一个时间一致的再保险和投资策略。为了确保通过博弈获得的再保险和投资策略是时间一致的，我们给出如下均衡策略的定义。

定义 10.2 对于容许策略 $[u_1^*(s), u_2^*(s), \cdots, u_n^*(s)]$，任意选定的 $\varepsilon > 0$，定义一个新的策略：

$$u_i^{\varepsilon}(s) = \begin{cases} u_i(s), & t \leqslant s < t+\varepsilon \\ u_i^*(s), & t+\varepsilon \leqslant s \leqslant T \end{cases} \tag{10.15}$$

这里 $u_i(s) \in U_i$。如果对于所有的 $u_i(s) \in U_i$，有

$$\liminf_{\varepsilon \to 0} \frac{J_i^{u_i^*,(u_m)^*_{m\neq i}}(t,\hat{x}_i) - J_i^{u_i^{\varepsilon},(u_m)^*_{m\neq i}}(t,\hat{x}_i)}{\varepsilon} \geqslant 0 \tag{10.16}$$

则 $u_1^*(s), u_2^*(s), \cdots, u_n^*(s)$ 分别是保险人 $1,2,\cdots,n$ 的均衡再保险和投资策略，$J_i^{u_i^*,(u_m)^*_{m\neq i}}(t,\hat{x}_i)$ 是保险人 i 的均衡值函数，即

$$J_i(t,\hat{x}_i) = J_i^{u_i^*,(u_m^*)_{m\neq i}}(t,\hat{x}_i) = \sup_{u_i \in U_i} J_i^{u_i,(u_m^*)_{m\neq i}}(t,\hat{x}_i) \tag{10.17}$$

根据 Björk 和 Murgoci 的研究结果可知，定义 10.2 给出的均衡策略是时间一致的。在下一节中，我们将为 n 个保险人寻求时间一致的均衡再保险和投资策略。

第三节　时间一致均衡问题的解

本节，我们寻求各个保险人时间一致的均衡再保险和投资策略以及相应的均衡值函数。对于任意的 $\phi(t,\hat{x}_i)\in C^{1,2}([0,T]\times R)$ 和任意给定的 $u_i(t)\in U_i$，跳－扩散过程（10.13）的无穷小生成元 $\mathcal{A}^{u_i,(u_m)_{m\neq i}}$ 定义为：

$$\begin{aligned}\mathcal{A}^{u_i,(u_m)_{m\neq i}}\phi(t,\hat{x}_i) &= \phi_t(t,\hat{x}_i)+\Big\{r\hat{x}_i+(p_i-c_i)-\frac{\tau_i}{n-1}\sum_{m\neq i}(p_m-c_m)+a_i(t)c_i\\&-\frac{\tau_i}{n-1}\sum_{m\neq i}a_m(t)c_m+\sum_{j=1}^{n}((\mu_j-r)f[\pi_{ij}(t),\pi_{mj}(t)])\Big\}\phi_{\hat{x}_i}(t,\hat{x}_i)+\sum_{j=1}^{n}\Big\{\lambda_j\mathrm{E}[\phi(t,\hat{x}_i\\&+f[\pi_{ij}(t),\pi_{mj}(t)]Z_j)-\phi(t,\hat{x}_i)]\Big\}+\lambda E\Big[\phi\Big(t,\hat{x}_i+\sum_{j=1}^{n}f[\pi_{ij}(t),\pi_{mj}(t)]Z_j\Big)-\phi(t,\hat{x}_i)\Big]\\&+l_iE\Big\{\phi[t,\hat{x}_i-a_i(t)Y_i]-\phi(t,\hat{x}_i)\Big\}+\sum_{m\neq i}\Big\{l_m\mathrm{E}\Big[\phi\Big(t,\hat{x}_i+\frac{\tau_ia_m(t)Y_m}{n-1}\Big)-\phi(t,\hat{x}_i)\Big]\Big\}\\&+lE\Big[\phi\Big(t,\hat{x}_i-a_i(t)Y_i+\sum_{m\neq i}\frac{\tau_ia_m(t)Y_m}{n-1}\Big)-\phi(t,\hat{x}_i)\Big]+\frac{1}{2}\Big\{\sum_{j=1}^{n}\sigma_j^2f^2[\pi_{ij}(t),\pi_{mj}(t)]\\&+\Big(\sum_{j=1}^{n}\bar{\sigma}_jf[\pi_{ij}(t),\pi_{mj}(t)]\Big)^2\Big\}\phi_{\hat{x}_i\hat{x}_i}(t,\hat{x}_i)\end{aligned}\tag{10.18}$$

为了建立问题（10.14）的验证定理，我们需要下面的引理。

引理 10.1　对于任意的容许策略 $[u_1(t),u_2(t),\cdots,u_n(t)]$，有

$$E_{t,\hat{x}_i}\Big[\sup_{s\in[t,T]}|\hat{X}_i^{u_i,(u_m)_{m\neq i}}(s)|^4\Big]<+\infty,\ i=1,2,\cdots,n,\ \forall(t,\hat{x}_i)\in[0,T]\times R\tag{10.19}$$

证明　注意到 $|y|\leqslant e^{|y|}$。与第 2 章中定理 2.3 证明值函数的性质相似，可很容易得到本引理。这里不再证明。

为了求解问题（10.14），下面给出验证定理。

定理 10.1 对于问题（10.14），假设存在实函数 $V_i(t,\hat{x}_i),h_i(t,\hat{x}_i)\in D^{1,2}([0,T]\times R)$，它们满足如下推广的 HJB 方程组：$\forall(t,\hat{x}_i)\in[0,T]\times R$

$$\sup_{u_i\in U_i}\left\{\mathcal{A}^{u_i,(u_m)_{m\neq i}}V_i(t,\hat{x}_i)-\mathcal{A}^{u_i,(u_m)_{m\neq i}}\frac{\gamma_i}{2}h_i^2(t,\hat{x}_i)+\gamma_i h_i(t,\hat{x}_i)\mathcal{A}^{u_i,(u_m)_{m\neq i}}h_i(t,\hat{x}_i)\right\}=0,$$

$$V_i(T,\hat{x}_i)=\hat{x}_i \tag{10.20}$$

和

$$\mathcal{A}^{u_i^*,(u_m^*)_{m\neq i}}h_i(t,\hat{x}_i)=0,h_i(T,\hat{x}_i)=\hat{x}_i \tag{10.21}$$

这里

$$u_i^*(t)=\arg\sup_{u_i\in U_i}\left\{\mathcal{A}^{u_i,(u_m)_{m\neq i}}V_i(t,\hat{x}_i)-\mathcal{A}^{u_i,(u_m)_{m\neq i}}\frac{\gamma_i}{2}h_i^2(t,\hat{x}_i)+\gamma_i h_i(t,\hat{x}_i)\mathcal{A}^{u_i,(u_m)_{m\neq i}}h_i(t,\hat{x}_i)\right\} \tag{10.22}$$

则 $u_i^*(t)$是最优时间一致的均衡再保险和投资策略，$V_i(t,\hat{x}_i)=J_i(t,\hat{x}_i)$是相应的均衡值函数，并且 $h(t,\hat{x}_i)=E_{t,\hat{x}_i}\left[\hat{X}_i^{u_i^*,(u_m^*)_{m\neq i}}(T)\right]$是终端财富的期望。

证明 证明过程由两步组成。首先，我们证明 $V_i(t,\hat{x}_i)=J_i^{u_i^*,(u_m^*)_{m\neq i}}(t,\hat{x}_i)=J_i(t,\hat{x}_i)$以及 $h_i(t,\hat{x}_i)=E_{t,\hat{x}_i}\left\{h_i[T,\hat{X}_i^{u_i^*,(u_m^*)_{m\neq i}}(T)]\right\}$，即 $V_i(t,\hat{x}_i)$是均衡值函数，$h_i(t,\hat{x}_i)$是终端财富的期望。其次，我们证明 $u_i^*(t)$确是最优时间一致的均衡再保险和投资策略。

第一步 对 $V_i(t,\hat{x}_i)$使用 Itô 公式，并应用无穷小生成元的表达式 $\mathcal{A}^{u_i^*,(u_m^*)_{m\neq i}}$，可得：

$$\begin{aligned}V_i\left[T,\hat{X}_i^{u_i^*,(u_m^*)_{m\neq i}}(T)\right]&=V_i(t,\hat{x}_i)+\int_t^T\mathcal{A}^{u_i^*,(u_m^*)_{m\neq i}}V_i(s,\hat{X}_i^{u_i^*,(u_m^*)_{m\neq i}}(s))\mathrm{d}s\\&+\sum_{j=1}^n\int_t^T\sigma_j f[\pi_{ij}^*(s),\pi_{mj}^*(s)]f_{12}\mathrm{d}W_j(s)+\int_t^T\left\{\sum_{j=1}^n\bar{\sigma}_j f[\pi_{ij}^*(s),\pi_{mj}^*(s)]f_{12}\right\}\mathrm{d}\overline{W}(s)\\&+\sum_{j=1}^n\int_t^T\int_{D_j}f_i^1(s,z_j)\tilde{N}_j(\mathrm{d}s,\mathrm{d}z_j)+\int_t^T\underbrace{\int\cdots\int_D}_{n}f_i^2(s,z_1,\cdots,z_n)\tilde{N}(\mathrm{d}s,\mathrm{d}z_1,\cdots,\\&\mathrm{d}z_n)+\int_t^T\int_{\tilde{D}_i}f_i^3(s,y_i)\tilde{L}_i(\mathrm{d}s,\mathrm{d}y_i)+\sum_{m\neq i}\int_t^T\int_{\tilde{D}_m}f_i^4(s,y_m)\tilde{L}_m(\mathrm{d}s,\mathrm{d}y_m)\end{aligned}$$

$$+\int_e^T \underbrace{\int\cdots\int_D}_{n} f_i^5(s,y_1,\cdots,y_n)\tilde{L}(\mathrm{d}s,\mathrm{d}y_1,\cdots,\mathrm{d}y_n) \tag{10.23}$$

这里 f_{12} 表示 $V_i\left[s,\hat{X}_i^{u_i^*,(u_m^*)_{m\neq i}}(s)\right]$ 关于第二个变量的偏导数。此外

$$f_i^1(s,z_j) = V_i\left(s,\hat{X}_i^{u_i^*,(u_m^*)_{m\neq i}}(s)+f[\pi_{ij}^*(s),\pi_{mj}^*(s)]z_j\right)-V_i(s,\hat{X}_i^{u_i^*,(u_m^*)_{m\neq i}}(s)) \tag{10.24}$$

$$f_i^2(s,z_1,\cdots,z_n) = V_i\left(s,\hat{X}_i^{u_i^*,(u_m^*)_{m\neq i}}(s)+\sum_{j=1}^n f[\pi_{ij}^*(s),\pi_{mj}^*(s)]z_j\right)-V_i(s,\hat{X}_i^{u_i^*,(u_m^*)_{m\neq i}}(s)) \tag{10.25}$$

$$f_i^3(s,y_i) = V_i\left(s,\hat{X}_i^{u_i^*,(u_m^*)_{m\neq i}}(s)-a_i^*(s)y_i\right)-V_i\left(s,\hat{X}_i^{u_i^*,(u_m^*)_{m\neq i}}(s)\right) \tag{10.26}$$

$$f_i^4(s,y_m) = V_i\left(s,\hat{X}_i^{u_i^*,(u_m^*)_{m\neq i}}(s)+\frac{\tau_i a_m^*(s)y_m}{n-1}\right)-V_i\left(s,\hat{X}_i^{u_i^*,(u_m^*)_{m\neq i}}(s)\right) \tag{10.27}$$

$$f_i^5(s,y_1,\cdots,y_n) = V_i\left(s,\hat{X}_i^{u_i^*,(u_m^*)_{m\neq i}}(s)-a_i^*(s)y_i+\sum_{m\neq i}\frac{\tau_i a_m^*(s)y_m}{n-1}\right)-V_i(s,\hat{X}_i^{u_i^*,(u_m^*)_{m\neq i}}(s)) \tag{10.28}$$

注意到 $\tau_i\in[0,1)$ 和 $n\geqslant 2$，根据 $f[\pi_{ij}^*(t),\pi_{mj}^*(t)]$ 的定义，则有：

$$\begin{aligned}\left\{\sigma_j f[\pi_{ij}^*(t),\pi_{mj}^*(t)]f_{12}\right\}^2 &= \left[\sigma_j\left(\pi_{ij}^*(t)-\frac{\tau_i}{n-1}\sum_{m\neq i}\pi_{mj}^*(t)\right)f_{12}\right]^2\\ &\leqslant f_{12}^4+\sigma_j^4\left(\pi_{ij}^*(t)-\frac{\tau_i}{n-1}\sum_{m\neq i}\pi_{mj}^*(t)\right)^4\\ &\leqslant f_{12}^4+4\sigma_j^4\left[\pi_{ij}^{*2}(t)+\left(\sum_{m\neq i}\pi_{mj}^*(t)\right)^2\right]^2\\ &\leqslant f_{12}^4+4\sigma_j^4\left[\pi_{ij}^{*2}(t)+(n-1)\sum_{m\neq i}\pi_{mj}^{*2}(t)\right]^2\\ &\leqslant f_{12}^4+4n(n-1)^2\sigma_j^4\sum_{i=1}^n\pi_{ij}^{*4}(t)\end{aligned} \tag{10.29}$$

根据容许策略的定义，我们有 $\mathrm{E}\left\{\int_0^T\left[\sum_{j=1}^n\sum_{i=1}^n\pi_{ij}^4(t)\right]\mathrm{d}t\right\}<+\infty$ 。由此以及引理10.1，$V_i(t,\hat{x}_i)\in D^{1,2}([0,T]\times R)$ 和 f_{12} 的定义，则由（10.29）可得：

$$E_{t,\hat{x}_i}\left\{\sum_{j=1}^{n}\int_t^T(\sigma_j f[\pi_{ij}^*(s),\pi_{mj}^*(s)]f_{12})^2\mathrm{d}s\right\}$$
$$\leqslant E_{t,\hat{x}_i}\left\{\int_t^T[nf_{12}^4+4n(n-1)^2\sum_{j=1}^{n}\sum_{i=1}^{n}\sigma_j^4\pi_{ij}^{*4}(s)]\mathrm{d}s\right\}$$
$$\leqslant E_{t,\hat{x}_i}\left\{\int_t^T[n\kappa^4(1+|\hat{X}_i^{u_i^*,(u_m^*)_{m\neq i}}(s)|)^4+4n(n-1)^2\sum_{j=1}^{n}\sum_{i=1}^{n}\sigma_j^4\pi_{ij}^{*4}(s)]\mathrm{d}s\right\}$$
$$\leqslant E_{t,\hat{x}_i}\left\{\int_t^T\left[8n\kappa^4(1+|\hat{X}_i^{u_i^*,(u_m^*)_{m\neq i}}(s)|^4)+4n(n-1)^2\sum_{j=1}^{n}\sum_{i=1}^{n}\sigma_j^4\pi_{ij}^{*4}(s)\right]\mathrm{d}s\right\}$$
$$<+\infty \tag{10.30}$$

因为

$$\left\{\sum_{j=1}^{n}\bar{\sigma}_j f[\pi_{ij}^*(s),\pi_{mj}^*(s)]f_{12}\right\}^2\leqslant n\sum_{j=1}^{n}\left\{\bar{\sigma}_j f[\pi_{ij}^*(s),\pi_{mj}^*(s)]f_{12}\right\}^2 \tag{10.31}$$

与式（10.30）的推导类似地，可得：

$$E_{t,\hat{x}_i}\left\{\int_t^T[\sum_{j=1}^{n}\bar{\sigma}_j f[\pi_{ij}^*(s),\pi_{mj}^*(s)]f_{12}]^2\mathrm{d}s\right\}<+\infty \tag{10.32}$$

$V_i(t,\hat{x}_i)\in D^{1,2}([0,T]\times R)$蕴含着$V_i(t,\hat{x}_i)$在$[0,T]\times R$上是一致有界的。因此，有

$$E_{t,\hat{x}_i}\left\{\int_t^T[\sum_{j=1}^{n}\int_{D_j}|f_i^1(s,z_j)|\nu_j(\mathrm{d}z_j)+\underbrace{\int\cdots\int_D}_{n}|f_i^2(s,z_1,\cdots,z_n)|\nu(\mathrm{d}z_1,\cdots,\mathrm{d}z_n)\right.$$
$$+\int_{\tilde{D}_i}|f_i^3(s,y_i)|\bar{\nu}_i(\mathrm{d}y_i)+\sum_{m\neq i}\int_{\tilde{D}_m}|f_i^4(s,y_m)|\bar{\nu}_m(\mathrm{d}y_m)$$
$$\left.+\underbrace{\int\cdots\int_{\tilde{D}}}_{n}|f_i^5(s,y_1,\cdots,y_n)|\bar{\nu}(\mathrm{d}y_1,\cdots,\mathrm{d}y_n)\Big]\mathrm{d}s\right\}<+\infty \tag{10.33}$$

式（10.30）~式（10.33）确保了式（10.23）中关于布朗运动以及补偿泊松随机测度的积分是鞅。因此，对式（10.23）两端求条件期望，得到：

$$E_{t,\hat{x}_i}\left\{V_i[T,\hat{X}_i^{u_i^*,(u_m^*)_{m\neq i}}(T)]\right\}=V_i(t,\hat{x}_i)+E_{t,\hat{x}_i}\left[\int_t^T\mathcal{A}^{u_i^*,(u_m^*)_{m\neq i}}V_i(s,\hat{X}_i^{u_i^*,(u_m^*)_{m\neq i}}(s))\mathrm{d}s\right] \tag{10.34}$$

类似地，对$h_i(t,\hat{x}_i)$应用 Itô 公式，经过一些计算可以得到：

$$E_{t,\hat{x}_i}\left\{h_i[T,\hat{X}_i^{u_i^*,(u_m^*)_{m\neq i}}(T)]\right\}=h_i(t,\hat{x}_i)+E_{t,\hat{x}_i}\left\{\int_t^T\mathcal{A}^{u_i^*,(u_m^*)_{m\neq i}}h_i[s,\hat{X}_i^{u_i^*,(u_m^*)_{m\neq i}}(s)]\mathrm{d}s\right\} \tag{10.35}$$

注意到 $\mathcal{A}^{u_i^*,(u_m^*)_{m\neq i}}h_i(t,\hat{x}_i)=0$，根据式（10.35）可以获得：

$$h_i(t,\hat{x}_i)=E_{t,\hat{x}_i}\left\{h_i[T,\hat{X}_i^{u_i^*,(u_m^*)_{m\neq i}}(T)]\right\} \tag{10.36}$$

根据式（10.20）可得：

$$\mathcal{A}^{u_i^*,(u_m^*)_{m\neq i}}V_i(t,\hat{x}_i)=0.5\gamma_i\mathcal{A}^{u_i^*,(u_m^*)_{m\neq i}}h_i^2(t,\hat{x}_i) \tag{10.37}$$

联合式（10.34）、式（10.37），则推得：

$$\begin{aligned}V_i(t,\hat{x}_i) &= E_{t,\hat{x}_i}\left\{V_i[T,\hat{X}_i^{u_i^*,(u_m^*)_{m\neq i}}(T)]\right\}\\ &\quad -0.5\gamma_iE_{t,\hat{x}_i}\left\{\int_t^T\mathcal{A}^{u_i^*,(u_m^*)_{m\neq i}}h_i^2[s,\hat{X}_i^{u_i^*,(u_m^*)_{m\neq i}}(s)]\mathrm{d}s\right\}\end{aligned} \tag{10.38}$$

与式（10.34）类似，对 $h_i^2(t,\hat{x}_i)$应用 Itô 公式，可得：

$$E_{t,\hat{x}_i}\left\{\int_t^T\mathcal{A}^{u_i^*,(u_m^*)_{m\neq i}}h_i^2[s,\hat{X}_i^{u_i^*,(u_m^*)_{m\neq i}}(s)]\mathrm{d}s\right\}=E_{t,\hat{x}_i}\left\{h_i^2[T,\hat{X}_i^{u_i^*,(u_m^*)_{m\neq i}}(T)]\right\}-h_i^2(t,\hat{x}_i) \tag{10.39}$$

把式（10.39）代入式（10.38）获得：

$$\begin{aligned}V_i(t,\hat{x}_i) &=E_{t,\hat{x}_i}\left\{V_i[T,\hat{X}_i^{u_i^*,(u_m^*)_{m\neq i}}(T)]\right\}\\ &\quad -0.5\gamma_i\left\{E_{t,\hat{x}_i}\{h_i^2[T,\hat{X}_i^{u_i^*,(u_m^*)_{m\neq i}}(T)]\}-h_i^2(t,\hat{x}_i)\right\}\end{aligned} \tag{10.40}$$

根据边界条件

$$V_i[T,\hat{X}_i^{u_i^*,(u_m^*)_{m\neq i}}(T)]=h_i[T,\hat{X}_i^{u_i^*,(u_m^*)_{m\neq i}}(T)]=\hat{X}_i^{u_i^*,(u_m^*)_{m\neq i}}(T) \tag{10.41}$$

并应用式（10.36），式（10.40）可以重新写作

$$\begin{aligned}V_i(t,\hat{x}_i) &=E_{t,\hat{x}_i}[\hat{X}_i^{u_i^*,(u_m^*)_{m\neq i}}(T)]-0.5\gamma_i\left\{E_{t,\hat{x}_i}[(\hat{X}_i^{u_i^*,(u_m^*)_{m\neq i}}(T))^2]\right.\\ &\quad \left.-[E_{t,\hat{x}_i}(\hat{X}_i^{u_i^*,(u_m^*)_{m\neq i}}(T))]^2\right\}\\ &=E_{t,\hat{x}_i}[\hat{X}_i^{u_i^*,(u_m^*)_{m\neq i}}(T)]-0.5\gamma_i\mathrm{Var}_{t,\hat{x}_i}[\hat{X}_i^{u_i^*,(u_m^*)_{m\neq i}}(T)]\\ &=J_i^{u_i^*,(u_m^*)_{m\neq i}}(t,\hat{x}_i)\end{aligned} \tag{10.42}$$

第二步 为了便于本步的证明，首先引入一些符号。

式（10.14）中定义的 $J_i^{u_i,(u_m)_{m\neq i}}(t,\hat{x}_i)$可以重新写作：

$$J_i^{u_i,(u_m)_{m\neq i}}(t,\hat{x}_i)=E_{t,\hat{x}_i}[\hat{X}_i^{u_i,(u_m)_{m\neq i}}(T)]-0.5\gamma_i \mathrm{Var}_{t,\hat{x}_i}[\hat{X}_i^{u_i,(u_m)_{m\neq i}}(T)]$$
$$=E_{t,\hat{x}_i}\{F_i[\hat{X}_i^{u_i,(u_m)_{m\neq i}}(T)]\}+G_i\{E_{t,\hat{x}_i}[\hat{X}_i^{u_i,(u_m)_{m\neq i}}(T)]\} \tag{10.43}$$

这里 $F_i(y):=y-0.5\gamma_i y^2$，$G_i(y):=0.5\gamma_i y^2$。$(G_i\diamond h_i)(t,\hat{x}_i)$，$\mathcal{H}^{u_i,(u_m)_{m\neq i}}h_i(t,\hat{x}_i)$和$\bar{f}_i(t,\hat{x}_i)$的定义如下：

$$\begin{cases}(G_i\diamond h_i)(t,\hat{x}_i)=G_i[h_i(t,\hat{x}_i)]=0.5\gamma_i h_i^2(t,\hat{x}_i),\\ \mathcal{H}^{u_i,(u_m)_{m\neq i}}h_i(t,\hat{x}_i)=G_i'[h_i(t,\hat{x}_i)]\mathcal{A}^{u_i,(u_m)_{m\neq i}}h_i(t,\hat{x}_i)\\ \qquad\qquad=\gamma_i h_i(t,\hat{x}_i)\mathcal{A}^{u_i,(u_m)_{m\neq i}}h_i(t,\hat{x}_i)\\ \bar{f}_i(t,\hat{x}_i)=E_{t,\hat{x}_i}\{F_i[\hat{X}_i^{u_i^*,(u_m^*)_{m\neq i}}(T)]\}\end{cases} \tag{10.44}$$

根据式（10.44），式（10.20）的第一个方程变为：

$$\sup_{u_i\in \mathrm{U}_i}\{\mathcal{A}^{u_i,(u_m)_{m\neq i}}V_i(t,\hat{x}_i)-\mathcal{A}^{u_i,(u_m)_{m\neq i}}(G_i\diamond h_i)(t,\hat{x}_i)+\mathcal{H}^{u_i,(u_m)_{m\neq i}}h_i(t,\hat{x}_i)\}=0 \tag{10.45}$$

因为式（10.45）对于任意 $u_m(t)\in U$ 均成立，所以通过设 $u_m(t)=u_m^*(t)$，对所有 $u_i(t)\in U$，我们有

$$\mathcal{A}^{u_i,(u_m^*)_{m\neq i}}V_i(t,\hat{x}_i)-\mathcal{A}^{u_i,(u_m^*)_{m\neq i}}(G_i\diamond h_i)(t,\hat{x}_i)+\mathcal{H}^{u_i,(u_m^*)_{m\neq i}}h_i(t,\hat{x}_i)\leqslant 0 \tag{10.46}$$

对于任意的 $\varepsilon>0$，将上式离散化获得：

$$E_{t,\hat{x}_i}\left[V_i(t+\varepsilon,\hat{X}_i^{u_i,(u_m^*)_{m\neq i}}(t+\varepsilon))\right]-V_i(t,\hat{x}_i)-E_{t,\hat{x}_i}[G_i(h_i(t+\varepsilon,$$
$$\hat{X}_i^{u_i,(u_m^*)_{m\neq i}}(t+\varepsilon)))]+G_i[h_i(t,\hat{x}_i)]+G_i(E_{t,\hat{x}_i}[h_i(t+\varepsilon,\hat{X}_i^{u_i,(u_m^*)_{m\neq i}}(t+\varepsilon))])$$
$$-G_i[h_i(t,\hat{x}_i)]\leqslant o(\varepsilon) \tag{10.47}$$

式（10.47）等价于

$$J_i^{u_i^*,(u_m^*)_{m\neq i}}(t,\hat{x}_i)=V_i(t,\hat{x}_i)\geqslant E_{t,\hat{x}_i}\left[V_i(t+\varepsilon,\hat{X}_i^{u_i,(u_m^*)_{m\neq i}}(t+\varepsilon))\right]$$
$$-E_{t,\hat{x}_i}[G_i(h_i(t+\varepsilon,\hat{X}_i^{u_i,(u_m^*)_{m\neq i}}(t+\varepsilon)))]$$
$$+G_i(E_{t,\hat{x}_i}[h_i(t+\varepsilon,\hat{X}_i^{u_i,(u_m^*)_{m\neq i}}(t+\varepsilon))])+o(\varepsilon) \tag{10.48}$$

另外，对任意的容许策略 $u_i(t)\in U$，根据定义 10.2，可以构造一个策略 $u_i^{\varepsilon}(s,\tilde{x})$，并在时间点 t 和 $t+\varepsilon$ 应用该策略，则可获得：

$$
\begin{aligned}
J_i^{u_i^{\varepsilon},(u_m^*)_{m\neq i}}(t,\hat{x}_i) = {} & E_{t,\hat{x}_i}[J_i^{u_i^{\varepsilon},(u_m^*)_{m\neq i}}(t+\varepsilon,\hat{X}_i^{u_i^{\varepsilon},(u_m^*)_{m\neq i}}(t+\varepsilon))] \\
& -\Big\{E_{t,\hat{x}_i}[\bar{f}_i^{u_i^{\varepsilon},(u_m^*)_{m\neq i}}(t+\varepsilon,\hat{X}_i^{u_i^{\varepsilon},(u_m^*)_{m\neq i}}(t+\varepsilon))] \\
& -E_{t,\hat{x}_i}[\bar{f}_i^{u_i^{\varepsilon},(u_m^*)_{m\neq i}}(t+\varepsilon,\hat{X}_i^{u_i^{\varepsilon},(u_m^*)_{m\neq i}}(t+\varepsilon))]\Big\} \\
& -\Big\{E_{t,\hat{x}_i}[G_i(h_i^{u_i^{\varepsilon},(u_m^*)_{m\neq i}}(t+\varepsilon,\hat{X}_i^{u_i^{\varepsilon},(u_m^*)_{m\neq i}}(t+\varepsilon)))] \\
& -G_i[E_{t,\hat{x}_i}(h_i^{u_i^{\varepsilon},(u_m^*)_{m\neq i}}(t+\varepsilon,\hat{X}_i^{u_i^{\varepsilon},(u_m^*)_{m\neq i}}(t+\varepsilon)))]\Big\}
\end{aligned}
\tag{10.49}
$$

其中

$$
\bar{f}_i^{u_i^{\varepsilon},(u_m^*)_{m\neq i}}(t,\hat{x}_i) = E_{t,\hat{x}_i}\{F_i[\hat{X}_i^{u_i^{\varepsilon},(u_m^*)_{m\neq i}}(T)]\}
$$

$$
h_i^{u_i^{\varepsilon},(u_m^*)_{m\neq i}}(t,\hat{x}_i) = E_{t,\hat{x}_i}[\hat{X}_i^{u_i^{\varepsilon},(u_m^*)_{m\neq i}}(T)] \tag{10.50}
$$

因为在 $[t,t+\varepsilon)$ 上有 $u_i^{\varepsilon}(t,\tilde{x})=u_i(t,\tilde{x})$，所以根据连续性就可以得到 $\hat{X}_i^{u_i^{\varepsilon},(u_m^*)_{m\neq i}}(t+\varepsilon) = \hat{X}_i^{u_i,(u_m^*)_{m\neq i}}(t+\varepsilon)$；因为在 $[t+\varepsilon,T]$ 上有 $u_i^{\varepsilon}(t,\tilde{x})=u_i^*(t,\tilde{x})$，所以有

$$
J_i^{u_i^{\varepsilon},(u_m^*)_{m\neq i}}(t+\varepsilon,\hat{X}_i^{u_i^{\varepsilon},(u_m^*)_{m\neq i}}(t+\varepsilon)) = V_i(t+\varepsilon,\hat{X}_i^{u_i,(u_m^*)_{m\neq i}}(t+\varepsilon)) \tag{10.51}
$$

$$
h_i^{u_i^{\varepsilon},(u_m^*)_{m\neq i}}(t+\varepsilon,\hat{X}_i^{u_i^{\varepsilon},(u_m^*)_{m\neq i}}(t+\varepsilon)) = h_i(t+\varepsilon,\hat{X}_i^{u_i,(u_m^*)_{m\neq i}}(t+\varepsilon)) \tag{10.52}
$$

因此

$$
\begin{aligned}
J_i^{u_i^{\varepsilon},(u_m^*)_{m\neq i}}(t,\hat{x}_i) = {} & E_{t,\hat{x}_i}[V_i(t+\varepsilon,\hat{X}_i^{u_i,(u_m^*)_{m\neq i}}(t+\varepsilon))] - E_{t,\hat{x}_i}[G_i(h_i(t+\varepsilon, \\
& \hat{X}_i^{u_i,(u_m^*)_{m\neq i}}(t+\varepsilon)))] + G_i[\mathrm{E}_{t,\hat{x}_i}(h_i(t+\varepsilon, \\
& \hat{X}_i^{u_i,(u_m^*)_{m\neq i}}(t+\varepsilon)))]
\end{aligned}
\tag{10.53}
$$

联合式（10.48）、式（10.53），可得：

$$
J_i^{u_i^*,(u_m^*)_{m\neq i}}(t,\hat{x}_i) - J_i^{u_i^{\varepsilon},(u_m^*)_{m\neq i}}(t,\hat{x}_i) \geqslant o(\varepsilon) \tag{10.54}
$$

所以

$$\liminf_{\varepsilon\to 0}\frac{J_i^{u_i^*,(u_m)_{m\neq i}^*}(t,\hat{x}_i)-J_i^{u_i^{\varepsilon},(u_m)_{m\neq i}^*}(t,\hat{x}_i)}{\varepsilon}\geqslant 0 \tag{10.55}$$

证明完成。

为了方便后文的论述，引入如下记号：

$$\begin{cases}\bar{\xi}_i=\dfrac{\tau_i l\bar{\mu}_{i1}}{(n-1)(l+l_i)\bar{\mu}_{i2}},\bar{\zeta}_i=\dfrac{c_i-(l+l_i)\bar{\mu}_{i1}}{\gamma_i(l+l_i)\bar{\mu}_{i2}}e^{-r(T-t)},\delta_j=(\lambda+\lambda_j)\mu_{j2}+\sigma_j^2+\bar{\sigma}_j^2,\\ \Delta_j=[(\mu_j-r)+(\lambda+\lambda_j)\mu_{j1}]e^{-r(T-t)},\varphi_n=\displaystyle\sum_{i=1}^n\frac{\bar{\mu}_{i1}\bar{\zeta}_i}{1+\bar{\xi}_i\bar{\mu}_{i1}},\Psi_n=\sum_{i=1}^n\frac{\bar{\mu}_{i1}\bar{\xi}_i}{1+\bar{\xi}_i\bar{\mu}_{i1}},\\ \widetilde{\Phi}_n=\displaystyle\sum_{i=1}^n\frac{\frac{\tau_i}{n-1}}{1+\frac{\tau_i}{n-1}},\bar{\varphi}_n=\sum_{j=1}^n\frac{\bar{\sigma}_j\Delta_j}{\delta_j-(\bar{\sigma}_j^2+\lambda\mu_{j1}^2)},\hat{\varphi}_n=\sum_{j=1}^n\frac{\mu_{j1}\Delta_j}{\delta_j-(\bar{\sigma}_j^2+\lambda\mu_{j1}^2)},\\ \bar{\Phi}_n=\displaystyle\sum_{j=1}^n\frac{\mu_{j1}\bar{\sigma}_j}{\delta_j-(\bar{\sigma}_j^2+\lambda\mu_{j1}^2)},\bar{\Psi}_n=\sum_{j=1}^n\frac{\bar{\sigma}_j^2}{\delta_j-(\bar{\sigma}_j^2+\lambda\mu_{j1}^2)},\widetilde{\Psi}_n=\sum_{j=1}^n\frac{\lambda\mu_{j1}^2}{\delta_j-(\bar{\sigma}_j^2+\lambda\mu_{j1}^2)},\\ \Gamma_j=\Delta_j-\dfrac{\bar{\sigma}_j\bar{\varphi}_n(1+\widetilde{\Psi}_n)-\lambda\bar{\sigma}_j\hat{\varphi}_n\bar{\Phi}_n}{(1+\bar{\Psi}_n)(1+\widetilde{\Psi}_n)-\lambda\bar{\Phi}_n^2}-\dfrac{\lambda\mu_{j1}\hat{\varphi}_n(1+\bar{\Psi}_n)-\lambda\mu_{j1}\bar{\varphi}_n\bar{\Phi}_n}{(1+\bar{\Psi}_n)(1+\widetilde{\Psi}_n)-\lambda\bar{\Phi}_n^2}\end{cases} \tag{10.56}$$

为了获得 n 个保险人的最优时间一致均衡再保险和投资策略的解析解，我们先给出下面两个引理。

引理 10.2 当 $\Psi_n\neq 1$ 时，下面的方程组

$$a_i(t)=\bar{\zeta}_i+\bar{\xi}_i\sum_{m\neq i}\bar{\mu}_{m1}a_m(t),i=1,2,\cdots,n \tag{10.57}$$

有唯一解，具体地：

$$\hat{a}_i(t)=\frac{\bar{\zeta}_i}{1+\bar{\xi}_i\bar{\mu}_{i1}}+\frac{\varphi_n\bar{\xi}_i}{(1-\Psi_n)(1+\bar{\xi}_i\bar{\mu}_{i1})},i=1,2,\cdots,n \tag{10.58}$$

证明 方程组（10.57）可以重新写为

$$a_i(t)=\bar{\zeta}_i+\bar{\xi}_i\sum_{i=1}^n\bar{\mu}_{i1}a_i(t)-\bar{\xi}_i\bar{\mu}_{i1}a_i(t),i=1,2,\cdots,n \tag{10.59}$$

上式变形后，得到：

$$a_i(t) = \frac{\bar{\zeta}_i}{1+\bar{\xi}_i\bar{\mu}_{i1}} + \frac{\bar{\xi}_i\sum_{i=1}^{n}\bar{\mu}_{i1}a_i(t)}{1+\bar{\xi}_i\bar{\mu}_{i1}}, i=1,2,\cdots,n \tag{10.60}$$

对式（10.60）两端同时乘以$\bar{\mu}_{i1}$，然后从 $i=1$ 到 $i=n$ 求和，则推得：

$$(1-\Psi_n)\sum_{i=1}^{n}\bar{\mu}_{i1}a_i(t) = \varphi_n \tag{10.61}$$

因此，当 $\Psi_n \neq 1$ 时，得到：

$$\sum_{i=1}^{n}\bar{\mu}_{i1}a_i(t) = \frac{\varphi_n}{1-\Psi_n} \tag{10.62}$$

把式（10.62）代入式（10.60），就可以推得方程组（10.57）的唯一解由（10.59）给出。

根据方程组（10.57），推得：

$$\tau_i = \frac{(n-1)(l+l_i)\bar{\mu}_{i2}(a_i(t)-\bar{\zeta}_i)}{l\bar{\mu}_{i1}\sum_{m\neq i}\bar{\mu}_{m1}a_m(t)}, i=1,2,\cdots,n \tag{10.63}$$

这意味着，在实际中，τ_i 可以通过保险人 i 的模型参数以及其他 $n-1$ 个保险人的模型参数来确定。

引理 10.3 对于 $i,j=1,2,\cdots,n$，下面的方程组

$$\delta_j\left[\pi_{ij}(t)-\frac{\tau_i}{n-1}\sum_{m\neq i}\pi_{mj}(t)\right]+\sum_{k\neq j}(\bar{\sigma}_j\bar{\sigma}_k+\lambda\mu_{j1}\mu_{k1})$$
$$\times\left[\pi_{ik}(t)-\frac{\tau_i}{n-1}\sum_{m\neq i}\pi_{mk}\right]=\frac{\Delta_j}{\gamma_i} \tag{10.64}$$

有唯一解 $\hat{\pi}_{ij}(t)$，具体地：

$$\hat{\pi}_{ij}(t)=\left[\frac{\frac{\tau_i}{n-1}}{\left(1+\frac{\tau_i}{n-1}\right)(1-\widetilde{\Phi}_n)}\sum_{i=1}^{n}\frac{1}{\gamma_i\left(1+\frac{\tau_i}{n-1}\right)[\delta_j-(\bar{\sigma}_j^2+\lambda\mu_{j1}^2)]}\right.$$
$$\left.+\frac{1}{\gamma_i\left(1+\frac{\tau_i}{n-1}\right)[\delta_j-(\bar{\sigma}_j^2+\lambda\mu_{j1}^2)]}\right]\Gamma_j \tag{10.65}$$

其中 $i,j=1,2,\cdots,n$。

证明 方程组（10.64）可重新表示为：

$$[\delta_j-(\bar{\sigma}_j^2+\lambda\mu_{j1}^2)]\left[\pi_{ij}(t)-\frac{\tau_i}{n-1}\sum_{m\neq i}\pi_{mj}(t)\right]+\bar{\sigma}_j\sum_{j=1}^{n}\bar{\sigma}_j\left[\pi_{ij}(t)-\frac{\tau_i}{n-1}\sum_{m\neq i}\pi_{mj}(t)\right]$$

$$+\lambda\mu_{j1}\sum_{j=1}^{n}\mu_{j1}\left[\pi_{ij}(t)-\frac{\tau_i}{n-1}\sum_{m\neq i}\pi_{mj}(t)\right]=\frac{\Delta_j}{\gamma_i},i,j=1,2,\cdots,n \tag{10.66}$$

由 δ_j 的定义，获得：

$$\begin{aligned}\delta_j-(\bar{\sigma}_j^2+\lambda\mu_{j1}^2)&=\left[(\lambda+\lambda_j)\mu_{j2}+\sigma_j^2+\bar{\sigma}_j^2\right]-(\bar{\sigma}_j^2+\lambda\mu_{j1}^2)\\&=\lambda\mathrm{Var}(Z_j)+\lambda_j\mu_{j2}+\sigma_j^2>0\end{aligned} \tag{10.67}$$

式（10.66）两端同时除以 $\delta_j-(\bar{\sigma}_j^2+\lambda\mu_{j1}^2)$ 则可得：

$$\left[\pi_{ij}(t)-\frac{\tau_i}{n-1}\sum_{m\neq i}\pi_{mj}(t)\right]+\frac{\bar{\sigma}_j}{\delta_j-(\bar{\sigma}_j^2+\lambda\mu_{j1}^2)}\sum_{j=1}^{n}\bar{\sigma}_j\left[\pi_{ij}(t)-\frac{\tau_i}{n-1}\sum_{m\neq i}\pi_{mj}(t)\right]$$

$$+\frac{\lambda\mu_{j1}}{\delta_j-(\bar{\sigma}_j^2+\lambda\mu_{j1}^2)}\sum_{j=1}^{n}\mu_{j1}\left[\pi_{ij}(t)-\frac{\tau_i}{n-1}\sum_{m\neq i}\pi_{mj}(t)\right]=\frac{\Delta_j}{\gamma_i[\delta_j-(\bar{\sigma}_j^2+\lambda\mu_{j1}^2)]} \tag{10.68}$$

对式（10.68）两端先后同时乘以 $\bar{\sigma}_j$ 和 μ_{j1}，然后两端从 $j=1$ 到 $j=n$ 求和，则可得到如下线性方程组：

$$\begin{cases}(1+\bar{\Psi}_n)\sum_{j=1}^{n}\bar{\sigma}_j\left[\pi_{ij}(t)-\frac{\tau_i}{n-1}\sum_{m\neq i}\pi_{mj}(t)\right]+\lambda\bar{\Phi}_n\sum_{j=1}^{n}\mu_{j1}\left[\pi_{ij}(t)-\frac{\tau_i}{n-1}\sum_{m\neq i}\pi_{mj}(t)\right]\\=\frac{\bar{\varphi}_n}{\gamma_i},i=1,2,\cdots,n\\\bar{\Phi}_n\sum_{j=1}^{n}\bar{\sigma}_j\left[\pi_{ij}(t)-\frac{\tau_i}{n-1}\sum_{m\neq i}\pi_{mj}(t)\right]+(1+\widetilde{\Psi}_n)\sum_{j=1}^{n}\mu_{j1}\left[\pi_{ij}(t)-\frac{\tau_i}{n-1}\sum_{m\neq i}\pi_{mj}(t)\right]\\=\frac{\hat{\varphi}_n}{\gamma_i},i=1,2,\cdots,n\end{cases} \tag{10.69}$$

式（10.69）的系数矩阵满足：

$$\begin{vmatrix}1+\bar{\Psi}_n & \lambda\bar{\Phi}_n\\ \bar{\Phi}_n & 1+\widetilde{\Psi}_n\end{vmatrix}=(1+\bar{\Psi}_n)(1+\widetilde{\Psi}_n)-\lambda\bar{\Phi}_n^2>\bar{\Psi}_n\widetilde{\Psi}_n-\lambda\bar{\Phi}_n^2$$

$$= \lambda\left[\sum_{j=1}^{n} \frac{\bar{\sigma}_j^2}{\delta_j - (\bar{\sigma}_j^2 + \lambda\mu_{j1}^2)} \sum_{j=1}^{n} \frac{\mu_{j1}^2}{\delta_j - (\bar{\sigma}_j^2 + \lambda\mu_{j1}^2)} - \left(\sum_{j=1}^{n} \frac{\mu_{j1}\bar{\sigma}_j}{\delta_j - (\bar{\sigma}_j^2 + \lambda\mu_{j1}^2)} \right)^2 \right]$$

$$\geqslant 0 \tag{10.70}$$

这里最后一个不等式是根据 Cauchy – Schwarz 不等式得到的。上面的不等式意味着线性方程组（10.69）有唯一解，具体地：

$$\begin{cases} \sum_{j=1}^{n} \bar{\sigma}_j \left[\pi_{ij}(t) - \frac{\tau_i}{n-1} \sum_{m \neq i} \pi_{mj}(t) \right] = \frac{\bar{\varphi}_n (1 + \widetilde{\Psi}_n) - \lambda \hat{\varphi}_n \bar{\Phi}_n}{\gamma_i [(1 + \bar{\Psi}_n)(1 + \widetilde{\Psi}_n) - \lambda \bar{\Phi}_n^2]} \\ \sum_{j=1}^{n} \mu_{j1} \left[\pi_{ij}(t) - \frac{\tau_i}{n-1} \sum_{m \neq i} \pi_{mj}(t) \right] = \frac{\hat{\varphi}_n (1 + \bar{\Psi}_n) - \bar{\varphi}_n \bar{\Phi}_n}{\gamma_i [(1 + \bar{\Psi}_n)(1 + \widetilde{\Psi}_n) - \lambda \bar{\Phi}_n^2]} \end{cases} \tag{10.71}$$

把式（10.71）代入式（10.68），推得：

$$\pi_{ij}(t) = \frac{\tau_i}{n-1} \sum_{m \neq i} \pi_{mj}(t) + \frac{1}{\gamma_i [\delta_j - (\bar{\sigma}_j^2 + \lambda\mu_{j1}^2)]} \Gamma_j \tag{10.72}$$

上式变形后，得到：

$$\pi_{ij}(t) = \frac{\frac{\tau_i}{n-1}}{1 + \frac{\tau_i}{n-1}} \sum_{i=1}^{n} \pi_{ij}(t) + \frac{1}{\gamma_i \left(1 + \frac{\tau_i}{n-1}\right) [\delta_j - (\bar{\sigma}_j^2 + \lambda\mu_{j1}^2)]} \Gamma_j \tag{10.73}$$

对于任意给定的 n，$\frac{\frac{\tau_i}{n-1}}{1 + \frac{\tau_i}{n-1}}$ 是关于 τ_i 递增的函数，所以

$$0 \leqslant \frac{\frac{\tau_i}{n-1}}{1 + \frac{\tau_i}{n-1}} < \frac{\frac{1}{n-1}}{1 + \frac{1}{n-1}} = \frac{1}{n} \tag{10.74}$$

因此，获得：

$$0 \leqslant \widetilde{\Phi}_n = \sum_{i=1}^{n} \frac{\frac{\tau_i}{n-1}}{1 + \frac{\tau_i}{n-1}} < n \times \frac{1}{n} = 1 \tag{10.75}$$

对式（10.73）两端同时从 $i=1$ 到 $i=n$ 求和，则知有：

$$\sum_{i=1}^{n}\pi_{ij}(t)=\frac{\Gamma_j}{1-\widetilde{\Phi}_n}\sum_{i=1}^{n}\frac{1}{\gamma_i\left(1+\frac{\tau_i}{n-1}\right)\left[\delta_j-(\bar{\sigma}_j^2+\lambda\mu_{j1}^2)\right]} \tag{10.76}$$

把式（10.76）代入式（10.73），可得方程组（10.64）的唯一解由式（10.65）给出。

基于引理 10.2 和引理 10.3，则可导出均衡问题（10.14）的解。具体地，有下面的定理。

定理 10.2 对应于财富过程（10.13），均衡问题（10.14）的解如下。保险人 i 的最优时间一致的均衡再保险策略可分为如下两种情形：

（1）如果 $\Psi_n=1$，保险人 i 不存在最优的时间一致的均衡再保险策略，

（2）如果 $\Psi_n\neq 1$，保险人 i 的最优时间一致的均衡再保险策略为 $a_i^*(t)=(0\vee\hat{a}_i(t))\wedge 1$，其中 $\hat{a}_i(t)$ 由式（10.58）给出。

保险人 i 的最优时间一致的均衡投资策略为 $\pi_{ij}^*(t)=\hat{\pi}_{ij}(t)\vee 0$，其中 $\hat{\pi}_{ij}(t)$ 由式（10.65）给出，相应的均衡值函数为：

$$V_i(t,\hat{x}_i)=\hat{x}_i e^{r(T-t)}+\frac{B_i(t)}{\gamma_i} \tag{10.77}$$

这里

$$\begin{aligned}B_i(t)=\gamma_i\int_t^T e^{r(T-s)}\Bigg\{&\Bigg[(p_i-c_i)-\frac{\tau_i}{n-1}\sum_{m\neq i}(p_m-c_m)+a_i^*(s)c_i-\frac{\tau_i}{n-1}\sum_{m\neq i}a_m^*(s)c_m\\&+\sum_{j=1}^{n}\left[(\mu_j-r)f(\pi_{ij}^*(s),\pi_{mj}^*(s))\right]\Bigg]-\frac{\gamma_i}{2}e^{r(T-s)}\Bigg\{\sum_{j=1}^{n}\sigma_j^2f^2[\pi_{ij}^*(s),\pi_{mj}^*(s)]\\&+\left(\sum_{j=1}^{n}\bar{\sigma}_jf(\pi_{ij}^*(s),\pi_{mj}^*(s))\right)^2\Bigg\}+\sum_{j=1}^{n}\{(\lambda+\lambda_j)\mu_{j1}f[\pi_{ij}^*(s),\pi_{mj}^*(s)]\}\\&-\frac{\gamma_i}{2}e^{r(T-s)}\sum_{j=1}^{n}\{\lambda_jE[(f[\pi_{ij}^*(s),\pi_{mj}^*(s)]Z_j)^2]\}-\frac{\gamma_i}{2}\lambda e^{r(T-s)}E\Bigg\{\Bigg(\sum_{j=1}^{n}f[\pi_{ij}^*(s),\\&\pi_{mj}^*(s)]Z_j\Bigg)^2\Bigg\}-\left[(l+l_i)\bar{\mu}_{i1}a_i^*(s)+\sum_{m\neq i}(l+l_m)\frac{\tau_i\bar{\mu}_{m1}}{n-1}a_m^*(s)\right]-\frac{\gamma_ie^{r(T-s)}}{2}\\&\times\left[l_i\bar{\mu}_{i2}a_i^{*2}(s)+\left(\frac{\tau_i}{n-1}\right)^2\sum_{m\neq i}l_m\bar{\mu}_{m2}a_m^{*2}(s)+lE\left(\left(a_i^*(s)Y_i-\sum_{m\neq i}\frac{\tau_iY_m}{n-1}a_m^*(s)\right)^2\right)\right]\Bigg\}ds,\end{aligned}$$

$$i=1,2,\cdots,n \tag{10.78}$$

证明 根据财富过程（10.13）和式（10.18）中的无穷小生成元，推广的 HJB 方程（10.20）可以显式表示为：

$$\begin{aligned}
&\sup_{u_i\in U_i}\Bigg\{\frac{\partial V_i(t,\hat{x}_i)}{\partial t}+\Big[r\hat{x}_i+(p_i-c_i)-\frac{\tau_i}{n-1}\sum_{m\neq i}(p_m-c_m)+a_i(t)c_i-\frac{\tau_i}{n-1}\\
&\times\sum_{m\neq i}a_m(t)c_m+\sum_{j=1}^{n}\{(\mu_j-r)f[\pi_{ij}(t),\pi_{mj}(t)]\}\Big]\frac{\partial V_i(t,\hat{x}_i)}{\partial\hat{x}_i}+\frac{1}{2}\Big\{\sum_{j=1}^{n}\sigma_j^2f^2[\pi_{ij}^*(t),\\
&\pi_{mj}^*(t)]+(\sum_{j=1}^{n}\bar{\sigma}_jf[\pi_{ij}^*(t),\pi_{mj}^*(t)])^2\Big\}\Big[\frac{\partial^2V_i(t,\hat{x}_i)}{\partial\hat{x}_i^2}-\gamma_i\left(\frac{\partial h_i(t,\hat{x}_i)}{\partial\hat{x}_i}\right)^2\Big]\\
&+\sum_{j=1}^{n}\lambda_jE\{V_i(t,\hat{x}_i+f[\pi_{ij}(t),\pi_{mj}(t)]Z_j)-V_i(t,\hat{x}_i)\}+\lambda E\{V_i(t,\hat{x}_i+\sum_{j=1}^{n}f[\pi_{ij}(t),\\
&\pi_{mj}(t)]Z_j)-V_i(t,\hat{x}_i)\}-\frac{1}{2}\gamma_i\sum_{j=1}^{n}\lambda_jE\{[h_i(t,\hat{x}_i+f[\pi_{ij}(t),\pi_{mj}(t)]Z_j)-h_i(t,\\
&\hat{x}_i)]^2\}-\frac{1}{2}\gamma_i\lambda E\{[h_i(t,\hat{x}_i+\sum_{j=1}^{n}f[\pi_{ij}(t),\pi_{mj}(t)]Z_j)-h_i(t,\hat{x}_i)]^2\}\\
&+l_iE[V_i(t,\hat{x}_i-a_i(t)Y_i)-V_i(t,\hat{x}_i)+\sum_{m\neq i}l_mE\Big[V_i\Big(t,\hat{x}_i+\frac{\tau_ia_m(t)Y_m}{n-1}\Big)-V_i(t,\hat{x}_i)\Big]\\
&+lE\Big[V_i\Big(t,\hat{x}_i-a_i(t)Y_i+\sum_{m\neq i}\frac{\tau_ia_m(t)Y_m}{n-1}\Big)-V_i(t,\hat{x}_i)\Big]-\frac{1}{2}\gamma_il_iE\{[h_i[t,\hat{x}_i-a_i(t)Y_i]\\
&-h_i(t,\hat{x}_i)]^2\}-\frac{1}{2}\gamma_ilE\Big[\Big[h_i\Big(t,\hat{x}_i-a_i(t)Y_i+\sum_{m\neq i}\frac{\tau_ia_m(t)Y_m}{n-1}-h_i(t,\hat{x}_i)\Big]^2\Big]\\
&-\frac{1}{2}\gamma_i\sum_{m\neq i}l_mE\Big[\Big[h_i\Big(t,\hat{x}_i+\frac{\tau_ia_m(t)Y_m}{n-1}\Big)-h_i(t,\hat{x}_i)\Big]^2\Big]\Bigg\}=0
\end{aligned} \tag{10.79}$$

为了求解式（10.79），类似于第 3 章中的引理 3.1，我们分别构造式（10.79）和式（10.21）具有如下形式的解：

$$\begin{cases}V_i(t,\hat{x}_i)=A_i(t)\hat{x}_i+\dfrac{B_i(t)}{\gamma_i},A_i(T)=1,B_i(T)=0\\[2ex] h_i(t,\hat{x}_i)=\hat{A}_i(t)\hat{x}_i+\dfrac{\hat{B}_i(t)}{\gamma_i},\hat{A}_i(T)=1,\hat{B}_i(T)=0\end{cases} \tag{10.80}$$

把式（10.80）代入式（10.79），化简后可得：

$$[A'_i(t)+rA_i(t)]\hat{x}_i+\frac{B'_i(t)}{\gamma_i}+\Big[(p_i-c_i)-\frac{\tau_i}{n-1}\sum_{m\neq i}(p_m-c_m)-\frac{\tau_i}{n-1}\sum_{m\neq i}a_m(t)c_m$$

$$-\sum_{m\neq i}(l+l_m)\frac{\tau_i\bar{\mu}_{m1}}{n-1}a_m(t)\Big]A_i(t)-\frac{\gamma_i}{2}\hat{A}_i^2(t)lE\Big[\Big(\frac{\tau_i}{n-1}\sum_{m\neq i}a_m(t)Y_m\Big)^2\Big]+\sup_{a_i(t)\in[0,1]}H[a_i(t)]$$

$$+\sup_{\pi_{ij}(t)\geqslant 0}\bar{H}[\pi_{ij}(t)]=0 \tag{10.81}$$

这里

$$H[a_i(t)]=-\frac{\gamma_i}{2}\hat{A}_i^2(t)(l+l_i)\bar{\mu}_{i2}a_i^2(t)+\Big[[c_i-(l+l_i)\bar{\mu}_{i1}]A_i(t)$$

$$+\frac{\tau_i\gamma_i l\bar{\mu}_{i1}\hat{A}_i^2(t)}{n-1}\sum_{m\neq i}\bar{\mu}_{m1}a_m(t)\Big]a_i(t) \tag{10.82}$$

和

$$\bar{H}[\pi_{ij}(t)]=-\frac{\gamma_i}{2}\hat{A}_i^2(t)\sum_{j=1}^{n}f^2[\pi_{ij}(t),\pi_{mj}(t)][\sigma_j^2+\bar{\sigma}_j^2+(\lambda+\lambda_j)\mu_{j2}]$$

$$+A_i(t)\sum_{j=1}^{n}[\mu_j-r+(\lambda+\lambda_j)\mu_{j1}]f[\pi_{ij}(t),\pi_{mj}(t)]$$

$$-\gamma_i\hat{A}_i^2(t)\sum_{j=1}^{n}\sum_{k\neq j}f[\pi_{ij}(t),\pi_{mj}(t)]f[\pi_{ik}(t),\pi_{mk}(t)](\lambda\mu_{j1}\mu_{k1}$$

$$+\bar{\sigma}_j\bar{\sigma}_k) \tag{10.83}$$

令$\frac{\mathrm{d}H[a_i(t)]}{\mathrm{d}a_i(t)}=0$和$\frac{\mathrm{d}\bar{H}[\pi_{ij}(t)]}{\mathrm{d}\pi_{ij}(t)}=0$，可得：

$$a_i(t)=\frac{c_i-(l+l_i)\bar{\mu}_{i1}}{\gamma_i(l+l_i)\bar{\mu}_{i2}}\frac{A_i(t)}{\hat{A}_i^2(t)}+\bar{\xi}_i\sum_{m\neq i}\bar{\mu}_{m1}a_m(t) \tag{10.84}$$

和

$$[(\lambda+\lambda_j)\mu_{j2}+\sigma_j^2+\bar{\sigma}_j^2]f[\pi_{ij}(t),\pi_{mj}(t)]+\sum_{k\neq j}[f[\pi_{ik}(t),\pi_{mk}(t)]$$

$$\times(\lambda\mu_{j1}\mu_{k1}+\bar{\sigma}_j\bar{\sigma}_k)]=\frac{\mu_j-r+(\lambda+\lambda_j)\mu_{j1}}{\gamma_i}\frac{A_i(t)}{\hat{A}_i^2(t)} \tag{10.85}$$

对于任意给定的保险人 m 的再保险与投资策略，方程组（10.84）和式（10.85）分别给出了保险人 i 的最优回复再保险与投资策略。保险人 i 的最优时间一致的均衡再保险与投资策略可以通过分别求解式（10.84）、式

(10.85) 来得到。

根据式 (10.81) 是否包含 $\hat{x}_i$，我们可以求得 $A_i(t)=e^{r(T-t)}$。类似地，把式 (10.80) 代入式 (10.21)，根据它是否包含 $\hat{x}_i$，我们可以求得 $\hat{A}_i(t)=e^{r(T-t)}$。然后，把 $\hat{A}_i(t)=e^{r(T-t)}$ 代入式 (10.84) 和式 (10.85)，并应用引理 10.2 和引理 10.3，则可以推得 $\hat{a}_i(t)$ 和 $\hat{\pi}_i(t)$ 分别是方程组 (10.84) 和方程组 (10.85) 的唯一解。显然，$H[a_i(t)]$ 和 $\overline{H}[\pi_{ij}(t)]$ 分别是关于 $a_i(t)$ 和 $\pi_{ij}(t)$ 的凹函数。所以，根据定理 10.1，保险人 i 的最优时间一致的均衡再保险与投资策略应分别是 $a_i^*(t)=(0\vee\hat{a}_i(t))\wedge 1$ 和 $\pi_{ij}^*(t)=\hat{\pi}_{ij}(t)\vee 0$。把 $a_i^*(t)$ 和 $\pi_{ij}^*(t)$ 代入式 (10.81)，经过一些计算和化简，则可知 $B_i(t)$ 由式 (10.78) 给出。

定理 10.2 在一般投资模式下呈现了保险人的最优时间一致的均衡再保险与投资策略。根据 Γ_j 是否大于 0，一般投资模式包含下面两种特殊的投资模式。

命题 10.1 对于定理 10.2 中给出的一般投资策略，我们有情形Ⅰ：如果存在 k 个风险资产 j_1，j_2，…，j_k，$1<k\leqslant n$，使得 $\Gamma_{j_1}>0,\Gamma_{j_2}>0,\cdots$，以及 $\Gamma_{j_k}>0$，则保险人 i 同时在这 k 个风险资产上投资，即保险人 i 在这 k 个风险资产上采取分散化的投资模式。情形Ⅱ：如果存在唯一的一个风险资产 $j'\in\{1,2,\cdots,n\}$，使得 $\Gamma_j'>0$，则保险人 i 只在风险资产 j' 上投资，即保险人 i 集中投资于风险资产 j'。

证明 从引理 10.2 的证明中可以得到 $1-\widetilde{\Phi}_n>0$ 以及 $\delta_j-(\bar{\sigma}_j+\lambda\mu_{j1}^2)>0$。因此，根据式 (10.65)，如果 $\Gamma_j>0$，则显然有 $\hat{\pi}_{ij}(t)>0$，否则 $\hat{\pi}_{ij}(t)\leqslant 0$。$\hat{\pi}_{ij}(t)>0$ 表明保险人 i 在风险资产 j 上投资，否则他不在风险资产 j 上投资。所以，情形Ⅰ和情形Ⅱ中给出的两种投资模式成立。

注 10.1 由命题 10.1 可知：对于任意的 $j\in\{1,2,\cdots,n\}$，只有当 $\Gamma_j>0$ 时，保险人才会在风险资产 j 上投资；否则，他将不会在风险资产 j 上投资。这可以有效地指导保险人投资时恰当地选择风险资产。进而，根据 Γ_j 的定义 (10.56)，我们发现 Γ_j 不依赖于 τ_i 和 γ_i，这两个参数是保险人的主观参数。因此，采取分散化或集中化的投资模式只受金融资产价格的影响，而不受保险人主观行为的影响。

进一步分析 Γ_j 的定义（10.56），可以发现 Γ_j 由以下三部分组成：

$$\Delta_j, -\frac{\overline{\sigma}_j\overline{\varphi}_n(1+\widetilde{\Psi}_n)-\lambda\,\overline{\sigma}_j\hat{\varphi}_n\overline{\Phi}_n}{(1+\overline{\Psi}_n)(1+\widetilde{\Psi}_n)-\lambda\,\overline{\Phi}_n^2}, -\frac{\lambda\mu_{j1}\hat{\varphi}_n(1+\overline{\Psi}_n)-\lambda\mu_{j1}\overline{\varphi}_n\overline{\Phi}_n}{(1+\overline{\Psi}_n)(1+\widetilde{\Psi}_n)-\lambda\,\overline{\Phi}_n^2} \tag{10.86}$$

它们有着各自的金融含义。第一部分代表风险资产 j 的预期回报减去无风险资产的回报。第二部分和第三部分反映了 n 个风险资产价格之间的相依性。在第二部分中，n 个风险资产价格连续变化部分的相依性起主要作用；当 $\overline{\sigma}_j=0$ 时，第二部分将消失。在第三部分中，n 个风险资产价格跳跃部分的相依性起主要作用；当 $\lambda=0$ 时，第三部分将消失。

根据上面的解释，在实际中可以依据各个资产的价格参数来计算 Γ_j。其中，无风险资产的价格可以从官方公布的利率数据来获取，风险资产价格的收益率和波动率等参数可以根据它们的历史价格数据使用外推偏差法等方法来推断。这样，可以指导投资者选择恰当的投资模式以及要投资的风险资产。

下面，分析保险人 i 的主观参数 γ_i 和 τ_i 对最优时间一致的均衡投资策略的影响。由式（10.65）可知，$\hat{\pi}_{ij}(t)$关于 γ_i 是单调递减的。因为 γ_i 是保险人 i 的风险厌恶参数，γ_i 越大，保险人投资风险资产的积极性越小。因此，当 γ_i 增大时，保险人 i 会少减在风险资产上的投资。

从式（10.72）可以看到，$\frac{\tau_i}{n-1}$衡量了保险人 i 对他的竞争对手的投资策略的敏感程度。特别地，当 $\tau_i=0$ 时，我们得到下面的推论。

推论 10.1 当不考虑 n 个保险人之间的竞争，即 $\tau_i=0$ 时，保险人 i 的最优时间一致的均衡投资策略退化为 $\breve{\pi}^*_{ij}(t)=\breve{\pi}_{ij}(t)\vee 0$，这里 $\breve{\pi}_{ij}(t)$满足下式：

$$\breve{\pi}_{ij}(t)=\frac{1}{\gamma_i[\delta_j-(\overline{\sigma}_j^2+\lambda\mu_{j1}^2)]}\Gamma_j \tag{10.87}$$

联合式（10.72）和式（10.87），可以发现对于给定的其他 $n-1$ 个保险人的投资策略，保险人 i 在风险资产 j 上的投资额关于竞争程度 τ_i 是单调递增的；并且，考虑竞争时的投资额总是大于不考虑竞争时的投资额。这告诉我们，竞争越激烈，即保险人越希望超过竞争对手的财富的时候，则保险人在风险资产上投资的资金越多。

显然，在上面提及的集中化和分散化两种投资模式下，保险人的最优时间一致的均衡再保险策略是相同的。这是因为本章的模型没考虑保险市场和金融市场之间的相依性。不同的投资模式只会影响保险人的投资行为，不会影响他的再保险行为。根据式（10.84），我们发现 $\bar{\xi}_i$ 衡量了保险人 i 对他的竞争对手的再保险策略的敏感程度，保险人 i 会根据竞争对手的业绩调整自己的再保险策略。我们还发现，当竞争的权重参数 τ_i 和保险市场上的共同索赔强度 l 增加时，保险人 i 对他的竞争对手的业绩更敏感。这是因为，随着 τ_i 和 l 的增加，n 个保险人之间的相互影响增强。特别地，当 $\tau_i=0$，即不考虑保险人之间的竞争时，式（10.84）退化为：

$$a_i(t)=\frac{c_i-(l+l_i)\bar{\mu}_{i1}}{\gamma_i(l+l_i)\bar{\mu}_{i2}}e^{-r(T-t)} \tag{10.88}$$

从式（10.84）和式（10.88）中可以看到，最优时间一致的再保险策略在竞争情形下总是大于不考虑竞争的情形。也就是说，在考虑竞争时，保险人更希望通过自身的努力来抵御索赔风险。这是因为，如果保险人寻求再保险人分散索赔风险，他必须给再保险人支付再保险保费，这会导致保险人的财富减少。所以，为了确保其可超过竞争对手的财富，保险人会尽自己最大的努力来抵御索赔风险。

接下来，我们从理论上分析命题 10.1 中的投资模式Ⅰ和Ⅱ在何种条件下会发生。

一、新的相互影响机制下价格参数对投资模式的影响

从上面的讨论可知，投资模式只受 Γ_j 的影响，而 Γ_j 则由风险资产的价格参数确定。因此，我们只分析投资模式随着价格参数的变化如何变化。

首先探讨风险资产 j 的价格增值率 μ_j 对投资模式的影响。根据式（10.65）很难直接分析 μ_j 对投资模式的影响。考虑到式（10.65）是方程组

(10.64) 的解，我们等价地分析式 (10.64)。从式 (10.64) 可以看出，在其他参数给定时，式 (10.64) 的右端将随着 μ_j 的增大而增大，所以式 (10.64) 的左端也会随着 μ_j 的增大而增大。因此，保险人 i 在风险资产 j 上的相对投资额 $\pi_{ij}(t)-\frac{\tau_i}{n-1}\sum_{m\neq i}\pi_{mj}(t)$ 将会增大。在竞争环境下，每个保险人都想比他的竞争对手表现得更好，而在风险资产上投资是增加财富的一种有效途径。所以，保险人 i 将增大 $\pi_{ij}(t)$，即在风险资产 j 上投资更多的资金。换句话说，当 μ_j 增加时，保险人 i 将增加在风险资产 j 上的投资额。如果 μ_j 远大于 $\mu_k, k\neq j, k=1,2,\cdots,n$，一个很自然的结果是保险人 i 只在风险资产 j 上投资。这表明，在这种情形下，保险人将采取命题 10.1 中的投资模式 Ⅱ，即采取集中化的投资模式。

与分析 μ_j 相似，从式 (10.64) 中很容易看出，当风险资产 j 的价格波动率 σ_j 增加时，保险人 i 在风险资产 j 上的相对投资额 $\pi_{ij}(t)-\frac{\tau_i}{n-1}\sum_{m\neq i}\pi_{mj}(t)$ 将会减少。随着 σ_j 的增大，风险资产 j 的投资风险将会增大，从而在风险资产 j 上投资可能会减少财富。因此，保险人 i 将减少在风险资产 j 上的投资额。在这种情形下，保险人将采取命题 10.1 中的投资模式 Ⅰ，即除了风险资产 j 之外，在剩余的 $n-1$ 个风险资产中进行分散化投资。

从理论上分析其他价格参数（如 $\bar{\sigma}_j$ 和 λ）对投资模式的影响是相当困难的，我们将在下一节通过数值实验考察它们对投资模式的影响。

二、不考虑新的相互影响机制时价格参数对投资模式的影响

本节分析，在不考虑新的相互影响机制时，价格参数对保险人投资模式的影响。如果不考虑新的相互影响机制，投资策略 (10.65) 可以简化为如下形式。

当不考虑新的相互影响机制，即 $\tau_i=\lambda=\bar{\sigma}_j=0$ 时，保险人 i 最优时间一致的均衡投资策略为：

$$\bar{\pi}_{ij}^*(t)=\frac{\mu_j-r+\lambda_j\mu_{j1}}{\gamma_i(\lambda_j\mu_{j2}+\sigma_j^2)e^{r(T-t)}}\vee 0 \tag{10.89}$$

式（10.89）与 Zeng 等人的公式（25）相似。换句话说，我们提出的模型将 Zeng 等人的模型推广到了新的相互影响机制情形。通过比较投资策略（10.65）和投资策略（10.89），可以发现式（10.89）非常简单。但是，考虑新的相互影响机制更合理。从式（10.89）不难看得出，γ_i 不会影响 $\overline{\pi}_{ij}^*(t)$ 的正负。也就是说，保险人的主观风险厌恶参数不会影响投资模式。

当不考虑新的相互影响机制时，我们能很容易地分析价格参数对命题 10.1 中投资模式的影响。如果风险资产价格每次跳跃的大小均大于 0，从而 $\mu_{j1}>0$，则对于任意的 $j\in\{1,2,\cdots,n\}$，有 $\overline{\pi}_{ij}^*(t)>0$。所以，此时保险人 i 将在 n 个风险资产上采取分散化的投资模式，即采取命题 10.1 中的投资情形Ⅰ。如果只存在唯一的一个 $j\in\{1,2,\cdots,n\}$，使 $\mu_j>r-\lambda_j\mu_{j1}$，则保险人 i 将集中投资于风险资产 j，即采取命题 10.1 中的投资情形Ⅱ。从式（10.89）还可以难发现，随着 σ_j 的增加，保险人 i 将减少在风险资产 j 的投资资金。当 σ_j 非常大时，保险人可能根本不会在风险资产 j 上投资，他只会在剩余的 $n-1$ 个风险资产上投资。在这种情形下，保险人将采取命题 10.1 中的投资情形Ⅰ。

进而，如果我们不考虑风险资产的价格跳跃，即式（10.89）中的参数 $\lambda_j=0$，$j=1,2,\cdots,n$，则保险人 i 的最优时间一致的均衡投资策略退化为：

$$\tilde{\pi}_{ij}^*(t)=\frac{\mu_j-r}{\gamma_i\sigma_j^2e^{r(T-t)}}\tag{10.90}$$

在这种情形下，对于任意的 $i,j\in\{1,2,\cdots,n\}$，容易得到 $\tilde{\pi}_{ij}^*(t)>0$。因此，此时保险人 i 将在 n 个风险资产上采取分散化的投资模式，即采取命题 10.1 中的投资情形Ⅰ。

第四节　数值实验

本节，我们将开展一系列的数值实验，以测试最优时间一致的均衡再保险和投资策略随着模型参数和保险人数量的变化如何变化。进而，我们将系统分析当模型参数变化时，命题 10.1 中的两种投资模式会发生哪一种。在以下的实验中，除非特别说明，我们选择基本的模型参数为 $t=2, T=10, r=0.025, l=3, \lambda=1$，其他模型参数由表 10.1 给出。这里模型参数的设置参考了 Bensoussan 等人、Chen 等人和 Hu 和 Wang 等文献中的数据，同时参考了保险公司的交易信息和证券市场中股票的价格参数，以期将模型参数设置在合理的范围。

表 10.1　　　　基本模型参数的取值

保险人 1 的参数		保险人 2 的参数		保险人 3 的参数	
c_1	5.0	c_2	6.0	c_3	8.0
l_1	1.0	l_2	2.0	l_3	3.0
γ_1	0.7	γ_2	0.6	γ_3	0.5
τ_1	0.5	τ_2	0.4	τ_3	0.3
风险资产 1 的参数		风险资产 2 的参数		风险资产 3 的参数	
μ_1	0.035	μ_2	0.041	μ_3	0.038
σ_1	0.3	σ_2	0.35	σ_3	0.4
$\bar{\sigma}_1$	0.4	$\bar{\sigma}_2$	0.5	$\bar{\sigma}_3$	0.7
λ_1	1.5	λ_2	3.0	λ_3	2.0
λ_{Z_1}	1.0	λ_{Z_2}	1.0	λ_{Z_3}	1.0

一、模型参数对最优时间一致均衡再保险策略的影响

假设保险市场上存在 3 个保险人，即在式（10.58）中令 $n=3$。在上一节中，我们从理论上探讨了 τ_i 对最优时间一致均衡再保险策略的影响。这里，我们主要测试索赔发生次数的强度 l_i（$1\leqslant i\leqslant 3$）和 l 对最优时间一致均衡再保险策略 $a_1^*(t)$、$a_2^*(t)$ 和 $a_3^*(t)$ 的影响，其中均衡再保险策略 $a_1^*(t)$、$a_2^*(t)$ 和 $a_3^*(t)$ 的解析解可以通过在式（10.58）中分别令 $i=1$，2，3 获得。最终，我们以 $a_1^*(t)$ 为例分析，当 l 增加时，保险人的数量对最优时间一致均衡再保险策略的影响。我们假设索赔额 Y_i 的密度函数在 $y_i>0$ 时为 e^{-y_i}，否则密度函数为 0。所以，我们可以得到 $\bar{\mu}_{11}=\bar{\mu}_{21}=\bar{\mu}_{31}=1$ 和 $\bar{\mu}_{12}=\bar{\mu}_{22}=$

$\bar{\mu}_{32}=2$。

图 10.1 展示了 l_1、l_2 和 l_3 对 $a_1^*(t)$、$a_2^*(t)$ 和 $a_3^*(t)$ 的影响。从图 10.1 中可以看到，$a_1^*(t)$、$a_2^*(t)$ 和 $a_3^*(t)$ 关于 l_1、l_2 和 l_3 都是单调递减的。大的 l_i（$1\leqslant i\leqslant 3$）意味着相应保险人面临的索赔次数增多，这将导致更大的索赔风险。一个自然的结果是，保险人减少他的自留水平，以便把更多的索赔风险转嫁给再保险人。因为我们考虑了保险人之间的相互影响，所以一个保险人索赔强度的增大将导致另外两个保险人亦减少其自留水平。但是，从图 10.1 中，我们注意到每个保险人对自己索赔强度的变化更敏感，这是很自然的。

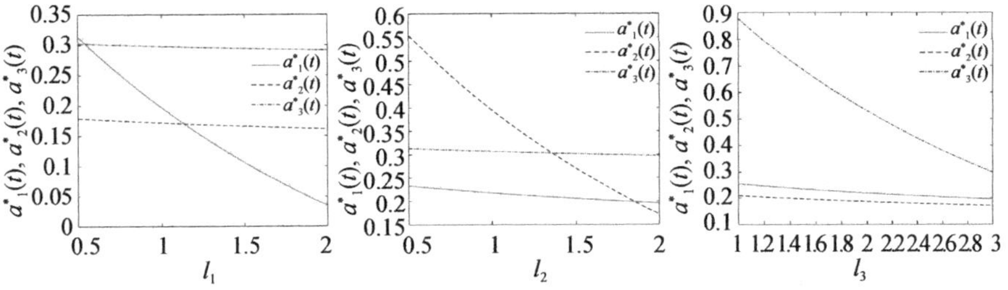

图 10.1　l_1、l_2 和 l_3 对 $a_1^*(t)$、$a_2^*(t)$ 和 $a_3^*(t)$ 的影响

图 10.2 呈现了 l 对 $a_1^*(t)$、$a_2^*(t)$ 和 $a_3^*(t)$ 的影响。这里 l 代表同时影响三个保险人的共同的索赔强度。因此，与图 10.1 揭示的结果相似，$a_1^*(t)$、$a_2^*(t)$ 和 $a_3^*(t)$ 关于 l 都是单调递减的。

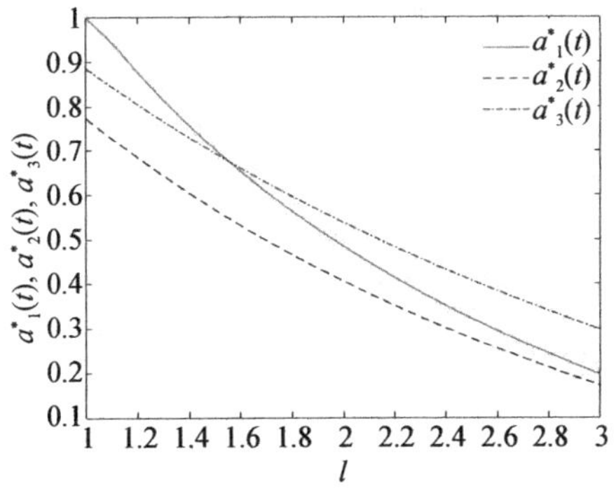

图 10.2　l 对 $a_1^*(t)$、$a_2^*(t)$ 和 $a_3^*(t)$ 的影响

图 10.3 进一步分析了 l_1 和 l 对 $a_1^*(t)$、l_2 和 l 对 $a_2^*(t)$、l_3 和 l 对 $a_3^*(t)$

的联合影响。由图 10.3 可以看出，与 l_1（l_2、l_3）相比，$a_1^*(t)$［$a_2^*(t)$、$a_3^*(t)$］对 l 更敏感。如果 l 增加，所有保险人将面临更频繁的索赔；然而，如果 l_1（l_2、l_3）增加，只有保险人 1（2、3）面临更频繁的索赔。当所有保险人同时都面临更频繁的索赔时，每个保险人可能会预测到在不久的将来，保险市场将面临更频繁的索赔，所以他们更愿意寻找一个再保险人来分担索赔风险。因此，共同索赔强度对最优时间一致的均衡再保险策略具有更显著的影响。

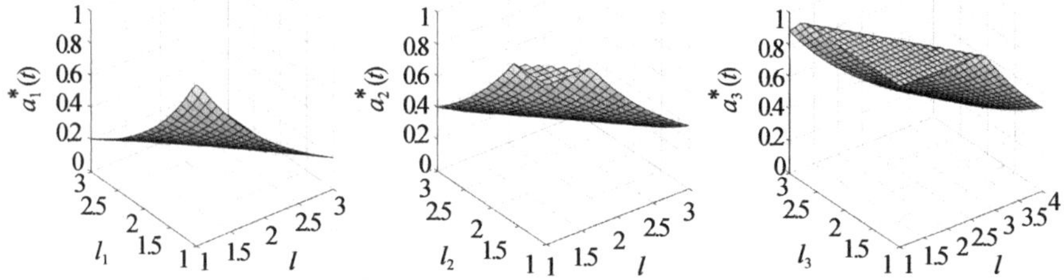

图 10.3　l、l_1、l_2、l_3 对 $a_1^*(t)$、$a_2^*(t)$ 和 $a_3^*(t)$ 的联合影响

图 10.2 和图 10.3 已经表明了最优时间一致的均衡再保险策略关于 l 是单调递减的函数。下面，我们以 $a_1^*(t)$ 为例分析，考虑当 l 增加时，保险人数量之变化对最优时间一致的均衡再保险策略的影响。结果呈现在图 10.4 中，这里 $c_3=12$，“一个保险人”、“两个保险人”和“三个保险人”分别表示保险人 1，保险人 1 和 2，保险人 1、2 和 3。类似的表达方式也将应用于后面的图 10.9 中。

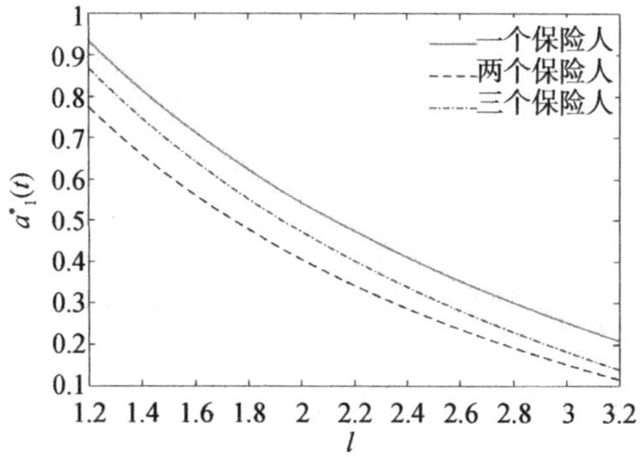

图 10.4　l 和保险人的数量对 $a_1^*(t)$ 的影响

从图10.4中显然可以得出，保险人数量越多，$a_1^*(t)$越大，即保险人1的自留水平越高。这是因为，随着保险人数量的增多，共同的泊松过程$G(t)$能更好地反映保险市场上的共同索赔风险。从而保险人1能更有效地掌握潜在的索赔风险。这直接导致保险人1增加自留水平，减少再保险的意愿，以便减少再保费的支出。

二、价格参数对投资模式的影响

上一节中，基于式（10.64），我们从理论上探讨了μ_j和σ_j对保险人投资模式的影响。在这一部分，基于式（10.65），我们通过数值实验来分析当模型参数变化时，命题10.1中的两种投资模式会发生哪一种。不失一般性，我们假设金融市场由一个无风险资产和三个风险资产组成。同时，我们假设有两个保险人，即保险人1和保险人2在该金融市场中进行投资。这两个保险人的风险厌恶参数分别为$\gamma_1=0.8$和$\gamma_2=1.2$，相对业绩参数分别为$\tau_1=0.5$和$\tau_2=0.5$。价格跳跃的大小Z_i在$Z_i>-1$时密度函数为$\lambda_{Z_i}e^{-\lambda_{Z_i}(Z_i+1)}$，$i=1,2,3$，否则密度函数为0。根据注10.1，我们知道不同的保险人会采取相同的投资模式，但不同在于，不同的保险人在不同的风险资产上会投资不同的资金。所以在接下来的数值实验中，我们只测试保险人1的投资模式。保险人1的最优时间一致的投资策略$\pi_{11}^*(t)$、$\pi_{12}^*(t)$和$\pi_{13}^*(t)$通过式（10.65）来确定。

图10.5分别给出了风险资产1、风险资产2和风险资产3的增值率μ_1、μ_2和μ_3对$\pi_{11}^*(t)$、$\pi_{12}^*(t)$和$\pi_{13}^*(t)$的影响。从图10.5（a）中我们看到，$\pi_{11}^*(t)$关于μ_1是递增的函数，而$\pi_{12}^*(t)$和$\pi_{13}^*(t)$关于μ_1是递减的函数。μ_1越大，风险资产1的预期回报越高，因此保险人在风险资产1上将会投资更多的资金。与μ_2和μ_3相比，当μ_1很大时，即当$\mu_1\geqslant0.24$时，保险人1将会把在风险资产2和风险资产3上投资的资金转投在风险资产1上，因为这样他会获得最高的投资收益。事实上，当$\mu_1\geqslant0.06$时，保险人1已经很明显地倾向于在风险资产1上进行集中的投资。相似的现象也出现在图10.5（b）和图10.5（c）中。当μ_2（μ_3）很大时，也就是当$\mu_2\geqslant0.24$（$\mu_3\geqslant0.24$）时，保险人1将把在风险资产1和风险资产3（1和2）上投资的资金转投在风

险资产 2（3）上。所以，我们可以得到结论：当一个风险资产的增值率增加，并且远大于其他风险资产的增值率时，保险人将会采取命题 10.1 中的投资模式Ⅱ。这与我们在上一节从式（10.64）中获得的理论结果是一致的。

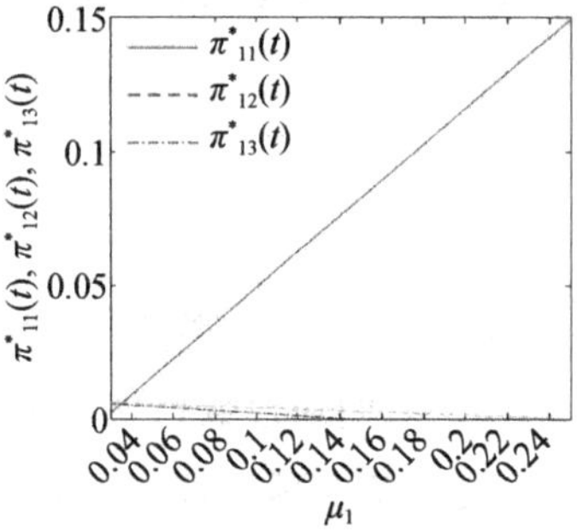

(a) μ_1 对 $\pi^*_{11}(t)$、$\pi^*_{12}(t)$ 和 $\pi^*_{13}(t)$ 的影响

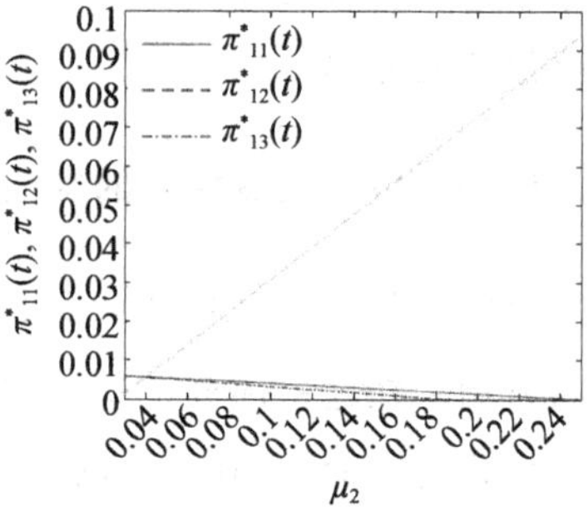

(b) μ_2 对 $\pi^*_{11}(t)$、$\pi^*_{12}(t)$ 和 $\pi^*_{13}(t)$ 的影响

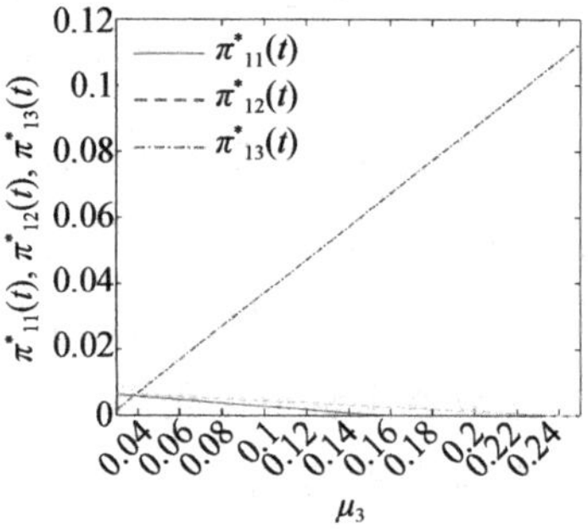

(c) μ_3 对 $\pi^*_{11}(t)$、$\pi^*_{12}(t)$ 和 $\pi^*_{13}(t)$ 的影响

图 10.5 μ_1、μ_2 和 μ_3 对 $\pi^*_{11}(t)$、$\pi^*_{12}(t)$ 和 $\pi^*_{13}(t)$ 的影响

图 10.6 分别说明了 λ_{Z_1}、λ_{Z_2} 和 λ_{Z_3} 对 $\pi^*_{11}(t)$、$\pi^*_{12}(t)$ 和 $\pi^*_{13}(t)$ 的影响。在图 10.6（a）中，$\lambda_{Z_2}=0.2$ 和 $\lambda_{Z_3}=0.3$；在图 10.6（b）中，$\lambda_{Z_1}=0.1$ 和 $\lambda_{Z_3}=0.3$；在图 10.6（c）中，$\lambda_{Z_1}=0.1$ 和 $\lambda_{Z_2}=0.2$。根据图 10.6（a）可以观察到，随着 λ_{Z_1} 的增加，保险人 1 不断增加在风险资产 1、风险资产 2 和风险资产 3 上投资的资金。这里，λ_{Z_1} 越大，说明风险资产 1 价格跳跃的均值和方差越小。因此，在相同的风险承受能力下，保险人将增加在风险资产 1 上投资的资金。因为三个风险资产价格的跳跃部分受一个共同泊松过程

$N(t)$的影响，所以它们的跳跃部分是正相关的。这就解释了为什么保险人1将增加在风险资产2和风险资产3上投资的资金。因为变化主要是由风险资产1引起的，所以与风险资产2和风险资产3相比，λ_{Z_1}对风险资产1的影响更显著。图10.6（b）和图10.6（c）揭示了相似的现象。我们可以得到结论：当价格跳跃的幅度变小时，保险人将会采取分散化的投资模式，也就是会采取命题10.1中的投资模式Ⅰ。

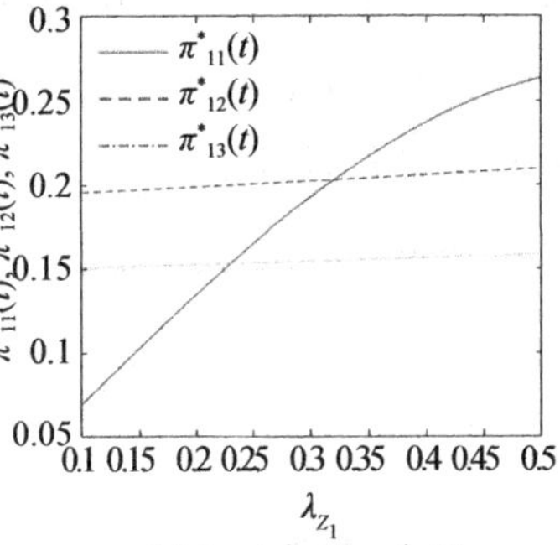

(a) λ_{Z_1}对$\pi^*_{11}(t)$、$\pi^*_{12}(t)$和$\pi^*_{13}(t)$的影响

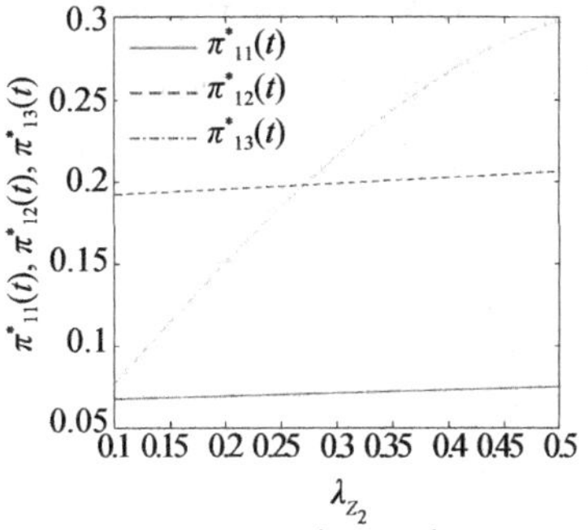

(b) λ_{Z_2}对$\pi^*_{11}(t)$、$\pi^*_{12}(t)$和$\pi^*_{13}(t)$的影响

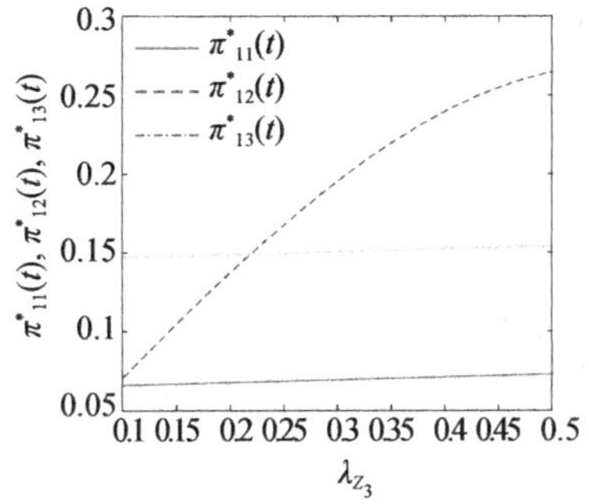

(c) λ_{Z_3}对$\pi^*_{11}(t)$、$\pi^*_{12}(t)$和$\pi^*_{13}(t)$的影响

图10.6　λ_{Z_1}、λ_{Z_2}和λ_{Z_3}对$\pi^*_{11}(t)$、$\pi^*_{12}(t)$和$\pi^*_{13}(t)$的影响

图10.7分别呈现了风险资产1、风险资产2和风险资产3的价格波动率σ_1、σ_2和σ_3对$\pi^*_{11}(t)$、$\pi^*_{12}(t)$和$\pi^*_{13}(t)$的影响。从图10.7（a）中不难看出，随着σ_1的增加，保险人增加在风险资产2和风险资产3上投资的资金，然而快速减少在风险资产1上投资的资金。这不难理解，因为随着σ_1的增

加，风险资产 1 的投资风险增大，然而风险资产 2 和风险资产 3 的投资风险保持不变。所以，保险人 1 将逐渐减少在风险资产 1 上投资的资金，把资金转投到风险资产 2 和风险资产 3 上，即增加在风险资产 2 和风险资产 3 上投资的资金。图 10.7（b）和图 10.7（c）揭示了相似的现象，即当 σ_2（σ_3）增加时，保险人 1 将增加在风险资产 1 和风险资产 3（1 和 2）上投资的资金，而会减少在风险资产 2（3）上投资的资金。因此，我们可以说：当一个风险资产的价格波动率增加时，保险人将会采取命题 10.1 中的投资模式Ⅰ。进而，如果一个风险资产的价格波动率远大于其他风险资产的价格波动率，则保险人只会在剩余的 $n-1$ 个风险资产上进行投资。

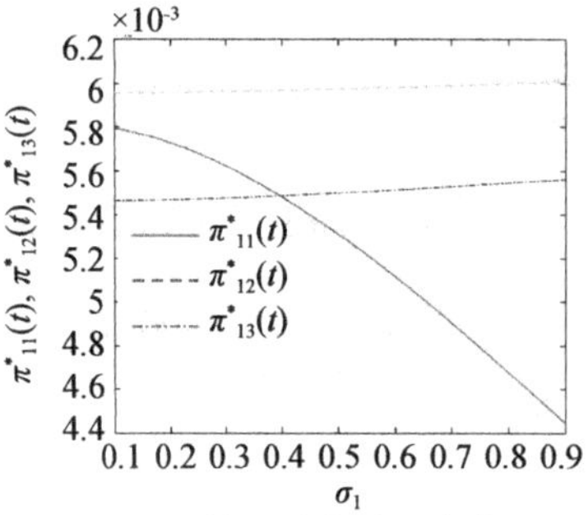

(a) σ_1对$\pi^*_{11}(t)$、$\pi^*_{12}(t)$和$\pi^*_{13}(t)$的影响

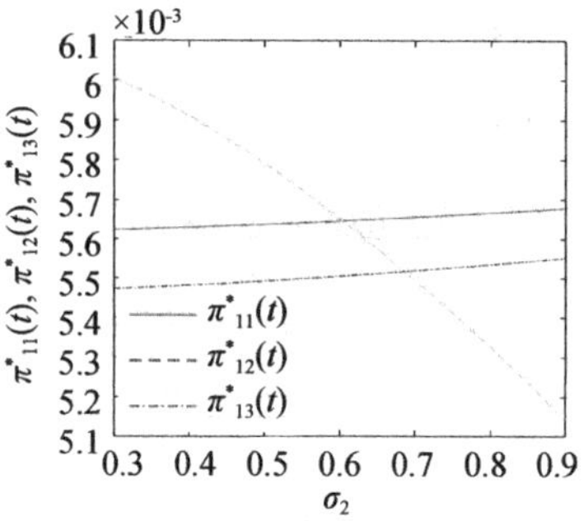

(b) σ_2对$\pi^*_{11}(t)$、$\pi^*_{12}(t)$和$\pi^*_{13}(t)$的影响

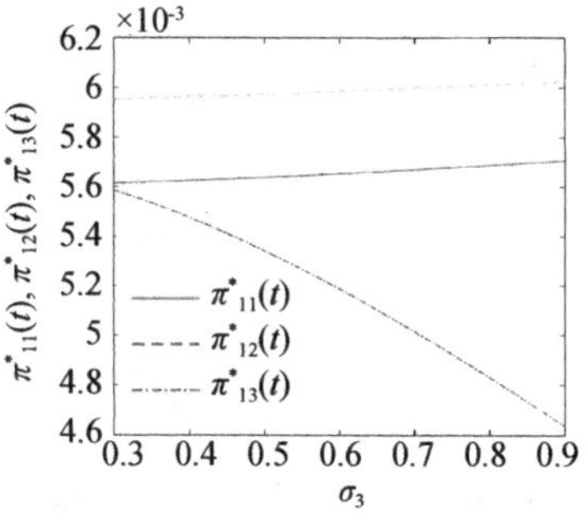

(c) σ_3对$\pi^*_{11}(t)$、$\pi^*_{12}(t)$和$\pi^*_{13}(t)$的影响

图 10.7　σ_1、σ_2 和 σ_3 对 $\pi^*_{11}(t)$、$\pi^*_{12}(t)$ 和 $\pi^*_{13}(t)$ 的影响

图 10.8 分别展出了 $\bar{\sigma}_1$、$\bar{\sigma}_2$ 和 $\bar{\sigma}_3$ 对 $\pi^*_{11}(t)$、$\pi^*_{12}(t)$ 和 $\pi^*_{13}(t)$ 的影响。从图 10.8 中可以发现，投资额都是关于 $\bar{\sigma}_1$、$\bar{\sigma}_2$ 和 $\bar{\sigma}_3$ 递减的函数。这里 $\bar{\sigma}_1$、

$\bar{\sigma}_2$ 和 $\bar{\sigma}_3$ 分别是风险资产 1、风险资产 2 和风险资产 3 的价格波动率。价格波动率与投资风险是正相关的。同时，$\bar{\sigma}_1$、$\bar{\sigma}_2$ 和 $\bar{\sigma}_3$ 也反映了三个风险资产价格连续部分的相依性，所以当它们增加时，保险人会减少在风险资产 1、风险资产 2 和风险资产 3 上投资的资金。这意味着此时保险人将会采取命题 10.1 中的投资模式Ⅰ。

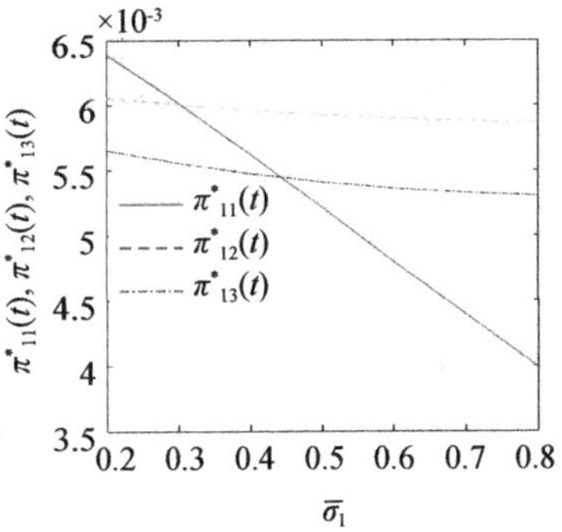

(a) $\bar{\sigma}_1$对$\pi^*_{11}(t)$、$\pi^*_{12}(t)$和$\pi^*_{13}(t)$的影响

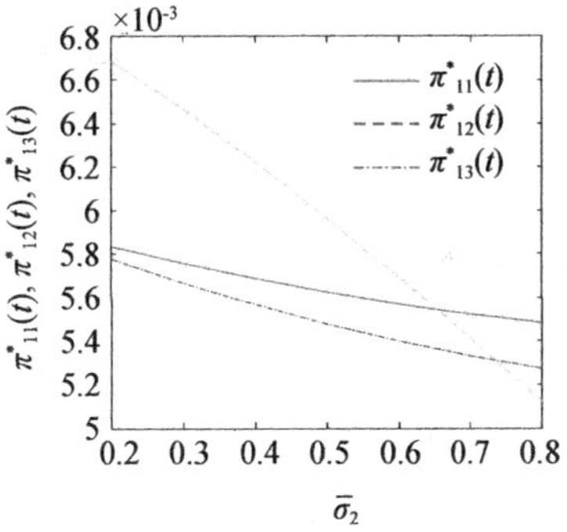

(b) $\bar{\sigma}_2$对$\pi^*_{11}(t)$、$\pi^*_{12}(t)$和$\pi^*_{13}(t)$的影响

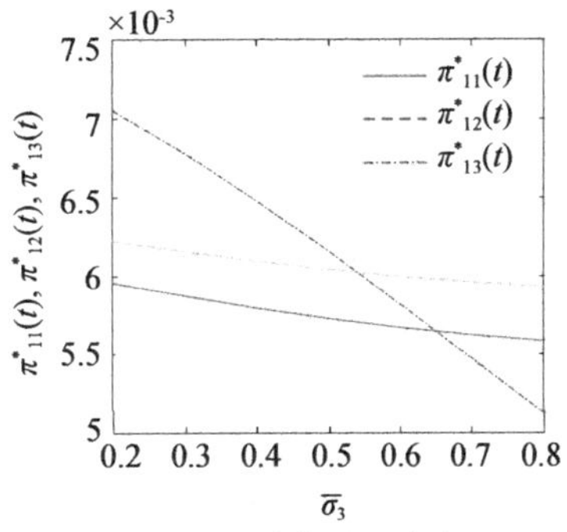

(c) $\bar{\sigma}_3$对$\pi^*_{11}(t)$、$\pi^*_{12}(t)$和$\pi^*_{13}(t)$的影响

图 10.8　$\bar{\sigma}_1$、$\bar{\sigma}_2$ 和 $\bar{\sigma}_3$ 对 $\pi^*_{11}(t)$、$\pi^*_{12}(t)$ 和 $\pi^*_{13}(t)$ 的影响

最后，图 10.9 呈现了价格跳跃的共同强度 λ 和保险人的数量对 $\pi^*_{11}(t)$、$\pi^*_{12}(t)$ 和 $\pi^*_{13}(t)$ 的影响。这里，我们分别假设有一个保险人、两个保险人和三个保险人在上述金融市场中进行投资。在数值计算时，假设 $\tau_3=0.2$ 和 $\gamma_3=0.9$。从图 10.9 中我们发现，当 λ 增加时，保险人在风险资产 1、风险资产 2 和风险资产 3 上投资额的变化趋势是一致的。也就是说，保险人将会

减少在风险资产 1、风险资产 2 和风险资产 3 上投资的资金。$\boldsymbol{\lambda}$ 代表了三个风险资产共同的价格跳跃强度，它与投资风险是正相关的。所以当 $\boldsymbol{\lambda}$ 增加时，保险人将减少在风险资产上投资的资金。我们得到结论：当风险资产共同的价格跳跃强度 $\boldsymbol{\lambda}$ 增加时，保险人将会采取命题 10.1 中的投资模式Ⅰ。然而，当 $\boldsymbol{\lambda}$ 非常大时，保险人可能只在无风险资产上投资。

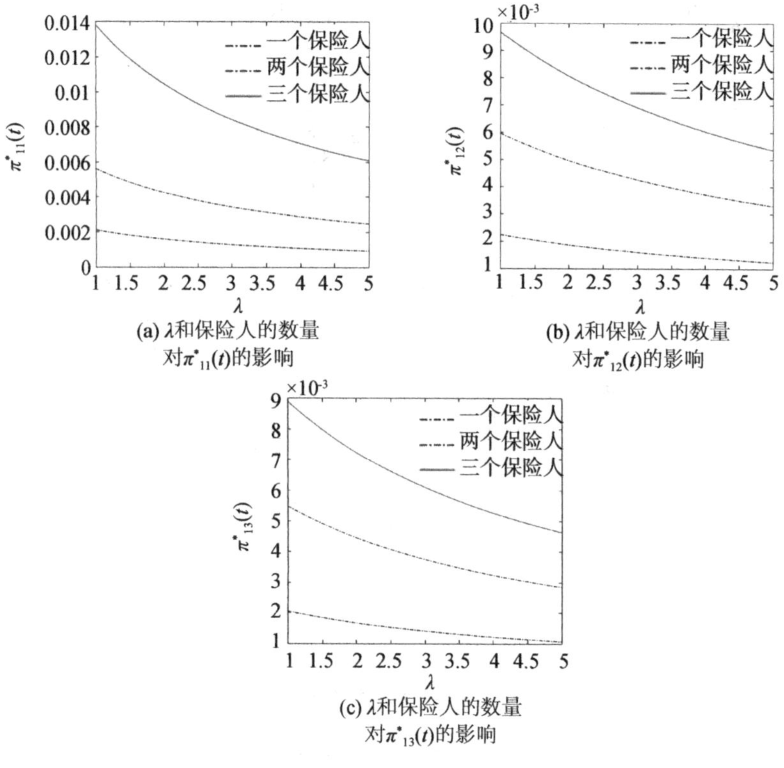

(a) λ和保险人的数量对$\pi^*_{11}(t)$的影响

(b) λ和保险人的数量对$\pi^*_{12}(t)$的影响

(c) λ和保险人的数量对$\pi^*_{13}(t)$的影响

图 10.9　$\boldsymbol{\lambda}$ 和保险人的数量对 $\pi_{11}^*(t)\pi_{12}^*(t)$ 和 $\pi_{13}^*(t)$ 的影响

更重要的是，从图 10.9 中不难发现，随着保险人数量的增加，$\pi_{11}^*(t)$、$\pi_{12}^*(t)$和 $\pi_{13}^*(t)$都是增加的。与图 10.4 的分析相似，随着保险人数量的增加，保险人 1 能更有效地掌握潜在的投资风险。这直接导致保险人增加在风险资产上的投资从而增加投资回报。结合图 10.4，我们可以得到结论：研究 $n>2$ 个保险人的再保险和投资问题更有利于降低保险人的再保险保费支出，增加其投资回报，从而提高保险人的业绩。

从上面的数值实验中我们发现，只有当一个风险资产价格的增值率是其他风险资产的某个倍数时（例如，根据我们的数值实验是6倍），保险人才会采取命题10.1中的集中化投资模式。在其他情形下，保险人将会采取命题10.1中的分散化投资模式。这进一步验证了经济学上的谚语“不要把所有的鸡蛋都放到同一个篮子里”。通常来说，当保险人采取分散化的投资模式时，我们可以根据上一节中提出的投资准则来判断保险人是否在某个具体风险资产上进行投资。也就是说，只有当$\Gamma_j>0$时，保险人才会在风险资产j上进行投资。

第十一章

多个保险人竞争与合作下的最优再保险

上一章在竞争环境下，研究了 n 个保险人之间的再保险和投资问题，但没有考虑保险人之间可能的合作关系。随着经济全球化的快速发展，保险公司之间经常要进行合作。特别是对一些中小型保险公司，它们可以通过合作与大的、经济实力强的保险公司进行竞争。可见，多个保险公司之间是同时存在竞争与合作的。有一些文献基于静态或离散时间模型分别研究了保险人之间的竞争与合作问题，目前还没有文献在连续时间动态框架下建立一个通用模型，进而同时研究 n 个保险人基于竞争与合作的再保险问题。本章就此问题展开研究。

第一节　竞争与合作的通用模型

本节首先给出单个保险人的再保险模型，进而建立 n 个保险人之间竞争与合作的统一框架，最终在竞争与合作的统一框架下给出 n 个保险人的再保险模型。在本章中，$(\Omega, \mathcal{F}, \{\mathcal{F}_t\}_{t\geq 0}, P)$ 是完备的赋流概率空间，域流 $\mathcal{F}:=\{\mathcal{F}_t, t\geq 0\}$ 是右连续的。$\mathcal{F}_t$ 是到时刻 t 为止，保险人能获取的所有已知信息，并由 n 个标准布朗运动生成。更具体地，我们约定 $\mathcal{F}_t:=\sigma(W_1(t),$

$W_2(t),\cdots,W_n(t),t\geqslant 0)$。

一、单个保险人的再保险模型

为了在期望效用框架下导出所研究问题的解析解，本章考虑的保险模型是上一章推广的复合泊松保险模型的逼近形式。因为上章中已经介绍了推广的复合泊松保险模型，这里仅对其做简略的介绍。保险人 $i(i\in\{1,2,\cdots,n\})$ 的动态盈余过程 $X_i(t)$ 满足下面的模型：

$$X_i(t)=x_0^i+p_it-\sum_{j=1}^{K_i(t)}Y_j^i \tag{11.1}$$

这里 $x_0^i\geqslant 0$ 是初始盈余；常数 $p_i>0$ 为单位时间的保费率；Y_j^i 是第 j 次的索赔额，均值为 $\mu_{i1}=E(Y^i)<\infty$，二阶矩为 $\mu_{i2}=E[(Y^i)^2]<\infty$；$\{K_i(t)=N(t)+N_i(t),t\geqslant 0\}$。$\{N_i(t),t\geqslant 0\}$ 和 $\{N(t),t\geqslant 0\}$ 是相互独立的泊松过程，它们的强度分别为 $\lambda_i>0$ 和 $\lambda>0$。关于该模型的其他设置同上一章。

假设保费率 p_i 按照期望值原理缴纳，即：

$$p_i=\frac{1}{t}(1+\eta_i)E\left[\sum_{j=1}^{K_i(t)}Y_j^i\right]=(1+\eta_i)(\lambda_i+\lambda)\mu_{i1} \tag{11.2}$$

这里 $\eta_i>0$ 是保险人 i 的安全负载。

为了管理索赔风险，保险人可采取再保险。目前，再保险的保费通常是通过期望值原理或方差值原理来计算的。本章按照方差值原理来计算再保险的保费。对于一个保险人情形，Zhang 等人证明了在方差值原理下，研究最大化终端财富的期望效用问题时，比例再保险是最优的。受该结果的启发以及文献中流行的做法，我们采取的再保险模式是比例再保险。$a_i(t)\in[0,1]$ 是保险人的自留水平。记 $\bar{p}_i$ 为再保险的保费率，则在方差值再保费原理下，$\bar{p}_i$ 可通过如下方式计算：

$$\begin{aligned}\bar{p}_i&=\frac{1}{t}E\left[\sum_{j=1}^{K_i(t)}(Y_j^i-a_i(t)Y_j^i)\right]+\frac{1}{t}\xi_i\mathrm{Var}\left[\sum_{j=1}^{K_i(t)}(Y_j^i-a_i(t)Y_j^i)\right]\\&=[1-a_i(t)](\lambda+\lambda_i)\mu_{i1}+\xi_i[1-a_i(t)]^2(\lambda+\lambda_i)\mu_{i2}\end{aligned} \tag{11.3}$$

这里 $\xi_i>0$ 是再保险人的安全负载。

保险人 i 可以在无风险资产上进行投资来增加财富，无风险资产的利率

为 $r>0$。本章主要关心的是，n 个保险人竞争与合作的一般框架，暂不考虑保险人在风险资产上投资。需要指出的是，本章的结果可以推广到保险人在风险资产上投资的情形。考虑再保险和在无风险资产上投资后，保险人 i 的盈余过程 $X_i^{a_i}(t)$ 将满足如下方程：

$$\begin{aligned} dX_i^{a_i}(t) &= \left[rX_i^{a_i}(t) + p_i - \bar{p}_i\right]dt - a_i(t)d\left(\sum_{j=1}^{K_i(t)} Y_j^i\right) \\ &= \Big\{rX_i^{a_i}(t) + \eta_i(\lambda + \lambda_i)\mu_{i1} + a_i(t)(\lambda + \lambda_i)\mu_{i1} \\ &\quad - \xi_i\left[1 - a_i(t)\right]^2(\lambda + \lambda_i)\mu_{i2}\Big\}dt - a_i(t)d\left(\sum_{j=1}^{K_i(t)} Y_j^i\right) \end{aligned} \tag{11.4}$$

类似于第 2 章，以及大多数关于最优再保险问题的研究（例如 Bensoussan 等人、Chen 人、Zhu 等人），本章在盈余过程（11.4）的扩散逼近模型下探讨再保险问题。具体地，我们采用带有漂移的布朗运动来逼近累积索赔过程，即：

$$\sum_{j=1}^{K_i(t)} Y_j^i \approx (\lambda + \lambda_i)\mu_{i1}t - \sqrt{(\lambda + \lambda_i)\mu_{i2}}\,W_i(t) \tag{11.5}$$

这里 $W_i(t)$ 是一维标准布朗运动，假设任意两个布朗运动 $W_i(t)$ 和 $W_m(t)$（$i\neq m\in\{1,2,\cdots,n\}$）之间是相关的，它们的相关系数为：

$$\rho_{im} := \frac{\lambda\mu_{i1}\mu_{m1}}{\sqrt{(\lambda+\lambda_i)(\lambda+\lambda_m)\mu_{i2}\mu_{m2}}} \tag{11.6}$$

通过使用逼近形式（11.5），盈余过程（11.4）变为：

$$\begin{aligned} dX_i^{a_i}(t) = &\left[rX_i^{a_i}(t) + \eta_i(\lambda+\lambda_i)\mu_{i1} - \xi_i\,(1-a_i(t))^2(\lambda+\lambda_i)\mu_{i2}\right]dt \\ &+ a_i(t)\sqrt{(\lambda+\lambda_i)\mu_{i2}}\,dW_i(t) \end{aligned} \tag{11.7}$$

二、竞争与合作统一框架下的再保险模型

在这一节中，我们将从支付过程的角度出发，为 n 个保险人构建一种竞争与合作的统一框架。为了实现这一目标，下面首先明确本章所指的竞争与合作的具体含义，进而提出竞争与合作的统一框架。

设与 n 个保险人相关联的支付过程为：

$$X^{a}(t) = \sum_{i=1}^{n} \beta_i X_i^{a_i}(t) \tag{11.8}$$

这里 $a:=a(t):=[a_1(t),a_2(t),\cdots,a_n(t)]$，$\beta_i \in [-1,1]$，$1 \leqslant i \leqslant n$，是保险人 i 的权重系数，引入这个系数的目的在于平衡 n 个保险人之间的利益。β_i 将是我们的一般模型中一个关键的参数，其不同的取值可以描述 n 个保险人之间的不同关系。特别地，我们可以对竞争与合作的含义做如下解释。

合作的含义：在合作情形下，每个保险人既要考虑自己的利益，也要考虑他人的利益，否则他们的合作将破灭。基于这样的事实，在此情形下，n 个保险人中的每个保险人都应该考虑 n 个保险人的共同利益。数学上，这意味着式（11.8）中的参数应该满足如下关系：

$$\beta_i \in (0,1), i = 1,2,\cdots,n, \sum_{i=1}^{n} \beta_i = 1 \tag{11.9}$$

在这种情形下，n 个保险人形成了一个合作组。从某种意义上说，支付过程（11.8）代表了整个组的共同财富过程。这里，β_i 反映了保险人 i 在组内的贡献度。β_i 越大，保险人 i 在组内越重要。如果 β_i 远大于其他的 β_m，$m \in \{1,2,\cdots,n\}$，$m \neq i$，则保险人 i 可被认为是这个组的领导者。在再保险的终止时刻 T，保险人 i 可根据 β_i 的值分得一定比例的共同财富。在实际中，贡献度 β_i 可以有很多不同的确定方式。一种典型的方式是根据保险人 i 的初始盈余来确定，也就是

$$\beta_i = \frac{x_i^0}{\sum_{i=1}^{n} x_i^0} \tag{11.10}$$

竞争的含义：在竞争情形下，每个保险人主要关心自己的财富是否超过了其他人的财富，理想的情形是超过其他所有保险人的财富。然而，这样一个目标经常是很难实现的，特别是对于经济实力相当的 n 个保险人。为此，我们可以设定一个每个保险人都可以接受的基准，超过这个基准则可以认为竞争获胜。对于每个保险人来说，基准可以选为剩余 $n-1$ 个保险人财富的平均值。因为本章考虑的是连续时间模型，因此基准是动态变化的，每个保险人要动态调整他的基准。具体地，在时刻 t，保险人 i 选择的基准为：

$$\overline{X}_i^{(a_m)_{m\neq i}}(t):=\frac{1}{n-1}\sum_{m=1,m\neq i}^{n}X_m^{a_m}(t)=\frac{1}{n-1}\sum_{m\neq i}X_m^{a_m}(t)\tag{11.11}$$

这里$(a_m)_{m\neq i}:=[a_m(t))_{m\neq i}=(a_1(t),\cdots,a_{i-1}(t),a_{i+1}(t),\cdots,a_n(t)]$。如果式（11.8）中的模型参数设置如下，则可以推得 n 个保险人之间是竞争的。

$$\beta_i=1,\tau_i\in[0,1],\beta_m=-\frac{\tau_i}{n-1},m\neq i\in\{1,2,\cdots,n\}\tag{11.12}$$

相应地，在竞争情形下，支付过程（11.8）变为：

$$\begin{aligned}X_i^{a_i,(a_m)_{m\neq i}}(t):&=X_i^{a_i}(t)-\frac{\tau_i}{n-1}\sum_{m\neq i}X_m^{a_m}(t)\\&=X_i^{a_i}(t)-\tau_i\overline{X}_i^{(a_m)_{m\neq i}}(t)\\&=(1-\tau_i)X_i^{a_i}(t)+\tau_i[X_i^{a_i}(t)-\overline{X}_i^{(a_m)_{m\neq i}}(t)]\end{aligned}\tag{11.13}$$

显然，从式（11.13）可以看到，τ_i 捕获了保险人 i 的相对关注度，并且度量了保险人 i 对基准的敏感度。τ_i 越大，说明保险人 i 赋予基准的权重越大，即他越关注自己的财富是否超过了基准。当 $\tau_i=0$ 时，则式（11.13）退化为单个保险人的情形。当 $n=2$ 时，支付过程（11.13）变为 $X_i^{a_i}(t)-\tau_iX_m^{a_m}(t)$，这体现了两个保险人之间的竞争，此时基准变成了竞争对手的财富。那么，τ_i 越大，意味着保险人 i 越希望自己的财富超过竞争对手的财富。最近，已有不少学者对这种两个保险人竞争的情形进行了研究，例如 Bensoussan 等人、Siu 等人、Chen 等人、Hu 和 Wang、Zhu 等人。我们在上一章首次研究了 n 个保险人之间的竞争。

可以看到，在竞争情形下，τ_i 是一个关键的参数。特别地，τ_i 可以根据保险人 i 与其他竞争者的模型参数来确定，这些参数包括再保险的比例、索赔额的一阶矩和二阶矩信息、索赔发生的强度等。这些模型参数可以通过历史的保险（再保险）数据来估计。

三、统一的竞争与合作框架

基于上面定义的竞争与合作，我们构建 n 个保险人竞争与合作的统一框架，同时考虑竞争与合作是一项非常具有挑战性的工作。为了同时考虑竞争与合作，我们把 n 个保险人划分为 k（$1\leqslant k\leqslant n$）个组，它们依次确定。组 l，$l\in\{1,2,\cdots,k\}$，包含 n_l 个保险人，这里 $1\leqslant n_l\leqslant n$ 是非负的正整数，且满足 $\sum_{l=1}^{k} n_l = n$。组 l 内的第 i 个保险人记作 l_i，$i\in\{1,2,\cdots,n_l\}$。相应地，关于这个保险人的模型参数也按照同样的方式进行设定，例如 β_i 调整为 β_{l_i}。

本章假设保险人在组内是合作的，而在不同的组之间是竞争的。然后，在时刻 t，组 l 的财富记为 $Y_l^{a^l}(t) = \sum_{i=1}^{n_l}\beta_{l_i}X_{l_i}^{a_{l_i}}(t)$，其中 $a^l := a^l(t) := (a_{l_1}(t), a_{l_2}(t), \cdots, a_{l_{n_l}}(t))$ 是组 l 的再保险策略。从数学上说，我们也可以研究保险人在每个组内是竞争的，而在不同组之间是合作的情形。我们不考虑这种情形，因为在实际的保险问题中，没有经济或保险的理由支撑这种情形会发生。因为不可能考虑竞争者之间的共同利益。

通过上面解释的竞争与合作统一框架的含义，以及符号设定的说明，对于固定的组 l，$l\in\{1,2,\cdots,k\}$，我们可以通过修改式（11.8）中的参数，得到竞争与合作统一框架下的模型，进而可以得到保险人的支付过程。具体地，将式（11.8）中的参数做如下修改：

$$\begin{cases}\beta_{l_i} = \bar{\kappa}_{l_i}\in(0,1), i=1,2,\cdots,n_l\\ \beta_{m_i} = -\dfrac{\bar{\tau}_l}{k-1}\bar{\kappa}_{m_i}, \bar{\kappa}_{m_i}\in(0,1), i=1,2,\cdots,n_m\end{cases}\tag{11.14}$$

这里 $\bar{\tau}_l\in[0,1]$，$\sum_{i=1}^{n_m}\bar{\kappa}_{m_i} = 1$，$\sum_{i=1}^{n_l}\bar{\kappa}_{l_i} = 1$，$m\in\{1,2,\cdots,k\}, m\neq l$。注意这里 $\bar{\kappa}_{m_i}$ 代表组 m 中第 i 个保险人的合作权重系数，所以我们设置 $\sum_{i=1}^{n_m}\bar{\kappa}_{m_i}=1$；同时，$\dfrac{\bar{\tau}_l}{k-1}$ 体现了组 l 与剩余 $k-1$ 个组之间的竞争权重系数。通过这些设置，支付过程（11.8）变为：

$$\begin{aligned}\sum_{i=1}^{n_l}\bar{\kappa}_{l_i}X_{l_i}^{a_{l_i}}(t) - \frac{\bar{\tau}_l}{k-1}\sum_{m\neq l}\left[\sum_{i=1}^{n_m}\bar{\kappa}_{m_i}X_{m_i}^{a_{m_i}}(t)\right] &= Y_l^{a^l}(t) - \frac{\bar{\tau}_l}{k-1}\sum_{m\neq l}Y_m^{a^m}(t)\\ &= (1-\bar{\tau}_l)Y_l^{a^l}(t) + \bar{\tau}_l\left[Y_l^{a^l}(t) - \frac{1}{k-1}\sum_{m\neq l}Y_m^{a^m}(t)\right] = Y_l^{a^l,(a^m)_{m\neq l}}(t)\end{aligned}\tag{11.15}$$

这里 $\sum_{m\neq l}:=\sum_{m=1,m\neq l}^{k}$，其中 $m,l\in\{1,2,\cdots,k\}$。由式（11.15）可以看出，对于每个组，基准被设置为了剩余 $k-1$ 个组财富的平均值，而 $\bar{\tau}_l$ 度量了组 l 对基准的关注度。从式（11.15）中还可以看出，纯合作的情形与纯竞争的情形是统一框架的两种特殊情形。如果 n 个保险人都被划在同一个组，即 $\bar{\tau}_l=0$ 且 $n_l=n$，则统一框架变为纯合作的情形；另外，如果 n 个保险人被分为 n 个组，即 $n_l=1,l=1,2,\cdots,n$，则统一框架变为纯竞争的情形。事实上，统一框架也包含其他情形。例如，当 $n_l=\bar{\kappa}_{l_i}=1$，$l\neq m$ 和 $k=2$ 时，分别记 $X_{l_i}^{a_{l_i}}(t),X_{m_i}^{a_{m_i}}(t)$，$\bar{\tau}_l$ 和 $\bar{\kappa}_{m_i}$ 分别为 $X_i^{a_i}(t),X_m^{a_m}(t),\bar{\tau}_i$ 和 $\bar{\kappa}_m$，则方程（11.15）变为：

$$(1-\bar{\tau}_i)X_i^{a_i}(t)+\bar{\tau}_i\Big(X_i^{a_i}(t)-\sum_{m\neq i}\bar{\kappa}_m X_m^{a_m}(t)\Big)=X_i^{a_i}(t)-\bar{\tau}_i\sum_{m\neq i}\bar{\kappa}_m X_m^{a_m}(t),$$
$$i\neq m\in\{1,2,\cdots,n\} \tag{11.16}$$

这里 $\bar{\tau}_i\in[0,1]$，$\bar{\kappa}_m\in(0,1)$，$\sum_{m\neq i}\bar{\kappa}_m=1$。这种情形可以看作是一个经济实力强的保险人，与 $n-1$ 个经济实力弱的保险人之间的竞争。同时，这 $n-1$ 个经济实力弱的保险人之间通过合作形成集团与经济实力强的保险人进行竞争。此时，双方的目标都是超过对方的财富。

本章将在上述统一框架下获得最优再保险策略。对于 $s\geq t$，在统一框架下，支付过程 $Y_l^{a^l,(a^m)_{m\neq l}}(s)$ 满足如下随机微分方程：

$$\begin{aligned}
dY_l^{a^l,(a^m)_{m\neq l}}(s) &= \Bigg[rY_l^{a^l,(a^m)_{m\neq l}}(s)+\sum_{i=1}^{n_l}\bar{\kappa}_{l_i}\eta_{l_i}(\lambda+\lambda_{l_i})\mu_{l_i1}- \\
&\frac{\bar{\tau}_l}{k-1}\sum_{m\neq l}\Big(\sum_{i=1}^{n_m}\bar{\kappa}_{m_i}\eta_{m_i}(\lambda+\lambda_{m_i})\mu_{m_i1}\Big)-\sum_{i=1}^{n_l}\bar{\kappa}_{l_i}\xi_{l_i}(1-a_{l_i}(s))^2(\lambda+\lambda_{l_i})\mu_{l_i2}+ \\
&\frac{\bar{\tau}_l}{k-1}\sum_{m\neq l}\Big(\sum_{i=1}^{n_m}\bar{\kappa}_{m_i}\xi_{m_i}(1-a_{m_i}(s))^2(\lambda+\lambda_{m_i})\mu_{m_i2}\Big)\Bigg]ds+\sum_{i=1}^{n_l}\bar{\kappa}_{l_i}a_{l_i}(s)\sqrt{(\lambda+\lambda_{l_i})\mu_{l_i2}}\times \\
&dW_{l_i}(s)-\frac{\bar{\tau}_l}{k-1}\sum_{m\neq l}\Big(\sum_{i=1}^{n_m}\bar{\kappa}_{m_i}a_{m_i}(s)\sqrt{(\lambda+\lambda_{m_i})\mu_{m_i2}}\,dW_{m_i}(s)\Big)
\end{aligned} \tag{11.17}$$

初值为 $Y_l^{a^l,(a^m)_{m\neq l}}(t)=y_l$。

在本节最后，我们给出如下容许策略的定义。

定义 11.1 设 T 为再保险的终止时刻，一个再保险策略 $a^l(t)=(a_{l_1}(t), a_{l_2}(t),\cdots,a_{l_{n_l}}(t)), l=1,2,\cdots,k, t\in[0,T]$，称为是容许策略，如果它满足下面的三个条件：

(1) $a_{l_i}(t), i=1,2,\cdots,n_l$，关于 $\{\mathcal{F}_t\}_{t\in[0,T]}$ 是循序可测的；

(2) $\forall t\in[0,T]$，$a_{l_i}(t)\in[0,1]$，$i=1,2,\cdots,n_l$；

(3) 随机微分方程（11.17）有唯一的强解 $Y_l^{a^l,(a^m)_{m\neq l}}(s)$。

组 l 的所有容许策略的集合记作 $\mathcal{A}^l$，$l\in\{1,2,\cdots,k\}$。

第二节 保险人竞争与合作的博弈问题与验证定理

本节首先给出 n 个保险人的期望效用最大化模型，然后导出 n 个保险人的博弈问题，最后应用随机动态规划和随机控制技术给出验证定理。由于保险人在组内是合作的，他们要考虑整个组的共同利益，所以把每个组看作是一个整体，它具有共同的效用函数。组 l（$1\leqslant l\leqslant k$）的效用函数记作 $U_l(\cdot)$，它是严格递增的凹函数，即满足 $U'_l(\cdot)>0$ 和 $U''_l(\cdot)<0$。

假设已知其他组的最优再保险策略 $[a^{*m}(t)]_{m\neq l}:=[a^{*1}(t),\cdots,a^{*(l-1)}(t), a^{*(l+1)}(t),\cdots,a^{*k}(t)]$，组 l 的目标是最大化终止时刻 T 时的支付过程的期望效用。具体地，我们考虑如下的最优化问题。

问题 11.1 对于给定的 $[a^{*m}(t)]_{m\neq l}$，组 l 将选择再保险策略 $a^l(t)\in\mathcal{A}^l$ 以求解下面的优化问题：

$$J_l(t,y_l)=\sup_{a^l(t)\in\mathcal{A}^l} J_l^{a^l,(a^{*m})_{m\neq l}}(t,y_l)=\sup_{a^l(t)\in\mathcal{A}^l} E_{t,y_l}[U_l(Y_l^{a^l,(a^{*m})_{m\neq l}}(T))] \quad (11.18)$$

这里 $E_{t,y_l}[\cdot]=E[\cdot\mid Y_l^{a^l,(a^{*m})_{m\neq l}}(t)=y_l]$，$J_l(t,y_l)$ 是组 l 的值函数，相应地，

$$a^{*l}(t):=\arg\sup_{a^l(t)\in\mathcal{A}^l} J_l^{a^l,(a^{*m})_{m\neq l}}(t,y_l) \quad (11.19)$$

是组 l 的最优再保险策略。

在一般效用函数下，很难推导出问题（11.1）的解析解。鉴于此，我们对每个组的效用函数引入一些假设。众所周知，指数效用函数在保险数学和

精算实际中起着重要的作用。在零效用原理下，它是唯一可给出独立于保险人财富水平的公平保费的效用函数。例如，Brachetta 和 Ceci、Bensoussan 等人和 Siu 等人等都研究了指数效用函数下的最优再保险或投资问题。因此，假设组 l 具有如下的指数效用函数：

$$U_l(y_l) = -\frac{1}{\gamma_l}e^{-\gamma_l y_l}, l=1,2,\cdots,k \tag{11.20}$$

这里 $\gamma_l>0$ 为绝对风险厌恶系数。由于每个组都被视为一个整体，所以我们假设组内的所有保险人都具有相同的绝对风险厌恶系数。在指数效用函数（11.20）下，我们将在下一节求得最优再保险策略和相应值函数的解析解。

对于 k 个组，问题（11.3）形成了下面的博弈问题。

问题 11.2 k 个组之间的博弈问题是寻找一个 Nash 均衡策略 $[a^{*1}(t), a^{*2}(t),\cdots,a^{*k}(t)]\in\mathcal{A}^1\times\mathcal{A}^2\times\cdots\times\mathcal{A}^k$，使得对每个 $l\in\{1,2,\cdots,k\}$，都有

$$J_l^{a^{*l},(a^{*m})_{m\neq l}}(t,y_l)\geqslant J_l^{a^l,(a^{*m})_{m\neq l}}(t,y_l) \tag{11.21}$$

问题（11.2）包括两种类型的博弈：各组内部的合作博弈和不同组之间的非零和博弈。在每一个组内，每个保险人都在寻找自己的最优再保险策略，以使整个组的终端财富的期望效用达到最大；组内各个保险人的目标是一致的，因此这构成合作博弈。当 $\bar{\tau}_l=0$ 和 $n_l=n$ 时，n 个保险人是合作关系，则问题（11.2）简化为纯合作博弈情形。在 k 个组之间，每个组作为一个整体与其他组进行博弈。从支付过程 $Y_l^{a^l,(a^m)_{m\neq l}}(t)$ 的定义（11.17）可以看出，组与组之间的博弈是非零和博弈。当 $n_l=1, l=1,\cdots,n$ 时，n 个保险人变成纯竞争的关系，则问题（11.2）退化为非零和博弈。作为问题（11.2）的特例，Bensoussan 等人、Siu 等人和 Zhu 等人研究了两个保险人之间的非零和博弈。

通过与其他组博弈，组 l 中的保险人 i 试图通过如下方式寻找一个均衡再保险策略。对于给定的其他组的最优再保险策略 $[a^{*m}(t)]_{m\neq l}$，组 l 中的保险人 i 将寻找他的最优再保险策略 $a_{l_i}^*(t)\in\mathcal{A}^l$。由此，$k$ 个组之间的均衡再保险策略是 $[a^{*1}(t),a^{*2}(t),\cdots,a^{*k}(t)]$，其中 $a^{*l}(t)=[a_{l_1}^*(t),a_{l_2}^*(t),\cdots, a_{l_{n_l}}^*(t)]$，$l=1,2,\cdots,k$，由式（11.19）确定。因此，当 $a^{*1}(t)$、$a^{*2}(t)$、

…、$a^{*k}(t)$分别是组1的、组2的、…、组k的最优再保险策略时，$[a^{*1}(t),a^{*2}(t),\cdots,a^{*k}(t)]$则构成最终的均衡再保险策略。

对任意的$\phi(t,y_l)\in C^{1,2}([0,T]\times R)$，支付过程（11.17）的无穷小生成元$\mathcal{B}^{a^l,(a^m)_{m\neq l}}$定义为：

$$\begin{aligned}\mathcal{B}^{a^l,(a^m)_{m\neq l}}\phi(t,y_l) &= \phi_t(t,y_l) + \Big[ry_l + \sum_{i=1}^{n_l}\bar{\kappa}_{l_i}\eta_{l_i}(\lambda+\lambda_{l_i})\mu_{l_i1} - \frac{\bar{\tau}_l}{k-1}\cdot \\ &\sum_{m\neq l}\Big(\sum_{i=1}^{n_m}\bar{\kappa}_{m_i}\eta_{m_i}(\lambda+\lambda_{m_i})\mu_{m_i1}\Big) - \sum_{i=1}^{n_l}\bar{\kappa}_{l_i}\xi_{l_i}(1-a_{l_i}(t))^2(\lambda+\lambda_{l_i})\mu_{l_i2} + \frac{\bar{\tau}_l}{k-1}\cdot \\ &\sum_{m\neq l}\Big(\sum_{i=1}^{n_m}\bar{\kappa}_{m_i}\xi_{m_i}(1-a_{m_i}(t))^2(\lambda+\lambda_{m_i})\mu_{m_i2}\Big)\Big]\phi_{y_l}(t,y_l) + \frac{1}{2}\phi_{y_ly_l}(t,y_l)\cdot \\ &\Big[C^l(a^l(t))D^l\{C^l[a^l(t)]\}^T - \frac{\bar{\tau}_l}{k-1}\sum_{m\neq l}C^m[a^m(t)]D^m\{C^m[a^m(t)]\}^T - \frac{2\bar{\tau}_l}{k-1}\cdot \\ &\sum_{m\neq l}C^l[a^l(t)]D^{lm}\{C^m[a^m(t)]\}^T - \frac{2\bar{\tau}_l}{k-1}\sum_{m\neq l}\Big(\sum_{j=1,j\neq m,j\neq l}^{k}C^j[a^j(t)]D^{jm}(C^m(a^m(t)))^T\Big)\Big]\end{aligned} \tag{11.22}$$

这里

$$C^j(a^j(t)) = \Big(\bar{\kappa}_{j_1}a_{j_1}(t)\sqrt{(\lambda+\lambda_{j_1})\mu_{j_12}},\cdots,\bar{\kappa}_{j_{n_j}}a_{j_{n_j}}(t)\sqrt{(\lambda+\lambda_{j_{n_j}})\mu_{j_{n_j}2}}\Big) \tag{11.23}$$

$$D^j = \begin{pmatrix} 1 & \rho_{j_1j_2} & \cdots & \rho_{j_1j_{n_j}} \\ \rho_{j_2j_1} & 1 & \cdots & \rho_{j_2j_{n_j}} \\ \cdots & \cdots & \vdots & \cdots \\ \rho_{j_{n_j}j_1} & \rho_{j_{n_j}j_2} & \cdots & 1 \end{pmatrix}, D^{jm} = \begin{pmatrix} \rho_{j_1m_1} & \rho_{j_1m_2} & \cdots & \rho_{j_1m_{n_m}} \\ \rho_{j_2m_1} & \rho_{j_2m_2} & \cdots & \rho_{j_2m_{n_m}} \\ \cdots & \cdots & \vdots & \cdots \\ \rho_{j_{n_j}m_1} & \rho_{j_{n_j}m_2} & \cdots & \rho_{j_{n_j}m_{n_m}} \end{pmatrix} \tag{11.24}$$

$j\neq m$，$j,m=1,2,\cdots,k$。

为了建立问题11.1的验证定理，我们先给出下面的引理。

引理 11.1 对于给定的其他组的最优再保险策略$[a^{*m}(t)]_{m\neq l}$以及组l的任意再保险策略$a^l(t)\in\mathcal{A}^l$，有

$$E_{t,y_l}\Big[\sup_{t\leqslant s\leqslant T}\big|Y_l^{a^l,(a^{*m})_{m\neq l}}(s)\big|^4\Big] < +\infty \tag{11.25}$$

证明 注意到$|y|\leqslant e^{|y|}$。与第2章中定理2.3证明值函数的性质相似，

我们可很容易地的导出式（11.25）。

下面的验证定理对于确保本文获得的再保险策略是最优的至关重要。

定理 11.1 给定其他组的最优再保险策略$[a^{*m}(t)]_{m\neq l}$。假设存在实函数 $V_l(t,y_l)\in D^{1,2}([0,T]\times R)$满足下面的 HJB 方程：

$$\sup_{a^l(t)\in\mathcal{A}^l}\{\mathcal{B}^{a^l,(a^{*m})_{m\neq l}}V_l(t,y_l)\}=0 \tag{11.26}$$

其具有边界条件 $V_l(T,Y_l^{a^l,(a^{*m})_{m\neq l}}(T))=U_l(Y_l^{a^l,(a^{*m})_{m\neq l}}(T))$；定义

$$\tilde{a}^{*l}(t):=\arg\sup_{a^l(t)\in\mathcal{A}^l}\{\mathcal{B}^{a^l,(a^{*m})_{m\neq l}}V_l(t,y_l)\} \tag{11.27}$$

$\tilde{a}^{*l}(t)$满足

$$\mathcal{B}^{\tilde{a}^{*l},(a^{*m})_{m\neq l}}V_l(t,y_l)=0 \tag{11.28}$$

则对所有的 $a^l(t)\in\mathcal{A}^l$，有 $J_l(t,y_l)\leqslant V_l(t,y_l)$。特别地，当 $a^l(t)=\tilde{a}^{*l}(t)$时，有 $J_l(t,y_l)=V_l(t,y_l)$，即 $V_l(t,y_l)$恰好等于式（11.18）定义的值函数 $J_l(t,y_l)$，且 $\tilde{a}^{*l}(t)$恰好等于式（11.19）定义的组 l 的最优再保险策略 $a^{*l}(t)$。

证明 对 $V_l(s,Y_l^{a^l,(a^{*m})_{m\neq l}}(s)),s\in[t,T]$，使用 Itô 公式，并应用无穷小生成元 $\mathcal{B}^{a^l,(a^m)_{m\neq l}}$的表达式，可以推得：

$$\begin{aligned}V_l\left(T,Y_l^{a^l,(a^{*m})_{m\neq l}}(T)\right)&=V_l(t,y_l)+\int_t^T\mathcal{B}^{a^l,(a^{*m})_{m\neq l}}V_l(s,Y_l^{a^l,(a^{*m})_{m\neq l}}(s))\mathrm{d}s\\&+\sum_{i=1}^{n_l}\int_t^T a_{l_i}(s)\bar{\kappa}_{l_i}\sqrt{(\lambda+\lambda_{l_i})\mu_{l_i2}}\frac{\partial V_l(s,\bar{y}_l)}{\partial\bar{y}_l}\Big|_{\bar{y}_l=Y_l^{a^l,(a^{*m})_{m\neq l}}(s)}\mathrm{d}W_{l_i}(s)-\frac{\bar{\tau}_l}{k-1}\\&\times\sum_{m\neq l}\left[\sum_{i=1}^{n_m}\int_t^T a_{m_i}^*(s)\bar{\kappa}_{m_i}\sqrt{(\lambda+\lambda_{m_i})\mu_{m_i2}}\frac{\partial V_l(s,\bar{y}_l)}{\partial\bar{y}_l}\Big|_{\bar{y}_l=Y_l^{a^l,(a^{*m})_{m\neq l}}(s)}\mathrm{d}W_{m_i}(s)\right]\end{aligned} \tag{11.29}$$

根据 $a_{l_i}(t)\in[0,1],V_l(t,y_l)\in D^{1,2}([0,T]\times R)$和引理 11.1，可知：

$$\begin{aligned}&E_{t,y_l}\left\{\int_t^T\left|a_{l_i}(s)\bar{\kappa}_{l_i}\sqrt{(\lambda+\lambda_{l_i})\mu_{l_i2}}\frac{\partial V_l(s,\bar{y}_l)}{\partial\bar{y}_l}\Big|_{\bar{y}_l=Y_l^{a^l,(a^{*m})_{m\neq l}}(s)}\right|^2\mathrm{d}s\right\}\\&\leqslant E_{t,y_l}\left\{\int_t^T\left[a_{l_i}^4(s)\bar{\kappa}_{l_i}^4(\lambda+\lambda_{l_i})^2\mu_{l_i2}^2+\left(\frac{\partial V_l(s,\bar{y}_l)}{\partial\bar{y}_l}\Big|_{\bar{y}_l=Y_l^{a^l,(a^{*m})_{m\neq l}}(s)}\right)^4\right]\mathrm{d}s\right\}\end{aligned}$$

$$\leqslant E_{t,y_l}\left\{\int_t^T\left[a_{l_i}^4(s)\overline{\kappa}_{l_i}^4(\lambda+\lambda_{l_i})^2\mu_{l_i2}^2+\kappa^4\left(1+\left|Y_l^{a^l,(a^{*m})_{m\neq l}}(s)\right|\right)^4\right]\mathrm{d}s\right\}$$

$$\leqslant E_{t,y_l}\left\{\int_t^T\left[a_{l_i}^4(s)\overline{\kappa}_{l_i}^4(\lambda+\lambda_{l_i})^2\mu_{l_i2}^2+8\kappa^4\left(1+\left|Y_l^{a^l,(a^{*m})_{m\neq l}}(s)\right|^4\right)\right]\mathrm{d}s\right\}<+\infty$$

(11.30)

所以，可以推得：

$$\int_t^T a_{l_i}(s)\overline{\kappa}_{l_i}\sqrt{(\lambda+\lambda_{l_i})\mu_{l_i2}}\frac{\partial V_l(s,\overline{y}_l)}{\partial\overline{y}_l}\Big|_{\overline{y}_l=Y_l^{a^l,(a^{*m})_{m\neq l}(s)}}\mathrm{d}W_{l_i}(s)\quad(11.31)$$

为鞅。类似地，可以证明：

$$\int_t^T a_{m_i}^*(s)\overline{\kappa}_{m_i}\sqrt{(\lambda+\lambda_{m_i})\mu_{m_i2}}\frac{\partial V_l(s,\overline{y}_l)}{\partial\overline{y}_l}\Big|_{\overline{y}_l=Y_l^{a^l,(a^{*m})_{m\neq l}(s)}}\mathrm{d}W_{m_i}(s)\quad(11.32)$$

也是鞅。

对式（11.29）两端取条件期望，并利用式（11.31）、式（11.32），可得：

$$E_{t,y_l}[V_l(T,Y_l^{a^l,(a^{*m})_{m\neq l}}(T))]$$

$$=V_l(t,y_l)+E_{t,y_l}\left[\int_t^T\mathcal{B}^{a^l,(a^{*m})_{m\neq l}}V_l(s,Y_l^{a^l,(a^{*m})_{m\neq l}}(s))\mathrm{d}s\right]\quad(11.33)$$

接下来，证明对于所有的 $a^l(t)\in\mathcal{A}^l$，有 $J_l(t,y_l)\leqslant V_l(t,y_l)$。

对于给定的其他组的最优再保险策略$[a^{*m}(t)]_{m\neq l}$，根据式（11.26）可知有：

$$\mathcal{B}^{a^l,(a^{*m})_{m\neq l}}V_l(s,Y_l^{a^l,(a^{*m})_{m\neq l}}(s))\leqslant 0,\ \forall a^l(t)\in\mathcal{A}^l\quad(11.34)$$

所以由式（11.33）获得：

$$E_{t,y_l}[V_l(T,Y_l^{a^l,(a^{*m})_{m\neq l}}(T))]\leqslant V_l(t,y_l)\quad(11.35)$$

根据边界条件：

$$V_l\left(T,Y_l^{a^l,(a^{*m})_{m\neq l}}(T)\right)=U_l\left(Y_l^{a^l,(a^{*m})_{m\neq l}}(T)\right)\quad(11.36)$$

式（11.35）可以重新写作：

$$E_{t,y_l}[U_l(Y_l^{a^l,(a^{*m})_{m\neq l}}(T))]\leqslant V_l(t,y_l),\ \forall a^l(t)\in\mathcal{A}^l\quad(11.37)$$

由于 $a^l(t)\in A^l$ 的任意性，根据式（11.18）则可推得：

$$J_l(t,y_l)\leqslant V_l(t,y_l)\quad(11.38)$$

最终，我们证明如果 $a^l(t)=\tilde{a}^{*l}(t)$，则有 $V_l(t,y_l)=J_l(t,y_l)$。

联合边界条件 $V_l(T, Y_l^{a^l,(a^{*m})_{m\neq l}}(T)) = U_l(Y_l^{a^l,(a^{*m})_{m\neq l}}(T))$ 以及式(11.28)，从式(11.33)中可以得到：

$$V_l(t,y_l) = E_{t,y_l}[V_l(T,Y_l^{\tilde{a}^{*l},(a^{*m})_{m\neq l}}(T))] = E_{t,y_l}[U_l(Y_l^{\tilde{a}^{*l},(a^{*m})_{m\neq l}}(T))] \tag{11.39}$$

联合式(11.18)、式(11.39)，则知有：

$$V_l(t,y_l) \leqslant J_l(t,y_l) \tag{11.40}$$

式(11.38)、式(11.40)确保了当 $a^l(t) = \tilde{a}^{*l}(t)$ 时，有 $V_l(t,y_l) = J_l(t,y_l)$。因此，当 $a^l(t) = \tilde{a}^{*l}(t)$ 时，$V_l(t,y_l)$ 是组 l 的值函数，而 $\tilde{a}^{*l}(t)$ 则是组 l 的最优再保险策略。

在下一节，我们先获得每个组的最优再保险策略 $a^{*1}(t), a^{*2}(t), \cdots, a^{*k}(t)$，然后就可得出均衡策略 $[a^{*1}(t), a^{*2}(t), \cdots, a^{*k}(t)]$。

第三节　多个保险人博弈问题的解

本节在竞争与合作的统一框架下确定均衡策略 $[a^{*1}(t), a^{*2}(t), \cdots, a^{*k}(t)]$ 和相应的值函数 $J_l(t,y_l)$。为了更好地理解竞争与合作对均衡策略的影响，我们也将给出纯竞争、纯合作以及既不考虑竞争也不考虑合作三种特殊情形下的均衡再保险策略。

为了书写方便，定义下列记号：

$$\delta_{l_i} = (\lambda + \lambda_{l_i})\mu_{l_i2}[(\bar{\kappa}_{l_i})^2\gamma_l e^{r(T-t)} + 2\bar{\kappa}_{l_i}\xi_{l_i}], \hat{\delta}_{l_i} = \gamma_l\lambda\mu_{l_i1}\bar{\kappa}_{l_i}e^{r(T-t)}$$

$$\tilde{\delta}_{l_i} = 2\bar{\kappa}_{l_i}\xi_{l_i}(\lambda + \lambda_{l_i})\mu_{l_i2}, \varphi_{l_i} = \delta_{l_i} - \bar{\kappa}_{l_i}\mu_{l_i1}\hat{\delta}_{l_i}, \tilde{\varphi}_{l_i} = \frac{\bar{\kappa}_{l_i}\mu_{l_i1}\left(1 + \frac{\bar{\tau}_l}{k-1}\right)}{\varphi_{l_i}}$$

$$\bar{\varphi}_{l_i} = \frac{\bar{\tau}_l\bar{\kappa}_{l_i}\mu_{l_i1}}{\varphi_{l_i}(k-1)}, \hat{\varphi}_{l_i} = \frac{\tilde{\delta}_{l_i}}{\varphi_{l_i}}, \Psi_k = \sum_{l=1}^{k}\frac{\sum_{i=1}^{n_l}\hat{\delta}_{l_i}\bar{\varphi}_{l_i}}{1 + \sum_{i=1}^{n_l}\hat{\delta}_{l_i}\tilde{\varphi}_{l_i}} \tag{11.41}$$

其中 $i = 1,2,\cdots,n_l$，$l = 1,2,\cdots,k$。

为了求解问题（11.2），先给出下面的引理。

引理 11.2 当 $\Psi_k \neq 1$ 时，下面的方程组

$$\hat{a}_{l_i}(t)\delta_{l_i} + \bar{\kappa}_{l_i}\mu_{l_i1}\sum_{j\neq i, j=1}^{n_l}\hat{\delta}_{l_j}(t)\hat{a}_{l_j}(t) = \frac{\bar{\tau}_l}{k-1}\bar{\kappa}_{l_i}\mu_{l_i1}\sum_{m\neq l}\sum_{j=1}^{n_m}\hat{\delta}_{m_j}\hat{a}_{m_j}(t) + \tilde{\delta}_{l_i}$$

$$i = 1,2,\cdots,n_l, l = 1,2,\cdots,k \tag{11.42}$$

有唯一的根，具体地：

$$\hat{a}_{l_i}(t) = \hat{\varphi}_{l_i} + \frac{\sum_{l=1}^{k}\frac{\sum_{i=1}^{n_l}\hat{\delta}_{l_i}\hat{\varphi}_{l_i}}{1+\sum_{i=1}^{n_l}\hat{\delta}_{l_i}\tilde{\varphi}_{l_i}}}{1-\Psi_k}\left(\bar{\varphi}_{l_i} - \frac{\hat{\varphi}_{l_i}\sum_{i=1}^{n_l}\hat{\delta}_{l_i}\bar{\varphi}_{l_i}}{1+\sum_{i=1}^{n_l}\hat{\delta}_{l_i}\tilde{\varphi}_{l_i}}\right) - \frac{\hat{\varphi}_{l_i}\sum_{i=1}^{n_l}\hat{\delta}_{l_i}\hat{\varphi}_{l_i}}{1+\sum_{i=1}^{n_l}\hat{\delta}_{l_i}\tilde{\varphi}_{l_i}} \tag{11.43}$$

这里 $i=1,2,\cdots,n_l, l=1,2,\cdots,k$。

证明 方程组（11.42）可重新写成：

$$\hat{a}_{l_i}(t)\varphi_{l_i} + \bar{\kappa}_{l_i}\mu_{l_i1}\left(1+\frac{\bar{\tau}_l}{k-1}\right)\sum_{i=1}^{n_l}\hat{\delta}_{l_i}\hat{a}_{l_i}(t) = \frac{\bar{\tau}_l}{k-1}\bar{\kappa}_{l_i}\mu_{l_i1}\sum_{l=1}^{k}\sum_{i=1}^{n_l}\hat{\delta}_{l_i}\hat{a}_{l_i}(t) +$$

$$\tilde{\delta}_{l_i}, i = 1,2,\cdots,n_l, l = 1,2,\cdots,k \tag{11.44}$$

根据式(11.41)中关于 φ_{l_i} 的定义，则获得：

$$\varphi_{l_i} = \delta_{l_i} - \bar{\kappa}_{l_i}\mu_{l_i1}\hat{\delta}_{l_i} = (\lambda+\lambda_{l_i})\mu_{l_i2}[(\bar{\kappa}_{l_i})^2\gamma_l e^{r(T-t)} + 2\bar{\kappa}_{l_i}\xi_{l_i}] - \gamma_l\lambda(\mu_{l_i1})^2 \cdot$$

$$(\bar{\kappa}_{l_i})^2 e^{r(T-t)} > \gamma_l\lambda(\bar{\kappa}_{l_i})^2 e^{r(T-t)}[\mu_{l_i2} - (\mu_{l_i1})^2] = \gamma_l\lambda(\bar{\kappa}_{l_i})^2 e^{r(T-t)}\mathrm{Var}(Y^i) \geqslant 0 \tag{11.45}$$

因此，根据式（11.44）可推得：

$$\hat{a}_{l_i}(t) + \tilde{\varphi}_{l_i}\sum_{i=1}^{n_l}\hat{\delta}_{l_i}\hat{a}_{l_i}(t) = \bar{\varphi}_{l_i}\sum_{l=1}^{k}\sum_{i=1}^{n_l}\hat{\delta}_{l_i}\hat{a}_{l_i}(t) + \hat{\varphi}_{l_i}, i = 1,2,\cdots,n_l, l = 1,2,\cdots,k \tag{11.46}$$

对式（11.46）两端同时乘以 $\hat{\delta}_{l_i}$，然后两端从 $i=1$ 到 $i=n_l$ 求和，则可得：

$$\sum_{i=1}^{n_l}\hat{\delta}_{l_i}\hat{a}_{l_i}(t)\left[1+\sum_{i=1}^{n_l}\hat{\delta}_{l_i}\tilde{\varphi}_{l_i}\right] = \sum_{i=1}^{n_l}\hat{\delta}_{l_i}\bar{\varphi}_{l_i}\sum_{l=1}^{k}\sum_{i=1}^{n_l}\hat{\delta}_{l_i}\hat{a}_{l_i}(t) + \sum_{i=1}^{n_l}\hat{\delta}_{l_i}\hat{\varphi}_{l_i}, l = 1,2,\cdots,k \tag{11.47}$$

因此，我们有：

$$\sum_{i=1}^{n_l}\hat{\delta}_{l_i}\hat{a}_{l_i}(t)=\frac{\sum_{i=1}^{n_l}\hat{\delta}_{l_i}\bar{\varphi}_{l_i}}{1+\sum_{i=1}^{n_l}\hat{\delta}_{l_i}\tilde{\varphi}_{l_i}}\sum_{l=1}^{k}\sum_{i=1}^{n_l}\hat{\delta}_{l_i}\hat{a}_{l_i}(t)+\frac{\sum_{i=1}^{n_l}\hat{\delta}_{l_i}\hat{\varphi}_{l_i}}{1+\sum_{i=1}^{n_l}\hat{\delta}_{l_i}\tilde{\varphi}_{l_i}},l=1,2,\cdots,k \tag{11.48}$$

对上式两端从 $l=1$ 到 $l=k$ 求和，可以得到：

$$(1-\Psi_k)\sum_{l=1}^{k}\sum_{i=1}^{n_l}\hat{\delta}_{l_i}\hat{a}_{l_i}(t)=\sum_{l=1}^{k}\frac{\sum_{i=1}^{n_l}\hat{\delta}_{l_i}\hat{\varphi}_{l_i}}{1+\sum_{i=1}^{n_l}\hat{\delta}_{l_i}\tilde{\varphi}_{l_i}} \tag{11.49}$$

这里 Ψ_k 由式（11.41）定义。所以，当 $\Psi_k\neq 1$ 时，则有：

$$\sum_{l=1}^{k}\sum_{i=1}^{n_l}\hat{\delta}_{l_i}\hat{a}_{l_i}(t)=\frac{\sum_{l=1}^{k}\frac{\sum_{i=1}^{n_l}\hat{\delta}_{l_i}\hat{\varphi}_{l_i}}{1+\sum_{i=1}^{n_l}\hat{\delta}_{l_i}\tilde{\varphi}_{l_i}}}{1-\Psi_k} \tag{11.50}$$

把式（11.50）代入式（11.48），得到：

$$\sum_{i=1}^{n_l}\hat{\delta}_{l_i}\hat{a}_{l_i}(t)=\frac{\sum_{i=1}^{n_l}\hat{\delta}_{l_i}\bar{\varphi}_{l_i}}{1+\sum_{i=1}^{n_l}\hat{\delta}_{l_i}\tilde{\varphi}_{l_i}}\frac{\sum_{l=1}^{k}\frac{\sum_{i=1}^{n_l}\hat{\delta}_{l_i}\hat{\varphi}_{l_i}}{1+\sum_{i=1}^{n_l}\hat{\delta}_{l_i}\tilde{\varphi}_{l_i}}}{1-\Psi_k}+\frac{\sum_{i=1}^{n_l}\hat{\delta}_{l_i}\hat{\varphi}_{l_i}}{1+\sum_{i=1}^{n_l}\hat{\delta}_{l_i}\tilde{\varphi}_{l_i}},l=1,2,\cdots,k \tag{11.51}$$

把式（11.50）、式（11.51）代入式（11.46），则可以容易推得式（11.42）的唯一解，其由式（11.43）给出。

为了分析式（11.43）的经济含义，可以把 $\hat{a}_{l_i}(t)$分成以下三部分：

$$\hat{\varphi}_{l_i};\ \frac{\sum_{l=1}^{k}\frac{\sum_{i=1}^{n_l}\hat{\delta}_{l_i}\hat{\varphi}_{l_i}}{1+\sum_{i=1}^{n_l}\hat{\delta}_{l_i}\tilde{\varphi}_{l_i}}}{1-\Psi_k}\left(\bar{\varphi}_{l_i}-\frac{\tilde{\varphi}_{l_i}\sum_{i=1}^{n_l}\hat{\delta}_{l_i}\bar{\varphi}_{l_i}}{1+\sum_{i=1}^{n_l}\hat{\delta}_{l_i}\tilde{\varphi}_{l_i}}\right);\ -\frac{\hat{\varphi}_{l_i}\sum_{i=1}^{n_l}\hat{\delta}_{l_i}\hat{\varphi}_{l_i}}{1+\sum_{i=1}^{n_l}\hat{\delta}_{l_i}\tilde{\varphi}_{l_i}} \tag{10.52}$$

第一部分是保险人 l_i 自己引起的；第二部分是由于同时考虑了组 l 内部的合作、组 l 与其他组之间的竞争而引起的；第三部分纯粹是由于组 l 内部的合作而引起的。后文中，在三种特殊情形下，我们再进一步分析均衡再保险策略的经济含义。

基于定理 11.1 和引理 11.2，并根据最优化理论，则可求得问题（11.4）的均衡解。具体地，我们有下面的定理。

定理 11.2 对于支付过程（11.17），在指数效用函数（11.20）下，具有 n 个保险人的问题 11.2 的最优解可以分成以下两种情形。

（1）如果 $\boldsymbol{\Psi}_k=1$，不存在均衡再保险策略。

（2）如果 $\boldsymbol{\Psi}_k\neq 1$，均衡再保险策略为 $[\boldsymbol{a}^{*1}(t),\boldsymbol{a}^{*2}(t),\cdots,\boldsymbol{a}^{*k}(t)]$，其中 $\boldsymbol{a}^{*l}(t)=(a_{l_1}^*(t),a_{l_2}^*(t),\cdots,a_{l_{n_l}}^*(t)),l=1,2,\cdots,k$，$a_{l_i}^*(t)=(0\vee\hat{a}_{l_i}(t))\wedge 1,i=1,2,\cdots,n_l$，并且 $\hat{a}_{l_i}(t)$ 由式（11.43）给出。

对于后一种情形，相应的均衡值函数为：

$$J_l(t,y_l)=V_l(t,y_l)=-\frac{1}{\gamma_l}\exp\Bigg\{-\gamma_l y_l e^{r(T-s)}+\int_t^T\Bigg[e^{r(T-s)}\Bigg(\frac{\bar{\tau}_l}{k-1}\times\sum_{m\neq l}\Bigg(\sum_{i=1}^{n_m}\bar{\kappa}_{m_i}\eta_{m_i}(\lambda+\lambda_{m_i})\mu_{m_i1}\Bigg)-\frac{\bar{\tau}_l}{k-1}\sum_{m\neq l}\Bigg(\sum_{i=1}^{n_m}\bar{\kappa}_{m_i}\xi_{m_i}[1-a_{m_i}^*(s)]^2(\lambda+\lambda_{m_i})\mu_{m_i2}\Bigg)+\sum_{i=1}^{n_l}\bar{\kappa}_{l_i}\xi_{l_i}[1-a_{l_i}^*(s)]^2(\lambda+\lambda_{l_i})\mu_{l_i2}-\sum_{i=1}^{n_l}\bar{\kappa}_{l_i}\eta_{l_i}(\lambda+\lambda_{l_i})\mu_{l_i1}\Bigg)+\frac{\gamma_l}{2}e^{2r(T-s)}\cdot\Bigg(-\frac{\bar{\tau}_l}{k-1}\sum_{m\neq l}C^m[\boldsymbol{a}^{*m}(s)]D^m\{C^m[\boldsymbol{a}^{*m}(s)]\}^T-\frac{2\bar{\tau}_l}{k-1}\sum_{m\neq l}\Bigg(\sum_{j\neq m,j\neq l,j=1}^{k}C^j[\boldsymbol{a}^{*j}(s)]\cdot D^{jm}\{C^m[\boldsymbol{a}^{*m}(s)]\}^T\Bigg)+C^l[\boldsymbol{a}^{*l}(s)]D^l\{C^l[\boldsymbol{a}^{*l}(s)]\}^T-\frac{2\bar{\tau}_l}{k-1}\sum_{m\neq l}C^l[\boldsymbol{a}^{*l}(s)]\cdot D^{lm}[C^m(\boldsymbol{a}^{*m}(s))]^T\Bigg]ds\Bigg\},l=1,2,\cdots,k \tag{11.53}$$

证明 考虑到边界条件 $V_l(T,y_l)=-\frac{1}{\gamma_l}e^{-\gamma_l y_l}$，可以构造均衡值函数满足如下形式：

$$V_l(t,y_l)=-\frac{1}{\gamma_l}\exp\{-\gamma_l y_l e^{r(T-t)}+h(t)\} \tag{11.54}$$

这里 $h(t)$ 是一个待确定的函数，具有边界条件 $h(T)=0$。对 $V_l(t,y_l)$ 求偏导数，得到：

$$\begin{cases}\dfrac{\partial V_l(t,y_l)}{\partial t}=[r\gamma_l y_l e^{r(T-t)}+h'(t)]V_l(t,y_l)\\ \dfrac{\partial V_l(t,y_l)}{\partial y_l}=-\gamma_l e^{r(T-t)}V_l(t,y_l)\\ \dfrac{\partial V_l^2(t,y_l)}{\partial y_l^2}=\gamma_l^2 e^{2r(T-t)}V_l(t,y_l)\end{cases} \tag{11.55}$$

把式（11.54）、式（11.55）代入式（11.26），化简后获得：

$$h'(t)-e^{r(T-t)}\Big[\sum_{i=1}^{n_l}\bar{\kappa}_{l_i}\eta_{l_i}(\lambda+\lambda_{l_i})\mu_{l_i1}-\frac{\bar{\tau}_l}{k-1}\sum_{m\neq l}\Big(\sum_{i=1}^{n_m}\bar{\kappa}_{m_i}\eta_{m_i}(\lambda+\lambda_{m_i})\mu_{m_i1}\Big)+\frac{\bar{\tau}_l}{k-1}\cdot$$

$$\sum_{m\neq l}\Big(\sum_{i=1}^{n_m}\bar{\kappa}_{m_i}\xi_{m_i}[1-a_{m_i}^*(t)]^2(\lambda+\lambda_{m_i})\mu_{m_i2}\Big)\Big]+\frac{1}{2}\gamma_l e^{2r(T-t)}\Big[-\frac{\bar{\tau}_l}{k-1}\sum_{m\neq l}C^m[a^{*m}(t)]\cdot$$

$$D^m\{C^m[a^{*m}(t)]\}^T-\frac{2\bar{\tau}_l}{k-1}\sum_{m\neq l}\Big(\sum_{j\neq m,j\neq l,j=1}^{k}C^j[a^{*j}(t)]D^{jm}\{C^m[a^{*m}(t)]\}^T\Big)\Big]+$$

$$\inf_{a^l(t)\in\mathcal{A}^l}\Big\{\sum_{i=1}^{\bar{n}_l}\bar{\kappa}_{l_i}\xi_{l_i}[1-a_{l_i}(t)]^2(\lambda+\lambda_{l_i})\mu_{l_i2}e^{r(T-t)}+\frac{1}{2}\gamma_l e^{2r(T-t)}\Big[C^l[a^l(t)]D^l\cdot$$

$$\{C^l[a^l(t)]\}^T-\frac{2\bar{\tau}_l}{k-1}\sum_{m\neq l}C^l[a^l(t)]D^{lm}\{C^m(a^{*m}(t))\}^T\Big]\Big\}=0 \tag{11.56}$$

注意到式（11.56）中下确界内部的函数关于 $a_{l_i}(t)$ 是凸函数。据此，定理 11.1 以及 $a_{l_i}(t)\in[0,1]$，并且根据一阶最优性条件，$a_{l_i}(t)$ 求解式（11.56）中的最小化问题，则可得到：

$$a_{l_i}^*(t)=\Big(0\vee\Big(-\frac{\bar{\kappa}_{l_i}\mu_{l_i1}}{\delta_{l_i}}\sum_{j\neq i,j=1}^{n_l}\hat{\delta}_{l_j}(t)a_{l_j}^*(t)+\frac{\bar{\tau}_l}{\delta_{l_i}(k-1)}\bar{\kappa}_{l_i}\mu_{l_i1}\times$$

$$\sum_{m\neq l}\sum_{j=1}^{n_m}\hat{\delta}_{m_j}a_{m_j}^*(t)+\frac{\tilde{\delta}_{l_i}}{\delta_{l_i}}\Big)\Big)\wedge 1,i=1,2,\cdots,n_l,l=1,2,\cdots,k \tag{11.57}$$

为了获得最优再保险策略 $a_{l_i}^*(t)$ 的解析解，我们需要求解方程组（11.42）。引理 11.2 告诉我们，当 $\Psi_k\neq 1$ 时，方程组（11.42）有唯一一个根，其由式（11.43）给出。所以，可以得到最优再保险策略为 $a_{l_i}^*(t)=$

$(0\vee\hat{a}_{l_i}(t))\wedge 1$。把 $a_{l_i}^*(t)$ 代入式（11.56），则可获得 $h(t)$。进而，可以求得均衡值函数，它由式（11.53）给出。

注 11.1 在引理 11.2 和定理 11.2 中，$\Psi_k\neq 1$ 是一个关键的条件。根据 Ψ_k 的定义，如果 $\bar{\tau}_l=0$，$l=1,2,\cdots,k$，则 $\Psi_k=0$。这意味着 k 个组之间不存在竞争，也就是说，这是纯合作的情形。在这种情形下，引理 11.2 和定理 11.2 不需要任何额外的条件。同时，对于给定的 $l,l\in\{1,2,\cdots,k\}$，推得：

$$\frac{\mathrm{d}\Psi_k}{\mathrm{d}\bar{\tau}_l}=\frac{\sum_{i=1}^{n_l}\frac{\hat{\delta}_{l_i}\bar{\kappa}_{l_i}\mu_{l_i1}}{\varphi_{l_i}(k-1)}\left[1+\sum_{i=1}^{n_l}\hat{\delta}_{l_i}(\tilde{\varphi}_{l_i}-\bar{\varphi}_{l_i})\right]}{\left(1+\sum_{i=1}^{n_l}\hat{\delta}_{l_i}\tilde{\varphi}_{l_i}\right)^2}=\frac{\sum_{i=1}^{n_l}\frac{\hat{\delta}_{l_i}\bar{\kappa}_{l_i}\mu_{l_i1}}{\varphi_{l_i}(k-1)}\left[1+\sum_{i=1}^{n_l}\frac{\hat{\delta}_{l_i}\bar{\kappa}_{l_i}\mu_{l_i1}}{\varphi_{l_i}}\right]}{\left(1+\sum_{i=1}^{n_l}\hat{\delta}_{l_i}\tilde{\varphi}_{l_i}\right)^2}$$

$$\geqslant 0 \tag{10.58}$$

这表明 Ψ_k 关于 $\bar{\tau}_l$ 是单调递增的函数。所以，Ψ_k 反映了 k 个组之间竞争的程度。事实上，$\Psi_k\neq 1$ 是一个很弱的条件。因为当 $\Psi_k<1$ 和 $\Psi_k>1$ 时，均衡再保险策略总是存在的。这里 $\Psi_k=1$ 可以看作是均衡再保险策略存在的一个奇异点。根据 Ψ_k 的定义，在实际应用中很容易检验 Ψ_k 是否等于1。Ψ_k 可以根据保险人的模型参数来确定。这里的参数包括索赔的一阶矩和二阶矩信息、索赔强度和分组信息等，它们可以通过使用历史的（再）保险数据以及定期的（再）保险报告来估计。

定理 11.2 给出了竞争与合作的统一框架下，均衡再保险策略和值函数的解析解。显然，组的规模和组的数量对保险人的均衡再保险策略是有影响的。然而，这种影响方式很难从理论上得到证明，我们将在接下来的第四节中对其进行系统的数值分析。

下面的命题论证了合作权重系数和竞争权重系数对均衡再保险策略的影响。

命题 11.1 $a_{l_i}^*(t)$关于 $\bar{\tau}_l$ 和 $\bar{\kappa}_{l_i}$分别是递增和递减的函数。

证明 由式（11.42）可以看到，对于任意给定的组 m 中保险人 j 的再保险策略 $\hat{a}_{m_j}(t)$，$j\in\{1,2,\cdots,n_m\}$ 以及 $m\neq l,m\in\{1,2,\cdots,k\}$：竞争权重系数 $\bar{\tau}_l$ 越大，式（11.42）的左端越大。因为式（11.42）的左端代表组 l 的再保险策略，所以该再保险策略关于 $\bar{\tau}_l$ 是递增的。类似地，从式（11.42）中

可以看到，对于任意给定的再保险策略 $\hat{a}_{l_j}(t)$ 和 $\hat{a}_{m_j}(t)$，合作权重系数 $\overline{\kappa}_{l_i}$ 越大，$\hat{a}_{l_i}$ 将越小。因此，在组 l 内保险人 i 的再保险策略关于 $\overline{\kappa}_{l_i}$ 递减。

为了更直观地分析特定的竞争或合作模式下单个保险人再保险策略的异同，接下来我们考虑三种特殊情形：纯竞争的情形、纯合作的情形，以及既不考虑竞争也不考虑合作的情形。这三种特殊情形下的均衡再保险策略可以直接从定理 11.2 中推导出来，也可以类似地获得相应的值函数。然而，值函数的表达相当复杂，因此在此省略。

对 $l=1,2,\cdots,n$，当 $n_l=1$ 时，n 个保险人是竞争的。在这种情形下，n 个保险人被分成了 n 组，每组只有一个保险人。所以，我们记 $a_{l_i}(t)$ 为 $a_i(t)$，其他符号也相似地进行简化。相应地，在这种情形下，均衡策略的存在性条件 $\Psi_k\neq 1$ 也变简单了。具体地，我们有下面的推论。

推论 11.1（纯竞争的情形）：如果 n 个保险人是竞争的且 $\overline{\Psi}_n\neq 1$，保险人 i 的（$i\in\{1,2,\cdots,n\}$）均衡再保险策略为 $\overline{a}_i^*(t)=(0\vee\overline{a}_i(t))\wedge 1$，其中 $\overline{a}_i(t)$ 满足下式：

$$\overline{a}_i(t)=\frac{\acute{\varepsilon}_i}{\acute{\upsilon}_i}+\frac{\tau_i\mu_{i1}}{(n-1)\acute{\upsilon}_i}\frac{\widetilde{\Psi}_n}{1-\overline{\Psi}_n} \tag{11.59}$$

这里

$$\begin{cases}\overline{\delta}_i=(\lambda+\lambda_i)\mu_{i2}[\gamma_i e^{r(T-t)}+2\xi_i],\acute{\eta}_i=\gamma_i\lambda\mu_{i1}e^{r(T-t)},\acute{\upsilon}_i=\overline{\delta}_i+\dfrac{\tau_i\mu_{i1}\acute{\eta}_i}{n-1}\\ \acute{\varepsilon}_i=2\xi_i(\lambda+\lambda_i)\mu_{i2},\overline{\Psi}_n=\displaystyle\sum_{i=1}^{n}\frac{\tau_i\mu_{i1}\acute{\eta}_i}{(n-1)\acute{\upsilon}_i},\widetilde{\Psi}_n=\sum_{i=1}^{n}\frac{\acute{\varepsilon}_i\acute{\eta}_i}{\acute{\upsilon}_i}\end{cases} \tag{11.60}$$

γ_i 是保险人 i 的绝对风险厌恶系数。

由式（11.59）可以看出，$\overline{a}_i(t)$ 由两项组成：

$$\frac{\acute{\varepsilon}_i}{\acute{\upsilon}_i},\frac{\tau_i\mu_{i1}}{(n-1)\acute{\upsilon}_i}\frac{\widetilde{\Psi}_n}{1-\overline{\Psi}_n} \tag{10.61}$$

第一项代表再保险策略是由保险人 i 自己引起的，第二项是由保险人 i 与其他保险人之间的竞争引起的。如果不考虑竞争，即 $\tau_i=0$，则第二项将消失。

从式（11.59）中还可发现：

$$\tau_i = \frac{(n-1)(1-\overline{\Psi}_n)[\dot{\upsilon}_i\overline{a}_i(t)-\acute{\varepsilon}_i]}{\mu_{i1}\widetilde{\Psi}_n}, i=1,2,\cdots,n \tag{11.62}$$

这告诉我们，在实际中，τ_i 可由 n 个保险人的模型参数来确定。

当 $\overline{\tau}_l=0$ 和 $n_l=n$，n 个保险人之间是合作的。注意，此时因为 $\overline{\tau}_l=0$，故有 $\Psi_k=0$。也就是说，对于纯合作的情形，均衡再保险的存在不需要任何条件。在这种情形下，可得下面的推论。

推论 11.2（纯合作的情形）：当 n 个保险人之间是合作的，保险人 i（$i\in\{1,2,\cdots,n\}$）的均衡再保险策略为 $\acute{a}_i^*(t)=(0\vee\acute{a}_i(t))\wedge 1$，其中 $\acute{a}_i(t)$ 满足下式：

$$\acute{a}_i(t) = \hat{\varphi}_i - \frac{\mu_{i1}\sum_{i=1}^{n}\hat{\delta}_i\hat{\varphi}_i}{\varphi_i\left(1+\sum_{i=1}^{n}\frac{\hat{\delta}_i\mu_{i1}}{\varphi_i}\right)} \tag{11.63}$$

这里

$$\begin{cases}\delta_i = (\lambda+\lambda_i)\mu_{i2}[\overline{\kappa}_i\gamma e^{r(T-t)}+2\xi_i], \hat{\delta}_i = \gamma\lambda\mu_{i1}\overline{\kappa}_i e^{r(T-t)} \\ \tilde{\delta}_i = 2\xi_i(\lambda+\lambda_i)\mu_{i2}, \varphi_i = \delta_i - \mu_{i1}\hat{\delta}_i, \hat{\varphi}_i = \dfrac{\tilde{\delta}_i}{\varphi_i}\end{cases} \tag{11.64}$$

γ 是整个组的绝对风险厌恶参数。

与分析式（11.59）相似，从式（11.63）中可以看到，$\acute{a}_i(t)$ 由以下两部分组成：

$$\hat{\varphi}_i, \ -\frac{\mu_{i1}\sum_{i=1}^{n}\hat{\delta}_i\hat{\varphi}_i}{\varphi_i\left(1+\sum_{i=1}^{n}\frac{\hat{\delta}_i\mu_{i1}}{\varphi_i}\right)} \tag{10.65}$$

第一项代表再保险策略是由保险人 i 自己引起的，第二项是由保险人 i 与其他保险人之间的合作引起的。不同于纯竞争的情形，当不考虑合作时，第二项不会消失，而是退化为：

$$-\frac{\mu_{i1}\hat{\delta}_i\hat{\varphi}_i}{\varphi_i\left(1+\dfrac{\hat{\delta}_i\mu_{i1}}{\varphi_i}\right)} \tag{10.66}$$

与纯合作的情形相似，在既不考虑竞争也不考虑合作的情形下，再保险策略的存在不需要任何条件。具体地，有如下推论。

推论 11.3（既不考虑竞争也不考虑合作的情形）：如果 n 个保险人之间既不考虑竞争也不考虑合作，则保险人 i（$i\in\{1,2,\cdots,n\}$）的最优再保险策略为：

$$\breve{a}_i^*(t)=\frac{2\xi_i}{2\xi_i+\gamma_i e^{r(T-t)}} \tag{11.67}$$

从式（11.67）中可以看出，当不考虑竞争与合作时，最优再保险策略变得非常简单。这是因为，在这种情形下，保险人只需从自己的角度出发制定再保险决策。此外，很明显，$\breve{a}_i^*(t)$关于 ξ_i 是递增的，关于 γ_i 是递减的。这是显然的，因为 ξ_i 和 γ_i 分别代表再保险的安全负载系数和绝对风险厌恶参数。随着 ξ_i 的增加，再保险的保费会增加，因此保险人不太愿意寻求再保险保护；同时，γ_i 越大，保险人开展保险业务的积极性就越低，因此保险人的自留水平会越低。

第四节　数值实验

本节，我们分别在三种特殊情形和竞争与合作的统一框架下，通过数值实验来研究模型参数对最优再保险策略的影响。不失一般性，我们假设保险市场上有 5 个保险人，命名为保险人 1，2，3，4，5。假设索赔额 Y^i（$i=1$，2，3，4，5）分别服从参数为 ν_i（$i=1$，2，3，4，5）的指数分布。因此，可得 $\mu_{i1}=\frac{1}{\nu_i}$和 $\mu_{i2}=\frac{2}{\nu_i^2}$（$i=1$，2，3，4，5）。在接下来的数值实验中，除非特别说明，基本的模型参数设置见表 11.1。这里模型参数的设置参考了 Bensoussan等人、Siu 等人、Zhu 等人文献中的数据，同时参考了保险公司的交易信息，以期将模型参数设置在合理的范围内。

表 11.1　　　　　　基本模型参数的取值

t	T	r	λ	γ	λ_1	λ_2	λ_3	λ_4	λ_5
5	10	0.02	3	0.8	2	1.2	1.5	1.8	2.5
ξ_1	ξ_2	ξ_3	ξ_4	ξ_5	ν_1	ν_2	ν_3	ν_4	ν_5
0.2	0.1	0.15	0.18	0.22	1	2	1.5	1.8	2.2

一、三种特殊情形下模型参数对最优再保险策略的影响

为了得到初步的印象，我们在这一节研究前述三种特殊情形下，模型参数对最优再保险策略的影响。此外，本节将揭示这三种情形下保险人再保险策略的异同。为此，假设保险市场上只有两个保险人，即保险人 1 和保险人 2。为了避免重复，这里只报告保险人 1 的结果。最优再保险策略$\bar{a}_1^*(t)$、$\acute{a}_1^*(t)$和$\breve{a}_i^*(t)$分别通过式（11.59）、式（11.63）和式（11.67）来确定。在这一部分，我们设$\gamma_1=0.8,\gamma_2=0.6,\tau_2=0.8$。

对于两个竞争的保险人，图 11.1 解释了 ξ_1 和 τ_1 对最优再保险策略$\bar{a}_1^*(t)$的影响；图 11.2 展示了对于两个合作的保险人，ξ_1 和 $\bar{\kappa}_1$ 对最优再保险策略 $\acute{a}_1^*(t)$的影响。从图 11.1 和图 11.2 中可以发现，ξ_1 对 $\bar{a}_1^*(t)$和 $\acute{a}_1^*(t)$具有显著的影响。因为再保险的保费与 ξ_1 是正相关的，所以 ξ_1 越大，再保险的保费将越高。因此，随着 ξ_1 增加，$\bar{a}_1^*(t)$和 $\acute{a}_1^*(t)$将快速增加。

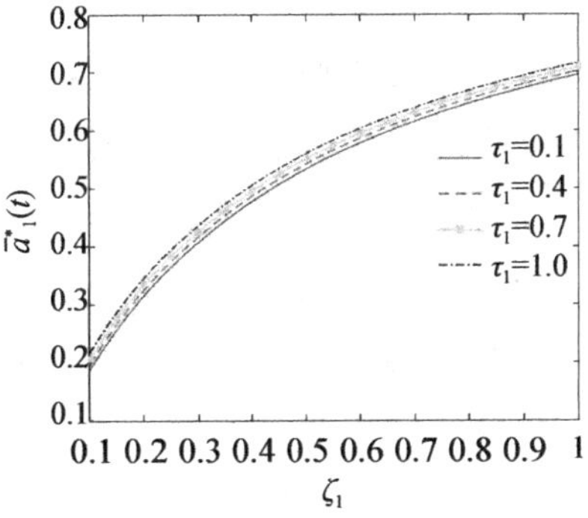

图 11.1　ξ_1 和 τ_1 对 $\bar{a}_1^*(t)$的影响

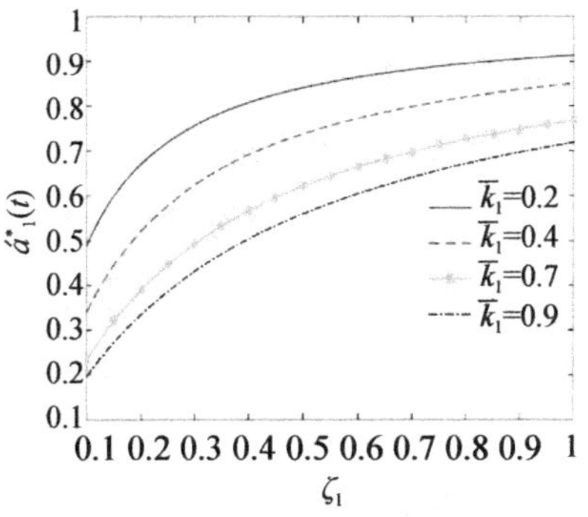

图 11.2　ξ_1 和 $\bar{\kappa}_1$ 对 $\acute{a}_1^*(t)$的影响

图 11.3 解释了 γ_1 和 τ_1 对 $\overline{a}_1^*(t)$ 的影响，而图 11.4 则展示了 γ 和 $\overline{\kappa}_1$ 对 $\acute{a}_1^*(t)$ 的影响。从图 11.3 和图 11.4 中可以看到，$\overline{a}_1^*(t)$ 和 $\acute{a}_1^*(t)$ 分别关于 γ_1 和 γ 是递减的。这里，γ_1 和 γ 分别代表保险人 1 和整个组的风险厌恶系数。γ_1 或 γ 越大，保险人 1 开展保险业务的积极性越低，因此保险人 1 会保留更少的自留水平。

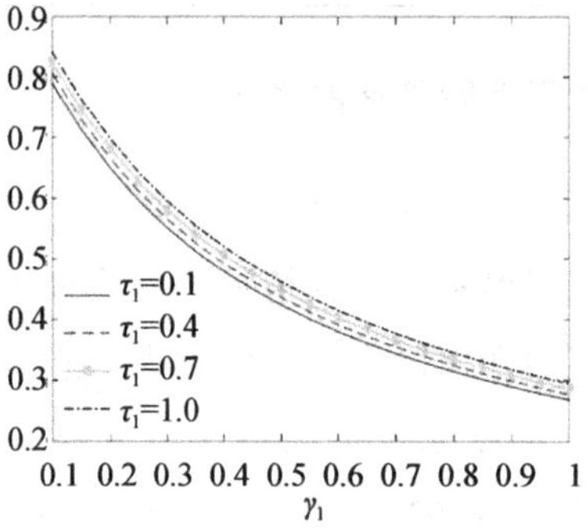

图 11.3　γ_1 和 τ_1 对 $\overline{a}_1^*(t)$ 的影响

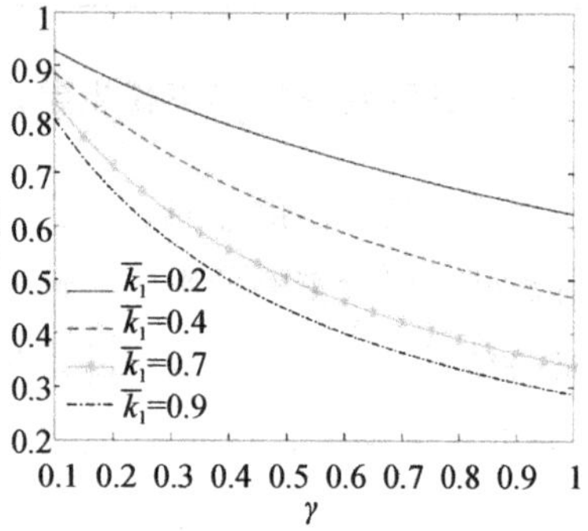

图 11.4　γ 和 $\overline{\kappa}_1$ 对 $\acute{a}_1^*(t)$ 的影响

从图 11.1 和图 11.3 可以观察到，$\overline{a}_1^*(t)$ 关于 τ_1 是单调递增的。因为 τ_1 捕捉了保险人 1 对他的竞争对手的关注程度，τ_1 越大，保险人 1 越关心他与其竞争对手的相对业绩。虽然购买再保险可以降低他的索赔风险，但其代价是昂贵的，保险人 1 需要向再保险人支付再保险保费以获得再保险保护。这将降低他相对于竞争对手的财富值。因此，在这种情形下，保险人 1 将增加 $\overline{a}_1^*(t)$ 以减少他的再保险保费支出。

从图 11.2 和图 11.4 可以看到，$\acute{a}_1^*(t)$ 关于 $\overline{\kappa}_1$ 是单调递减的。当 $\overline{\kappa}_1$ 较小时，保险人 1 在组内的权重较小，他的再保险决策主要是从自己的角度出发。与我们对图 11.1 的解释一样，保险人 1 在寻求再保险保护时，必须向再保险人支付再保险保费。因此，在这种情形下，保险人 1 保留了较高的自留水平 $\acute{a}_1^*(t)$。随着 $\overline{\kappa}_1$ 的增加，保险人 1 在组内的权重也随之增加。他的再保险决策就应该从整个组的角度出发来制定，否则合作将会破裂。那么，为了降低整个组面临的风险，此时保险人 1 会保留较少的自留水平。

分别比较图 11.1 和图 11.2 以及图 11.3 和图 11.4，容易观察到，竞争与合作的权重系数对再保险策略的影响是相反的。这是因为保险人在竞争或合作情形下，会从不同的视角制定再保险策略。在竞争情形下，保险人 1 主要从超越竞争对手财富的角度制定再保险策略；而在合作情形下，保险人 1 的再保险策略主要是从降低整个组面临的风险的角度来制定的。

从图 11.1 ~ 图 11.4 我们还可发现，随着 ξ_1、γ_1 或 γ 的增加，不同的 τ_1 对再保险策略具有轻微的影响，然而，不同的 $\overline{\kappa}_1$ 对再保险策略具有显著的影响。这说明竞争权重系数，即竞争程度对再保险策略没有明显影响。一个可能的原因是：在竞争情形下，保险人的自留水平已经很低了。然而，保险人在组内的合作权重对再保险策略有着显著影响，其原因是：当合作权重较小时，保险人为了降低再保险保费而保留较高的自留水平；但当权重较大时，保险人将保留较低的自留水平以降低整个组的风险。

图 11.5 分别展示了在纯合作的情形、纯竞争的情形以及既不考虑竞争也不考虑合作的情形下，ξ_1、γ 或 γ_1 对再保险策略的影响。从图 11.5（a）中可以看到，ξ_1 对 $\acute{a}_1^*(t)$ 的影响比其对 $\overline{a}_1^*(t)$ 或 $\breve{a}_i^*(t)$ 的影响更敏感。这说明在纯合作的情形下，再保险保费对保险人的再保险策略有着显著影响。从图 11.5（b）中可以看出，γ 对 $\acute{a}_1^*(t)$ 的影响的敏感程度低于 γ_1 对 $\overline{a}_1^*(t)$ 或 $\breve{a}_i^*(t)$ 的影响。这告诉我们，保险人 1 在纯合作的情形下，风险厌恶程度相对较高。同时，图 11.5（a）和图 11.5（b）共同揭示了：随着 ξ_1、γ 和 γ_1 的增加，保险人 1 在纯合作的情形下比在纯竞争的情形下或既不考虑竞争也不考虑合作的情形下保持更高的自留水平。这意味着合作可以增强保险人抵御索赔风险的能力。在既不考虑竞争也不考虑合作的情形下，保险人 1 抵抗索赔风险能力最低；同时，为了降低整个组的再保险保费，保险人 1 更关心纯合作的情形下的再保险价格。根据（再）保险实践，所有这些观察都是非常自然和合理的。

二、统一竞争与合作框架下模型参数对最优再保险策略的影响

本节将在竞争与合作的统一框架下，测试模型参数对最优再保险策略的影响。不失一般性，这里把 5 个保险人分成两组：组 1 由保险人 1 和保险人 2 组成，组 2 由保险人 3、保险人 4 和保险人 5 组成。

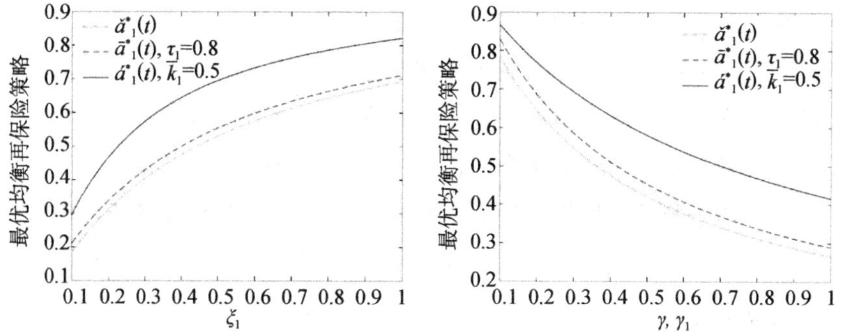

(a) ξ_1对最优均再保险策略的影响　　(b) γ、γ_1对最优均再保险策略的影响

图 11.5　ξ_1、γ 和 γ_1 对 $\bar{a}_1^*(t)$、$\acute{a}_1^*(t)$ 和 $\breve{a}_i^*(t)$ 的影响

为了避免重复，我们只给出最优再保险策略 $a_{1_1}^*(t)$ 的结果，其中 $a_{1_1}^*(t)$ 通过式（11.43）来确定，且它表示第 1 组中第 1 个保险人，也就是保险人 1 的最优再保险策略。在下面的数值实验中，除非特别说明，取 $\gamma_1=0.25$，$\gamma_2=0.7$，$\bar{\tau}_1=0.3$，$\bar{\tau}_2=0.7$，$\bar{\kappa}_{1_1}=0.6$，$\bar{\kappa}_{1_2}=0.4$，$\bar{\kappa}_{2_1}=0.2$，$\bar{\kappa}_{2_2}=0.3$ 和 $\bar{\kappa}_{2_3}=0.5$。

图 11.6 解释了 ξ_1 和 $\bar{\tau}_1$ 对 $a_{1_1}^*(t)$ 的影响，这里 $\bar{\tau}_1$ 是组 1 的竞争权重系数。从图 11.6 中可以观察到，$a_{1_1}^*(t)$ 关于 $\bar{\tau}_1$ 和 ξ_1 都是单调递增的。图 11.7 展示了 ξ_1 和 $\bar{\kappa}_{1_1}$ 对 $a_{1_1}^*(t)$ 的影响，这里 $\bar{\kappa}_{1_1}$ 是保险人 1 在组 1 内合作的权重系数。从图 11.7 中可以看到，$a_{1_1}^*(t)$ 关于 $\bar{\kappa}_{1_1}$（ξ_1）是单调递减的（递增的）。这些现象与我们在图 11.1 和图 11.2 的观察是一致的。然而，比较图 11.1 和图 11.6，以及图 11.2 和图 11.7，我们还可发现如下不同的现象。首先，与 $\bar{a}_1^*(t)$ 和 $\acute{a}_1^*(t)$ 相比，当 ξ_1 增加时，$a_{1_1}^*(t)$ 增加的速度更快。其次，当 ξ_1 较小时，其对 $a_{1_1}^*(t)$ 的影响更显著，随着 ξ_1 的增加，它对 $a_{1_1}^*(t)$ 的影响趋势变缓，然而这种现象对于 $\bar{a}_1^*(t)$ 和 $\acute{a}_1^*(t)$ 并不明显。最后，竞争权重系数的变化对 $\bar{a}_1^*(t)$ 的影响是轻微的，但对 $a_{1_1}^*(t)$ 的影响是显著的。这些不同现象的主要原因是，在图 11.6 和图 11.7 中，我们同时考虑了组 1 内部的合作以及组 1 与组 2 之间的竞争。这表明，竞争与合作可以提升保险人 1 抵御索赔风险的能力。

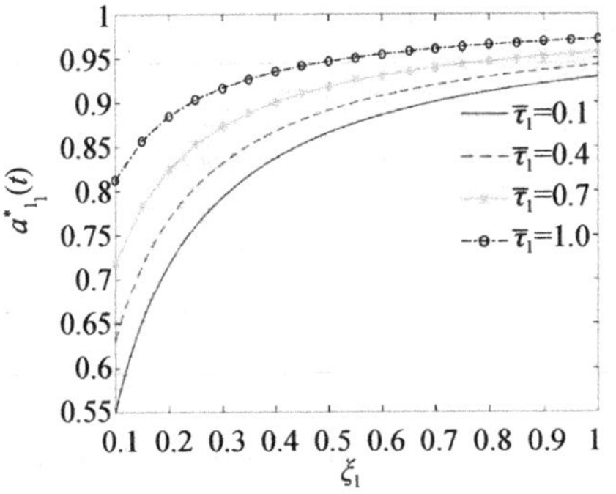

图 11.6　ξ_1 和 $\overline{\tau}_1$ 对 $a^*_{1_1}(t)$ 的影响

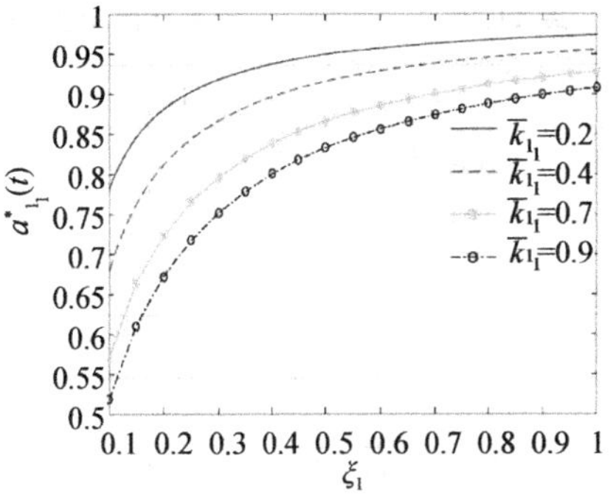

图 11.7　ξ_1 和 $\overline{\kappa}_{1_1}$ 对 $a^*_{1_1}(t)$ 的影响

图 11.8 展示了 $\overline{\tau}_1$ 和 γ_1 对 $a^*_{1_1}(t)$ 的影响，图 11.9 展示 $\overline{\kappa}_{1_1}$ 和 γ_1 对 $a^*_{1_1}(t)$ 的影响，这里 γ_1 代表组 1 的绝对风险厌恶系数。从图 11.8 和图 11.9 中可以发现，$a^*_{1_1}(t)$ 关于 γ_1 和 $\overline{\kappa}_{1_1}$（$\overline{\tau}_1$）是单调递减的（单调递增的）。这些现象与我们从图 11.3 和图 11.4 中观察到的现象是一致的。但是，进一步比较图 11.3 和图 11.8，不难发现，不同的竞争权重系数对 $\overline{a}^*_1(t)$ 有轻微的影响，而对 $a^*_{1_1}(t)$ 有显著的影响。这一事实进一步表明，合作可以提高保险人抵御索赔风险的能力。

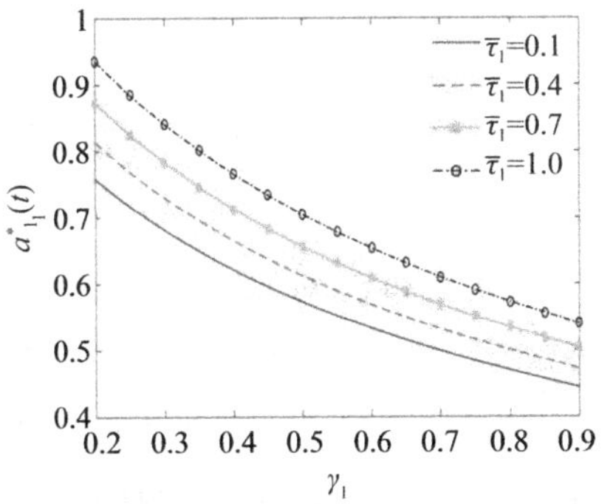

图 11.8　γ_1 和 $\overline{\tau}_1$ 对 $a^*_{1_1}(t)$ 的影响

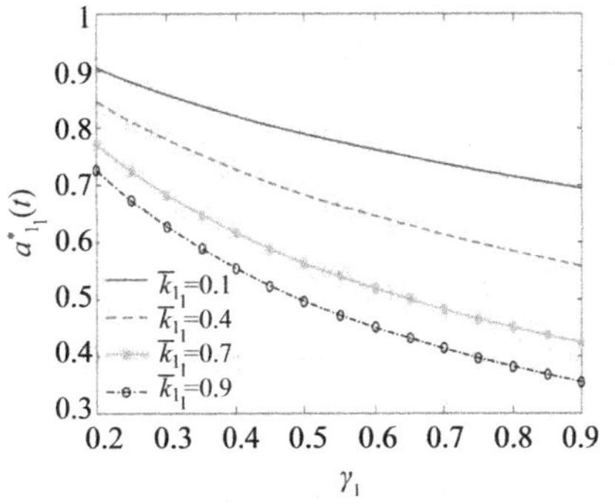

图 11.9　γ_1 和 $\overline{\kappa}_{1_1}$ 对 $a^*_{1_1}(t)$ 的影响

上述结果表明了研究一般竞争与合作框架的必要性及重要性。此外，进一步研究各个组的规模和组的数量对最优再保险策略的影响也是非常有意义的。为了检验组的规模对最优再保险策略的影响，我们将上述 5 个保险人分成两组（$k=2$），每组规模不同。具体分组方法见表 11.2。

表 11.2　　　　5 个保险人分成两组的不同方式

	组 1	组 2
情形Ⅰ	保险人 1	保险人 2、保险人 3、保险人 4、保险人 5
情形Ⅱ	保险人 1、保险人 2	保险人 3、保险人 4、保险人 5
情形Ⅲ	保险人 1、保险人 2、保险人 3	保险人 4、保险人 5
情形Ⅳ	保险人 1、保险人 2、保险人 3、保险人 4	保险人 5

显然，从表 11.2 中可以看出，组 1 和组 2 具有互补的规模。具体而言，在情形Ⅰ、情形Ⅱ、情形Ⅲ和情形Ⅳ中，组 1 分别包括一个保险人、两个保险人、三个保险人和四个保险人。

为了恰当地描述因不同组的规模引起的结果变化，这里针对不同的分组方法，设置模型的相关参数如下：

情形Ⅰ：$\gamma_1=0.1$，$\gamma_2=0.8$，$\bar{\tau}_1=0.1$，$\bar{\tau}_2=0.8$，$\bar{\kappa}_{2_1}=0.1$，$\bar{\kappa}_{2_2}=0.2$，$\bar{\kappa}_{2_3}=0.3$ 和 $\bar{\kappa}_{2_4}=0.4$。

情形Ⅱ：$\gamma_1=0.25$，$\gamma_2=0.7$，$\bar{\tau}_1=0.3$，$\bar{\tau}_2=0.7$，$\bar{\kappa}_{1_1}=0.6$，$\bar{\kappa}_{1_2}=0.4$，$\bar{\kappa}_{2_1}=0.2$，$\bar{\kappa}_{2_2}=0.3$ 和 $\bar{\kappa}_{2_3}=0.5$。

情形Ⅲ：$\gamma_1=0.7$，$\gamma_2=0.4$，$\bar{\tau}_1=0.7$，$\bar{\tau}_2=0.3$，$\bar{\kappa}_{1_1}=0.3$，$\bar{\kappa}_{1_2}=0.2$，$\bar{\kappa}_{1_3}=0.5$，$\bar{\kappa}_{2_1}=0.6$ 和 $\bar{\kappa}_{2_2}=0.4$。

情形Ⅳ：$\gamma_1=0.8$，$\gamma_2=0.2$，$\bar{\tau}_1=0.8$，$\bar{\tau}_2=0.2$，$\bar{\kappa}_{1_1}=0.3$，$\bar{\kappa}_{1_2}=0.2$，$\bar{\kappa}_{1_3}=0.1$ 和 $\bar{\kappa}_{1_4}=0.4$。

作为典型的例子，图 11.10 给出了组 1 的规模和 ξ_1 对 $a^*_{1_1}(t)$ 的影响，图 11.11 解释了组 2 的规模和 ξ_5 对 $a^*_{2_{end}}(t)$ 的影响。这里 $a^*_{1_1}(t)$ 是组 1 中第 1 个保险人的最优再保险策略，$a^*_{2_{end}}(t)$ 是组 2 中最后一个保险人的最优再保险策略。根据表 11.2 中的分组方式，可知 $a^*_{1_1}(t)$ 和 $a^*_{2_{end}}(t)$ 分别对应保险人 1 和保险人 5 的最优再保险策略，它们通过式（11.43）来确定。

从图 11.10 和图 11.11 中不难发现，$a^*_{1_1}(t)$ 和 $a^*_{2_{end}}(t)$ 分别关于 ξ_1 和 ξ_5 是递增的。这个现象与前面的观察结论是一致的。更重要的是，从图 11.10（图 11.11）还发现，随着组 1（组 2）规模的增加，$a^*_{1_1}(t)$［$a^*_{2_{end}}(t)$］是递减的。原因是：随着一个组规模的增加，保险人 1（保险人 5）会与更多的保险人合作，他必须从整个组的角度出发制定其再保险决策，否则合作就会破灭。因此，为了降低整个组面临的风险，保险人 1（5）应保持较少的自留水平。这进一步印证和强化了之前的结论，即保险人在合作过程中主要从整个组的利益出发制定再保险决策，即当合作的权重系数增大时，保险人将减少其自留水平。

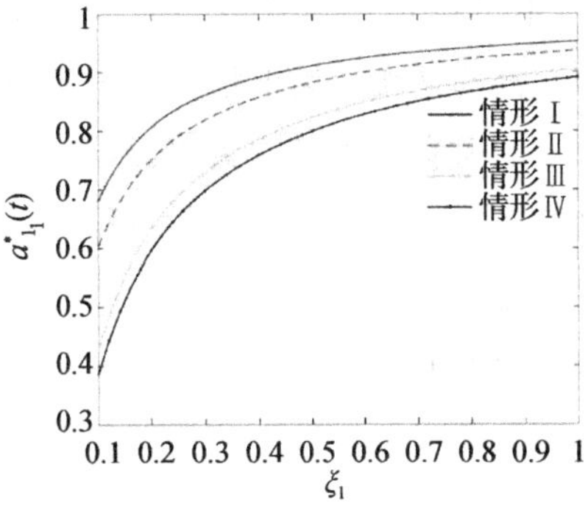

图 11.10　组 1 的规模和 ξ_1 对 $a^*_{1_1}(t)$ 的影响

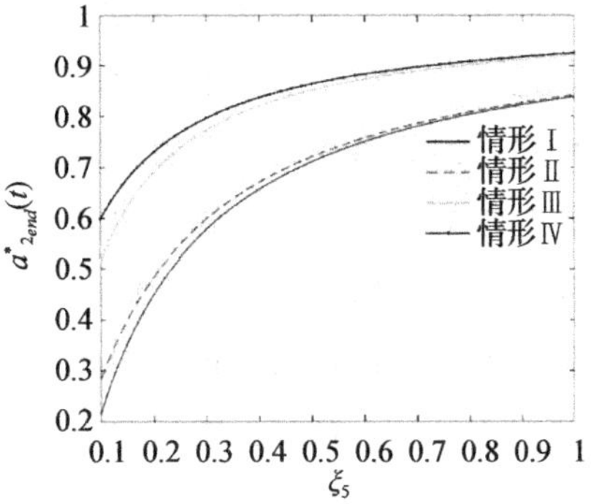

图 11.11　组 2 的规模和 ξ_5 对 $a^*_{2_{end}}(t)$ 的影响

最后，我们考察组的数量对最优再保险策略的影响。为此，这里将 5 个保险人分别分为两组、三组和四组。两组的情形对应于表 11.2 中的情形Ⅱ。后两种情形的具体分组方法见表 11.3。

表 11.3　　不同的分组方法

	组 1	组 2	组 3	组 4
情形Ⅴ	保险人 1、保险人 2	保险人 3、保险人 4	保险人 5	
情形Ⅵ	保险人 1、保险人 2	保险人 3	保险人 4	保险人 5

为避免重复，这里只给出最优再保险策略 $a^*_{1_1}(t)$ 的结果。为了适当地描述由于组的数量的不同而导致的结果变化，我们在不同的分组方法下，设置相应的模型参数如下。对于情形Ⅱ，模型参数与前面设定的参数相同。对于情形Ⅴ和情形Ⅵ，我们设置参数如下。

情形Ⅴ：$\gamma_1=0.2$，$\gamma_2=0.5$，$\gamma_3=0.3$，$\bar{\tau}_1=0.3$，$\bar{\tau}_2=0.5$，$\bar{\tau}_3=0.2$，$\bar{\kappa}_{1_1}=0.6$，$\bar{\kappa}_{1_2}=0.4$，$\bar{\kappa}_{2_1}=0.5$，$\bar{\kappa}_{2_2}=0.5$。

情形Ⅵ：$\gamma_1=0.15$，$\gamma_2=0.4$，$\gamma_3=0.2$，$\gamma_4=0.1$，$\bar{\tau}_1=0.3$，$\bar{\tau}_2=0.5$，$\bar{\tau}_3=0.2$，$\bar{\tau}_4=0.1$，$\bar{\kappa}_{1_1}=0.6$，$\bar{\kappa}_{1_2}=0.4$。

图 11.12 解释了组的数量变化和 ξ_1 对 $a_{1_1}^*(t)$ 的影响。与前面的观察类似，从图 11.12 中可以发现，$a_{1_1}^*(t)$ 关于 ξ_1 是递增的函数。根据图 11.12 还能看到，$a_{1_1}^*(t)$ 关于组的数量也是单调递增的函数。原因应该是：对于第 1 组中固定的两个保险人，其他组的规模将不可避免地随着组数的增加而减小。这将削弱第一组竞争对手的竞争实力。换句话说，第 1 组的竞争实力随之增强，因此第 1 组更渴望超越其竞争对手的财富。虽然购买再保险可以降低整个组的风险，但是成本很高，因为组 1 需要向再保险人支付再保险保费以获得再保险保护。相对于他的竞争对手，这将减少组 1 的财富。因此，在这种情形下，保险人 1 将增加 $a_{1_1}^*(t)$，以减少组 1 的再保险支出。这与我们之前的结论是一致的，即当竞争的权重系数增加时，保险人会增加他的自留水平。

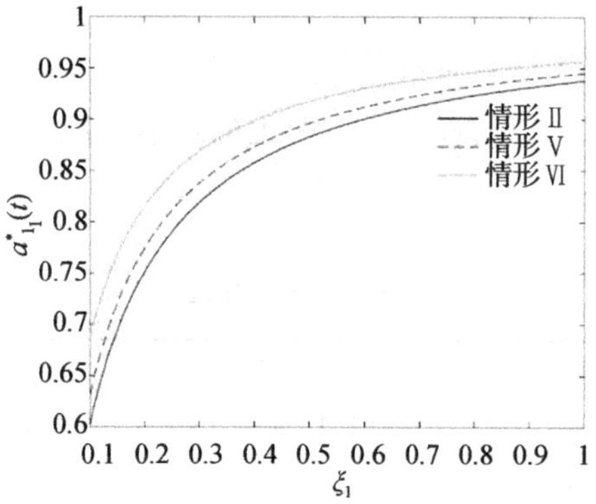

图 11.12　ξ_1 和组数对 $a_{1_1}^*(t)$ 的影响

后 记

当今，再保险和投资已经引起了保险界和金融界的重视，吸引了统计学、应用数学、保险学和金融学等领域众多学者对其进行研究。本书从一个保险人、一个保险人和一个再保险人、多个保险人三个视角，对连续时间再保险和投资中的10个具体问题进行了研究。对每个具体的再保险和投资问题，我们均按照“结合实际建立模型、理论分析、模型求解与结果分析、数值实验及应用”四大步骤展开了研究；利用随机分析、随机控制、随机优化等方法对所建模型进行了求解，得到了最优再保险策略、最优投资策略和最优值函数的解析解；系统分析了模型参数对最优解的影响，得到了诸多新的结论与发现。本书的研究成果可为实际中保险人和再保险人的再保险和投资决策提供建议，并为国家制定保险、再保险和投资的相关政策提供一定的参考。

虽然本书针对10个热点问题，就最优再保险和投资策略之选择问题开展了系统研究，但本书的研究仍存在不少可以拓展的空间。笔者认为，未来至少可以从以下几个方面开展进一步的研究工作。

（1）本书在进行数值实验时用的基本都是模拟数据。将来，可以利用保险公司实际的交易数据检验理论结果，以期得到更具操作性的决策建议。此外，本书在考虑再保险时，重点研究了比例再保险，只在第3章考虑了联合再保险。在第3章的框架下，我们得到在一定的条件下，超额损失再保险优于比例再保险；将来可继续研究在其他框架下，比例再保险和超额损失再保险哪种再保险模式更好。同时，也可以考虑把本书在比例再保险下求得的结果推广到超额损失再保险以及联合再保险等。进而，还可再探索其他新的再保险模式，比如比例再保险和超额损失再保险其他的联合方式，以期更有效地指导保险人规避索赔风险。

（2）本书没有考虑市场摩擦和分红的影响。在建立模型时，把市场摩擦和分红等因素考虑进来会更加符合实际。但是，这可能导致所建立模型难以求解，很可能得不到解析解。因此，需要从理论方面探讨所建立问题解的存在性与唯一性，或者寻求其数值求解方法。

（3）本书在模型求解时，主要是利用随机动态规划原理和 HJB 方程技术。为了确保所得策略是最优的，这类方法在求解时需要证明验证定理。这使得问题的求解比较烦琐，且在上面提到的考虑市场摩擦、分红等问题中就很难使用了。将来，可以探索其他求解方法，比如最大化原理、鞅方法、强化学习等。

参考文献

[1] Gerber H U. An introduction to the mathematical risk theory [M]. S. S. Huebner Foundation, Wharton School, Philadelphia, 1979.

[2] Bühlmann H. An economic premium principle [J]. ASTIN Bulletin, 1980, 11: 52 -60.

[3] Haezendonck J, Goovaerts M J. A new premium calculation principle based on Orlicz norms [J]. Insurance: Mathematics and Economics, 1982, 1: 41 -53.

[4] Lundberg F I. Approximerad Framstallning av Sannolikhetsfunktionen II, Aterforsakringav Kollektivrisker [M]. Almqvist Wiksell, Uppsala, 1903.

[5] Grandell J. Aspects of risk theory [M]. Springer - Verlag, New York, 1991.

[6] Bäeuerle N. Benchmark and mean - variance problems for insurers [J]. Mathematical Methods of Operations Research, 2005, 62 (1): 159 -165.

[7] Liang Z, Guo J. Optimal combining quota - share and excess of loss reinsurance to maximize the expected utility [J]. Journal of Applied Mathematics and Computing, 2011, 36 (1 -2): 11 -25.

[8] Yang P, Chen Z, Wang L. Time - consistent reinsurance and investment strategy combining quota - share and excess of loss for mean - variance insurers with jump - diffusion price process [J]. Communications in Statistics - Theory

and Methods, 2021, 50 (11): 2546 -2568.

[9] Zhang X, Meng H, Zeng Y. Optimal investment and reinsurance strategies for insurers with generalized mean - variance premium principle and no - short selling [J]. Insurance: Mathematics and Economics, 2016, 53: 671 -677.

[10] Hu D, Wang H. Optimal proportional reinsurance with a loss - dependent premium principle [J]. Scandinavian Actuarial Journal, 2019, 2019 (9): 752 -767.

[11] Tan K S, Wei P, Wei W, Zhuang S C. Optimal dynamic reinsurance policies under a generalized Denneberg's absolute deviation principle [J]. European Journal of Operational Research, 2020, 282 (1): 345 -362.

[12] Black F, Schole M. The pricing of options and corporate liabilities [J]. Journal of Political Economy, 1973, 81 (3): 637 -654.

[13] Cox J C, Ross S A. The valuation for alteration stochastic process [J]. Journal of Financial and Economics, 1976, 3 (1 -2): 145 -166.

[14] Emanuel D C, Macbeth J D. Further results on the constant elasticity of variance call option pricing model [J]. Journal of Financial and Quantitative Analysis, 1982, 17 (4): 533 -554.

[15] Heston S. A closed - form solution for options with stochastic volatility with applications to bond and currency options [J]. Review of Financial Studies, 1993, 6 (2): 327 -343.

[16] Stein E M, Stein J C. Stock price distributions with stochastic volatility: Ananalytic approach [J]. Review of Financial Studies, 1991, 4 (4): 727 -752.

[17] Vasicek O A. An equilibrium characterization of the term structure [J]. Journal of Financial Economics, 1977, 5 (2): 177 -188.

[18] Cox J C, Ingersoll J E, Ross A S. An analysis of variable rate loan contracts [J]. Journal of Finance, 1980, 35 (2): 389 -403.

[19] Browne S. Optimal investment policies for a firm with a random risk process: exponential utility and minimizing [J]. Mathematics of Operations Research, 1995, 20 (4): 937 -958.

[20] Yang H, Zhang L. Optimal investment for insurer with jump - diffusion risk process [J]. Insurance: Mathematics and Economics, 2005, 37 (3): 615 -634.

[21] Bai L, Guo J. Optimal proportional reinsurance and investment with multiple risky assets and no shorting constraint [J]. Insurance: Mathematics and Economics, 2008, 42 (3): 968 -975.

[22] Li Q, Gu M, Liang Z. Optimal excess - of - loss reinsurance and investment polices under the CEV model [J]. Annals of Operations Research, 2014, 223 (1): 273 -290.

[23] A C, Li Z. Optimal investment and excess - of - loss reinsurance problem with delay for an insurer under Heston's SV model [J]. Insurance: Mathematics and Economics, 2015, 61: 181 -196.

[24] Brachetta M, Schmidli H. Optimal reinsurance and investment in a diffusion model [J]. Decisions in Economics and Finance, 2020, 43 (1): 341 -361.

[25] Brachetta M, Ceci C. Optimal proportional reinsurance and investment for stochastic factor models [J]. Insurance: Mathematics and Economics, 2019, 87: 15 -33.

[26] Deng C, Bian W, Wu B. Optimal reinsurance and investment problem with default risk and bounded memory [J]. International Journal of Control, 2020, 93 (12): 2982 -2994.

[27] Bäeuerle N, Leimcke G. Robust optimal investment and reinsurance problems with learning [J]. Scandinavian Actuarial Journal, 2021, 2021 (2): 82 -109.

[28] Zhang Q, Chen P. Optimal Reinsurance and investment strategy for an insurer in a model with delay and jumps [J]. Methodology and Computing in Applied Probability, 2020, 22 (2): 777 -801.

[29] Anderson E W, Hansen L P, Sargent T J. A quartet of semi - groups for model specification, robustness, prices of risk, and model detection [J]. Journal of the European Economic Association, 2003, 1 (1): 68 -123.

[30] Maenhout PJ. Robust portfolio rules and asset pricing [J]. Review of Financial Studies, 2004, 17 (4): 951 -983.

[31] Pun C S, Wong H Y. Robust investment - reinsurance optimization with multiscale stochastic volatility [J]. Insurance: Mathematics and Economics, 2015, 62: 245 -256.

[32] Zheng X, Zhou J, Sun Z. Robust optimal portfolio and proportional reinsurance for an insurer under a CEV model [J]. Insurance: Mathematics and Economics, 2016, 67: 77 -87.

[33] Sun Z, Zheng X, Zhang X. Robust optimal investment and reinsurance of an insurer under variance premium principle and default risk [J]. Journal of Mathematical Analysis and Applications, 2017, 446 (2): 1666 -1686.

[34] Huang Y, Yang X, Zhou J. Robust optimal investment and reinsurance problem for a general insurance company under Heston model [J]. Mathematical Methods of Operations Research, 2017, 85 (2): 305 -326.

[35] Li D, Zeng Y, Yang H. Robust optimal excess - of - loss reinsurance and investment strategy for an insurer in a model with jumps [J]. Scandinavian Actuarial Journal, 2018, 2018 (2): 145 -171.

[36] Gu A, Viens F G, Yao H. Optimal robust reinsurance - investment strategies for insurers with mean reversion and mispricing [J]. Insurance: Mathematics and Economics, 2018 (80): 93 -109.

[37] Sun J, Yao H, Kang Z. Robust optimal investment - reinsurance strategies for an insurer with multiple dependent risks [J]. Insurance: Mathematics and Economics, 2019, 89: 157 -170.

[38] Zhang Q, Chen P. Robust optimal proportional reinsurance and investment strategy for an insurer with defaultable risks and jumps [J]. Journal of Computational and Applied Mathematics, 2019, 356: 46 -66.

[39] Peng X, Chen F, Wang W. Robust optimal investment and reinsurance for an insurer with inside information [J]. Insurance: Mathematics and Economics, 2021 (96): 15 -30.

[40] Zhou X, Li D. Continuous - time mean - variance portfolio selection: a stochastic LQ framework [J]. Applied Mathematics and Optimization, 2000, 42 (1): 19 - 33.

[41] Markowitz H M. Portfolio selection [J]. Journal of Finance, 1952, 7 (1): 77 - 91.

[42] Bi J, Guo J. Optimal mean - variance problem with constrained controls in a jump - diffusion financial market for an insurer [J]. Journal of Optimization Theory and Applications, 2013, 157 (1): 252 - 275.

[43] 杨鹏, 林祥, 王献锋. 复合 Poisson - Geometric 风险过程下最优再保险 - 投资组合选择 [J]. 应用数学学报, 2015, 38 (1): 174 - 182.

[44] 杨鹏. Ornstein - Uhlenbeck 模型的最优再保险和投资 [J]. 系统科学与数学, 2016, 36 (12): 2352 - 2359.

[45] Sun Z, Guo J. Optimal mean - variance investment and reinsurance problem for an insurer with stochastic volatility [J]. Mathematical Methods of Operations Research, 2018, 88 (1): 59 - 79.

[46] Bi J, Liang Z, Yuen K C. Optimal mean - variance investment/reinsurance with common shock in a regime - switching market [J]. Mathematical Methods of Operations Research, 2019, 90 (1): 109 - 135.

[47] 杨鹏. 均值 - 方差准则下 CEV 模型的最优投资和再保险 [J]. 系统科学与数学, 2014, 34 (9): 1100 - 1107.

[48] 杨鹏. 具有马氏调制的风险模型的均值 - 方差组合选择问题 [J]. 数学杂志, 2015, 35 (6): 1541 - 1550.

[49] Bi J, Liang Z, Xu F. Optimal mean - variance investment and reinsurance problems for the risk model with common shock dependence [J]. Insurance: Mathematics and Economics, 2016 (70): 245 - 258.

[50] Zhang N, Chen P, Jin Z, Li S. Markowitz's mean - variance optimization with investment and constrained reinsurance [J]. Journal of Industrial and Management Optimization, 2017, 13 (1): 373 - 395.

[51] Chen F, Peng X. Optimal deterministic reinsurance and investment for

an insurer under mean – variance criterion [J]. Communications in statistics – theory and methods, 2021, 50 (13): 3123 – 3136.

[52] Strotz R. Myopia and inconsistency in dynamic utility maximization [J]. Review of Economic Studies, 1955, 23 (3): 165 – 180.

[53] Ekeland I, Lazrak A. Being serious about non – commitment: Subgame perfect equilibrium in continuous time [OL]. arXiv preprint math/0604264, 2006.

[54] Ekeland I, Pirvu TA. Investment and consumption without commitment [J]. Mathematics and Financial Economics, 2008, 2 (1): 57 – 86.

[55] Björk T, Murgoci A. A general theory of Markovian time inconsistent stochastic control problems [R]. Working Paper, Stockholm School of Economics, 2010.

[56] Zeng Y, Li Z. Optimal time – consistent investment and reinsurance policies for mean – variance insurers [J]. Insurance: Mathematics and Economics, 2011, 49 (1): 145 – 154.

[57] Liang Z, Song M. Time – consistent reinsurance and investment strategies for mean – variance insurer under partial information [J]. Insurance: Mathematics and Economics, 2015, 65: 66 – 76.

[58] Zhang C, Liang Z. Optimal time – consistent reinsurance and investment strategies for a jump – diffusion financial market without cash [J]. North American Journal of Economics and Finance, 2022, 59, Article ID: 101578.

[59] Lin X, Qian Y. Time – consistent mean – variance reinsurance – investment strategy for insurers under CEV model [J]. Scandinavian Actuarial Journal, 2016, 2016 (7): 646 – 671.

[60] Yang P. Time – consistent mean – variance reinsurance – investment in a jump – diffusion financial market [J]. Optimization, 2017, 66 (5): 737 – 758.

[61] Zhang Q, Chen P. Time – consistent mean – variance proportional reinsurance and investment problem in a defaultable market [J]. Optimization, 2018, 67 (5): 683 – 699.

[62] Wang S, Rong X, Zhao H. Optimal time – consistent reinsurance – in-

vestment strategy with delay for an insurer under a defaultable market [J]. Journal of Mathematical Analysis and Applications, 2019, 474 (2): 1267 - 1288.

[63] 杨鹏，刘琦. 通胀和负债共同影响下时间一致的最优投资策略 [J]. 应用数学，2018，31 (4): 723 - 730.

[64] Zhang C, Liang Z. Optimal time - consistent reinsurance strategies for mean - variance insurers under thinning dependence structure [J]. Stochastic Analysis and Applications, 2021, 39 (2): 195 - 223.

[65] Cao J, Landriault D, Li B. Optimal reinsurance - investment strategy for a dynamic contagion claim model [J]. Insurance: Mathematics and Economics, 2020, 93: 206 - 215.

[66] Hu Y, Jin H, Zhou X. Time - inconsistent stochastic linear - quadratic control [J]. SIAM Journal on Control and Optimization, 2012, 50 (3): 1548 - 1572.

[67] Hu Y, Jin H, Zhou X. Time - inconsistent stochastic linear - quadratic control: characterization and uniqueness of equilibrium [J]. SIAM Journal on Control and Optimization, 2017, 55 (2): 1261 - 1279.

[68] Sun Z, Guo X. Equilibrium for a time - inconsistent stochastic linear - quadratic control system with jumps and its Application to the mean - variance problem [J]. Journal of Optimization Theory and Applications, 2019, 181 (2): 383 - 410.

[69] Wang H, Wang R, Wei J. Time - consistent investment - proportional reinsurance strategy with random coefficients for mean - variance insurers [J]. Insurance: Mathematics and Economics, 2019, 85: 104 - 114.

[70] Yan T, Wong H Y. Open - loop equilibrium reinsurance - investment strategy under mean - variance criterion with stochastic volatility [J]. Insurance: Mathematics and Economics, 2020, 90: 105 - 119.

[71] Wang T. Uniqueness of equilibrium strategies in dynamic mean - variance problems with random coefficients [J]. Journal of Mathematical Analysis and Applications, 2020, 490 (1), Article ID: 124199.

[72] Zhao J, Wei J. Open – loop equilibrium strategy for mean – variance asset – liability management with margin requirements [J]. Communications in Statistics – Theory and Methods, 2022, 51 (13): 4296 – 4312.

[73] Zhang J, Chen P, Jin Z, Li S. Open – loop equilibrium strategy for mean – variance asset – liability management portfolio selection problem with debt ratio [J]. Journal of Computational and Applied Mathematics, 2020, 380, Article ID: 112951.

[74] Zhang J, Chen P, Jin Z, Li S. Open – loop equilibrium strategy for mean – variance portfolio selection: A log – return model [J]. Journal of Industrial and Management Optimization, 2021, 17 (2): 765 – 777.

[75] Yi B, Viens F, Li Z, Zeng Y. Robust optimal strategies for an insurer with reinsurance and investment under benchmark and mean – variance criteria [J]. Scandinavian Actuarial Journal, 2015, 2015 (8): 725 – 751.

[76] 杨鹏. 通货膨胀影响下基于随机微分博弈的最优再保险和投资 [J]. 应用概率统计, 2016, 32 (2): 147 – 156.

[77] Zeng Y, Li D, Gu A. Robust equilibrium reinsurance – investment strategy for a mean – variance insurer in a model with jumps [J]. Insurance: Mathematics and Economics, 2016, 66 (1): 138 – 152.

[78] Li B, Li D, Xiong D. Alpha – robust mean – variance reinsurance – investment strategy [J]. Journal of Economic Dynamics and Control, 2016, 70: 101 – 123.

[79] Zhao H, Shen Y, Zeng Y, Zhang W. Robust equilibrium excess – of – loss reinsurance and CDS investment strategies for a mean – variance insurer with ambiguity aversion [J]. Insurance: Mathematics and Economics, 2019, 88: 159 – 180.

[80] Niehaus G, Terry A. Evidence on the time series properties of insurance premiums and causes of the underwriting cycle: new support for the capital market imperfection hypothesis [J]. Journal of Risk and Insurance, 1993, 60 (3): 466 – 479.

[81] Browne M J, Hoyt R E. The demand for flood insurance: empirical evidence [J]. Journal of Risk and Uncertainty, 2000, 20 (3): 291 – 306.

[82] Ranyard R, McHugh S. Defusing the risk of borrowing: the psychology of payment protection insurance decisions [J]. Journal of Economic Psychology, 2012, 33 (4): 738 – 748.

[83] Barberis N, Greenwood R, Jin L, Shleifer A. X – CAPM: An extrapolative capital asset pricing model [J]. Journal of Financial Economics, 2015, 115 (1): 1 – 24.

[84] Chen S, Hu D, Wang H. Optimal reinsurance problem with extrapolative claim expectation [J]. Optimal Control Applications and Methods, 2018, 39 (1): 78 – 94.

[85] 毛泽春，刘锦萼．免赔额和 NCD 赔付条件下保险索赔次数的分布 [J]．中国管理科学，2005，13 (5)：1 – 5.

[86] 孙宗岐，陈志平．复合 Poisson – Geometric 风险下保险公司的最优投资 – 再保 – 混合分红策略 [J]．工程数学学报，2016，33 (5)：463 – 479.

[87] 闫德志．再保险策略下的复合 Poisson – Geometric 风险模型 [J]．统计与决策，2016，10：25 – 29.

[88] 崔巍．一类推广的复合 Poisson – Geometric 风险模型下预警区问题的研究 [J]．数学物理学报，2012，32 (1)：27 – 40.

[89] Hu X, Duan B, Zhang L. De Vylder approximation to the optimal retention for a combination of quota – share and excess of loss reinsurance with partial information [J]. Insurance: Mathematics and Economics, 2017, 76: 48 – 55.

[90] Liang Z, Bi J, Yuen K C, Zhang C. Optimal mean – variance reinsurance and investment in a jump diffusion financial market with common shock dependence [J]. Mathematical Methods of Operations Research, 2016, 84 (1): 155 – 181.

[91] Yaari M E. Uncertain lifetime, life insurance, and the theory of the consumer [J]. Review of Economic Studies, 1965, 32: 137 – 150.

[92] Hakansson NH. Optimal investment and consumption strategies under

risk, an uncertain lifetime, and insurance [J]. International Economic Review, 1969, 10 (3): 443 -466.

[93] Zeng Y, Wu H, Lai Y. Optimal investment and consumption strategies with state - dependent utility functions and uncertain time - horizon [J]. Economic Modelling, 2013, 33: 462 -470.

[94] Shefrin H, Statman M. The disposition to sell winners too early and ride losers too long: theory and evidence [J]. Journal of Finance, 1985, 40 (3): 777 -790.

[95] Odean T. Are investors reluctant to realize their losses [J]. Journal of Finance, 1998, 53 (5): 1775 -1798.

[96] Kharroubi I, Lim T, Ngoupeyou A. Mean - variance hedging on uncertain time horizon in a market with a jump [J]. Applied Mathematics and Optimization, 2013, 68 (3): 413 -444.

[97] Blanchet - Scalliet C, Karoui N El, Jeanblanc M, Martellini L. Optimal investment decisions when time - horizon is uncertain [J]. Journal of Mathematical Economics, 2008, 44 (11): 1100 -1113.

[98] Yu Z. Continuous - time mean - variance portfolio selection with random horizon [J]. Applied Mathematics and Optimization, 2013, 68 (3): 333 -359.

[99] Huang Z, Wang H, Wu Z. A kind of optimal investment problem under inflation and uncertain time horizon [J]. Applied Mathematics and Computation, 2020, 375, Article ID: 125084.

[100] Lv S, Wu Z, Yu Z. Continuous - time mean - variance portfolio selection with random horizon in an incomplete market [J]. Automatica, 2016, 69: 176 -180.

[101] Bellalah M, Zhang D, Zhang P. Optimal portfolio choice under shadow costs with fixed assets when time - horizon is uncertain [J]. Computational Economics, 2020, 56 (1): 5 -20.

[102] Gu A, Yi B, Ye D. Optimal investment and reinsurance for insurers with uncertain time - horizon [J]. Mathematical Problems in Engineering, 2014,

Article ID: 271930.

[103] Li D, Rong X, Zhao H. Time – consistent reinsurance – investment strategy for a mean – variance insurer under stochastic interest rate model andinflation risk [J]. Insurance: Mathematics and Economics, 2015, 64 (1): 28 –44.

[104] Sun J, Li Z, Zeng Y. Equilibrium investment strategy for DC pension plan with inflation and stochastic income underHeston's SV model [J]. Mathematical Problems in Engineering, 2016, 2016 (3): 1 –18.

[105] Wu H. Optimal investment – consumption strategy under inflation in a Markovian regime – switching market [J]. Discrete Dynamics in Nature and Society, 2016, Artide ID 9606497.

[106] Borch K. The optimal reinsurance treaty [J]. ASTIN Bulletin, 1969, 5 (2): 293 –297.

[107] Li D, Rong X, Zhao, H. The optimal investment problem for an insurer and a reinsurer under the constant elasticity of variance model [J]. IMA Journal of Management Mathematics, 2016, 27 (2): 255 –280.

[108] Huang Y, Ouyang Y, Tang L, Zhou J. Robust optimal investment and reinsurance problem for the product of the insurer's and the reinsurer's utilities [J]. Journal of Computational and Applied Mathematics, 2018, 344: 532 –552.

[109] Wang Y, Rong X, Zhao, H. Optimal investment strategies for an insurer and a reinsurer with a jump diffusion risk process under the CEV model [J]. Journal of Computational and Applied Mathematics, 2018, 328: 414 –431.

[110] Hu D, Chen S, Wang H. Robust reinsurance contracts with uncertainty about jump risk [J]. European Journal of Operational Research, 2018, 266 (3): 1175 –1188.

[111] Hu D, Chen S, Wang H. Robust reinsurance contracts in continuous time [J]. Scandinavian Actuarial Journal, 2018, 2018 (1): 1 –22.

[112] Hu D, Wang H. Reinsurance contract design when the insurer is ambiguity –averse [J]. Insurance: Mathematics and Economics, 2019, 86: 241 –255.

[113] Hu D, Wang H. Robust reinsurance contract with learning and ambi-

guity aversion [J]. Scandinavian Actuarial Journal, 2022, 2022 (9): 794 - 815.

[114] Gu A, Viens F G, Shen Y. Optimal excess - of - loss reinsurance contract with ambiguity aversion in the principal - agent model [J]. Scandinavian Actuarial Journal, 2020, 2020 (4): 342 - 375.

[115] Chen L, Shen Y. On a new paradigm of optimal reinsurance: a stochastic Stackelberg differential game between an insurer and a reinsurer [J]. ASTIN Bulletin, 2018, 48 (2): 905 - 960.

[116] Chen L, Shen Y. Stochastic Stackelberg differential reinsurance games under time - inconsistent mean - variance framework [J]. Insurance: Mathematics and Economics, 2019, 88: 120 - 137.

[117] Bensoussan A, Siu C C, Yam S C P, Yang H. A class of non - zero - sum stochastic differential investment and reinsurance games [J]. Automatica, 2014, 50 (8): 2025 - 2037.

[118] Siu CC, Yam SCP, Yang H, Zhao H. A class of nonzero - sum investment and reinsurance games subject to systematic risks [J]. Scandinavian Actuarial Journal, 2017, 2017 (8): 670 - 707.

[119] Deng C, Zeng X, Zhu H. Non - zero - sum stochastic differential reinsurance and investment games with default risk [J]. European Journal of Operational Research, 2018, 264 (3): 1144 - 1158.

[120] Pun CS, Siu CC, Wong HY. Non - zero - sum reinsurance games subject to ambiguous correlations [J]. Operations Research Letters, 2016, 44 (5): 578 - 586.

[121] Chen S, Yang H, Zeng Y. Stochastic differential games between two insurers with generalized mean - variance premium principle [J]. ASTIN Bulletin, 2018, 48 (1): 413 - 434.

[122] Hu D, Wang H. Time - consistent investment and reinsurance under relative performance concerns [J]. Communications in Statistics - Theory and Methods, 2018, 47 (7): 1693 - 1717.

[123] Zhu H, Cao M, Zhang C. Time - consistent investment and reinsurance strategies for mean - variance insurers with relative performance concerns under the Heston model [J]. Finance Research Letters, 2019, 30: 280 - 291.

[124] Wang N, Zhang N, Jin Z, Qian L. Reinsurance - investment game between two mean - variance insurers under model uncertainty [J]. Journal of Computational and Applied Mathematics, 2021, 382, Article ID: 113095.

[125] Zhu H, Cao M, Zhu Y. Non - zero - sum reinsurance and investment game between two mean - variance insurers under the CEV model [J]. Optimization, 2021, 70 (12): 2579 - 2606.

[126] Wang Y, Rong X, Zhao H, Li D. Optimal investment problem between two insurers with value - added service [J]. Communications in Statistics - Theory and Methods, 2021, 50 (8): 1781 - 1806.

[127] Espinosa G E, Touzi N. Optimal investment under relative performance concerns [J]. Mathematical Finance, 2015, 25 (2): 221 - 257.

[128] Lacker D, Zariphopoulou T. Mean field and n - agent games for optimal investment under relative performance criteria [J]. Mathematical Finance, 2019, 29 (4): 1003 - 1038.

[129] Dutang C, Albrecher H, Loisel S. Competition among non - life insurers under solvency constraints: A game - theoretic approach [J]. European Journal of Operational Research, 2013, 231 (3): 702 - 711.

[130] Faias J A, Guedes J. The diffusion of complex securities: The case of CAT bonds [J]. Insurance: Mathematics and Economics, 2020, 90: 46 - 57.

[131] Okano E. How important is fiscal policy cooperation in a currency union [J]. Journal of Economic Dynamics and Control, 2014, 38: 266 - 286.

[132] Fujiwara I, Kam T, Sunakawa T. Sustainable international monetary policy cooperation [J]. Journal of Economic Dynamics and Control, 2019, 106, Article ID: 103721.

[133] Timmer J, Chessa M, Boucherie R J. Cooperation and game - theoretic cost allocation in stochastic inventory models with continuous review [J].

European Journal of Operational Research, 2013, 231 (3): 567 - 576.

[134] Berthod M, Benchekroun H. On agreements in a nonrenewable resource market: A cooperative differential game approach [J]. Journal of Economic Dynamics and Control, 2019, 98: 23 - 39.

[135] Asimit V, Boonen T J. Insurance with multiple insurers: A game - theoretic approach [J]. European Journal of Operational Research, 2018, 267 (2): 778 - 790.

[136] DuMouchel W H. The Pareto optimality of an n - company reinsurance treaty [J]. Scandinavian Actuarial Journal, 1968, 1968 (3 - 4): 165 - 170.

[137] Alegre A, Claramunt M M. Allocation of solvency cost in group annuities: Actuarial principles and cooperative game theory [J]. Insurance: Mathematics and Economics, 1995, 17 (1): 19 - 34.

[138] Suijs J, De Waegenaere A, Borm P. Stochastic cooperative games in insurance [J]. Insurance: Mathematics and Economics, 1998, 22 (3): 209 - 228.

[139] Leite E, Pahlberg C, Aberg S. The cooperation - competition interplay in the ICT industry [J]. Journal of Business and Industrial Marketing, 2018, 33 (4): 495 - 505.

[140] Chen H, Feng X, Yu H. Group competition - cooperation optimization algorithm [J]. Applied Intelligence, 2021, 51 (4): 1813 - 1828.

[141] Schmidli H. Stochastic Control in Insurance [M]. London: Springer - Verlag, 2008.

[142] Watt R, Vazquez F J. Full insurance, Bayesian updated premiums, and adverse selection [J]. Geneva Papers on Risk and Insurance Theory, 1997, 22 (2): 135 - 150.

[143] Fung H G, Lai G C, Patterson G A, Witt R C. Underwriting cycles in property and liability insurance: an empirical analysis of industry and by line data [J]. Journal of Risk and Insurance, 1998, 65 (4): 539 - 561.

[144] Ruser J W. Workers' compensation insurance, experience - rating, and occupational injuries [J]. RAND Journal of Economics, 1985, 16 (4): 487 - 503.

[145] Merton R C. On estimating the expected return on the market: An exploratory investigation [J]. Journal of Financial Economics, 1980, 8 (4): 323 -361.

[146] Basak S. A model of dynamic equilibrium asset pricing with heterogeneous beliefs and extraneous risk [J]. Journal of Economic Dynamics and Control, 2000, 24 (1): 63 -95.

[147] Basak S. Asset pricing with heterogeneous beliefs [J]. Journal of Banking and Finance, 2005, 29 (11): 2849 -2881.

[148] Li Z, Zeng Y, Lai Y. Optimal time - consistent investment and reinsurance strategies for insurers under Heston's SV models [J]. Insurance: Mathematics and Economics, 2012, 51 (1): 191 -203.

[149] Li Y, Li Z. Optimal time - consistent investment and reinsurance strategies for mean - variance insurers with state dependent risk aversion [J]. Insurance: Mathematics and Economics, 2013, 53 (1): 86 -97.

[150] Yi B, Li Z, Viens F G, Zeng Y. Robust optimal control for an insurer with reinsurance and investment under Heston's stochastic volatility model [J]. Insurance: Mathematics and Economics, 2013, 53 (3): 601 -614.

[151] Branger N, Larsen L S. Robust portfolio choice with uncertainty about jump and diffusion risk [J]. Journal of Banking and Finance, 2013, 37 (12): 5036 -5047.

[152] Wang P, Li Z. Robust optimal investment strategy for an AAM of DC pension plans with stochastic interest rate and stochastic volatility [J]. Insurance: Mathematics and Economics, 2018, 80: 67 -83.

[153] Elliott R J, Siu T K. On risk minimizing portfolios under a Markovian regime - switching Black - Scholes economy [J]. Annals of Operations Research, 2010, 176 (1): 271 -291.

[154] Lin X, Zhang C, Siu T K. Stochastic differential portfolio games for an insurer in a jump - diffusion risk process [J]. Mathematical Methods of Operations Research, 2012, 75 (1): 83 -100.

[155] Mataramvura S, Oksendal B. Risk minimizing and HJBI equations for stochastic differential games [J]. Stochastics, 2008, 80 (4): 317 - 337.

[156] Kou S G, Wang H. First passage times of a jump diffusion process [J]. Advances in Applied Probability, 2003, 35 (2): 504 - 531.

[157] Lin X, Yang P. Optimal investment and reinsurance in a jump diffusion risk model [J]. ANZIAM Journal, 2011, 52 (3): 250 - 262.

[158] Aksamit A, Choulli T, Deng J, Jeanblanc M. No - arbitrage up to random horizon for quasi - leftcontinuous models [J]. Finance and Stochastics, 2017, 21 (4): 1103 - 1139.

[159] Guan G, Wang X. Time - consistent reinsurance and investment strategies for an AAI under smooth ambiguity utility [J]. Scandinavian Actuarial Journal, 2020, 2020 (8): 677 - 699.

[160] Luenberger D G. Optimal by vector space methods [M]. New York: John Wiley, 1969.

[161] Huang D, Zhu S S, Fabozzi F J, Fukushima M. Portfolio selection with uncertain exit time: A robust CVaR approach [J]. Journal of Economic Dynamics and Control, 2008, 32 (2): 594 - 623.

[162] Bai L, Cai J, Zhou M. Optimal reinsurance policies for an insurer with a bivariate reserve risk process in a dynamic setting [J]. Insurance: Mathematics and Economics, 2013, 53 (3): 664 - 670.

[163] Liang Z, . Yuen K C. Optimal dynamic reinsurance with dependent risks: variance premium principle [J]. Scandinavian Actuarial Journal, 2014, 2016 (1): 1 - 19.

[164] 丁传明，邹捷中．考虑通货膨胀影响的最优消费投资模型 [J]. 中南大学学报（自然科学版），2004，35 (1): 167 - 170.

[165] Czichowsky C. Time - consistent mean - variance portfolio selection in discrete and continuous time [J]. Finance and Stochastics, 2013, 17 (2): 227 - 271.

[166] Björk T, Murgoci A, Zhou X Y. Mean variance portfolio optimization

with state dependent risk aversion [J]. Mathematical Finance, 2014, 42 (1): 1 - 24.

[167] Øksendal B. Stochastic Differential Equations, 6th edn [M]. Berlin Heidelberg: Springer - Verlag, 2003.

[168] Mudzimbabwe W. A simple numerical solution for an optimal investment strategy for a DC pension plan in a jump diffusion model [J]. Journal of Computational and Applied Mathematics, 2019, 360: 55 - 61.

[169] Zeng Y, Li Z, Lai Y. Time - consistent investment and reinsurance strategies for mean - variance insurers with jumps [J]. Insurance: Mathematics and Economics, 2013, 52 (3): 498 - 507.

[170] Hong H, Stein J C. Differences of opinion, short - sales constraints, and market crashes [J]. Review of Financial Studies, 2003, 16 (2): 487 - 525.

[171] Zhu J, Guan G, Li S. Time - consistent non - zero - sum stochastic differential reinsurance and investment game under default and volatility risks [J]. Journal of Computational and Applied Mathematics, 2020, 374, Article ID: 112737.

作者简介

杨鹏，博士，西安财经大学副教授，入选西安财经大学青年英才支持计划，长期从事再保险和投资问题的研究，在该领域的研究处于国内领先地位，取得了一系列高水平的研究成果，在国内外产生了较大影响。他针对再保险和投资问题，在 Insurance：Mathematics and Economics、Scandinavian Actuarial Journal、Journal of Computational and Applied Mathematics、IMA Journal of Management Mathematics、Applied Stochastic Models in Business and Industry、Optimization《应用数学学报》《系统科学与数学》《应用概率统计》等国内外重要学术期刊，发表了 60 余篇论文，被 SCI、SSCI 检索 20 余篇。主持在研教育部人文社会科学研究一般项目——西部和边疆地区项目：基于三种相依保险模型和一种一般投资模型的最优再保险和投资问题研究，该项目从三种相依性视角构建了多种新的保险模型，从集中化投资和分散化投资视角构建了新的投资模型，进而系统研究了最优再保险和投资问题；主持在研陕西省自然科学基础研究计划项目：基于模糊厌恶的两类鲁棒最优再保险和投资问题研究，该项目系统研究了模糊厌恶下的再保险和投资问题；主持完成陕西省教育厅自然科学专项项目：均值－方差投资策略选择和随机微分博弈在金融中的应用，该项目系统研究了基于均值－方差准则和保险人与保险市场以及金融市场之间博弈下的最优再保险和投资问题；主持完成 3 项校级科研项目：随机金融市场中投资组合选择问题研究，基于金融数学中策略选择问题的研究，风险模型的最优投资和再保险。他还多次担任 Insurance：Mathematics and Economics、Annals of Operations Research、Methodology and Computing in Applied Probability、Journal of Industrial and Management Optimization、《系统工程理论与实践》等国内外期刊的审稿人。

陈志平，博士，剑桥大学博士后，西安交通大学二级教授、博士生导师，担任西安数学与数学技术研究院常务副院长、国家天元数学西北中心副主任。他长期从事随机规划理论及其应用、分布鲁棒优化、金融风险度量、保险精算与投资分析等领域的学术研究，在 SIAM Journal on Optimization、Mathematics of Operations Research、Journal of Optimization Theory and Applications、European Journal of Operational Research、Journal of Banking and Finance、Journal of Economic Dynamics and Control、Insurance：Mathematics and Economics、Scandinavian Actuarial Journal 等运筹学、经济与金融领域学术期刊发表 SCI、SSCI 检索论文近百篇，取得了一系列高水平的研究成果，在国内外产生了较大影响。主持国家自然科学基金面上项目 4 项及多项横向项目，现主持国家自然科学基金重大项目课题 1 项，作为首席科学家，主持科技部重点研发项目 1 项。现为《OR Spectrum》、《西安交通大学学报》和《工程数学学报》等国内外期刊的编委；现任中国运筹学会常务理事，中国运筹学会金融工程与金融风险管理分会副理事长，中国优选法统筹法与经济数学研究会量化金融与保险分会常务理事，中国管理科学与工程学会金融计量与风险管理研究会常务理事，中国工业与应用学学会竞赛工作委员会委员等。